FOURTH EDITION

CONEXIONES

Comunicación y cultura

EDUARDO ZAYAS-BAZÁN

Emeritus, East Tennessee State University

SUSAN M. BACON

Emerita, University of Cincinnati

DULCE M. GARCÍA

The City College of New York, C.U.N.Y.

Prentice Hall

Upper Saddle River London Singapore

Toronto Tokyo Sydney Hong Kong Mexico City

Acquisitions Editor: Donna Binkowski
Editorial Assistant: Gayle Unhjem
Senior Marketing Manager: Denise Miller
Marketing Coordinator: Bill Bliss
Development Editor: Celia Meana
Development Editor for Assessment: Melissa Marolla Brown
Senior Managing Editor (Production): Mary Rottino
Associate Managing Editor (Production): Janice Stangel
Production Supervision: Nancy Stevenson
Composition/Full-Service Project Management: Natalie Hansen and Sue McKinnon, Black Dot Group
Media/Supplements Editor: Meriel Martínez
Senior Media Editor: Samantha Alducin
Editorial Coordinator/Assistant Developmental Editor: Jennifer Murphy
Senior Operations Supervisor: Brian Mackey
Operations Specialist: Cathleen Petersen
Senior Art Director: Pat Smythe
Art Director: Miguel Ortiz
Interior and Cover Design: Wanda España, Wee Design Group
Art Manager: Gail Cocker-Bogusz
Illustrator: Nadia Simard
Manager, Rights and Permissions: Zina Arabia
Manager, Visual Research: Beth Brenzel
Manager, Cover Visual Research & Permissions: Karen Sanatar
Image Permission Coordinator: Vickie Menanteaux
Photo Researcher: Francelle Carapetyan
Publisher: Phil Miller
Cover Image: Kristy-Anne Glubish, Images.com
Printer/Binder: Courier Kendallville
Cover Printer: Phoenix Color Corp.

This book was set in 10/12 Sabon.

Credits and acknowledgments borrowed from other sources and reproduced, with permission, in this textbook appear on pages CR-1 and CR-2.

Library of Congress Cataloging-in-Publication Data
Zayas-Bazán, Eduardo.
Conexiones : comunicación y cultura / Eduardo Zayas-Bazán, Susan M. Bacon, Dulce M. García. — 4th ed.
p. cm.
ISBN 0-13-500152-8
1. Spanish language—Textbooks for foreign speakers—English. I. Bacon, Susan M. II. García, Dulce M. III. Title.
PC4112.Z39 2009
468.2'421--dc22

2008048814

10 9 8 7 6

Prentice Hall
is an imprint of

ISBN 10: 0-13-136340-9 High School Binding
ISBN 13: 978-0-13-136340-3 High School Binding
ISBN 10: 0-13-500152-8 College Edition
ISBN 13: 978-0-13-500152- 3 College Edition

www.PearsonSchool.com/Advanced

Brief Contents

Scope & Sequence

Capítulo	Objetivos comunicativos	Vocabulario
1 **Esas modas que van y vienen** 2–37	• Discussing fashion trends and fads • Saying what occurred in the past • Describing in the past • Talking about the influence of fashion on cars • Narrating in the past	**¡Así es la vida!** • En esa década • El automóvil y la moda **¡Así lo decimos!** • Las modas • Los autos
2 **La tecnología y el progreso** 38–73	• Discussing environmental issues affecting your world • Describing people, places, and things • Describing what will or might be • Predicting future issues • Expressing hopes and desires	**¡Así es la vida!** • Encuesta: El reciclaje y la contaminación ambiental • Encuesta: La ingeniería genética **¡Así lo decimos!** • El medio ambiente • Profesiones y actividades del futuro
3 **Los derechos humanos** 74–105	• Discussing human rights and foreign policy • Reacting to issues • Willing others to act • Discussing the work of charitable organizations • Describing what is done for you and others • Expressing likes and opinions	**¡Así es la vida!** • Libertad, igualdad y fraternidad • El lado humanitario de Ricky Martin **¡Así lo decimos!** • Los derechos humanos • Las organizaciones sin fines de lucro

Estructuras	Conéctate	Cultura
¡Así lo hacemos! • The preterit tense • The imperfect tense • Preterit vs. imperfect **De nuevo** • Soy una moda (*The present indicative*) • Una marca de automóvil que ya no se fabrica (*The preterit*)	**VideoRed:** *Esas modas pasajeras* (Jaime Gómez León, España) **Comunidades:** La ropa y el trabajo **Conexiones:** ¿Una moda duradera? **Comparaciones:** La movida madrileña	**¡Así lo expresamos!** **Imágenes:** *El arte de la moda* (El Corte Inglés, España) **Ritmos:** *Antes muerta que sencilla* (María Isabel López, España) **Páginas:** *Foro: Esas modas ¿pasajeras?* (Anónimo/a) **Taller:** Tu propio foro (*blog*)
¡Así lo hacemos! • Uses of *ser, estar,* and *haber* • The future tense • The subjunctive in noun clauses **De nuevo** • Así era (*The imperfect*) • Llegaron los humanos (*Preterit/imperfect*)	**VideoRed:** *El calentamiento global* (Andrés Eloy Martínez, México) **Comunidades:** Un cartel de servicio público **Conexiones:** ¿Un futuro sostenible? **Comparaciones:** Sarriguren, una ecociudad modelo	**¡Así lo expresamos!** **Imágenes:** *Juanito en la laguna* (Antonio Berni, Argentina) **Ritmos:** *Ska de la tierra* (Bebe, España) **Páginas:** *Los mutantes* (José Ruibal, España) **Taller:** Expresa tu opinión
¡Así lo hacemos! • Indirect commands • Direct and indirect object pronouns and the personal *a* • *Gustar* and similar verbs **De nuevo** • Un informe a la Comisión de Derechos Humanos (*Ser, estar,* and *haber*) • Un discurso inaugural (*The subjunctive in noun clauses*)	**VideoRed:** *Un hogar digno* (Habitat for Humanity International, Costa Rica) **Comunidades:** Una organización humanitaria **Conexiones:** El derecho de vivir en un hogar digno **Comparaciones:** Hábitat para la Humanidad	**¡Así lo expresamos!** **Imágenes:** *Manos anónimas* (Carlos Alonso, Argentina) **Ritmos:** *Amor y paz* (Iván Pérez López, México) **Páginas:** *Masa* (César Vallejo, Perú) **Taller:** Crear poesía

Capítulo	Objetivos comunicativos	Vocabulario
4 **El individuo y la personalidad** 106–139	• Talking about yourself and others: personality and routines • Discussing personality • Describing people, things, and situations • Talking about what has happened so far	**¡Así es la vida!** • ¿Eres imaginativo/a, intuitivo/a o analítico/a? • ¡Ejercita la mente! Goza de una buena memoria **¡Así lo decimos!** • Características personales • La personalidad
5 **Las relaciones personales** 140–171	• Talking about styles of communication and relationships with friends and family • Describing people, places, and things that may or may not exist • Exploring relationships and how behavior affects perception • Making resolutions and describing what had or had never happened before • Describing and comparing people, places, and things	**¡Así es la vida!** • La comunicación interpersonal • ¿Qué piensan de ti? Tu lenguaje corporal **¡Así lo decimos!** • Las relaciones personales • Los sentimientos y las cualidades
6 **El mundo del espectáculo** 172–205	• Talking about your favorite entertainers and shows • Talking about actions that depend on time or circumstances • Talking about music, musicians, and musical events • Telling others what to do • Expressing wishes and possibilities for yourself and others	**¡Así es la vida!** • Eva Longoria Parker: No más desesperada • ¡Los más calientes! **¡Así lo decimos!** • El entretenimiento • La música

Estructuras	Conéctate	Cultura
¡Así lo hacemos! • Reflexive constructions • Agreement form, and position of adjectives • The past participle and the present perfect indicative and subjunctive **De nuevo** • Una guía sobre el estrés (*The subjunctive, indicative, and infinitive with impersonal expressions*) • Preferencias personales (*Gustar* and similar verbs)	**VideoRed:** *¡Mejora tu autoestima!* (Yasmin Garves, República Dominicana - Pearson VPS) **Comunidades:** La importancia de la autoestima **Conexiones:** La "personalidad" **Comparaciones:** Yo Puedo	**¡Así lo expresamos!** **Imágenes:** *Las dos Fridas* (Frida Kahlo, México) **Ritmos:** *Soy* (Willie Chirino, Cuba/EE. UU.) **Páginas:** *A Julia de Burgos* (Julia de Burgos, Puerto Rico) **Taller:** Un perfil para la red social
¡Así lo hacemos! • Subjunctive vs. indicative in adjective clauses • The future perfect and the pluperfect tenses • Comparisons with nouns, adjectives, verbs, and adverbs; superlatives **De nuevo** • Confesiones (*The present perfect*) • Una amistad duradera (*The future tense*)	**VideoRed:** *La química del amor* (S. M. Bacon, EE. UU. - Pearson VPS) **Comunidades:** La comunicación no verbal **Conexiones:** La pareja modelo **Comparaciones:** Conozcámonos: citas móviles	**¡Así lo expresamos!** **Imágenes:** *Madre e hijo* (Pablo Ruiz y Picasso, España) *Madre proletaria* (María Izquierdo, México) **Ritmos:** *Don Pedrito* (Yarey, Puerto Rico) **Páginas:** *Waiting for Snow in Havana* (Carlos Eire, Cuba/Estados Unidos) **Taller:** Un carta de amor
¡Así lo hacemos! • Subjunctive vs. indicative in adverbial clauses • Formal and informal commands • Subjunctive with *ojalá, tal vez,* and *quizá(s)* **De nuevo** • Los chismes (*Preterit and imperfect*) • Una entrevista con famosos (*Ser/estar*)	**VideoRed:** *Escuela de música* (Rafael Alcalá, Musinetwork, EE. UU.) **Comunidades:** El calendario de eventos **Conexiones:** El artista, el espectáculo y el espectador **Comparaciones:** El tango y el cine	**¡Así lo expresamos!** **Imágenes:** *¿Quién lleva el ritmo?* (Aída Emart, México) **Ritmos:** *El Wanabí* (Fiel a la Vega, Puerto Rico) **Páginas:** *El concierto* (Augusto Monterroso, Guatemala) **Taller:** Una escena dramática

Capítulo	Objetivos comunicativos	Vocabulario
7 **La diversidad humana** 206–241	• Overcoming obstacles due to racial, ethnic, or gender barriers • Comparing the past with the present • Expressing how long an action has been going on • Discussing race and gender • Answering the questions *Why?* and *What for?* • Sharing experiences that promote positive behavior	**¡Así es la vida!** • Marta Tienda, demógrafa • ¿Cuántas razas hay en el mundo? **¡Así lo decimos!** • Igualdad de oportunidades • La diversidad étnica y de género
8 **Las artes culinarias y la nutrición** 242–273	• Talking about foods and their preparation • Describing food and family traditions from your childhood • Talking about foods and nutrition • Expressing what you would do or would have done • Discussing hypothetical situations	**¡Así es la vida!** • ¡Simplemente delicioso! • Tu inteligencia nutricional **¡Así lo decimos!** • Los ingredientes y la preparación de la comida • La dieta sana
9 **Nuestra compleja sociedad** 274–305	• Talking about crime and personal safety • Speculating about what might have been • Discussing social problems and personal excesses • Expressing ideas without attributing them to anyone	**¡Así es la vida!** • ¿Se siente Ud. seguro/a? • Mito o verdad: ¿cómo afecta el alcohol al organismo? **¡Así lo decimos!** • La seguridad y el delito • Excesos personales

Estructuras	Conéctate	Cultura
¡Así lo hacemos! • Review of the preterit and imperfect • *Hacer* and *desde* in time expressions • *Por* and *para* • Verbs that require a preposition before an infinitive **De nuevo** • Un encuentro con la discriminación (*The pluperfect*) • ¿Qué país? (*Comparisons of equality and inequality*)	**VideoRed:** *Spot contra la discriminación* (Yannlui Eduardo Velásquez, Perú) *Día internacional de la mujer* (Armando N. Faraoni, Argentina) **Comunidades:** Los derechos en el trabajo **Conexiones:** Un grupo minoritario **Comparaciones:** Joaquín Cortés, un gitano que lucha por el respeto a su gente	**¡Así lo expresamos!** **Imágenes:** *La mesa de la hermandad* (José Clemente Orozco, México) **Ritmos:** *Represento* (Lou Briel, Puerto Rico) **Páginas:** *Tú me quieres blanca* (Alfonsina Storni, Argentina) **Taller:** Un reportaje periodístico
¡Así lo hacemos! • The imperfect subjunctive • The conditional and conditional perfect • The indicative or subjunctive in *si*-clauses **De nuevo** • Mi propio restaurante (*The present subjunctive with adjective clauses*) • Una estrella (*Commands*)	**VideoRed:** *Comidas típicas: Ilobasco, El Salvador* (Jonathan Breitner Hernández Rivera, El Salvador) **Comunidades:** Un supermercado hispano **Conexiones:** Comida y cultura **Comparaciones:** Productos oriundos de las Américas y productos introducidos allí por los españoles	**¡Así lo expresamos!** **Imágenes:** *Nature Morte Vivante* (Salvador Dalí, España) **Ritmos:** *Supermercado* (Mamá Pulpa, México) **Páginas:** *La leyenda del chocolate* (Anónimo) **Taller:** Una receta
¡Así lo hacemos! • The pluperfect subjunctive • Uses of *se* with impersonal and passive constructions • Indefinite and negative expressions **De nuevo** • Por una universidad más segura (*Por/para*) • El crimen en mi comunidad (*Subjunctive and indicative with adverbial clauses*)	**VideoRed:** *Recuperación neuronal en los trastornos adictivos* (Juan José Legarda, TAVAD, España) **Comunidades:** Asociaciones de servicio internacional **Conexiones:** Las drogas y el delito **Comparaciones:** ASPIRA	**¡Así lo expresamos!** **Imágenes:** *Estación de la calle 14* (Camilo Egas, Ecuador) **Ritmos:** *Esto fue lo que vi* (Ramón Orlando, República Dominicana) **Páginas:** *Un pueblo sin drogas* (Soraya Izquierdo, España) **Taller:** Un relato en primera persona

Capítulo	Objetivos comunicativos	Vocabulario
10 **El empleo y la economía**	• Discussing career choices and the interview process • Understanding the training and skills required for different careers and professions • Reporting on what others ask or say (now and in the past) • Talking about finances • Debating national and international economic issues • Clarifying information	**¡Así es la vida!** • ¿Qué profesión tendrá usted en su futuro? • Mitos y verdades sobre su informe de crédito **¡Así lo decimos!** • Profesiones y oficios • Cuestiones financieras
11 **El tiempo libre**	• Discussing adventure travel and free-time activities • Talking about outdoor activities and sports • Planning for a summer break or job • Discussing what you do in your free time • Talking about what you do for fun and leisure • Giving your opinion about pastimes	**¡Así es la vida!** • Viajes a la Medida • La guía del ocio **¡Así lo decimos!** • Los pasatiempos • El tiempo libre
12 **Temas que no pasan de moda**	• Talking about the 21st Century, its achievements and challenges • Making excuses • Speculating about how life will be in the future • Giving credit or blame • Exaggerating	**¡Así es la vida!** • Foro: Retos de nuestro siglo • ¿Cómo será el mundo en 50 años? **¡Así lo decimos!** • Los avances del Siglo XXI • Temas del futuro

Estructuras	Conéctate	Cultura
¡Así lo hacemos! • Indirect speech • The relative pronouns *que, quien,* and *lo que* and the relative adjective *cuyo/a(s)* • The relative pronouns *el/la cual* and *los/las cuales* **De nuevo** • Mejorar las condiciones de trabajo (Si-*clauses*) • Un cliente más para el Banco Nuevo (*Indefinite and negative expressions*)	**VideoRed:** *¡Un cajero problemático!* (Rossibley Vargas, Venezuela - Pearson VPS) **Comunidades:** Oportunidades para aspirantes bilingües **Conexiones:** El techo de cristal **Comparaciones:** Una empresaria mexicana rompe el techo de cristal	**¡Así lo expresamos!** **Imágenes:** *Paisajes humanos n° 65* (Melesio Casas, EE. UU.) **Ritmos:** *El costo de la vida* (Juan Luis Guerra, República Dominicana) **Páginas:** *Fiebre de lotto* (José O. Álvarez, Colombia) **Taller:** Un relato irónico
¡Así lo hacemos! • Sequence of tenses with the subjunctive • Uses of definite and indefinite articles • Uses of the infinitive and the -ing (*-ndo*) form of the verb **De nuevo** • ¿Cómo se juega? (*Por/para*) • ¡Nunca lo olvidaré! (*Preterit/imperfect*)	**VideoRed:** *Nota sobre el clavado en La Quebrada* (Elías Noriega, México) **Comunidades:** Deportes populares entre los hispanos **Conexiones:** El tiempo libre y la tecnología **Comparaciones:** El encierro de San Fermín	**¡Así lo expresamos!** **Imágenes:** *Merengue* (Jaime Antonio González Colson, República Dominicana) **Ritmos:** *Fin de semana* (Los hermanos Rosario, República Dominicana) **Páginas:** *El doble seis* (Alina Romero, Cuba) **Taller:** Un recuerdo
¡Así lo hacemos! • *Se* for unplanned events • The passive voice • Diminutives and augmentatives **De nuevo** • ¿Qué dijeron? (*Indirect speech*) • Tecnología casera (*Subjunctive/indicative*)	**VideoRed:** *Visiones del futuro* (Dulce García, Puerto Rico - Pearson VPS) **Comunidades:** Tendencias para el Siglo XXI **Conexiones:** La globalización de la educación **Comparaciones:** Atlantis y la educación global	**¡Así lo expresamos!** **Imágenes:** *Ciencia inútil* o *El Alquimista* (Remedios Varo, España/México) **Ritmos:** *Veinte preguntas* (La Monja Enana, España) **Páginas:** *Génesis; Apocalipsis* (Marco Denevi, Argentina) **Taller:** Un ensayo editorial

Preface

The fourth edition of ***Conexiones: Comunicación y cultura*** is a contemporary new take on a consistent favorite: Every aspect of every chapter has been re-imagined, revitalized, and renewed to appeal to today's Spanish student. Building on its recognized strengths, *Conexiones* 4e retains all the hallmarks of the title: a unique and thorough grammar scope and sequence, careful progression of activities for all skills, and a focus on student involvement, participation, and exchange. The new edition, however, introduces exciting new chapter themes and new takes on familiar themes, a new **Conéctate** section focusing on the 5C's of the *National Standards*, and a completely new and fully integrated video component, all within a fresh new design.

Key features of the *Conexiones* 4e program

Incorporating feedback from the many colleagues and students across the country who have made the first three editions their choice, as well as the reviewers who worked with us throughout the development of the new edition, *Conexiones* 4e retains the core strengths of the program and builds on them with exciting new content and features.

▶ All NEW chapter-opening activities to activate background knowledge

- All *¡Así es la vida!* readings have been replaced with interactive reading activities on topics that students will find intriguing, and that encourage active participation in the chapter theme.

▶ Vocabulary revised to focus on high-frequency words

- A **NEW** chapter-ending vocabulary summary provides quick access to all active vocabulary.
- Translations of *Vocabulario primordial* expressions now appear in the glossary in the appendix.

▶ Retains unique grammar syllabus, introducing important structures early so students can practice them throughout the course

- Preterit and Imperfect are introduced in ***Capítulo 1;*** Subjunctive in ***Capítulo 2.***
- **NEW** fully integrated ***De nuevo*** recycling activities highlight structures from previous chapters using the current chapter theme and vocabulary.

▶ *¡Así lo expresamos!* sections (*Imágenes, Ritmos, Páginas, Taller*) have been revised and updated to be more accessible and engaging

- Half of all ***Ritmos*** selections are new. **NEW** artists include María Isabel López, with her catchy *Antes muerta que sencilla* and Bebe with *Ska de la tierra*.
- ***Imágenes, Páginas,*** and ***Taller*** activities have been updated throughout to reflect changes in technology and its role in students' lives

▶ NEW *Conéctate* section between the first and second parts of each chapter makes compliance with *National Standards* more explicit

- Incorporates ***Comunidades,*** community-based learning activities to encourage students to become life-long learners through interaction with Spanish-speaking communities and resources
- *Comparaciones* cultural readings are all new or updated. Nine **NEW** topics vary from *La movida madrileña* to *Atlantis*, the student exchange program between the EU and the United States. Students are encouraged to stretch their minds to consider other experiences and points of view from their own and to think about differences in practices, products, and perspectives.
- **NEW** *VideoRed* video segments are drawn from authentic online sources and fully integrated with text and workbook activities.
- ***Conexiones*** activities lead students to make connections with other disciplines and broaden the sources of information available to them.

▶ NEW *Capítulo 1.* As suggested by our users, we have chosen a brand-new opening theme: *Esas modas que van y vienen*.

- With a focus on fads and fashions (such as hairstyles, cars, or musical genres) and how they often reappear throughout the ages, the chapter draws on well-known personalities from students' experience and from the Hispanic world.

▶ *Aplicación.* To keep text activities communicative and creative, many of the discrete-point activities, such as *En familia* and *¡Cuidado!,* now appear in the Student Activities Manual.

- Two **NEW** Debate activities have been added to each chapter. Modeled on the procedures of debate used at many schools, this activity encourages critical thinking.

▶ *Conexiones* open-access Website updated to include new activities and web links.

- Guided web activities offer opportunities to further explore the chapter topic and the cultural materials presented in ***Ritmos, Imágenes,*** and ***Páginas.***
- ***¡A explorar!*** activities have been updated or replaced to encourage students to do additional research on the Internet. These activities are designed to expand students' cultural knowledge and are related to the cultural material in ***¡Así es la vida!, Comparaciones, Imágenes, Ritmos,*** and ***Páginas.***

▶ Teacher Notes. Teachers will find expanded and updated notes throughout the AIE that provide additional cultural information, teaching strategies, and alternate activities.

- Chapter-opening *Curiosidades* sections have expanded teacher notes to give more information about each item and include questions that serve as a springboard for discussing topics in the chapter.

Chapter Organization and Pedagogy

Written entirely in Spanish with the exception of grammar review explanations, the fourth edition of *Conexiones* consists of twelve *capítulos*. Each of the twelve *capítulos* is divided into four parts: ***Primera parte, Conéctate, Segunda parte,*** and ***¡Así lo expresamos!*** Each *parte* maintains the following consistent structure:

¡Así es la vida! A variety of language models with an emphasis on active participation in the readings (surveys, blogs, self-tests, newspaper and magazine articles, illustrations, etc.) set the stage for the assimilation of communicative functions, previewing vocabulary and grammatical structures presented and reviewed in the *capítulo* and providing relevant, interesting content and cultural information.

¡Así lo decimos! A thematically organized presentation of words and expressions follows the chapter-opening text. First, ***Vocabulario primordial*** provides a list of review vocabulary related to the chapter theme. ***Vocabulario clave*** then presents new words and expressions relevant to the chapter's theme, drawing vocabulary from *¡Así es la vida!* Finally, ***Ampliación*** provides an opportunity to learn patterns of noun, verb, and adjective formation using familiar words and new items presented immediately before. ***Aplicación*** activities that follow the vocabulary presentation relate to the chapter theme and give students the opportunity to use the new vocabulary in meaningful and communicative contexts. These activities range from guided to communicative and conclude with ***De nuevo*** to recycle structures from previous chapters using the current chapter theme.

¡Así lo hacemos! Grammar explanations are clear and concise with examples closely linked to the chapter topic, which review and expand on explanations found in introductory texts. Lively art contextualizes the grammar point. Activities follow a progression from receptive to productive, increasing student output sequentially through the different activities. From learning new content, students proceed to recognizing it, using it, and making it their own.

Conéctate. Bridging the two parts we present the ***VideoRed, Comunidades, Conexiones,*** and ***Comparaciones.*** This section provides another window into the Hispanic world with a focus on the *National Standards* and learning about everyday culture. The ***VideoRed*** and ***Comparaciones*** include pre- and post-viewing/reading activities to help students to find similarities and differences, and most importantly, to understand and appreciate the Hispanic world.

¡Así lo expresamos! Each chapter concludes with the ***¡Así lo expresamos!*** section, formerly called ***Conexiones,*** which encompasses ***Imágenes, Ritmos, Páginas,*** and ***Taller*** and further develops listening, speaking, reading, and writing skills by engaging students with paintings, traditional and popular songs, short stories, poems, and short plays from a variety of Spanish-speaking cultures, all within a cultural framework—a feature that distinguishes the ***Conexiones*** program from similar sections in other texts.

In addition, the location of the following two sections varies from chapter to chapter:

A escuchar. The in-text listening sections contain recordings of language samples without in-text scripts (scripts are printed in the Annotated Instructor's Edition) to ensure that students truly practice and hone their aural comprehension skills instead of reading.

A explorar. These activities direct students to the *Conexiones* **Website** where they can explore and react to cultural topics related to the theme of the chapter. Designed to expand students' cultural knowledge, the ***A explorar*** activities for each chapter are related to the cultural material in ***¡Así es la vida!, Comparaciones, Imágenes, Ritmos,*** and ***Páginas.***

Program Components

For Students

The following supplements are available for purchase:

Student Activities Manual (ISBN-13: 978-0-205-66426-9; ISBN-10: 0-205-66426-1)
Integrated into a single volume and organized to mirror the student text, the Student Activities Manual consists of workbook and audio activities directly tied to material in the text. The organization of the Student Activities Manual materials for each chapter parallels that of the main text, facilitating assignment of homework corresponding to specific sections of the text.

Student *VideoRed* DVD (ISBN-13: 978-0-13-503562-7; ISBN-10: 0-13-503562-7)
The integrated video on DVD from the ***VideoRed*** section of ***Conexiones*** presents high interest, authentic videos from a popular Internet video site that bring Hispanic culture to life!

Student Activities Manual Answer Key (ISBN-13: 978-0-205-66413-9; ISBN-10: 0-205-66413-X)
A separate Answer Key to the SAM activities is available for teachers who want students to check their own work.

Audio CDs to Accompany Student Activities Manual (ISBN-13: 978-0-205-66678-2; ISBN-10: 0-205-66678-7)
The Audio CDs to Accompany the Student Activities Manual consists of 6 CDs. These CDs contain the audio recordings that accompany the Lab Manual portion of the SAM.

Audio CD to Accompany Student Text (ISBN-13: 978-0-205-66670-6; ISBN-10: 0-205-66670-1)
The Audio CD to Accompany the Student Text contains recordings for the in-text listening activities.

For Teachers

Most of the supplements and resources for this book are available electronically. Upon adoption or to preview, please go to PearsonSchool.com/Advanced and click "Online Teacher Supplements." You will be required to complete a one-time registration subject to verification before being emailed access information to download materials.

The following supplements are available to qualified adopters:

Annotated Instructor's Edition (ISBN-13: 978-0-205-64724-8; ISBN-10: 0-205-64724-3)
Marginal notations in the Annotated Instructor's Edition include expanded cultural information, responses to convergent activities, teaching tips, alternate activities and hints on effective classroom techniques. Additional notations include audioscripts for the listening activities and notes for expanding on in-class activities.

Instructor's Resource Manual (ISBN-13: 978-0-205-66411-5; ISBN-10: 0-205-66411-3)
The Instructor's Resource Manual contains an introduction to the text, providing information for teachers on how to teach with *Conexiones*. A complete, Integrated Syllabus and corresponding complete Lesson Plan are also included as well as guidance on integrating various student and teacher resources.

Instructor's Music CD (ISBN-13: 978-0-205-66412-2; ISBN-10: 0-205-66412-1)
The Instructor's Music CD contains the songs in the ***Ritmos*** section of each chapter. The songs on this CD represent a variety of musical styles from a range of Spanish-speaking countries.

Testing Program (ISBN-13: 978-0-205-66673-7; ISBN-10: 0-205-66673-6)
Two finished tests are available for each chapter. In addition, the testing program includes a larger number of additional testing modules that can be used by individual teachers to create customized tests. The Testing Program is available through the Instructor's Resource Manual.

Audio to Accompany Testing Program (ISBN-13: 978-0-205-66671-3; ISBN-10: 0-205-66671-X)
These recordings accompany the listening activities in the Testing Program.

Online Supplemental Activities (ISBN-13: 978-0-205-66672-0; ISBN-10: 0-205-66672-8)
Supplemental activities are now available online exclusively, allowing teachers greater flexibility in choosing activities for their students.

Online Resources

NEW MySpanishLab

MySpanishLab™ is an online learning and assessment system for Spanish courses. It is designed to serve the unique needs of language learners and language teachers. For more information visit www.myspanishlab.com.

MySpanishLab is available in the following ways:

- Purchased bundled with *Conexiones 4/e* (0-13-701253-5). High School adopters will receive an access pincode card (ISBN 0-13-034391-9). This pincode will provide teacher and student access. The subscription created with these access codes is valid for the term of one year. At the end of the term you will be notified via email on how to renew access. (Access is limited to 6 years).

- Purchased separately in Class Registration Kits of 10 or 20 redemption codes. One access code is for 1 student for 12 months beginning at the time of registration. [Example: A kit of 20 access codes can be used for 20 students for 1 year (20x1) or for 4 students for 5 years (4x5)]. For more information, or to purchase, please visit PearsonSchool.com/MyLanguageLabs.

Preview access can be obtained online at Pearson.School.com/Access_Request. For questions concerning access, email PHwebaccess@pearsoned.com.

Companion Website (www.pearsonhighered.com/*conexiones*)

The *Conexiones* **open-access Website** contains a wealth of practice and expansion exercises for students. Each chapter of the website complements a chapter in the text, and contains automatically graded exercises that practice and reinforce the vocabulary and grammar information in each chapter. The section *¡A explorar!* includes link-based activities that take the student to a wealth of Spanish-language websites for linguistic and cultural discovery. In addition, the complete audio program to accompany the text and the Student Activities Manual is available, as well as an interactive soccer game and flashcard module.

Acknowledgments

The fourth edition of *Conexiones* is the result of careful planning between us and our publisher, and ongoing collaboration with students and you—our colleagues—who have been using the first, second, and third editions of *Conexiones.* We are indebted to all those people whose ideas, suggestions, and criticisms have helped shape this program. The authors and publishers would especially like to acknowledge and thank:

Rebecca Anderson, Santa Monica College
Mónica Ayala, Denison University
Sandro Barros, DePauw University
Herbert Brant, Indiana University-Purdue University Indianapolis
Carmen L. Chávez, Florida Atlantic University
Howard Grabois, Purdue University
Carmen Guerrero, Lee University
Monica Kenton, University of Minnesota
Nieves Knapp, Brigham Young University
Nuria López-Ortega, University of Cincinnati
Gillian Lord, University of Florida
Manuel Martínez, Ohio Dominican College
Frances Matos-Schultz, University of Minnesota
José Luis Mireles, Coastal Carolina University
Tiffany Powell, University of California, Los Angeles
Victoria Robertson, California State University, East Bay
Joaquín Rodríguez-Barbera, Sam Houston State University
Regina Roebuck, University of Louisville
Nohelia Rojas-Miesse, Miami University of Ohio
Ester Suárez-Felipe, University of Wisconsin-Milwaukee
Alicia Tabler, University of Colorado at Boulder

Araceli Tinajero, CUNY City College
Monica Velasco-Gonzales, University of Pennsylvania
Kathleen Wheatley, University of Wisconsin-Milwaukee

We are indebted to our friends and colleagues at Prentice Hall, especially **Celia Meana,** Development Editor, **Julia Caballero,** Director of Editorial Development, World Languages, and **Donna Binkowski,** Acquisitions Editor, for their dedication, insight, and thoughtful advice throughout the editorial process of the fourth edition, and to **Bob Hemmer,** Executive Editor, for his encouragement over the years in this and other projects. We would also like to thank the many people at Prentice Hall who contributed their ideas, efforts, and publishing experience to the Fourth Edition of ***Conexiones.*** **Samantha Alducin,** Senior Media Editor, for all her great work on the MySpanishLab; **Meriel Martínez,** Media Editor, for her excellent management of the development of the new video program and website, **Melissa Marolla Brown,** Development Editor, for her efficient and careful work in managing the preparation of the Student Activities Manual and other supplements; **Gayle Unhjem,** Editorial Assistant, for her hard work and efficiency obtaining reviews and attending to many administrative details. Furthermore, we would like to sincerely thank **Phil Miller,** Publisher, World Languages, for his support and commitment to the success of the text; **Denise Miller,** Senior Marketing Manager; and the World Languages Product Specialists for their creativity and efforts in coordinating marketing and promotion for the new edition. We would also like to thank the contributors who assisted us in the preparation of the fourth edition: Mónica Ayala, Sandro Barros, amd Manuel Martínez.

The authors would also like to thank **Natalie Hansen,** Production Editor (Black Dot) and **Nancy Stevenson,** Prentice Hall liaison. The work of Black Dot's copy editor and proofreaders has been indispensable, and we thank them for their careful and professional work.

We are grateful, as well, to our institutions: East Tennessee State University, the University of Cincinnati, and the City College of New York for supporting and recognizing the value of this project. We also express our appreciation to Carlos Eire for allowing the authors to translate and include an excerpt from *Waiting for Snow in Havana*, and to CCNY graduate student Heidy Brea for her valuable help in the search for videos and songs for our book. Most importantly, we thank our friends and families for their patience and support, as ever.

Conexiones is dedicated to Lourdes, Eddy, Cindy, Lindsey, Ed, Elena, Lauren, Will, Wayne, Alexis, Camille, Chris, Sandro, Ellie, Teresa, Ignacio, Ozzie, and Jackie Rey.

Eduardo Zayas-Bazán

Susan M. Bacon

Dulce M. García

CONEXIONES

Comunicación y cultura

1 Esas modas que van y vienen

OBJETIVOS COMUNICATIVOS

- Discussing fashion trends and fads
- Saying what occurred in the past
- Describing in the past
- Talking about the influence of fashion on cars
- Narrating in the past

PRIMERA PARTE

¡Así es la vida! • • • En esa década

¡Así lo decimos! Vocabulario • • • Las modas

¡Así lo hacemos! Estructuras • • • The preterit tense
The imperfect tense

Conéctate

- VIDEORED • • • *Esas modas pasajeras* (Jaime Gómez León, España)
- COMUNIDADES • • • La ropa y el trabajo
- CONEXIONES • • • ¿Una moda duradera?
- COMPARACIONES • • • La movida madrileña

SEGUNDA PARTE

¡Así es la vida! • • • El automóvil y la moda

¡Así lo decimos! Vocabulario • • • Los autos

¡Así lo hacemos! Estructuras • • • Preterit vs. imperfect

¡ASÍ LO EXPRESAMOS!

- IMÁGENES • • • *El arte de la moda* (El Corte Inglés, España)
- RITMOS • • • *Antes muerta que sencilla* (María Isabel López, España)
- PÁGINAS • • • *Foro: Esas modas ¿pasajeras?* (Anónimo/a)
- TALLER • • • Tu propio foro (*blog*)

A empezar

La moda. ¿Cuál es una moda popular entre los jóvenes de hoy? ¿Cuál es una moda actual que no sigues? ¿Cuál es una moda que consideras pasajera? ¿Cómo se hace popular una moda nueva?

Curiosidades

¿Sabes...

cuánto le pagaron a Harvey Ball por crear la carita alegre ☺ en los años 60?

a. $400.000,00
b. $4.000,00
c. $40,00

qué estilo de chaqueta popularizaron los Beatles?

a. la Nehru
b. la de cuero
c. la de manga corta

quién es la persona que se puso ropa interior encima de su ropa en la foto que aparece en la tapa de su álbum?

a. Jennifer López
b. Tiny Tim
c. Madonna

cómo murió Ritchie Valens, el cantante que hizo popular la canción "La bamba" en los años 50?

a. en un accidente de avión
b. de una sobredosis de heroína
c. de una neumonía

Primera parte

¡Así es la vida!

En esa década

¿Largo, corto o mediano? Me refiero al pelo y también a las faldas, a los pantalones y acaso a los discos. A continuación verás a algunos hispanos famosos y una lista de las modas que se hicieron populares en su década. ¿Sabes quiénes son? ¿Conoces las modas que predominaban en cada década? ¿Cuáles han vuelto a estar de moda?

La moda de los años 50	¿Ha vuelto a estar de moda?	
la lámpara de lava	❍ Sí	❍ No
en los hombres, la vaselina en el cabello y las chaquetas de cuero	❍ Sí	❍ No
los cines al aire libre	❍ Sí	❍ No

Ritchie Valens, de origen mexicano y pionero del rock americano, grabó una versión rockera de la canción tradicional mexicana, "La bamba" en 1958.

La moda de los años 60	¿Ha vuelto a estar de moda?	
la carita alegre	❍ Sí	❍ No
la minifalda	❍ Sí	❍ No
los pantalones de campana	❍ Sí	❍ No

Hija de un físico mexicano, a Joan Báez se le conocía como "la reina de la canción protesta" durante los turbulentos años 60.

La moda de los años 70	¿Ha vuelto a estar de moda?	
el afro	❍ Sí	❍ No
loa zapatos de plataforma	❍ Sí	❍ No
la música disco	❍ Sí	❍ No

El conjunto Santana, encabezado por el mexicano Carlos Santana, combinó ritmos afrolatinos con los de rock y blues para crear un estilo singular.

La moda de los años 80	¿Ha vuelto a estar de moda?	
la moda "punk"	❍ Sí	❍ No
MTV	❍ Sí	❍ No
el pelo de la mujer muy inflado con mucho fijador	❍ Sí	❍ No

Gloria Estefan formó parte del conjunto Miami Sound Machine antes de iniciar su carrera como solista en 1989.

¡Así lo decimos! Vocabulario

Vocabulario primordial*

el anuncio
los (años) veinte, los treinta, cuarenta, etc.
cambiar
la década
el estilo
imitar
la publicidad
el público
seguir (i, i)

*These are expressions that you have either studied previously or are obvious English cognates. We list them under *Vocabulario primordial* (fundamental) as a reminder that they can be useful for the activities in this chapter. When you see these terms in context, we hope that you will use your guessing strategies to help build your Spanish vocabulary. Although we do not provide English translations here, you will find them in the glossary at the end of the text.

Vocabulario clave: Las modas

Verbos

difundirse	*to spread*
destacar	*to stand out*
durar	*to last*
hacerse popular	*to become popular*
influir en/sobre†	*to influence*
lograr	*to achieve*
mantenerse (ie)	*to maintain oneself*
pegar fuerte	*to catch on*

Sustantivos

la demanda	*demand*
el diseño	*design*
el género	*type, genre*
el maquillaje	*make-up*
la marca	*brand (of a product), make of a car*
la moda (pasajera)	*(passing) fad*
el/la modelo	*model*
el modo (de vestir, de bailar, etc.)	*way (of dressing, dancing, etc.)*
el movimiento	*movement*
el peinado	*hairstyle*
la tendencia	*tendency*

Otras expresiones

a la moda	*in style/fashion (a person)*
de moda	*in style/fashion (something)*
en onda/boga	*in vogue*
fuera de onda	*out of vogue*
pasado/a de moda	*out of style*

Ampliación

Verbos	Sustantivos	Adjetivos
cambiar	el cambio	cambiado/a
difundirse	la difusión	difuso/a
diseñar	el diseño, el/la diseñador/a	diseñado/a
durar	la durabilidad	duradero/a
imitar	la imitación	imitado/a
influir	la influencia	influido/a

†influyo, influyes...

¡Cuidado!

solo(a)/sólo, realizar/darse cuenta de

- Use **solo/a** as an adjective to mean *alone*.

  El chico fue **solo** al baile. — *The kid went alone to the dance.*

- Use **sólo** (with an accent) as an adverb to mean *only*.

  Hay **sólo** una marca de champú que me gusta. — *There is only one brand of shampoo that I like.*

- Use **realizar** in the sense of *to carry out* or *achieve*.

  La chica **realizó** su sueño de ser diseñadora. — *The girl achieved (carried out) her dream of becoming a designer.*

- Use **darse cuenta de** to mean *to realize* or *recognize*.

  Me **di cuenta de** que estaba pasado de moda. — *I realized it was out of style.*

▸ Aplicación

1-1 Las modas pasajeras. Pon en categorías las modas que se mencionan en *¡Así es la vida!* según su uso. Si crees que no forma parte de ninguna categoría, explica por qué.

La diversión	La apariencia física	Formas de comunicación	Otra(s)
	el afro		

1-2 ¿Están a la moda? De las modas mencionadas en *¡Así es la vida!,* ¿cuáles siguen todavía ustedes o sus compañeros? ¿Y sus padres? Conversen sobre las razones por las que una moda continúa o no. Pueden incluir razones económicas, sociales o personales.

1-3 En su opinión. Ustedes tienen la oportunidad de crear una moda nueva que pueda traerles fama y riqueza. Decidan cómo es y cómo la van a hacer popular. La clase luego decidirá cuál de las modas tendrá más éxito comercial.

1-4 A explorar: Pasado/a de moda. Visita la página web de *Conexiones* para ver otras modas pasajeras. Elige una y explica por qué ha pasado de moda.

1-5 De nuevo: Soy una moda (*The present indicative*). Imagínate que eres una moda que se hizo popular a fines del Siglo XX. (Ej., los anillos en la lengua y la nariz, los tatuajes, los zapatos de plataforma, etc.) Escribe una autodescripción y léesela a tus compañeros/as. ¡A ver si adivinan qué moda eres!

MODELO:

–*Soy de plástico.*
–*Soy redondo.*
–*Puedo ser de diferentes colores.*
–*Mi diámetro es de un metro.*
–*La gente me usa para hacer ejercicio y para divertirse.*
–*A veces hay concursos en que me usan.*
–...
–*¿Qué soy?* (El aro de hula-hula [*hula hoop*])

Recuerda: Para hacer esta tarea debes usar el presente del indicativo. (Si necesitas ayuda, consulta las tablas de verbos (*verb charts*) al final del libro.)

Reto: Escribe por lo menos seis oraciones y usa varias expresiones de *¡Así lo decimos!*

¡Así lo hacemos! Estructuras

1. The preterit tense

Uses of the preterit

The **preterit** is one of two simple past tenses in Spanish. It narrates an event or a series of events at a particular point in time, and events or actions with a specified or implied beginning, end, or both. It is used to indicate the following:

- completed past actions or events

  Anoche **leí** cómo se **inventó** el primer videojuego. — *Last night I read about how the first videogame was invented.*

- actions that began or finished (either explicitly or implicitly)

  El aro de hula-hula **duró** sólo unos pocos años. — *The hula hoop only lasted a few years.*

- abrupt changes in emotions or in physical or mental states in the past

  El chico **se alegró** cuando **vio** el Corvair en el garaje de su casa. — *The boy was happy when he saw the Corvair in his home's garage.*

- events that took place in an instant or in a limited period of time (whether stated or not)

  La modelo **se maquilló** antes de la sesión con el fotógrafo. — *The model put on her makeup before the session with the photographer.*

- a series of events in a narration (to advance the plot)

  El diseñador **terminó** el dibujo, lo **puso** en un sobre y lo **echó** al correo. — *The designer finished the sketch, put it in an envelope, and put it in the mail.*

Regular forms of the preterit

	TOMAR	COMER	VIVIR
yo	tom**é**	com**í**	viv**í**
tú	tom**aste**	com**iste**	viv**iste**
Ud., él, ella	tom**ó**	com**ió**	viv**ió**
nosotros/as	tom**amos**	com**imos**	viv**imos**
vosotros/as	tom**asteis**	com**isteis**	viv**isteis**
Uds., ellos, ellas	tom**aron**	com**ieron**	viv**ieron**

▶ Aplicación

1-6 Un movimiento musical de los 60. Lee la descripción de los músicos que más influyeron en la música desde los 60 hasta hoy en día. Subraya los verbos en el pretérito.

Un movimiento musical impactante

Cuando los Beatles se presentaron en vivo en el espectáculo de Ed Sullivan en febrero de 1964, comenzó la invasión de la música británica en Estados Unidos y en Canadá. Su primera aparición el 9 de febrero, en particular, marcó un hito (*milestone*) en la cultura pop norteamericana. Los jóvenes no sólo compraron sus discos, sino que también siguieron su modo de vestir y de peinarse. Así pues, cuando volvieron al programa en septiembre de 1965, el programa tuvo una audiencia de un 60 por ciento. El grupo no perdió influencia en los años siguientes. Grabaron 40 sencillos y varios álbumes. Llegaron a ser el grupo número uno en ventas y popularidad, no sólo en Norteamérica sino también en muchos otros países del mundo. Su modo de vestir, su corte de pelo y sus opiniones políticas y sociales les permitieron poder dictar la moda y ver su influencia manifestarse en las revoluciones sociales y culturales de la década de los 60.

1-7 Una invasión musical. Ahora contesta las preguntas a continuación.

1. ¿En qué década aparecieron los Beatles por primera vez en EE. UU.?
2. ¿Qué influencia tuvieron en la moda?
3. ¿Cuántos álbumes y sencillos produjeron?
4. ¿Cómo influyeron en el pensamiento social de su época?
5. ¿Conoces su música? ¿Qué canción te parece la más impactante?
6. ¿Conoces otro grupo musical como los Beatles que tuvo tanto impacto? ¿Cuál?

1-8 "Menudo". Completa el párrafo siguiente sobre la historia de otro grupo musical famoso usando la forma correcta del pretérito del verbo más apropiado de la lista.

crear	**formar**	**invadir**	**recorrer**	**trabajar**
decidir	**imitar**	**recibir**	**tomar**	**usar**

El grupo musical Menudo es considerado, sin duda, el fenómeno musical más grande de Latinoamérica de todos los tiempos. En 1977 Edgardo Díaz, un productor puertorriqueño, (**1**) ___________ un concepto musical innovador con un grupo de muchachos jóvenes. Para conservar una imagen fresca, Díaz (**2**) ___________ sustituir a sus integrantes (*members*) al cumplir los quince años. En preparación, los integrantes (**3**) ___________ largas horas y (**4**) ___________ lecciones de canto y baile para luego presentar un verdadero espectáculo ante un público internacional. Desde Puerto Rico, Menudo (**5**) ___________ el mundo de la música pop. Menudo (**6**) ___________ cinco continentes y (**7**) ___________ la atención de millones de jóvenes con sus canciones en español, italiano, inglés, portugués y hasta en tagalo. Desde su inicio, 33 adolescentes (**8**) ___________ parte de este grupo histórico. Muchos, como Ricky Martin, (**9**) ___________ esta experiencia como plataforma para iniciar una carrera como solista. En Estados Unidos, algunos grupos juveniles posteriores como New Kids on the Block, Backstreet Boys y N*Sync entre otros (**10**) ___________ su estilo y sus coreografías.

1-9 Momentos clave. Hay muchos momentos clave (*key*) en nuestras vidas que nunca olvidamos. Compartan una de estas experiencias con su compañero/a. ¿Qué hiciste? ¿Qué pasó? ¿Qué aprendiste de la experiencia? Aquí tienen algunas sugerencias.

- la primera lección de conducir
- el primer trabajo
- la primera cita
- la fiesta del "Prom"
- el primer concierto de rock

Common irregular verbs in the preterit

-AR WITH -ER/-IR FORMS	
dar:	d**i**, d**iste**, d**io**, d**imos**, d**isteis**, d**ieron**
ser:	fu**i**, fu**iste**, fu**e**, fu**imos**, fu**isteis**, fu**eron**
ir:	fu**i**, fu**iste**, fu**e**, fu**imos**, fu**isteis**, fu**eron**

- The verbs **ser** and **ir** have the same forms in the preterit. The context will clarify the meaning.

Fuimos al concierto de rock.	*We went to the rock concert.*
John Lennon **fue** un cantautor importante.	*John Lennon was an important singer-songwriter.*

- **Dar** uses the same forms as the **-er** and **-ir** verbs, but without accents.

El músico le **dio** su autógrafo a la joven.	*The musician gave his autograph to the young woman.*

- With the exception of a few spelling changes, the verbs below follow a common pattern. Note that there are no accents on these endings:

-e	-imos
-iste	-isteis
-o	-ieron

U IN STEM	
estar:	estuve, estuviste, estuvo, estuvimos, estuvisteis, estuvieron
tener:	tuve, tuviste, tuvo, tuvimos, tuvisteis, tuvieron
andar:	anduve, anduviste, anduvo, anduvimos, anduvisteis, anduvieron
poder:	pude, pudiste, pudo, pudimos, pudisteis, pudieron
poner:	puse, pusiste, puso, pusimos, pusisteis, pusieron
saber:	supe, supiste, supo, supimos, supisteis, supieron

I IN STEM	
hacer:	hice, hiciste, hi**z**o, hicimos, hicisteis, hicieron
querer:	quise, quisiste, quiso, quisimos, quisisteis, quisieron
venir:	vine, viniste, vino, vinimos, vinisteis, vinieron

-IERON → ERON	
traer:	traje, trajiste, trajo, trajimos, trajisteis, trajeron
conducir*:	conduje, condujiste, condujo, condujimos, condujisteis, condujeron
decir:	dije, dijiste, dijo, dijimos, dijisteis, dijeron

*Other verbs like conducir: *introducir, producir, traducir*

- When the verb **haber** means *there was/were*, always use the third person singular.

Hubo un cambio radical de moda entre los 50 y los 60.	*There was a radical change in fashion from the 50s to the 60s.*
Hubo cambios importantes en todos los aspectos de la vida.	*There were important changes in every aspect of life.*

Verbs with spelling changes in the preterit

- Verbs that end in **-er** and **-ir** preceded by a vowel (for example, **creer, caer, leer,** and **oír**) change the **i** to **y** in the third person.

-í	-imos
-iste	-isteis
-yó	-yeron

Mi abuela **creyó** que la Macarena era una galleta.	*My grandmother believed the Macarena was a cookie.*
Ese año se **oyeron** varios tipos de música diferentes.	*That year several different kinds of music were heard.*

- Verbs that end in **-car, -gar,** and **-zar** have a spelling change in the first person singular of the preterit in order to maintain the original sound. All other forms of these verbs are conjugated regularly. Some verbs that follow this pattern are:

abrazar	**empezar**	**obligar**
almorzar	**explicar**	**pagar**
buscar	**llegar**	**practicar**
comenzar	**negar**	**tocar**

c → qu	buscar	busqué, buscaste, buscó...
g → gu	llegar	llegué, llegaste, llegó...
z → c	almorzar	almorcé, almorzaste, almorzó...

Busqué una marca nueva de auto.	*I looked for a new make of car.*
Llegué tarde al concierto de música *punk*.	*I arrived late for the punk concert.*
Almorcé con mis amigos en un nuevo restaurante de comida fusión.	*I ate lunch with my friends at a new, fusion cuisine restaurant.*

▶ Aplicación

1-10 La historia de los videojuegos. Usa la forma correcta del pretérito para completar este artículo sobre los primeros videojuegos.

En 1958, el ingeniero William Higginbotham (querer) ___________ entretener a los visitantes del Brookhaven National Laboratory e (inventar) ___________ un simulador de tenis de mesa, Tennis for Two, considerado hoy en día como el primer juego interactivo. Otras figuras importantes que (contribuir) ___________ al diseño y desarrollo de los videojuegos (ser) ___________ Steven Russell, Ralph Baer y Nolan Bushnell. Muchos de los videojuegos que (traerse) ___________ al mercado en los años 70 (tener) ___________ sus orígenes en las creaciones de estos tres genios de la ingeniería y la programación. De Higginbotham, por ejemplo, (venir) ___________ el conocido juego Pong que (aparecer) ___________ en los primeros salones de máquinas recreativas. Space Invaders (hacerse) ___________ popular gracias a la primera versión de Bushnell. Con la colaboración y talento de muchos otros, los videojuegos (poder) ___________ salir de su ámbito universitario y convertirse en el pasatiempo más popular de esta generación.

1-11 En su opinión. Digan si están de acuerdo o no con estas afirmaciones y expliquen sus opiniones.

1. El plástico fue el invento más importante del Siglo XX.
2. El afro siguió estando de moda hasta hoy en día.
3. Calvin Klein tuvo el impacto más importante sobre la moda en los 90.
4. Los góticos introdujeron el color negro en la moda.
5. Los hippies no quisieron formar parte de la sociedad.

1-12 ¿Qué hicieron? Imagínense una conversación entre un hippie de los años 60 y un *yuppie* de los años 80, o un fanático del disco de los años 70 y un rapero de los años 90. Escojan a dos de esos personajes. Piensen en la ropa, la música y las actividades típicas de estas épocas. Usen los siguientes verbos en el pretérito e inventen respuestas apropiadas según los contextos históricos.

MODELO: YUPPIE: *¿Qué almorzaste ayer?*
HIPPIE: *No almorcé nada. Estuve en huelga de hambre. ¿Y tú?*
YUPPIE: *No tuve tiempo. Tuve una reunión con los accionistas* (investors).

abrazar, decir, hacer, pagar, querer
almorzar, descubrir, ir, poder, tocar
buscar, empezar, leer, ponerse, traer
dar, estar, llegar, oír, venir

Preterit of stem-changing verbs

- Stem-changing **-ir** verbs in the present tense also have stem changes in the preterit. The changes are:

  e → i
  o → u

- These changes only occur in the third person singular and plural.

pedir:	pedí	pedimos
	pediste	pedisteis
	p**i**dió	p**i**dieron
dormir:	dormí	dormimos
	dormiste	dormisteis
	d**u**rmió	d**u**rmieron

The following verbs follow a similar pattern:

divertirse (i)	**morir** (u)	**reírse** (i)	**seguir** (i)	**servir** (i)
mentir (i)	**preferir** (i)	**repetir** (i)	**sentir** (i)	**vestirse** (i)

John Lennon **murió** a manos de un asesino en 1980. — *John Lennon died at the hands of an assassin in 1980.*

Todos **siguieron** el juicio de Mark Chapman. — *Everyone followed the trial of Mark Chapman.*

▸ Aplicación

1-13 Un concierto de *Live Aid*. En 1985 hubo un concierto para beneficiar a las víctimas del hambre en África. Muchos grupos de rock participaron en ese evento. Combina las preguntas con respuestas lógicas.

MODELO: ¿Quién organizó el concierto?
Lo organizaron varios músicos de rock.

1. ___ ¿Por qué hubo un concierto?
2. ___ ¿Dónde fue el concierto?
3. ___ ¿Quiénes estuvieron presentes?
4. ___ ¿Qué pidieron los músicos?
5. ___ ¿Cómo se sintieron todos al día siguiente?

a. Donaciones de comida y dinero para los necesitados.
b. En el estadio JFK en Filadelfia.
c. Cansados pero contentos.
d. Aficionadas al grupo The Who.
e. Para recaudar fondos para ayudar a la gente en Etiopía.

1-14 Ahora ustedes. Pregúntale a tu compañero/a sobre un concierto. Usa las mismas preguntas de **1-13** y otras diferentes. Usa oraciones completas para responder y prepárate con tu compañero/a para presentar un resumen de la conversación al resto de la clase.

MODELO: E1: *¿Dónde fue el concierto?*
E2: *Fue en el estadio de la universidad.*

1-15 ¡Expediente X! Uno de los programas más populares de fines del Siglo XX fue *Expediente X* en Fox TV. Todas las semanas los protagonistas Scully y Mulder se defendían de fuerzas misteriosas ante un público de 14 millones de personas. Haciendo el papel de Scully o Mulder y de un testigo (*witness*), túrnense para entrevistarse sobre una visita de un extraterrestre.

1. ¿Cuándo viste al extraterrestre por primera vez?
2. ¿Cómo llegó?
3. ¿Cómo te comunicaste con él?
4. ¿Qué le dijiste al extraterrestre?
5. ¿Qué te contestó?
6. ¿Qué te pidió?
7. ¿Cuándo se fue el extraterrestre?
8. ¿Qué hiciste después?

1-16 El/La adivino/a. Imagínate que sabes leer las manos. Túrnate con tu compañero/a para adivinar cinco cosas que él o ella hizo el año pasado.

MODELO: *Veo en tus manos que el año pasado hiciste un viaje a...*

2. The imperfect tense

Uses of the imperfect

The imperfect is another simple past tense in Spanish. The Spanish imperfect has four common English equivalents:

- the simple past
- the past progressive
- either "would" or "used to" + infinitive (for habitual actions in the past)

El diseñador **hablaba** de las modas más importantes de la década.

The designer	*talked* *was talking* *would talk* *used to talk*	*about the most important styles of the decade.*

- The imperfect tense is used to describe a **continuous past action or state.** It makes no reference as to the exact beginning, duration, or end of the action.

Cuando **estaba** en la universidad, era popular llevar varios aretes.	*When I was at the university, it was popular to wear several earrings.*

- The imperfect is used to describe **repeated, habitual, or continuous actions in the past.**

Cuando **tenía** quince años, **leía** revistas sobre gente famosa. — *When I was fifteen, I used to read magazines about famous people.*

- The imperfect is used to describe two simultaneous activities.

La presentadora **explicaba** los estilos nuevos mientras las modelos **caminaban** por la pasarela. — *The presenter explained the new styles as the models walked down the runway.*

- When **one action interrupts another**: the action that interrupts is expressed in the **preterit,** and the interrupted action in the **imperfect.**

Era 1960 cuando Chubby Checker **introdujo** el twist por primera vez. — *It was 1960 when Chubby Checker first introduced the twist.*

Forms of the imperfect

Most verbs in the imperfect are regular.

Regular forms of the imperfect

- Note that the three verbs listed end in **-ar, -er,** and **-ir,** respectively.

hablar:	habl**aba**, habl**abas**, habl**aba**, habl**ábamos**, habl**abais**, habl**aban**
comer:	com**ía**, com**ías**, com**ía**, com**íamos**, com**íais**, com**ían**
vivir:	viv**ía**, viv**ías**, viv**ía**, viv**íamos**, viv**íais**, viv**ían**

- Only the first person plural of **-ar** verbs has a written accent mark. All **-er** and **-ir** verbs have the same endings in the imperfect tense. All forms have a written accent mark.
- There are only three irregular verbs in the imperfect.
- Note:
  Only the first-person plural forms of *ir* and *ser* have a written accent mark; all forms of *ver* require an accent mark.

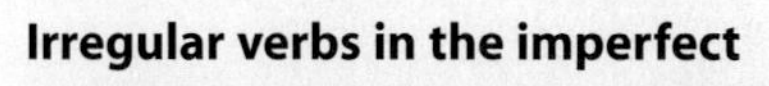

Irregular verbs in the imperfect

ir:	iba, ibas, iba, íbamos, ibais, iban
ser:	era, eras, era, éramos, erais, eran
ver:	veía, veías, veía, veíamos, veíais, veían

- The imperfect of the verb **ir** plus **a** and the infinitive is used to express **immediate future in the past,** especially if the action was interrupted or not completed.

Yo **iba** a escribir sobre el movimiento hippie.	*I was going to write about the hippie movement.*

▸ Aplicación

1-17 Un programa pionero en la televisión. En los años 50 y 60 muchos de los programas de televisión eran en vivo. Lee sobre uno de ellos y subraya todos los verbos en el imperfecto. Identifica también el infinitivo de cada verbo.

Detrás de las risas provocadas por las cómicas situaciones de *I Love Lucy*, había una ruptura revolucionaria de los estereotipos. La serie mostraba, por primera vez, un matrimonio intercultural en un programa familiar emitido en horas de máxima audiencia. A través de Lucy y Ricky Ricardo convivían dos culturas: la cubana y la estadounidense con respeto para ambas. Para comenzar, Ricky Ricardo, el guapo esposo cubano de la estadounidense Lucy, era el más inteligente de la familia. Además, este personaje hispano no era ni bandido, ni drogadicto, ni pobre, ni analfabeto (*illiterate*), habitual imagen de los hispanos aún hoy en la industria del cine y la televisión. *I Love Lucy* incorporó innumerables novedades técnicas y de contenido: se grababa en vivo; se usaban tres cámaras; se contaba con la presencia del público durante la grabación; un hispano interpretaba un papel de un personaje hispano más listo que el personaje anglosajón que interpretaba su coprotagonista. Además, el mismo Desi Arnaz producía la serie.

Desi Arnaz era uno de los pocos latinos que aparecían en la televisión en vivo durante los 50.

1-18 Un programa innovador. Contesta con una oración completa las preguntas basadas en el párrafo anterior.

1. ¿Cómo se llamaba la serie?
2. ¿Por qué era innovadora?
3. ¿Quiénes estaban presentes durante la grabación?
4. ¿Quién producía la serie?
5. Antes de ser estrella de la televisión, Desi Arnaz ya era muy conocido. ¿Sabes cuál era la profesión original de Desi Arnaz?

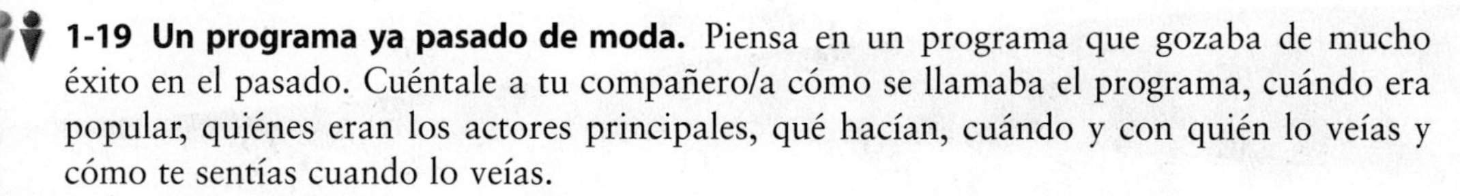

1-19 Un programa ya pasado de moda. Piensa en un programa que gozaba de mucho éxito en el pasado. Cuéntale a tu compañero/a cómo se llamaba el programa, cuándo era popular, quiénes eran los actores principales, qué hacían, cuándo y con quién lo veías y cómo te sentías cuando lo veías.

MODELO: *En 1988 cuando vivía en Alabama veía mucho el programa de los Simpson...*

1-20 Cuando era más joven. Usa el imperfecto para contarle a tu compañero/a cinco cosas que no te atrevías (*dared*) a hacer cuando eras más joven, pero que ahora haces normalmente.

MODELO: *Cuando era más joven no me atrevía a bailar en público porque me avergonzaba.*

1-21 A explorar: Unos años divertidos. Visita la página web de *Conexiones* para leer anécdotas de los estilos y la música de los años 80 o 90. Elige uno de los temas, y escribe un párrafo en el que describas tus experiencias o conocimientos de la moda y la vida de esa década.

1-22 Un grupo legendario del Siglo XX. A continuación vas a escuchar información sobre Mecano, un grupo musical que tuvo mucha influencia sobre la cultura popular del Siglo XX. Contesta brevemente las preguntas que siguen.

1. ¿En qué país se fundó el grupo?
2. ¿Durante qué décadas era popular?
3. ¿Cómo se sabe que también tuvo éxito internacional?
4. ¿Cuántos miembros tenía el grupo?
5. ¿Cuál de ellos tiene éxito como solista?

1-23 Debate: Las modas. Formen dos grupos para debatir uno de los siguientes temas. Usen el pretérito y el imperfecto en su discurso e incluyan comparaciones con el pasado.

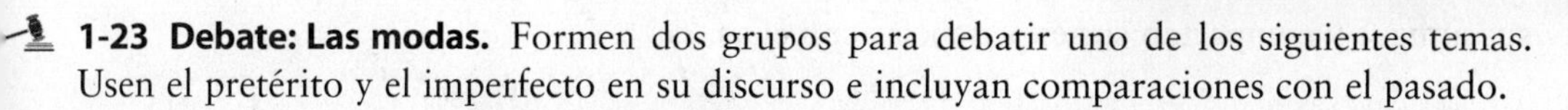

Resolución: En las escuelas públicas debe haber reglas sobre el modo de vestir de los estudiantes y se debe prohibir que los chicos tengan tatuajes y perforaciones corporales.

Resolución: Debemos boicotear la ropa hecha en países donde no se respetan los derechos humanos de los trabajadores.

Frases comunicativas

En mi opinión,...
Con todo respeto,...
(No) Estoy de acuerdo...

MODELO: *En el pasado, los chicos siempre se vestían de una manera apropiada en las escuelas. Ahora no...*

Conéctate

VideoRed

▶ Antes de verlo

1-24 Fuera de onda. Haz una lista de cinco o más modas que ya no se usen y que pienses que puedan aparecer en este video. Después, confirma si aparecieron o no. ¿Cuáles de ellas has seguido en el pasado?

▶ A verlo

Esas modas pasajeras **(Jaime Gómez León, España)**

▶ Después de verlo

1-25 Pegaron fuerte. De las modas que aparecieron en el video, nombren dos o más que no conocían. De las que sí conocen, expliquen si eran o si han vuelto a ser populares entre sus amigos y compartan sus experiencias con ellas.

Comunidades

1-26 La ropa y el trabajo. Investiga si hay organizaciones que vendan ropa de segunda mano en tu comunidad que ayuden a los empleados de bajos recursos a lucir bien en el trabajo; Ej., Dress for Success, Goodwill, Salvation Army. Escribe un informe sobre los servicios que ofrecen estas organizaciones y el número de personas que sirven. Averigua *(Find out)* si está creciendo o disminuyendo el número de sus clientes y la razón o razones por la cual esto ocurre.

Conexiones

1-27 ¿Una moda duradera? ¿Creen que hay modas duraderas? Piensen en una que era popular hace veinte años o más y que ha vuelto a ser popular. ¿Cuáles son algunos de los factores que contribuyen a que una moda vuelva a usarse?

Comparaciones

1-28 En tu experiencia. ¿Cómo se caracterizaba la contracultura de los hippies en los años 60 y 70 en EE. UU.? ¿Qué situación política contribuyó al movimiento? ¿Conoces a alguien que todavía parezca un hippie viejo?

Por los años 80, el español Juan Carlos Argüello, "Muelle", empezó a inundar con sus grafitos las calles y el metro de Madrid.

La movida madrileña

La movida madrileña fue un movimiento contracultural español que surgió durante los primeros años de la transición hacia la democracia y que se prolongó desde la muerte del dictador Francisco Franco en 1975 hasta casi el final de los ochenta.

La noche madrileña fue muy activa no sólo por las salidas nocturnas de los jóvenes, sino a causa de un interés inusual en la llamada *cultura alternativa*, las drogas y la contracultura que surgió en Estados Unidos en la década de los 60. Ese movimiento rechazó los valores sociales y el modo de vida establecidos y propuso valores y soluciones alternativas: el pacifismo, la vida en comunas, el retorno a la Naturaleza, la experimentación con drogas psicodélicas, el amor libre, la espiritualidad oriental y el consumo frugal.

No sólo los jóvenes, sino también muchos políticos apoyaron la cultura alternativa como un paso hacia la modernidad, o por lo menos algo muy diferente de las cuatro décadas de dictadura.

Entre los artistas de la época se incluye Juan Carlos Argüello (1966–1995) más conocido por su firma "Muelle", un pionero en España de un estilo de grafito, similar al *tagging* que se había desarrollado en Estados Unidos. En el cine, se destaca Pedro Almodóvar.

1-29 En su opinión. Den su opinión y justifíquenla.

1. El movimiento contracultura no se volverá a repetir más en Estados Unidos.
2. El movimiento contracultura es autodestructivo.
3. El grafito tiene valor artístico.
4. Es posible retornar a la Naturaleza sin ser hippie.

Segunda parte

¡Así es la vida!

El automóvil y la moda

El automóvil, tal como lo conocemos en la actualidad, fue inventado en Alemania en 1886 por Carl Benz. El primer viaje largo en automóvil fue de unos 105 km, pero en esa época la velocidad máxima era de unos 20 km/h, y se gastaba muchísima más gasolina de la que gasta ahora un vehículo a esa misma velocidad. En las décadas siguientes, el automóvil ha llegado a ser no sólo una parte íntegra de nuestras vidas, sino también un símbolo de la personalidad de su dueño.

A ver si puedes emparejar estos automóviles con la década en que se fabricaron y alguna moda popular de la misma.

Década	Automóvil	Modas
los 40		Todos bailaban el twist.
los 50		Los Simpsons eran populares en la televisión.
2000		La cultura "Beat" era evidente entre otras cosas en la literatura, la moda y el jazz.
los 70		Tommy Dorsey y Johnny Mercer eran populares en la música.
los 90		Se estrenó el programa "Sobreviviente" en la televisión.
los 60		Se estrenó la película *El padrino*.

¡Así lo decimos! Vocabulario

Vocabulario primordial

el concepto
el exterior
el interior
el invento
la preferencia

Vocabulario clave: Los autos

Verbos

conducir/manejar	*to drive (a vehicle)*
gastar	*to spend, to waste*
fabricar	*to manufacture*
considerar	*to consider*

Sustantivos

el apodo	*nickname*
el/la dueño/a	*owner*
la época	*era*
la imagen	*image*
la novedad	*novelty, news*

Adjetivos

ágil	*agile, quick*
espacioso/a	*spacious*
lujoso/a	*luxurious*
manejable	*manageable*
potente	*powerful*

Para hablar de los automóviles

los asientos de cuero	*leather seats*
el auto compacto	*compact car*
las bandas decorativas	*decorative stripes*
el descapotable/convertible	*convertible*
la furgoneta*	*van*
el híbrido	*hybrid*
los kilómetros por hora (km/h)	*kilometers per hour*
los kilómetros por litro/galón	*kilometers per liter/gallon*
el todoterreno	*all-terrain vehicle (ATV)*
la tracción a cuatro ruedas	*four-wheel drive*
el vehículo deportivo utilitario	*sport utility vehicle (SUV)*
la velocidad	*speed*

Ampliación

Verbos	Sustantivos	Adjetivos
fabricar	la fabricación	fabricado/a
gastar	el gasto	gastado/a
inventar	el invento	inventado/a
preferir (ie, i)	la preferencia	preferido/a

*Also *el monovolumen*: minivan

¡Cuidado!

- **dejar + direct object** means "to leave (something)."

  Dejé mi auto en el estacionamiento. — *I left my car in the parking lot.*

- **dejar + infinitive** means "to allow" or "to let."

  Mis padres no me **dejaban** conducir de noche. — *My parents didn't let me drive at night.*

- **dejar de + infinitive + direct object** means "to stop doing (something)."

  ¿Dejaste de buscar un auto nuevo? — *Did you stop looking for a new car?*

▶ Aplicación

1-30 Tu personalidad y tu auto. ¿Eres un auto importado exótico o un auto americano musculoso? ¿Un auto clásico o un todoterreno? Completa esta encuesta para descubrir tu vehículo interior.

1. ¿Eres apasionado/a?
2. ¿Cambias mucho de dirección?
3. ¿Eres fuerte?
4. ¿Haces mucho ruido?
5. ¿Necesitas mucha atención?
6. ¿Pierdes control fácilmente?
7. ¿Te gusta sentir la brisa en el pelo en el verano?
8. ¿Eres competitivo/a?
9. ¿Eres práctico/a?
10. ¿Tienes gustos lujosos?
11. ¿Te gusta pasear por el campo?
12. Si fueras una herramienta (*tool*), ¿cuál serías, un martillo (*hammer*) o un bisturí (*scalpel*)?

Date 1 punto si respondiste "sí" a las preguntas 9, 11 y bisturí
Date 2 puntos si respondiste "sí" a las preguntas 1, 5, 7, 8, 10
Date 3 puntos si respondiste "sí" a las preguntas 2, 3, 4, 6 y martillo

3–9 Eres práctico y te importa el valor más que el lujo. Sin embargo, te gusta un estilo fluido (*sleek*). Tal vez seas un auto híbrido. Si juegas un deporte, es al golf o haces jogging.

10–19 Eres un auto rápido deportivo. No te importa el costo de la gasolina. Es probable que seas descapotable. Si juegas a un deporte, es al tenis o te gusta nadar.

20–28 Eres un vehículo deportivo utilitario grande y poderoso con tracción a cuatro ruedas. Si juegas a un deporte, es al fútbol americano o al rugby.

Ahora contesta las siguientes preguntas.

1. ¿Cómo eres si tuviste 3–9 puntos?
2. Con 10–19 puntos, ¿qué tipo de auto eres?
3. Con 20–28 puntos, ¿a qué deportes juegas?
4. ¿Cuántos puntos tiene el que puede ser un auto híbrido?
5. ¿Quién tiene tracción a cuatro ruedas?
6. ¿A quién no le importa el costo de la gasolina?

1-31 Una encuesta (*poll*) del periódico. Vas a escuchar un informe que apareció en el periódico basado en una encuesta que hizo The Associated Press. Indica si las siguientes declaraciones son ciertas o falsas. Explica las falsas.

Según la encuesta...

1. _____ La mayoría de los estadounidenses cree que su auto tiene una personalidad.
2. _____ Hay varios apodos populares para los autos.
3. _____ La personalidad y los apodos son típicamente femeninos.
4. _____ Los hombres generalmente bautizan (*baptize*) a sus autos.
5. _____ A los norteamericanos les gusta conducir su auto.
6. _____ Les gusta conducir más a los que tienen entre 30 y 39 años.
7. _____ La marca de auto indica la personalidad de su dueño.

1-32 ¿En onda o fuera de onda? A continuación hay una lista de cambios de estilo o de utilidad que se introdujeron en la industria automovilística a partir de los años 50. Decidan cuál es el orden de importancia para la moda (**M**) y para la humanidad (**H**) de estos cambios. ¿Cuáles han perdurado? Expliquen su opinión.

_____ las aletas (*fins*) de los 60
_____ el combustible biodiesel
_____ las ventanillas eléctricas
_____ el tocador 8 track
_____ los autos con 8 cilindros
_____ los autos eléctricos
_____ los autos que pueden estacionarse automáticamente

1-33 A explorar: Los autos. El estilo de los autos pasa rápidamente de moda según los gustos personales y las campañas publicitarias de las empresas de automóviles. Visita la página web de ***Conexiones*** para ver algunos autos clásicos de otras épocas. Elige uno y escribe un párrafo en que lo comparas con el que tienes ahora o el que quieres tener algún día.

1-34 De nuevo: Una marca de automóvil que ya no se fabrica (*The preterit*). Elige una marca que se haya dejado de fabricar, por ejemplo, el Falcon, el Yugo, el Beetle o el SEAT, e investiga en la Internet eventos que ocurrieron durante su apogeo (*apogee*) en este país y en el mundo hispano. Diseña una línea de tiempo para los aficionados a la historia del automóvil con algunos eventos relacionados a la época en que ese auto era popular.

MODELO: El Modelo T (1907–1928)

- *1907 La empresa Ford Motors introdujo el Modelo T y el automóvil llegó a formar parte de la vida estadounidense. En España nació el Infante Alfonso, heredero* (heir) *al trono.*
- *1914 La empresa anunció un sueldo mínimo de $5 por día y estableció un día laboral de 8 horas. En España se descubrió que el Infante tenía hemofilia.*

. . .

- *1928 Se dejó de fabricar el Modelo T y se empezó a fabricar el Modelo A. España fue readmitida a la Liga de Naciones.*

Recuerda: Para escribir el texto de tu página necesitas utilizar el pretérito de la ***Primera parte***.

Reto: Incluye por lo menos cinco puntos en tu línea de tiempo y cinco eventos del mundo hispano.

¡Así lo hacemos! Estructuras

3. Preterit vs. imperfect

- The **preterit** and the **imperfect** reflect the way the speaker views an action or event. The **preterit** informs about a finished action. The **imperfect** describes people, objects, or situations and informs about an unfinished action in the past.
- When used together, the **preterit** refers to the action that takes place while the **imperfect** describes the surroundings or what was happening.

Hacía un sol brillante. Era un día perfecto y Bond iba paseando en auto por la carretera de la costa cuando de repente se encontró con una enorme roca en el camino.

Note: The underlined verb is in the imperfect tense and the verb in bold is in the preterit.

Todo <u>estaba</u> oscuro. A lo lejos <u>había</u> una puerta. La **abrí, entré** y **encontré** un automóvil T-bird de 1955. <u>Era</u> el auto de mis sueños.	*Everything <u>was</u> dark. In the distance there <u>was</u> a door. **I opened it, entered** and **found** a 1955 T-bird. It <u>was</u> my dream car.*

- An action may take place while another one is under way. In that case, the first is expressed in the **imperfect**, while the **preterit** is used for the second.

<u>Inspeccionaba</u> el interior del auto que <u>pensaba</u> comprar cuando **vi** un billete de cien dólares en el piso.	<u>I was inspecting</u> the interior of the car that <u>I was planning to buy</u> when **I saw** a hundred-dollar bill on the floor.

PRETERIT

1. **completed actions**

   El cliente **pagó** mucho por su auto.
   The customer paid a lot for his car.

2. **beginning/end**

   Los diseñadores **llegaron** temprano para la reunión y **se fueron** muy de noche.
   The designers arrived early for the meeting and left very late into the night.

3. **series of completed actions**

   Henry Ford **fundó** la empresa, **diseñó** los automóviles y **pudo** vender millones.
   Henry Ford founded the business, designed the cars, and managed to sell millions.

4. **time frame/weather event**

   El Modelo T fue popular por veinte años.
   The Model T was popular for twenty years.

5. **mental, emotional, and physical changes**

   El nombre del fundador **se convirtió** en la marca.
   The name of the founder became the make.

IMPERFECT

1. **background/description**

   El auto **era** descapotable y **tenía** dos puertas.
   The car was a convertible and had two doors.

2. **ongoing action**

   Mientras **conducíamos, escuchábamos** la radio.
   While we drove (were driving) we listened (were listening) to the radio.

3. **habits**

   Todas las noches **oíamos** los todoterrenos.
   Every night we heard the ATVs.

4. **time/weather as background**

   Eran las dos de la tarde y **llovía**.
   It was two in the afternoon and it was raining.

5. **mental, emotional, and physical conditions**

   El auto híbrido **era** pequeño y económico.
   The hybrid car was small and economical.
   Su dueño **estaba** muy contento con él.
   Its owner was very happy with it.

The preterit and imperfect used in the progressive forms emphasize an action in progress. Unlike the more common imperfect progressive, the preterit progressive implies the action has ended.

La mujer **estuvo conduciendo** sin parar hasta que llegó al hospital.
The woman was driving without stopping until she arrived at the hospital.

El policía **estaba hablando** por la radio cuando vio pasar el auto robado.
The policeman was talking on the radio when he saw the stolen car going by.

▸ Aplicación

1-35 El auto del agente 007. Muchas veces los automóviles se convierten en personajes de películas. Eso sucedió con las películas de James Bond. Lee sobre esos autos, subraya los verbos en el pretérito y haz un círculo alrededor de los verbos en el imperfecto.

Los coches del agente 007

El famoso Aston Martin

A través de sus misiones James Bond tenía varios vehículos con elementos adicionales que le eran muy útiles. Todo comenzó a partir de los años de la Guerra Fría con el *Sunbeam Alpine*. Después consiguió el famoso Aston Martin DB5 de 1963, el que se convirtió en su vehículo oficial. En los años 70 conducía el fabuloso Lotus Esprits de 1977. En los 80 volvió el Aston Martin, esta vez el modelo V8 del 1987. En la época actual, lo encontrarán o en un BMW o en un Aston Martin. Sin lugar a duda el Aston Martin se identifica como el vehículo de James Bond 007. En 1970, este auto se vendía por menos de $10.000. Sin embargo, en 2006, se vendió uno por más de dos millones de dólares.

A lo largo de sus misiones el agente 007 pudo escapar gracias a un medio de transporte especial, ya fuera por aire, mar o tierra. No siempre James Bond utilizaba un vehículo directamente. En ocasiones usaba el que le proporcionaba Q, o uno rentado. Varias veces era sólo pasajero, y la que conducía el auto era una de sus espectaculares amigas.

1-36 Los autos del agente 007. Ahora, contesta las preguntas basadas en el artículo anterior.

1. ¿En qué época empezó la historia de James Bond?
2. ¿Cuál fue el primer auto que tuvo?
3. ¿Qué vehículo se convirtió en "su auto oficial"?
4. ¿Cuánto costaba un Aston Martin en 1970?
5. Cuando era pasajero, ¿quiénes le ayudaban a escaparse?
6. En tu opinión, ¿tenía personalidad su auto?

1-37 Los jefes de estado que vivieron la historia. Identifica quién era el presidente de EE. UU. cuando ocurrieron los hechos siguientes. Combina las dos columnas para formar oraciones completas.

MODELO: *Dwight D. Eisenhower era presidente en 1957 cuando los rusos lanzaron el primer satélite.*

1. _____ John F. Kennedy
2. _____ Gerald Ford
3. _____ Harry Truman
4. _____ Ronald Reagan
5. _____ Richard Nixon
6. _____ Jimmy Carter

a. (*Caer*) el muro de Berlín en 1989.
b. (*Proponer*) un programa para llegar a la Luna en 1962.
c. (*Perdonar*) al presidente Nixon en 1974.
d. (*Reconciliarse*) los gobiernos de Israel y Egipto en el convenio de Camp David en 1978.
e. Los primeros astronautas (*pisar*) la Luna en 1969.
f. (*Ordenar*) el bombardeo nuclear de Japón en 1945.

1-38 La piloto hispana en la Indie 500. Lee sobre esta pionera de la Indie 500 y prepara cinco preguntas sobre esta destacada conductora.

MODELO: *¿Cuántas conductoras compitieron en la Indie 500?*

Talentosa, bella e inteligente son algunos adjetivos que se pueden utilizar para describir a la venezolana Milka Duno, una de los conductores de autos de carreras más exitosos del mundo. Milka es ingeniera naval y tiene cuatro maestrías. En 2004, Milka llegó a ser la primera mujer en ganar una carrera internacional importante cuando triunfó en la carrera Grand American Rolex Sports Car Series Grand Prix en Miami. Ella repitió este éxito con una segunda victoria en el mismo circuito siete meses más tarde. Es más, en el 2005 Milka consiguió su tercera victoria en la misma carrera.

La piloto Milka Duno volvió a hacer historia en 2007 como la primera mujer hispana en competir en la Indianápolis 500. Ella fue una de sólo tres conductoras femeninas que compitieron en la carrera. Condujo un Honda y terminó la carrera en el lugar número 31.

"Este es el día más asombroso de mi carrera", les dijo la Srta. Duno a los periodistas después de calificar para la carrera. "Nunca he experimentado tanta presión ni tanta tensión como en los últimos dos días".

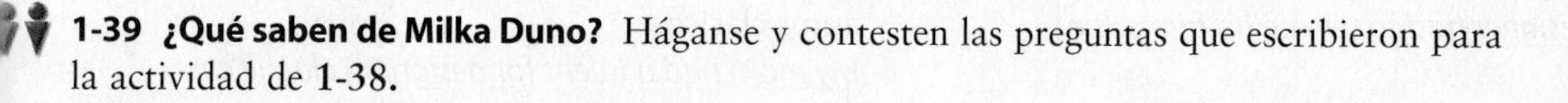

1-39 ¿Qué saben de Milka Duno? Háganse y contesten las preguntas que escribieron para la actividad de 1-38.

1-40 ¿Qué hacías cuando...? Piensen cada uno/a en cinco momentos importantes de su vida. Escriban los detalles: dónde estaban entonces, cómo eran y qué hacían; luego compártanlos con su compañero/a.

MODELO: *Tenía dieciséis años cuando recibí mi carné de conducir y estaba muy nerviosa porque mi padre era muy estricto. Y tú, ¿a qué edad lo recibiste?*

1-41 Otro pasado juntos. Imagínense que eran uno de los autos de James Bond e inventen una aventura que tuvieron. ¿Qué año era? ¿Dónde estaban? ¿Qué les pasó? ¿Qué hicieron? ¿Cómo terminó el incidente?

The preterit and the imperfect with different meanings

Certain Spanish verbs change meaning in the preterit depending on whether the emphasis is given to the beginning of an action, or to the effort put forth in doing the action.

PRETERIT: BEGINNING OF AN ACTION AND EFFORT PUT FORTH

- **conocer: Conocí** a la conductora en una fiesta.
  I met the driver at a party. (beginning of knowing)
- **costar:** El auto **costó** muchísimo dinero.
  The car cost a lot of money. (effort required)
- **poder:** Los japoneses **pudieron** dominar el mercado.
  The Japanese managed to dominate the market. (could and did—effort put forth)
- **no poder: No pude** conducir un auto con transmisión manual.
  I couldn't (failed to) drive a car with standard transmission. (a special effort and failure implied)
- **querer:** La señora **quiso** comprar un auto de lujo.
  The woman tried to buy a luxury car. (wanted and acted upon it)
- **no querer:** El agente **no quiso** venderle una marca económica.
  The agent refused to sell her an economical make. (acted upon the desire not to)
- **saber: Supimos** que viajaríamos en el Porche azul.
  We found out we would travel in the blue Porche. (beginning of knowing about it)
- **tener: Tuve** una noticia muy emocionante.
  I received (beginning of having) very exciting news.
- **tener que:** El diseñador de la Nissan **tuvo que** contarme sus planes.
  The Nissan designer had to tell me his plans. (he acted upon it)

IMPERFECT: ONGOING ACTION (NO PARTICULAR BEGINNING OR END)

- **conocer: Conocía** entonces a varios conductores de autos de carreras.
  I used to know then (was acquainted with) several race-car drivers.
- **costar:** En esa época un auto deportivo **costaba** $50.000.
  At that time a sports car cost (was) $50,000. (implies not bought)
- **poder:** El vendedor **podía** vender autos con tracción a cuatro ruedas.
  The salesman could sell four-wheel drive cars. (had the ability and/or opportunity)
- **no poder:** Los clientes no **podían** acostumbrarse a los autos pequeños.
  The clients couldn't get used to small cars. (no reference to a specific effort or failure)
- **querer:** Las empresas **querían** convencer al público que cuanto más grande, mejor.
  The companies wanted to convince people that bigger was better. (no reference to success)
- **no querer: No querían** promover los modelos más económicos.
  They didn't want to promote more economical models. (but perhaps did)
- **saber: Sabíamos** que habría una crisis de energía.
  We knew that there would be an energy crisis.
- **tener:** Mi mamá **tenía** talento para diseñar autos clásicos.
  My mom had a talent for designing classic cars.

▸ Aplicación

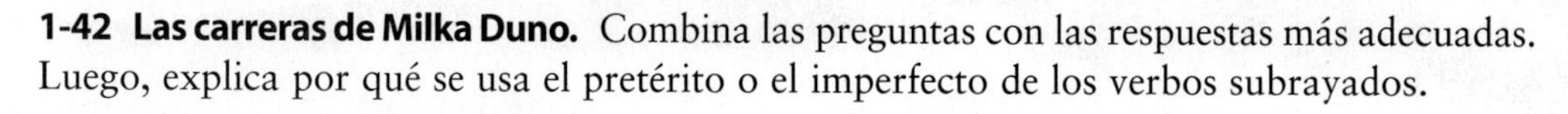

1-42 Las carreras de Milka Duno. Combina las preguntas con las respuestas más adecuadas. Luego, explica por qué se usa el pretérito o el imperfecto de los verbos subrayados.

1. _____ ¿Cuándo supo Milka que quería estudiar biología marítima?
2. _____ ¿Cuándo conoció al alcalde de Indianapolis?
3. _____ ¿Pudo terminar la Indie 500?
4. _____ ¿Por qué quería ser conductora de autos de carreras?
5. _____ ¿Cuánto costó el auto que manejó para Citgo?

a. Muchos miles de dólares.
b. Sí, pero no ganó.
c. Cuando decidió integrarse a las fuerzas navales.
d. Siempre soñaba con ser la conductora más rápida del mundo.
e. Se conocieron cuando este le dio la llave de la ciudad.

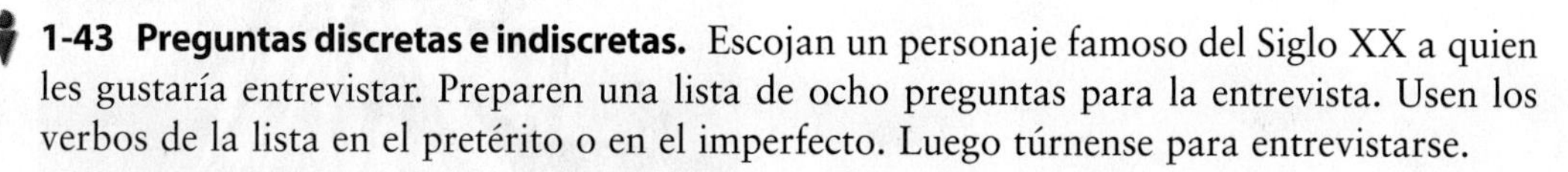

1-43 Preguntas discretas e indiscretas. Escojan un personaje famoso del Siglo XX a quien les gustaría entrevistar. Preparen una lista de ocho preguntas para la entrevista. Usen los verbos de la lista en el pretérito o en el imperfecto. Luego túrnense para entrevistarse.

conocer costar (no) poder (no) querer saber tener (que)

MODELO: (Ángel Cabrera)

REPORTERO/A: *¿Cuándo supo Ud. que quería ser jugador de golf?*
AC: *Cuando tenía diez años y asistí a una competencia de golf.*
R: *¿Conoció Ud. mucha gente famosa?*
AC: ...

1-44 A explorar: Ángel Cabrera. Visita la página web de *Conexiones* para obtener más información sobre Ángel Cabrera. Toma nota de algunos de sus logros (*achievements*) personales y profesionales. ¿Qué pudo hacer en 2007 que lo hizo famoso?

1-45 Un logro personal. Cuéntense alguna experiencia en la que hayan tenido que superar ciertas dificultades. Usen algunos de los verbos siguientes. Averigüen (*Find out*) también cómo se sentía su compañero/a en ese momento.

conocer (no) poder (no) querer saber tener (que)

MODELO: *Desde niña, quería jugar al béisbol en el mismo equipo de mi hermano mayor. Cuando ingresé en la escuela secundaria, quise jugar en el equipo del colegio, pero no pude por ser muchacha. Entonces...*

1-46 Debate: Los autos. Formen dos grupos para debatir uno de los siguientas temas.

- **Resolución:** Se debe prohibir que los chicos menores de 18 años tengan automóvil.
- **Resolución:** Las personas que manejan vehículos deportivos utilitarios deben pagar un impuesto adicional para compensar el uso excesivo de gasolina.

MODELO: *Escúchenme. Antes no había tantos accidentes de automóvil como ahora...*

¡Así lo expresamos!

Imágenes

***El arte de la moda* (El Corte Inglés, España)**

A veces los anuncios de publicidad usan cuadros o imágenes clásicos, como en este caso. Los dos son carteles de publicidad para El Corte Inglés, un almacén español muy conocido.

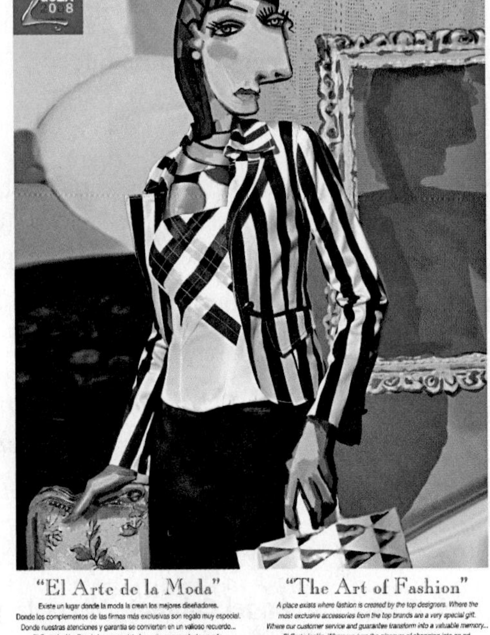

En el primer cartel vemos parte de un cuadro de un pintor español muy famoso. ¿Sabes quién es?

En el segundo cartel, el vestido de la mujer refleja un diseño que hizo el famoso arquitecto español, Antonio Gaudí en el Parque Güell de Barcelona.

▸ Perspectivas e impresiones

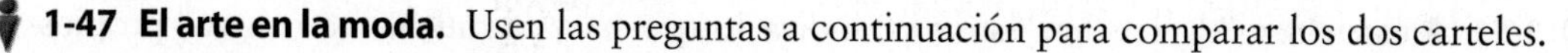

1-47 El arte en la moda. Usen las preguntas a continuación para comparar los dos carteles.

1. Describan los dos cuadros. ¿Cúales son los colores predominantes?
2. ¿En qué sentido se diferencian?
3. ¿Por qué creen que se usaron diseños conocidos en los carteles?
4. En su opinión, ¿el arte crea la moda o la moda crea el arte?
5. ¿Es la moda un arte? Expliquen sus razones.

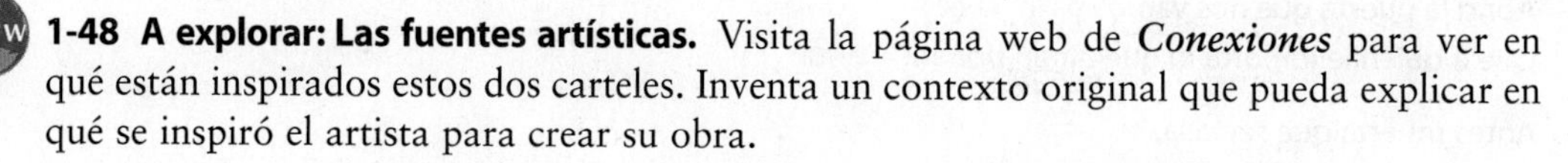

1-48 A explorar: Las fuentes artísticas. Visita la página web de *Conexiones* para ver en qué están inspirados estos dos carteles. Inventa un contexto original que pueda explicar en qué se inspiró el artista para crear su obra.

MODELO: *Cuando Gaudí era joven, soñaba con dragones y otros seres fantásticos. Un día soñó con un dragón gigantesco que tenía un sólo ojo en la cabeza...*

1-49 Un diseño tuyo. Diseña un anuncio publicitario en el que combines la obra de un artista o arquitecto famoso con la imagen de un producto que quieras vender. Explica por qué has elegido esa obra y lo que representa para ti. Puedes dibujar tu anuncio o usar recortes de fotos si lo prefieres.

Ritmos

María Isabel López (España)

Tan pequeña y tan talentosa... María Isabel López ya era famosa a la edad de nueve años. En el **Festival de la Canción de Eurovisión Junior** dejó con la boca abierta a los asistentes y televidentes con su *rap* flamenco. Ha dicho que "no quiere parecerse a nadie". ¿Y para qué? María Isabel logró ser seleccionada como representante española en Eurojunior tras competir con más de 3.000 niños de entre ocho y quince años que se presentaron.

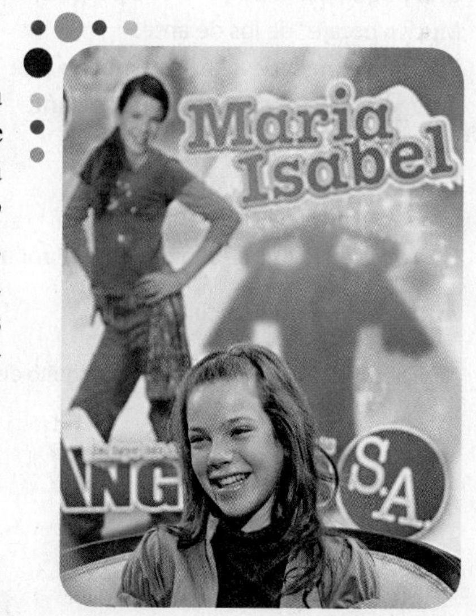

▸ Antes de escuchar

1-50 ¿Qué hace la gente para estar de moda? Haz una pequeña lista de lo que hace una mujer o un hombre para ser atractivo/a y estar a la moda.

▸ A escuchar

1-51 A escuchar. Al escuchar este *rap*, indica lo que hace la muchacha con tus propios gestos.

Antes muerta que sencilla

El pintalabios, toque de rimel° — *mascara*
Moldeador° como una artista de cine — *moulding gel*
Peluquería, crema hidratante
Y maquillaje que es belleza al instante
Abrid la puerta que nos vamos pa'la° calle — para la
Que a quién le importa lo que digan por ahí° — allí
Antes muerta que sencilla,
ay que sencilla, ay que sencilla
Antes muerta que sencilla,
ay que sencilla, ay que sencilla

Y es la verdad porque somos así
Nos gusta ir a la moda, que nos gusta presumir° — *to show off*
¿Qué más nos da que digas tú de mí?
De Londres, de Milán, de San Francisco o de París

Y hemos venido a bailar
Para reír y disfrutar° — *to enjoy*
Después de tanto y tanto trabajar
Que a veces las mujeres necesitan
Una poquita, una poquita, una poquita, una poquita libertad*
Mucho potaje° de los de antes — *mess*
Por eso yo me muevo así con mucho arte
Y si algún novio se me pone por delante
Le bailo un rato° — *a bit*
Y unas gotitas° de Chanel n° 4 — *sprinkle*
¡El más barato!
Que a quién le importa lo que digan por ahí

Antes muerta que sencilla...

*The above correct expression is: un poquito de libertad

▸ Después de escuchar

1-52 En su opinión. Den su opinión sobre el *rap* de María Isabel López.

1. Expliquen la frase, "antes muerta que sencilla". ¿Refleja los sentimientos de ustedes también?
2. ¿Qué hacen ustedes para no lucir "sencillos/as"?
3. ¿Cuál es la reacción de ustedes al escuchar esta canción de una cantante tan joven?

1-53 A explorar: En vivo. Visita la página web de *Conexiones* para ver un video en el que María Isabel López presenta su *rap*. ¿Ha cambiado tu primera impresión de esta artista después de verla en acción? Explica. Compara su estilo con el de una cantante norteamericana.

Páginas

***Foro: Esas modas ¿pasajeras?* (Anónimo/a)**

Las personas que participan en un foro firman por lo general sus entradas con un apodo para mantener su anonimato. Así pueden escribir lo que les dé la gana (*what they feel like*) sin temer repercusiones de sus lectores. En las entradas que siguen, hay varios comentarios sobre la moda y nuestra afición a seguirla, o no.

▸ Antes de leer

1-54 Estrategias de la lectura. El género y el contexto en que se publica te ayuda a anticipar el contenido. Mira el título y el formato para orientarte e identificar lo siguiente.

Estilo: formal o informal
Público: jóvenes o personas mayores
Contenido: hechos verdaderos u opiniones

▸ A leer

1-55 Compruébalo. Lee el siguiente texto para confirmar tus respuestas a la actividad anterior.

El foro de Sofía la Curiosa

1 De: **Sofía la Curiosa,** San Salvador, El Salvador — Fecha: **19-junio**

Chicos. Hoy en la peluquería vi a una mujer muy bien vestida que se estaba tiñendo° el pelo de blanco y rojo. Verla así me hizo preguntar ¿qué significa estar de moda? O para decirlo de otra manera, ¿qué diferencia hay entre seguir la moda y ser individualista?

was coloring

2 De: **Esmeralda, siempre espléndida,** Buenos Aires, Argentina — Fecha: **19-junio**

Me encanta estar de moda. La moda nos permite agruparnos, identificarnos y definirnos a nosotros mismos de acuerdo a nuestros intereses y aficiones. La juventud necesita formar parte de un grupo que no sea la familia o la escuela. En eso la ropa que usas juega un factor fundamental.

3 De: **La Rosita de segunda mano,** Key Biscayne, FL — Fecha: **20-junio**

Muchos definen la moda como el arte de lo efímero°, otros la critican porque piensan que es algo frívolo. Me resulta curioso que los defensores de la moda digan que "Lo importante es no seguir las tendencias, sino ser uno mismo". Y eso lo dice una persona que viste una blusa que cuesta 650 euros, más que el sueldo mínimo de muchas mujeres.

momentáneo

4 De: **Desconfiado,** Lima, Perú — Fecha: **20-junio**

Para mí la moda es una farsa. El caso de los *punks* es un ejemplo. Comenzaron haciendo visible su protesta por medio de su atuendo°: pantalones rotos, pelos parados°, parches° con protestas alusivas. Pero lo que fue original y disonante del resto de la sociedad se convirtió en cortes precisos hechos por famosos diseñadores y todos a masificarse° y jugar a ser *punks* de fin de semana.

attire / spiked / patches
formar parte de la masa

5 De: **Felizconmigo,** Madrid, España — Fecha: **22-junio**

Creo que no eres más feliz ni mejor persona cuando llevas esa camisa o ese suéter. Eso sí, que nadie me critique mis zapatos o mi perfume, porque en mi caso es una demostración de buen gusto.

6 De: **Malcontento,** Bogotá, Colombia — Fecha: **22-junio**

La moda nos reconforta° porque nos hace creer que nos vemos mejor cuando usamos esa chaqueta elegante, o esos pantalones cortos, o ese pelo engrasado°... pero todo es mentira, la moda se vende para hacernos sentir diferentes y al final formar parte de los batallones de clones que consumen lo mismo y se visten igual.

comforts
slick

7 De: **Carmencita,** San Juan, Puerto Rico — Fecha: **22-junio**

Desnudos seríamos todos iguales... bueno, algunos más iguales que otros. Pero detrás de la moda se esconde también mucha insatisfacción, complejos de inferioridad y falta de valores. Voy a comprar algo rojo, todo lo tengo azul...

8 De: **Igualquetodos,** Monterrey, México — Fecha: **23-junio**

Pienso que desde hace 30 años la moda no ha cambiado mucho, y en los hombres mucho menos. Llevamos pantalones vaqueros desde hace 50 años. Hoy en día en una gran ciudad nadie llama la atención.

▶ Después de leer

1-56 ¿Quién es quién? De las opiniones dadas en el foro de Sofía, identifica a las personas que se describen y explica por qué.

S: Sofía
E: Esmeralda
R: Rosita
D: Desconfiado
F: Felizconmigo
M: Malcontento
C: Carmencita
I: Igualquetodos

Característica	S	E	R	D	F	M	C	I
1. Es bastante cínico/a.								
2. Suele usar ropa usada.								
3. No ve grandes diferencias entre la moda de hoy y la de ayer.								
4. Analiza la psicología detrás de la moda.								
5. Parece estar satisfecho/a consigo mismo/a (*him/herself*).								
6. Parece ser conformista.								
7. Jamás tendría el pelo parado ni teñido.								
8. Se pregunta qué significa estar de moda.								
9. Parece ser individualista.								
10. Se identifica con un grupo que sigue la moda.								

1-57 Defiéndanse. Escojan a una de las personas que participaron en el foro y háganse preguntas para defender su punto de vista.

MODELO: E1: *¿Por qué cree usted que la moda es una farsa?*
DESCONFIADO: *Porque me río cada vez que...*

1-58 ¿Una moda defendible? Elijan una moda que se intente prohibir por razones de salud, seguridad u otras. Preséntenle su opinión al resto de la clase.

MODELO: Hablar por móvil mientras uno conduce un automóvil.
No tiene sentido prohibir hablar por móvil cuando uno conduce un automóvil. Si hacemos eso, debemos también prohibir comer mientras uno conduce...

Taller

Tu propio foro (*blog*)

Hoy en día los foros son muy populares entre los que deseen expresar su opinión y recibir comentarios de otros. Muchas veces los temas tienden a ser algo controversiales.

▸ Antes de escribir

Examinar. Vuelve a leer el foro de Sofía y los comentarios que recibió para usarlo como modelo.

Idear. Piensa en un incidente en el pasado que te haya causado confusión. Formula una pregunta sobre el incidente que provoque respuestas con diferentes opiniones. Inventa un apodo para identificarte en tu foro.

▸ A escribir

Describir. Usa el imperfecto en cinco o seis oraciones que describan el evento. Incluye tus impresiones del ambiente, de los participantes y del tiempo. Describe lo que veas y sientas.

Inventar los sucesos. Usa el pretérito para narrar qué pasó, qué hicieron los participantes, cómo reaccionaron, etc. Usa las siguientes expresiones para dar continuidad a la acción.

al día (mes, año) siguiente	de repente	en seguida
al final	después de que	finalmente
al mismo tiempo	durante	de pronto
al principio	entonces	tan pronto como
al rato	inmediatamente	

Ampliar el estado psicológico, el suspenso. Indica, al mismo tiempo que narras los eventos, cómo se sentían los participantes, qué pensaban, qué iban a hacer, qué pensaban que iba a pasar, etc.

Hacer tu pregunta. Usa el presente para hacerles a tus lectores una pregunta que provoque diferentes opiniones.

▸ Después de escribir

Revisar. Revisa tu escrito para verificar los siguientes puntos:

☐ el uso del pretérito y el imperfecto

☐ la concordancia y la ortografía

Responder. Intercambia tu foro con el de dos o más de tus compañeros para que ellos respondan a tus preguntas y tú respondas a las suyas. Usa tu apodo en tu respuesta.

Entregar. Pon tu ensayo en limpio y entrega tu foro con los comentarios de tus compañeros a tu profesor/a.

Vocabulario

Primera parte

a la moda	*in style/fashion (a person)*
cambiar	*to change*
con todo respeto	*with all due respect*
darse cuenta de	*to realize, to recognize*
de moda	*in style/fashion (something)*
la demanda	*demand*
destacar	*to stand out*
difundirse	*to spread*
diseñar	*to design*
el diseño	*design*
durar	*to last*
en mi opinión	*in my opinion*
en onda/boga	*in vogue*
(no) estoy de acuerdo	*I (don't) agree*
fuera de onda	*out of vogue*
el género	*type, genre*
hacerse popular	*to become popular*
imitar	*to imitate*
influir en/sobre	*to influence*
lograr	*to achieve*
mantenerse (ie)	*to maintain oneself*
el maquillaje	*make-up*
la marca	*brand (of a product), make of a car*
la moda (pasajera)	*(passing) fad*
el/la modelo	*model*
el modo (de vestir, de bailar, etc.)	*way (of dressing, dancing, etc.)*
el movimiento	*movement*
pasado/a de moda	*out of style*
pegar fuerte	*to catch on*
el peinado	*hairstyle*
realizar	*to carry out, to achieve*
solo/a	*alone*
sólo	*only*
la tendencia	*tendency*

Segunda parte

ágil	*agile, quick*
el apodo	*nickname*
los asientos de cuero	*leather seats*
el auto compacto	*compact car*
las bandas decorativas	*decorative stripes*
conducir (-zc)	*to drive (a vehicle)*
considerar	*to consider*
dejar + D.O.	*to leave (something)*
dejar + inf.	*to allow, to let*
dejar de + inf. + D.O.	*to stop doing (something)*
el descapotable/convertible	*convertible*
el/la dueño/a	*owner*
la época	*era*
espacioso/a	*spacious*
fabricar	*to manufacture*
la furgoneta	*van*
gastar	*to spend, to waste*
el híbrido	*hybrid*
la imagen	*image*
inventar	*to invent*
los kilómetros por hora	*kilometers per hour (km/h)*
los kilómetros por litro/galón	*kilometers per liter/gallon*
lujoso/a	*luxurious*
manejable	*manageable*
manejar	*to drive (a vehicle), to handle*
el monovolumen	*van*
la novedad	*novelty, news*
potente	*powerful*
preferir (ie, i)	*to prefer*
el todoterreno	*all-terrain vehicle (ATV)*
la tracción a cuatro ruedas	*four-wheel drive*
el vehículo deportivo utilitario	*sport utility vehicle (SUV)*
la velocidad	*speed*

2 La tecnología y el progreso

▸▸ OBJETIVOS COMUNICATIVOS

- Discussing environmental issues affecting your world
- Describing people, places, and things
- Describing what will or might be
- Predicting future issues
- Expressing hopes and desires

▸▸ PRIMERA PARTE

¡Así es la vida! • • • Encuesta: El reciclaje y la contaminación ambiental

¡Así lo decimos! Vocabulario • • • El medio ambiente

¡Así lo hacemos! Estructuras • • • Uses of *ser, estar,* and *haber*
The future tense

Conéctate

- VIDEORED • • • *El calentamiento global* (Andrés Eloy Martínez, México)
- COMUNIDADES • • • Un cartel de servicio público
- CONEXIONES • • • ¿Un futuro sostenible?
- COMPARACIONES • • • Sarriguren, una ecociudad modelo

▸▸ SEGUNDA PARTE

¡Así es la vida! • • • Encuesta: La ingeniería genética

¡Así lo decimos! Vocabulario • • • Profesiones y actividades del futuro

¡Así lo hacemos! Estructuras • • • The subjunctive in noun clauses

▸▸ ¡ASÍ LO EXPRESAMOS!

- IMÁGENES • • • *Juanito en la laguna* (Antonio Berni, Argentina)
- RITMOS • • • *Ska de la tierra* (Bebe, España)
- PÁGINAS • • • *Los mutantes* (José Ruibal, España)
- TALLER • • • Expresa tu opinión

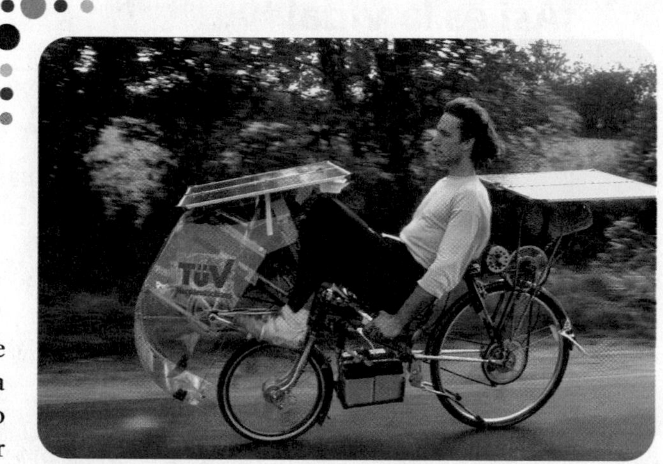

A empezar

¿Quién fue el presidente que bajó el límite de velocidad en la carretera a 55 millas por hora para conservar gasolina? ¿En qué partes del mundo está de moda la conservación de energía? ¿Por qué? ¿A quién oíste hablar del calentamiento global por primera vez? ¿Lo tomaste en serio?

Curiosidades

¿Sabes...

cuántos galones de petróleo se usan en el mundo en un día?

a. tres mil quinientos millones (3.500.000.000)
b. quinientos millones (500.000.000)
c. doscientos cincuenta millones (250.000.000)

cuál es el material que más abunda en los basureros?

a. el papel
b. el aluminio
c. el plástico

en qué ciudad de Estados Unidos se implementó el primer programa de reciclaje?

a. Nueva York
b. Los Ángeles
c. Miami Beach

cuál es el porcentaje de basura que puede reciclarse?

a. 25%
b. 45%
c. 75%

cuál es el porcentaje de basura que se recicla?

a. 25%
b. 45%
c. 75%

Primera parte

¡Así es la vida!

ENCUESTA SOBRE
El reciclaje y la contaminación ambiental
Centro Español del Consumidor

1. La adopción de medidas en cuanto a la protección del medio ambiente, tiene que ser...
   - ❍ inmediata.
   - ❍ a medio plazo.
   - ❍ a largo plazo.
   - ❍ No sé.

2. ¿Sabe usted qué es la recogida selectiva de basura?
   - ❍ sí
   - ❍ no

3. Cerca de su domicilio, ¿hay contenedores específicos para reciclar el cristal, el papel, el cartón, el plástico y las pilas?
   - ❍ sí
   - ❍ no

4. ¿Separa usted los distintos tipos de basura que se generan en su casa?
   - ❍ sí
   - ❍ no

5. ¿Qué cosas cree que dificultan esta separación?
   - ❍ falta de espacio para tantas bolsas
   - ❍ pérdida de tiempo
   - ❍ desconocimiento de la forma de hacerlo
   - ❍ desconocimiento de las ventajas que este trabajo tenga para el futuro

6. ¿Qué tipo de residuos separa usted con más regularidad?
   - ❍ el cristal
   - ❍ las pilas
   - ❍ el papel y el cartón
   - ❍ la materia orgánica
   - ❍ el plástico y los metales
   - ❍ los medicamentos

7. ¿Considera que los ayuntamientos deberían adoptar medidas para restringir el tráfico en las grandes ciudades y así disminuir la contaminación ambiental?
   - ❍ sí
   - ❍ no

8. ¿Estaría dispuesto a renunciar al uso de su vehículo o a reducir su uso a días determinados, para así mejorar la calidad del medio ambiente?
   - ❍ Renunciaría a utilizar el vehículo.
   - ❍ Reduciría su utilización.
   - ❍ No le haría caso a esta ley.

9. ¿Qué cree que contamina más el ambiente?
   - ❍ las fábricas
   - ❍ los coches
   - ❍ la energía que usan las grandes ciudades
   - ❍ No sé.

10. ¿Qué tipo de contaminación cree que es más seria en las ciudades?
    - ❍ acústica
    - ❍ ambiental
    - ❍ No sé.

¡Así lo decimos! Vocabulario

Vocabulario primordial

conservar
la contaminación
la energía eléctrica, nuclear, solar
las especies en peligro de extinción
generar
el petróleo
el plástico
reciclar

Vocabulario clave: El medio ambiente

Verbos

calentar (ie)	*to warm*
desechar	*to throw away, to discard*
destruir (y)	*to destroy*
dificultar	*to make difficult*
disminuir (y)	*to diminish*
hacer caso	*to pay attention*
prevenir (ie)	*to prevent*
renovar (ue)	*to renew*
rescatar	*to rescue*

Sustantivos

la basura	*trash*
el bosque	*forest*
la capa de ozono	*ozone layer*
el carbón	*coal*
el combustible	*fuel*
el contenedor	*container*
el cristal	*glass*
el desecho	*waste*
la (des)ventaja	*(dis)advantage*
el efecto invernadero	*greenhouse effect*
las fuentes	*sources*
el humo	*smoke*
el medicamento	*medicine/drug*
la medida	*measure*
el medio ambiente	*environment*
el plomo	*lead*
la recogida	*pickup*
el recurso	*resource*
la selva	*jungle*
la sequía	*drought*

Adjetivos

ambiental	*environmental*
potable	*safe to drink*

Otras expresiones

a medio/largo plazo	*in the mid/long term*
sin embargo	*however*

Ampliación

Verbos	Sustantivos	Adjetivos
calentar (ie)	el calentamiento	caliente
desechar	el desecho	desechable
destruir (y)	la destrucción	destruido/a
extinguir	la extinción	extinto/a
reciclar	el reciclaje	reciclado/a

¡Cuidado!

un poco de, pocos/as, poco/a, pequeño/a

- In Spanish, use **un poco de** to express *a little.*

  Necesitamos **un poco de** combustible. — *We need a little fuel.*

- Use **pocos/pocas** to say *few*, with respect to a limit in number.

  Quedan **pocas** fuentes de energía. — *There are few energy sources left.*

- Use **poco/poca** to express *little*, with respect to amount, scope, or degree.

  Tristemente, usamos **poca** energía solar. — *Sadly, we use little solar energy.*

- To express *small* or *little* in size, use **pequeño/a(s).**

  Aun los bosques **pequeños** son importantes. — *Even small forests are important.*

▶ Aplicación

2-1 El reciclaje y la contaminación ambiental. Clasifica estos problemas ambientales de 1 a 8 según la gravedad de su efecto en el medio ambiente, en la economía y en tu vida. (El número 1 representa el más grave en tu opinión.)

Problema	Efecto en el medio ambiente	Efecto en la economía	Efecto en mi vida
la contaminación del agua por desechos agrícolas			
el calentamiento global			
la contaminación del aire por el humo de las fábricas			
la contaminación de la tierra por los desechos industriales			
el sobreuso de pesticidas			
el sobreuso de artículos hechos de plástico			
el uso del plomo en la gasolina			
la disminución de las reservas de petróleo			

2-2 En mi opinión. Comparen el orden de importancia que dieron a los problemas de la actividad 2-1. ¿En qué aspectos están de acuerdo y en cuáles difieren de opinión?

MODELO: *En mi opinión, el problema más grave para el medio ambiente es... El segundo en importancia es...*

2-3 El reciclaje en España. Más de 3.000 españoles participaron en la encuesta que aparece en *¡Así es la vida!* Comparen sus respuestas con las de los españoles y comenten si están de acuerdo o no y por qué.

MODELO: *Mi compañero y yo pensamos que... mientras que la mayoría de los españoles...*

1. inmediata 86%

2. sí 98%

3. sí 92%

4. sí 92 %

5. falta de espacio para tantas bolsas 77%

6. el cristal 83%
las pilas 61%
el papel y el cartón 92%
la materia orgánica 47%
el plástico y el metal 73%
los medicamentos 16%

7. sí 86%

8. Renunciaría a utilizar el vehículo 40%
Reduciría su uso 44%
No haría caso 16%

9. las fábricas 18%
los coches 38%
la energía que usan las grandes ciudades 21%
No sé. 24%

10. acústica 27%
ambiental 51%
No sé. 22%

2-4 Causas y consecuencias. Coloca las siguientes afirmaciones en el lugar correspondiente del cuadro para completar la descripción de cada problema, su causa y su consecuencia.

- El costo del seguro médico es cada vez más alto.
- Hay cada vez más barrios pobres en las afueras de las grandes ciudades.
- No hay controles estrictos de los gases de escape de los automóviles.
- Hay menos árboles que purifiquen el aire y produzcan el oxígeno necesario para vivir.
- No hay un buen sistema de transporte público.
- Muchos jóvenes fuman a pesar de (*in spite of*) las campañas antitabaco.

Problema	Causa	Consecuencia
MODELO: *En algunos países del tercer mundo todavía se usa gasolina con plomo.*	*La gasolina con plomo cuesta menos que la gasolina sin plomo.*	*Hay más incidencia de atraso mental entre los niños.*
1. Las ciudades grandes tienen mucha contaminación.		Mucha gente sufre de enfermedades respiratorias.
2. Los árboles que rodean la Ciudad de México están muriéndose.	Hay demasiados coches que circulan en el centro de la ciudad.	
3.	El tabaco es relativamente económico.	En el futuro, habrá más casos de enfisema y cáncer pulmonar.
4. Hay muchas personas que no consultan al médico cuando están enfermas.		Cuando van al médico ya es demasiado tarde.
5. Las ciudades de las naciones tercer mundistas son cada vez más grandes.	La gente cree que hay más oportunidades en las grandes ciudades que en el campo.	
6. Cada vez hay más coches y camiones en las carreteras.		Hay más accidentes y más contaminación. Se tarda más tiempo en llegar al trabajo. Hay más interés en trabajar desde la casa con una computadora.

2-5 A explorar: El índice UV. El índice UV cuantifica la intensidad de la radiación ultravioleta B. Este índice se determina al mediodía, siguiendo un procedimiento internacionalmente establecido, y se basa en los siguientes valores, en función de la intensidad del sol:

ÍNDICE UV	
1–2	Bajo
3–4	Moderado
5–6	Alto
7–8	Fuerte
9–10	Extremo

Visita la página web de ***Conexiones*** para averiguar el nivel del índice UV en alguna ciudad de un país hispanohablante. ¿Es un buen día para pasear al aire libre, o es mejor quedarse en casa en esa ciudad? ¿Es más alto o más bajo el índice en el lugar donde tú vives? ¿Por qué está subiendo el índice UV en muchas partes del mundo?

2-6 ¿Cuánto dura la basura? Preparen una campaña para reciclar los desechos. Presenten razones convincentes. Pueden usar la información que sigue e incluir razones económicas, sociales, políticas y/o personales.

MODELO: *Debemos...* (verb) *porque si no... en el futuro.*

o

Si no... ahora, en el futuro no vamos a tener...

¿Cuánto dura la basura?

Pedazo de papel	2–4 semanas
Tela de algodón	1–5 meses
Pedazos de madera	13 años
Lata de hojalata	100 años
Plástico	450 años
Botella de vidrio	más de 500 años

2-7 De nuevo: Así era (*The imperfect*). Piensa en una zona industrializada o comercializada que conozcas. Primero, descríbela brevemente usando el presente. Después, imagina cómo era esa zona antes o consulta en la Internet o a alguien que la recuerde. Descríbela en una página: ¿Cómo era antes la naturaleza en esa zona? ¿Y el aire? ¿El agua? ¿El nivel de ruido? ¿Qué se podía hacer allí? ¿Qué había antes en esa zona que ya no hay?

MODELO: *Cancún es una zona playera que está llena de hoteles, restaurantes, cafeterías, tiendas y clubes nocturnos. Es muy popular nadar en sus aguas cristalinas, etc.*

Antes, Cancún era una playa desierta. Había muchas palmeras pero muy poca gente, etc.

Recuerda: Para hacer tu descripción debes emplear *el imperfecto*. Consulta el ***Capítulo 1***.

Reto: Trata de hacer tu descripción en forma de poema. Usa muchas palabras de ***¡Así lo decimos!***

¡Así lo hacemos! Estructuras

1. Uses of *ser*, *estar*, and *haber*

Uses of *ser*

- with a noun or pronoun that identifies the subject:

Juan **es** una persona feliz.	*John is a happy person.*
Nosotros no **somos** fumadores.	*We are not smokers.*

- with adjectives or nouns that identify the nationality, religious and political affiliations, or occupation of the subject:

Somos canadienses.	*We are Canadian.*
Los expertos **eran** científicos.	*The experts were scientists.*
Mi novia **es** hindú.	*My girlfriend is a Hindu.*

- with adjectives to express characteristics of the subject such as size, color, and shape:

La selva amazónica **es** inmensa.	*The Amazon jungle is immense.*
El petróleo **es** negro.	*Oil is black.*
El mundo **es** redondo.	*The world is round.*

- with the preposition **de** to indicate origin or possession, and to tell what material something is made of:

Héctor **es de** Guatemala.	*Hector is from Guatemala.*
Las bolsas de plástico **son de** Luisa.	*The plastic bags are Luisa's.*
La ventana **es de** cristal.	*The window is made of glass.*

- to indicate where and when events take place:

La conferencia **fue** en el auditorio.	*The conference was in the auditorium.*
Las entrevistas **son** a las ocho.	*The interviews are at eight.*

- to express dates, days of the week, months, and seasons of the year:

Era jueves, 26 de junio de 2008. — *It was Thursday, June 26, 2008.*
Es invierno y hace mucho frío. — *It's winter and it's very cold.*

- to express time:

Son las cinco de la tarde. — *It's five o'clock in the afternoon.*
Era la una de la mañana. — *It was one in the morning.*

- with the preposition **para** to tell for whom or for what something is intended:

¿**Para** quién **son** los medicamentos? — *For whom are the medicines?*
Son para el señor Ramírez. — *They're for Mr. Ramírez.*

- in impersonal expressions:

Es alarmante que en México haya tanta contaminación. — *It is alarming that there is so much pollution in Mexico.*

- with a past participle to express the passive voice: (Notice that in the passive voice, the subject is acted upon by a person or persons introduced by **por,** and that the past participle agrees in gender and number with the subject.)

Los desechos **fueron reciclados por** la gente. — *The waste products were recycled by the people.*

Uses of *estar*

- to indicate the location of objects and persons:

El agujero de la capa de ozono **está** sobre el Polo Sur. — *The hole in the ozone layer is over the South Pole.*

- with progressive (**-ndo** form) constructions:

La fábrica petroquímica **estaba reciclando** sus desechos. — *The petrochemical factory was recycling its waste.*

- with adjectives to express a physical or mental/emotional state or condition of the subject:

El paciente **estaba** deprimido cuando llegué. — *The patient was depressed when I arrived.*
El agua del mar **está** fría para ser agosto. — *The ocean water is cold for August.*

- with a past participle to describe the resultant condition of a previous action:

La playa **está contaminada.** — *The beach is contaminated.*

- to express change from the norm, whether perceived or real:

Estás muy flaca. ¿Comes bien? — *You're (You look) thin. Are you eating well?*

El director del programa **está** muy simpático hoy. — *The program director is being/acting very nice today.*

- Some adjectives have different meanings when used with **ser** or **estar:**

WITH *SER*	ADJECTIVE	WITH *ESTAR*
to be boring	**aburrido/a**	*to be bored*
to be good, kind	**bueno/a**	*to be good (tasting), in good condition*
to be funny	**divertido/a**	*to be amused*
to be clever	**listo/a**	*to be ready*
to be bad, evil	**malo/a**	*to be sick, ill*
to be handsome	**guapo/a**	*to look handsome*
to be pretty	**bonito/a**	*to look pretty*
to be ugly	**feo/a**	*to look ugly*
to be smart, lively	**vivo/a**	*to be alive*

Uses of *haber*

- as the auxiliary verb in the perfect tenses:

Siempre **he reciclado** el papel y el cristal. — *I have always recycled paper and glass.*
Habían recogido la basura en su calle. — *They had picked up the trash in their street.*

- in the special third-person singular form, **hay (había/habrá,** etc.), to signal the existence of one or more nouns (there is/are/was/were/will be, etc.):

Hay bosques pluviales en Ecuador. — *There are rain forests in Ecuador.*
Había aire puro en esa montaña. — *There was pure air on that mountain.*
Habrá aun más problemas ecológicos para nuestros nietos. — *There will be even more ecological problems for our grandchildren.*

- in the expression **hay (había/habrá) que** + infinitive to convey to be necessary to… or one (we) must…:

Hay que conservar electricidad. — *We must conserve electricity.*
En el futuro **habrá que** iniciar un programa de reciclaje. — *In the future it will be necessary to begin a recycling program.*

▸ Aplicación

2-8 La mejor energía. La energía renovable es la que se obtiene de fuentes naturales que son virtualmente inagotables *(inexhaustible)*. Lee el cuadro sobre las fuentes renovables de energía y contesta las preguntas según la información presentada.

Fuentes renovables de energía

Tipo de energía	Contamina	Tiempo necesario para renovarse	Importancia actual
la energía eólica (*wind*)	–	continua, pero variable	✔ ✔
la hidroelectricidad	–	depende de la cantidad de lluvia	✔ ✔ ✔ ✔ ✔
la energía solar	–	todos los días, cielos claros o nublados	✔ ✔
la leña (*wood*)	✔ ✔ ✔	7 años o más	✔ ✔ ✔ ✔ ✔
la energía maremotriz (*tidal*)	–	dos veces al día	✔ poca
la biomasa	✔	continua	✔ ✔
la geotermal	–	continua	se está haciendo más importante

1. ¿Qué desventajas tiene el uso de algunas de estas formas de energía renovable?
2. En tu opinión, ¿qué fuente de energía es la más práctica para el futuro?
3. La energía biomasa es de origen orgánico, animal o vegetal. Un ejemplo de esta energía es el biodiesel. ¿Qué importancia tiene el biodiesel en Estados Unidos o Canadá?
4. ¿Cuál es la energía renovable que más contamina? ¿La usas en tu casa?
5. Si estás cerca de la costa, ¿qué tipo de energía puedes utilizar? Si estás en una zona desértica, ¿qué fuentes de energía puedes usar?
6. La energía geotérmica usa el calor natural de la tierra. ¿Por qué es una fuente de energía renovable? ¿Crees que es posible usarla en una región sin actividad volcánica?

2-9 A explorar: Fuentes renovables de energía. Visita la página web de *Conexiones* para ver una ilustración de una fuente de energía renovable y escribe tres cosas nuevas que aprendiste sobre este tema.

2-10 ¿Dónde? ¿Cómo? Piensa en un lugar y descríbeselo a tu compañero/a sin identificarlo. Explica dónde está, qué hay en él, por qué es famoso y/o por qué ha recibido atención últimamente. Puede ser tu ciudad o pueblo, una ciudad hispana o de EE. UU., o donde estudias. Tu compañero/a debe adivinar qué lugar es.

MODELO: E1: *Está al norte de Europa. Es una isla que está entre el Mar de Groenlandia y el Océano Atlántico Norte. Es uno de los países nórdicos. Hay muchos volcanes activos; por eso su energía geotérmica es importante. También hay muchos baños termales.*
E2: *Es Islandia.*

2-11 Premio Bandera Azul Ecológica. El proyecto Bandera Azul Ecológica se estableció para proteger el medio ambiente de las playas de Cosa Rica. Este programa premia a comunidades costeras que, entre otras cosas, logren evitar la contaminación del agua de mar, mantengan la limpieza de las playas y den a la población acceso al agua potable. Imagínense que se encuentran en la Playa Dominical, que acaba de ser premiada. Elaboren una descripción de lo que hay en la playa, quiénes están y qué están haciendo. Usen los verbos **ser, estar** y **haber (hay)** en su descripción.

MODELO: *Hay muchas personas que están…*

2-12 Una crisis ecológica. A continuación tienen una lista de varias situaciones que pueden causar desastres ecológicos. Elijan una y explíquenla. Usen los verbos **ser, estar** o **haber** para comunicar la seriedad del problema.

MODELO: el uso excesivo de fertilizantes
El uso excesivo de fertilizantes es peligroso porque puede dañar los animales y también a las personas que habitan la región. Hay una campaña para controlar la cantidad y tipo de fertilizantes que se emplean.

- el uso excesivo de pesticidas
- las plantas nucleares
- la bioingeniería
- la construcción de tuberías para llevar petróleo a través de Canadá

2. The future tense

- The Spanish future tense, like the English *will* + verb structure, expresses what will happen in the future.
- The Spanish future tense is formed adding the present tense endings of the verb **haber** to the infinitive of the verb being conjugated. The silent **h** is dropped for all and the **ab** is dropped for the vosotros form. There is only one set of endings for the **-ar, -er,** and **-ir** verbs. Note that all endings, except for the **nosotros** form, have a written accent mark.

	TOMAR	COMER	VIVIR
yo	tomar**é**	comer**é**	vivir**é**
tú	tomar**ás**	comer**ás**	vivir**ás**
Ud., él, ella	tomar**á**	comer**á**	vivir**á**
nosotros/as	tomar**emos**	comer**emos**	vivir**emos**
vosotros/as	tomar**éis**	comer**éis**	vivir**éis**
Uds., ellos, ellas	tomar**án**	comer**án**	vivir**án**

Mañana **hablaremos** con el científico. *Tomorrow we will talk with the scientist.*
¿**Asistirás** a la conferencia conmigo? *Will you attend the lecture with me?*

- The Spanish future tense never expresses the idea of willingness, as does the English future.

¿Quieres ayudarme/Me ayudas a dejar de fumar? *Will you help me stop smoking?*

- There are several Spanish verbs that have irregular stems in the future. The irregular stems can be grouped into three categories:

1. The future stem is different from the stem of the regular verb.

decir	**dir-**	diré, dirás, dirá...
hacer	**har-**	haré, harás, hará...

2. The e of the infinitive is dropped to form the stem of the future.

haber	**habr-**	habré, habrás, habrá...
poder	**podr-**	podré, podrás, podrá...
querer	**querr-**	querré, querrás, querrá...
saber	**sabr-**	sabré, sabrás, sabrá...

3. The e or the i of the infinitive is replaced by **d** to form the stem of the future.

poner	**pondr-**	pondré, pondrás, pondrá...
salir	**saldr-**	saldré, saldrás, saldrá...
tener	**tendr-**	tendré, tendrás, tendrá...
venir	**vendr-**	vendré, vendrás, vendrá...

- In Spanish, the future tense can often express probability or conjecture in the present.

¿**Estará** contaminado el aire?	*Could the air be contaminated?*
Sí, **será** por el plomo en la gasolina.	*Yes, it's probably because of the lead in the gasoline.*

- The phrase *ir a* + infinitive can also convey a future meaning.

Voy a proteger el medio ambiente.	*I am going to protect the environment.*

- In English we can use the progressive to express future intent. In this case, Spanish uses the simple present.

Mañana **llevo** la basura al reciclaje.	*Tomorrow I'm taking the trash for recycling.*

▸ Aplicación

2-13 La población envejece. Lee el artículo sobre las predicciones demográficas para España y subraya todos los verbos en el futuro. Después, escribe el infinitivo de cada verbo.

Según las predicciones demográficas, en el año 2015 España contará con una población de ancianos (65 años o más) de más de siete millones de personas. Esto supone un gran problema para la sociedad española que tendrá que dedicar más atención y recursos a este creciente sector de la población. Se informa que cada tres días una persona muere en soledad en su casa o en su piso. Sin embargo este problema continuará si no se encuentra un apoyo adecuado e inmediato tanto de la comunidad como del gobierno.

Sin duda, una nueva legislación y conciencia social ayudarán a crear centros adecuados para satisfacer las necesidades de los ancianos. Los avances tecnológicos también podrán mejorar sus condiciones de vida si se ponen en buen uso. Todos los miembros de la sociedad deberán cooperar en programas comunitarios que aseguren una mejor calidad de vida para los ancianos y sus familias. Así pues, en un futuro inmediato habrá que implementar en España sistemas de asistencia médica, económica y social destinados a "la tercera edad".

2-14 Cuestiones demográficas de España. Ahora, contesta las preguntas basadas en el artículo de la actividad 2-13.

1. ¿Cuántos ancianos vivirán en España para el año 2015?
2. ¿Por qué será esto un problema?
3. ¿Qué recursos se usarán para atender a (*assist*) la población de ancianos?
4. La población actual de España es de 40.500.000 personas. Si no crece la población total, ¿cuál será el porcentaje de ancianos para el año 2015?
5. En contraste con España, se predice que el porcentaje de ancianos en EE. UU. será del 12,6%. ¿Cuáles son algunos de los problemas que se presentarán en este país para el año 2015?

2-15 Predicciones. Hagan un mínimo de diez predicciones para el mundo en el año 2020. Preséntenselas luego a la clase.

MODELO: *Las clases universitarias se tomarán en casa por computadora. Los estudiantes conocerán a los profesores sólo por correo electrónico. Sólo verán su imagen en la pantalla.*

2-16 Logros para el futuro. A continuación verán algunos logros que se consideran importantes para el año 2025. En su grupo, decidan si están de acuerdo o no y expliquen por qué. ¿Qué otros logros pueden incluir? Presenten sus conclusiones a la clase.

- educación universitaria al alcance de todos los que la quieran
- independencia del petróleo extranjero
- asistencia médica universal
- transporte público económico y eficiente al alcance de todos

2-17 ¿Qué tipo de persona será? El canal del consumidor ofrece artículos para el consumo doméstico y también servicios para los consumidores. ¿A quién crees que le interesarán estas ofertas? Escucha los anuncios y escoge las características que probablemente posea esta persona. Escribe *sí* o *no* para cada descripción.

1. La persona interesada en esta oferta...

___ verá mucho la televisión.
___ hará obras caritativas (*charitable*) en su comunidad.
___ escuchará música.
___ usará aparatos pequeños.
___ tendrá una colección de videos digitales.

2. La persona interesada en esta vivienda...

___ preferirá la soledad.
___ tendrá problemas en las rodillas.
___ irá al teatro y a los buenos restaurantes con frecuencia.
___ estará fascinada por las vacas y otros animales.
___ caminará a su trabajo que se encuentra en el centro de la ciudad.

3. La persona interesada en inscribirse en esta universidad...

___ preferirá el contacto personal con sus profesores.
___ vivirá muy lejos de la universidad.
___ no sabrá usar la tecnología.
___ se pondrá nerviosa al hablar en público.
___ no tendrá mucho dinero en efectivo.

2-18 ¿Y ustedes? Vuelvan a escuchar los tres anuncios y expliquen en detalle si les interesa o no la oferta.

2-19 Debate: Resoluciones para el futuro. Preparen su posición a favor o en contra de uno de estos temas.

Resolución: Seremos vegetarianos para el año 2030.

Resolución: Dejaremos de usar el automóvil en los próximos 25 años.

Resolución: No se permitirá producir artículos que no sean reciclables.

Frases comunicativas

Creo que...
Es cierto que...
Pienso que...

MODELO: *Creo que todos seremos vegetarianos para el año 2030. Primero, no habrá suficiente carne para alimentar a todos y...*

Conéctate

VideoRed

▸ Antes de verlo

2-20 Dilemas del medio ambiente. Haz una lista de cinco o más problemas del medio ambiente que te afecten personalmente.

▸ A verlo

El calentamiento global **(Andrés Eloy Martínez, México)**

▸ Después de verlo

2-21 Las consecuencias. Elige una de las consecuencias del problema que se presenta en el video y di lo que haces tú personalmente para combatirlo.

Comunidades

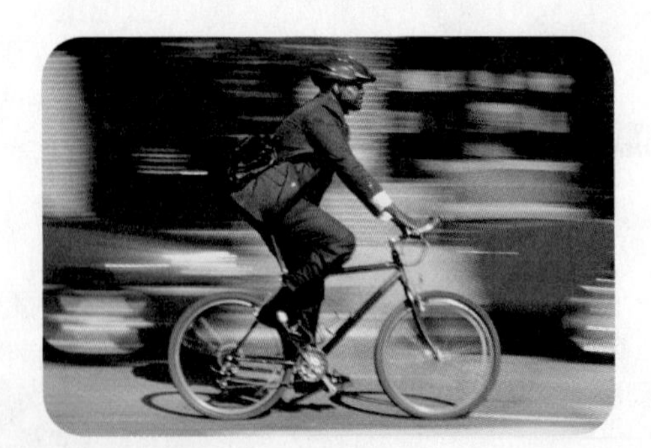

2-22 Un cartel de servicio público. Diseña un cartel (*poster*) con un anuncio publicitario para mejorar la calidad del aire en tu ciudad o región. Incluye en el anuncio por lo menos diez sugerencias para el público.

MODELO: *Los ciudadanos deben ir en bicicleta al trabajo.*

Conexiones

2-23 ¿Un futuro sostenible? ¿Quiénes tienen la responsabilidad de asegurar un futuro sostenible (*sustainable*) para las próximas generaciones? Den un ejemplo de la responsabilidad de varias de estas entidades y personas: el gobierno federal, estatal, local; las organizaciones no gubernamentales como Paz Verde; las organizaciones internacionales como las Naciones Unidas; las grandes empresas como las petroleras; cada uno de nosotros.

Comparaciones

2-24 En tu experiencia. ¿Qué significa para ti la idea de arquitectura sostenible o construcción "verde"? Escribe dos características.

2-25 En armonía con la naturaleza. Ahora lee sobre este novedoso proyecto español. ¿Conoces un edificio o una casa que siga las normas mencionadas?

Las fachadas de los pisos y casas dan o al norte o al sur, y así aprovechan las horas de sol y sombra.

Sarriguren, una ecociudad modelo

Según la Organización de las Naciones Unidas (ONU), la ecociudad de Sarriguren es un modelo ejemplar del desarrollo sostenible. Está situada a cinco kilómetros de las estrechas (*narrow*) calles de Pamplona por donde corren los toros durante las fiestas de San Fermín. En Sarriguren se respetan las leyes del juego climático con amplias avenidas, hermosas zonas verdes y viviendas que conforman los principios de la arquitectura sostenible. Estos principios, según la ONU, incluyen:

- viviendas ecológicas con ahorro energético
- acceso físico, económico y social para grupos desfavorecidos
- planificación sostenible de los usos de la tierra y de la estructura urbana
- mejoras del medio ambiente urbano (físico, económico y social) en barrios y ciudades de tamaño mediano
- el uso y la producción más eficaz de la energía: reducción del consumo de electricidad, energías renovables y reciclaje
- conservación y utilización de la naturaleza en el medio urbano: parques, corredores y áreas verdes
- integración de infraestructuras de transporte y reducción del impacto ambiental

Sus habitantes, la mayoría con viviendas de un precio promedio de menos de 120.000 euros, vivirán en 5.217 viviendas que disfrutarán de un ahorro energético de hasta un 50 por ciento gracias a paneles solares, calderas (*furnaces*) comunitarias, la orientación de las casas y los materiales «sanos» de construcción. En estas viviendas, la energía que sobra se revenderá para beneficio de la comunidad.

2-26 En su opinión. ¿Cuáles son los factores a favor o en contra de la arquitectura sostenible? ¿Cuáles son los factores que más les importan a ustedes?

2-27 A explorar: Revolución renovable. Visita la página web de *Conexiones* para ver cómo puedes ser más eficiente en el uso de energía. Indica por lo menos tres cosas que puedas hacer.

Segunda parte

¡Así es la vida!

Encuesta: La ingeniería genética

La **ingeniería genética** es la tecnología de la manipulación y transferencia de ADN de un organismo a otro, lo cual posibilita la creación de nuevas especies, la corrección de defectos genéticos y la fabricación de numerosos compuestos. ¿Cuáles son tus opiniones sobre estas cuestiones?

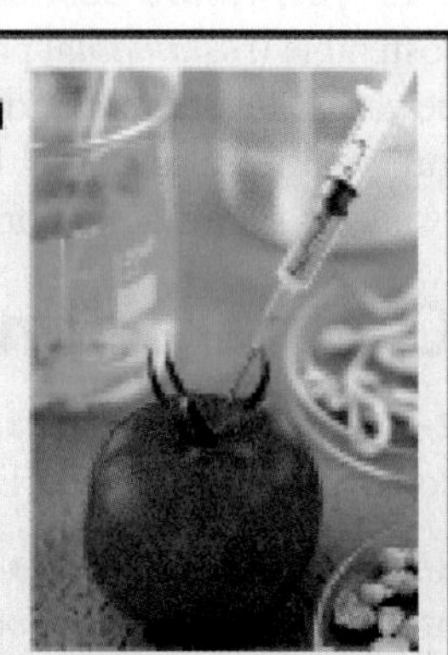

	muy de acuerdo	algo de acuerdo	algo en desacuerdo	muy en desacuerdo
1. Muchos alimentos en el supermercado contienen productos transgénicos.	○	○	○	○
2. Los comestibles manipulados deben ser claramente etiquetados.	○	○	○	○
3. En general, los alimentos transgénicos son sanos para los niños.	○	○	○	○
4. Si hay una opción, prefiero la comida orgánica, no manipulada.	○	○	○	○
5. Los consumidores deben leer la etiqueta para saber si contiene alimentos transgénicos.	○	○	○	○
6. Los comestibles manipulados con genes de otras especies pueden ser más nutritivos que los naturales.	○	○	○	○
7. El futuro de la ingeniería genética se concentrará en sanar enfermedades graves como la fibrosis quística y la hemofilia.	○	○	○	○
8. La oveja, el perro, el gorila, el ser humano. La clonación es nuestro futuro.	○	○	○	○

¡Así lo decimos! Vocabulario

Vocabulario primordial

Campos y profesiones importantes en el futuro

- la astrofísica (el/la astrofísico/a)
- la bioquímica (el/la bioquímico/a)
- la cibernética
- la genética (el/la genetista)
- la ingeniería nuclear/genética (el/la ingeniero/a…)
- la microbiología (el/la microbiólogo/a)
- la programación (el/la programador/a)

Vocabulario clave: Profesiones y actividades del futuro

Verbos

aumentar	*to increase*
clonar	*to clone*
dañar	*to damage*
etiquetar	*to label*
manipular	*to manipulate*
mejorar	*to improve*
predecir (i)*	*to predict*
proponer†	*to propose*

*like *decir*
†like *poner*

Sustantivos

el ADN	*DNA*
el alimento	*food*
el aparato	*device*
el avance	*advance*

Adjetivos

beneficioso/a	*beneficial*
grave	*serious*
sano/a	*healthy*
transgénico/a	*genetically modified*

Ampliación

Verbos	Sustantivos	Adjetivos
agravar	la gravedad	grave
avanzar	el avance	avanzado/a
clonar	la clonación	clonado/a
dañar	el daño	dañado/a
etiquetar	la etiqueta	etiquetado/a
manipular	la manipulación	manipulado/a
predecir (i)	la predicción	predicho/a

¡Cuidado!

Calidad/cualidad

- **Calidad** and **cualidad** are both cognates of the English word *quality*, but have different meanings:

  calidad—*quality,* as in a measure of worth.

  Todo depende de la **calidad** de los materiales. — *Everything depends on the quality of the materials.*

  cualidad—*quality,* as in a characteristic of a person or thing.

  Su dedicación es la **cualidad** que más admiro en él. — *His dedication is the quality I most admire in him.*

▸ Aplicación

2-28 La ingeniería genética. Clasifica estos usos de la ingeniería genética de acuerdo con su orden de importancia (1 es el más importante, 6 el menos importante) para el bienestar de la sociedad, de la economía y para ti personalmente. Explica tus razones.

El uso	**Importancia para la sociedad**	**Importancia para la economía**	**Importancia para mí**
La fabricación de medicamentos			
La clonación de animales			
La creación de especies de plantas nuevas			
La identificación de enfermedades genéticas			
La cura de enfermedades			
La determinación del sexo del feto			

2-29 La encuesta. Comparen sus respuestas a la encuesta anterior y conversen sobre las opiniones que tienen en común y sobre las que no están de acuerdo.

2-30 Profesiones del futuro. A continuación hay una lista de profesiones científicas y tecnológicas que tendrán un papel importante en el futuro. ¿Qué creen que estas profesiones aportarán (*contribute*) a la sociedad? ¿Qué profesiones relacionadas con las humanidades o con el comercio se podrían agregar a esta lista? Expliquen por qué.

la astrofísica | **la cibernética** | **la microbiología**
la bioquímica | **la ingeniería nuclear/genética** | **la programación**

2-31 Abandonados en una nave espacial. Su grupo fue abandonado en el espacio y tiene que aterrizar en el planeta Marte. Elijan los siete artículos de la lista que consideren los más importantes para poder sobrevivir o para volver a la Tierra. Decidan su orden de importancia. Compartan su lista con la clase y expliquen por qué decidieron ese orden de importancia.

___ una computadora
___ algunos discos compactos
___ una caja de cerillos o fósforos (*matches*)
___ un radio
___ algunas células de plantas de frijoles
___ un televisor
___ un satélite
___ agua por un año para dos personas
___ un metro cúbico de tierra
___ un aparato para purificar el aire
___ un tanque de oxígeno
___ algunos programas de realidad virtual

2-32 De nuevo: Llegaron los humanos (*Preterit/imperfect*). Imagínate que eres un pez, un pájaro o cualquier otro animal y que un día llegaron los seres humanos a la región donde vivías feliz en tu hábitat perfecto con otros animales y plantas. Utiliza el pretérito y el imperfecto para narrar cómo llegaron, qué hicieron, con qué experimentaron o qué construyeron, cómo afectaron sus acciones tu hábitat y qué tuvieron que hacer tus compañeros y tú para sobrevivir.

MODELO: *Yo vivía feliz jugando y nadando con mis compañeros. Nosotros, los peces, vivíamos en un lago de aguas cristalinas. Un día llegaron los humanos...*, etc.

Recuerda: Para escribir tu historia necesitas consultar la sección que explica los usos del pretérito y el imperfecto en el ***Capítulo 1***.

Reto: Sé lo más original posible. Usa muchas palabras de la ***Primera*** y la ***Segunda parte*** de ***¡Así lo decimos!***.

¡Así lo hacemos! Estructuras

3. The subjunctive in noun clauses

A clause is a string of words containing a subject and a conjugated verb. A main (or independent) clause stands alone and expresses a complete idea. A subordinate (or dependent) clause cannot stand alone and depends on the main clause to complete its message. Sentences with a main clause and a subordinate clause are called complex sentences, with the subordinate clause functioning as a noun, adjective, or adverb. The subjunctive mood often occurs in subordinate clauses.

- A noun clause is used as the direct object or subject of the verb, or as the object of a preposition.

  Necesito el **análisis.**
  (direct object = noun)
  Necesito el **análisis genético.**
  (direct object = noun phrase)
  Necesito **que Ud. me dé el análisis genético.**
  (direct object = noun clause)

main clause... + **que...** + dependent noun clause
(subject + verb) (different subject + verb in subjunctive)

- The subjunctive is not automatically used in subordinate noun clauses. The present subjunctive, like the present indicative, expresses actions or states in the present or near future. Unlike the indicative, which expresses real/factual actions or states, the subjunctive describes hypothetical situations, that is, actions or states that may or may not be real/factual, or that are "conditioned" by the emotive perception or attitude of the speaker or subject.

Compare the following complex sentences with noun clauses:

Indicative	Subjunctive
Sabemos que **construyen** una casa verde.	Recomendamos que **construyan** una casa verde.
Dicen que el aparato **está** dañado.	Temen que el aparato **esté** dañado.
Es verdad que los gases **son** dañinos.	Es posible que los gases **sean** dañinos para las personas que viven cerca.

- The sentences that use the indicative in the noun clause present the ideas as fact: *we know, they say, it's true*. The subjunctive is required in the contrasting sentences due to the ideas established in the main clauses: *we recommend* (but it may not happen), *they fear* (emotive conditioning of situation, no certainty expressed), and *it's possible* (not certain).

The present subjunctive of regular verbs

- The present subjunctive is based on the first-person singular form of the present indicative: drop the **-o** and add the appropriate subjunctive endings.
- Note that **-ar** verbs have an **e** with the present subjunctive endings, while **-er** and **-ir** verbs have an **a**. Some people find it helpful to think in terms of "opposite vowel," with **a** being the opposite of **e** and **i**.

habl**ar**	habl~~o~~	→	habl	+ e	hable
com**er**	com~~o~~	→	com	+ a	coma
viv**ir**	viv~~o~~	→	viv	+ a	viva

The chart shows the present subjunctive forms of regular verbs. Note that the endings of **-er** and **-ir** verbs are identical.

	HABLAR	COMER	VIVIR	PENSAR	DECIR
yo	habl**e**	com**a**	viv**a**	piens**e**	dig**a**
tú	habl**es**	com**as**	viv**as**	piens**es**	dig**as**
Ud., él, ella	habl**e**	com**a**	viv**a**	piens**e**	dig**a**
nosotros/as	habl**emos**	com**amos**	viv**amos**	pens**emos**	dig**amos**
vosotros/as	habl**éis**	com**áis**	viv**áis**	pens**éis**	dig**áis**
Uds., ellos, ellas	habl**en**	com**an**	viv**an**	piens**en**	dig**an**

- With verbs that are irregular in the **yo** form of the present indicative (except verbs whose first person indicative ends in **-oy**), use the irregular **yo** form to form the subjunctive.

tener: tengo → tenga, tengas, tenga, tengamos, tengáis, tengan
ver: veo → vea, veas, vea, veamos, veáis, vean

- Note that **-ar** and **-er** stem-changing verbs, just as in the indicative, change in all forms except **nosotros** and **vosotros.**

encontrar → encuentre, encuentres, encuentre, encontremos, encontréis, encuentren
querer → quiera, quieras, quiera, queramos, queráis, quieran

- For **-ir** stem-changing verbs, the unstressed **e** changes to **i,** and the unstressed **o** changes to **u** in the **nosotros** and **vosotros** subjunctive forms.

sentir → sienta, sientas, sienta, sintamos, sintáis, sientan
dormir → duerma, duermas, duerma, durmamos, durmáis, duerman

- Verbs whose infinitives end in **-car, -gar,** and **-zar** have spelling changes in the present subjunctive.

-car:	c → **qu**	buscar	→	bus**que,** bus**ques,** bus**que,** bus**que**mos, etc.
-gar:	g → **gu**	llegar	→	lle**gue,** lle**gues,** etc.
-zar:	z → **c**	empezar	→	empie**ce,** empie**ces,** etc.

Verbs with irregular present subjunctive forms

- Six verbs have irregular present subjunctive forms:

dar	dé, des, dé, demos, deis, den
estar	esté, estés, esté, estemos, estéis, estén
haber	haya, hayas, haya, hayamos, hayáis, hayan
ir	vaya, vayas, vaya, vayamos, vayáis, vayan
saber	sepa, sepas, sepa, sepamos, sepáis, sepan
ser	sea, seas, sea, seamos, seáis, sean

Subjunctive vs. indicative in noun clauses

- The subjunctive is used in noun clauses when the main clause expresses wishes, preferences and recommendations, emotions or feelings, and doubt or denial.

Insisto en que **destruyas** los clones.	*I insist that you destroy the clones.*
Nos alegramos de que **puedas** manipular el ADN.	*We are glad that you are able to manipulate the DNA.*
Es bueno que **investiguen** las emisiones de esa fábrica.	*It's good that they're investigating the emissions from that factory.*
El ingeniero **niega** que la especie **desaparezca.**	*The engineer denies that the species will disappear.*

- The following expressions in a main clause can trigger the subjunctive in a subordinate noun clause.

VERBS AND EXPRESSIONS OF WILL AND INFLUENCE		
decir	ojalá	querer
desear (es deseable)	permitir	recomendar
esperar	preferir (es preferible)	urgir (es urgente)
importar (es importante)	prohibir (es prohibido)	vale la pena
interesar (es interesante)	prevenir	necesitar
mandar	proponer	(es necesario)

VERBS AND EXPRESSIONS OF EMOTION		
alegrarse	es (una) lástima	sentir
es bueno/malo	es mejor/peor	temer
es crucial	es preciso	tener miedo
es fácil/difícil		

VERBS AND EXPRESSIONS OF DOUBT AND DENIAL		
dudar	es (im)posible	no estar seguro
es dudoso	es (im)probable	no creer
no es cierto	negar	es increíble

- The subject of a subordinate noun clause must be different from the subject of the main clause except after expressions of doubt or denial. If there is only one subject, use an infinitive rather than a subordinate clause.

Es crucial que todos protejamos el medio ambiente. — *It is crucial that we all protect the environment.*
Es crucial proteger el medio ambiente. — *It is crucial to protect the environment.*

- When there is no doubt about an action or event, use the indicative in the noun clause to convey certainty or conviction. Expressions of certainty or conviction in the main clause may be **estar seguro, creer, pensar, ser evidente,** etc.

Estoy seguro que la planta **purifica** el agua. — *I am sure that the plant purifies the water.*
Creo que el río **está** contaminado. — *I believe that the river is contaminated.*

- Note that when an expression of certainty or conviction is negated in the main clause, the subjunctive is used in the subordinate clause. Conversely, a speaker may negate an expression of doubt or denial in the main clause to convey certainty or conviction, and so use the indicative in the subordinate clause.

No creo que **haya** menos contaminación. — *I don't think there is less contamination.*
No niego que **hay** contaminación del aire. — *I don't deny that there is air pollution.*

- However, the speaker can reveal underlying feelings, suspicions, opinions, etc. by using the subjunctive or indicative when the opposite may be expected.

Como ecologista **no niego** que las compañías petroleras **hagan** todo lo posible para proteger la vida marítima. — *As an ecologist, I don't deny that the oil companies may do all that is possible to protect marine life.*

▸ Aplicación

2-33 Pazverde. Pazverde es una organización ambientalista independiente sin fines comerciales o políticos. Promueve campañas en todo el mundo para preservar el medio ambiente. Lee el artículo sobre una de estas campañas y subraya los verbos en el subjuntivo.

> Los manglares (*mangroves*) de nuestro país son un ecosistema único que contiene una gran biodiversidad. Es necesario que el público se dé cuenta de su importancia, pues proporcionan (*provide*) áreas de crianza (*breeding*) y alimentación de especies acuáticas de gran valor comercial. Por otra parte, es crucial que los manglares se conserven, ya que su existencia ayuda al mantenimiento de la biodiversidad de otros ecosistemas como, por ejemplo, el del coral. Es evidente que también contribuyen a la regulación del clima local y global, producen oxígeno y regulan el dióxido de carbono atmosférico. Es crucial además que los manglares continúen existiendo como medio de protección ante inundaciones, huracanes y la erosión de las costas. Por todas estas razones, Pazverde insiste en que todos participemos en la preservación de los manglares de nuestro país y que hagamos lo posible por ayudar.

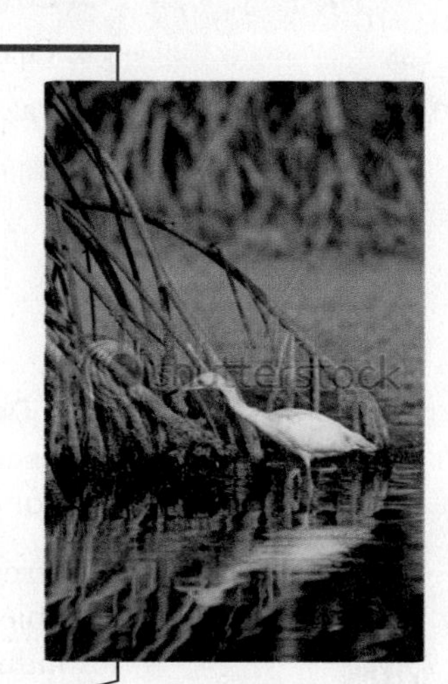

2-34 Equilibrio ecológico. Haz una lista de cinco razones para mantener los manglares. ¿Cuál de estos problemas afecta la economía o la calidad de vida de tu región? Si ninguno de ellos afecta tu área, menciona otros problemas que haya en tu pueblo o ciudad.

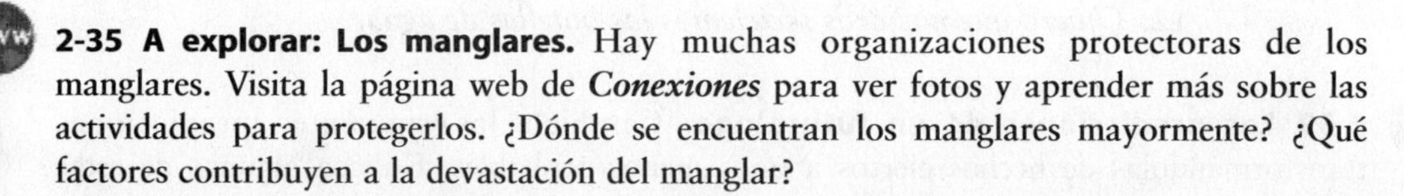

2-35 A explorar: Los manglares. Hay muchas organizaciones protectoras de los manglares. Visita la página web de ***Conexiones*** para ver fotos y aprender más sobre las actividades para protegerlos. ¿Dónde se encuentran los manglares mayormente? ¿Qué factores contribuyen a la devastación del manglar?

2-36 Protejamos los manglares. A continuación vas a escuchar un noticiero de Pazverde sobre la situación de los manglares en un país latinoamericano. Completa las frases con la opción más lógica en cada caso.

1. La información procede de...
a. El Salvador. **b.** Guinea Ecuatorial. **c.** Ecuador.

2. Uno de sus productos importantes es...
a. el camarón. **b.** el pescado. **c.** el arroz.

3. El porcentaje de los manglares que resultó destruido por esa industria es...
a. el 35%. **b.** el 53%. **c.** el 75%.

4. El síndrome de Taura es una enfermedad causada por...
a. una bacteria. **b.** un virus. **c.** pesticidas.

5. Para aliviar el problema la industria ha...
a. cambiado de lugar. **b.** dejado de usar pesticidas. **c.** instalado filtros nuevos.

6. Pazverde ha respondido...
a. a favor de la campaña. **b.** pidiendo más concesiones. **c.** poniéndose totalmente en contra.

2-37 Deseos. Completa las frases lógicamente usando el indicativo o subjuntivo del verbo en itálica.

1. El público quiere que…
2. Los profesores insisten en que…
3. Los ingenieros esperan que…
4. Ojalá que…
5. Paz Verde prefiere que…

- (los científicos) *buscar* un remedio para el síndrome Taura
- (los fabricantes de coches) *producir* un modelo de coche libre de emisiones
- (el mundo) *ver* las consecuencias del calentamiento global
- (el gobierno) *proteger* los manglares
- (los turistas) no *dañar* el hábitat de los pájaros durante sus visitas

2-38 Desafío. Dile a tu compañero/a un sujeto y un verbo de la lista siguiente. Él/Ella debe empezar la oración con *Quiero que* y combinar el sujeto con el verbo en el subjuntivo. Las oraciones pueden ser afirmativas o negativas, lógicas o absurdas.

nosotros	buscar	fabricar
el gobierno	conocer	hacer caso
los industriales	conservar	prevenir
Pazverde	construir	rescatar
los ingenieros	disminuir	traer
el director de la compañía petrolera	empezar	vivir

MODELO: E1: *nosotros / reciclar las botellas de agua*
E2: *Quiero que nosotros reciclemos las botellas de agua.*

2-39 Las predicciones de un futurólogo. Cambien las siguientes predicciones transformándolas de hechos ciertos a unos menos probables. Utilicen algunas de estas expresiones para indicar menos certidumbre y añadan otros comentarios.

No creo que…	Prefiero que…	Es sorprendente que…
Dudo que…	Niego que…	No es cierto que…
Temo que…	Insisto en que…	Urge que…

MODELO: Según las predicciones, no habrá peces en los océanos para el año 2050.
Sin embargo, yo no creo que desaparezcan totalmente porque…

1. Todos llevaremos una tarjeta con una muestra (*sample*) de ADN para probar nuestra identidad.
2. Los padres podrán seleccionar los rasgos (*features*) físicos e intelectuales de sus hijos.
3. Los medicamentos serán personalizados según el ADN del paciente.
4. La manipulación genética de las plantas y animales eliminará el hambre del mundo.
5. Cada niño será clonado, por si acaso (*just in case*).
6. Viajaremos a otros planetas.
7. Las ciudades costeras desaparecerán.
8. Se prohibirán todos los alimentos transgénicos.

2-40 ¿Qué quieren? A veces no queremos las mismas cosas que quieren, por ejemplo, nuestros padres o amigos. Comenten qué quieren ustedes y qué quieren sus padres y sus amigos. Usen el subjuntivo.

MODELO: *Quiero viajar y conocer el mundo. Mis padres quieren que (yo) tenga éxito en los estudios, que me gradúe a tiempo y que haga un posgrado. Mis compañeros quieren que yo salga con ellos todas las noches y que lo pasemos bien.*

2-41 Creo, no creo... Hagan una lista de seis o más predicciones y opiniones que tengan para la próxima década y luego comparen sus listas. ¿Tienen algunas predicciones en común? ¿En cuáles difieren de opinión? Usen frases de la lista u otras para presentar sus opiniones.

alegrarse	desear	(no) estar seguro/a	opinar
considerar	(no) dudar	gustar	sugerir

MODELO: *Creo firmemente que algún día viviremos en la Luna, pero no pienso que mis hijos quieran vivir allí.*

2-42 Una carta al editor. Escribe una carta al editor en la que expreses tu opinión sobre uno de los siguientes titulares. Ten cuidado al usar el indicativo y el subjuntivo cuando expreses tu opinión.

«Inmensos incendios en Cataluña»

«Científicos clonan el primer bebé»

«El gobierno local permitirá la construcción de viviendas en una zona histórica»

«El ruido en las grandes ciudades llega a ser peligroso»

2-43 Debate: La manipulación genética. Preparen su posición a favor o en contra de uno de estos temas.

Resolución: No se permitirá bajo ninguna circunstancia la clonación de seres humanos.

Resolución: Se etiquetarán todos los comestibles que han sido manipulados genéticamente.

Resolución: Nos identificaremos por nuestro ADN cuando saquemos dinero del banco o cuando hagamos una compra con tarjeta de crédito.

MODELO: *Es cierto que la tecnología existe para clonar seres humanos, sin embargo no creo que sea beneficioso para la humanidad porque...*

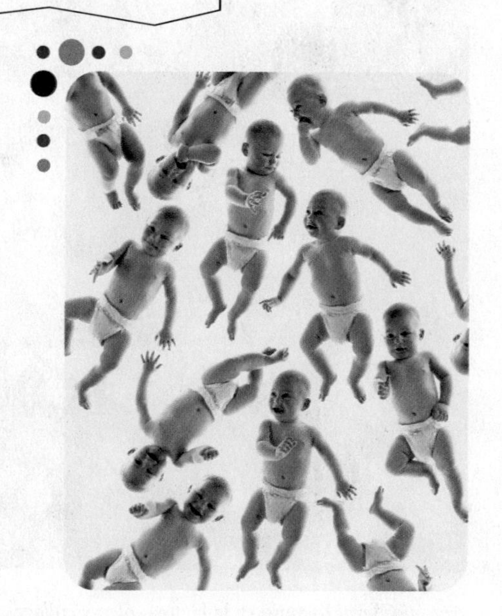

¡Así lo expresamos!

Imágenes

***Juanito en la laguna* (Antonio Berni, 1905–1981, Argentina)**

Antonio Berni nació en Rosario, Argentina. En sus largos viajes por Europa descubrió las vanguardias plásticas contemporáneas (*avant-guard art*), especialmente el arte surrealista. Su prolífica obra está presente en algunos de los museos más importantes del mundo.

Antonio Berni, Juanito en la laguna, *óleo y collage sobre madera, 1974; 160 × 105 cm. Ruth Bencázar Galería de Arte, Buenos Aires.*

▸ Perspectivas e impresiones

2-44 Su interpretación. Compartan con su compañero/a su interpretación de la obra (*art piece*) de Berni. En su opinión, ¿cuáles son las causas de esa situación? ¿Qué relación hay entre el tema de la obra y la actitud de una sociedad que tira todo a la basura (*"throw-away society"*)?

2-45 A explorar: Canción para la contaminación. Visita la página web de *Conexiones* para leer la letra de una canción sobre la contaminación. El tema es de uno de los grupos de rock en español más importantes de Latinoamérica. Comenta cómo interpretas la canción y qué piensas sobre ella. Comparte tu información con el resto de la clase.

2-46 Los pasos de la contaminación. Ilustren cada uno de Uds. el orden de factores que han contribuido a la contaminación en la sociedad por medio de un esquema (*outline*) o dibujo. Después, explíquenle su visión particular al resto del grupo.

MODELO: *el petróleo → el motor → la industrialización → ...*

Ritmos

Bebe (España)

La cantautora Nieves Rebolledo Vila, más conocida por su nombre artístico Bebe, nació en Valencia, España. De niña, creció en un ambiente musical ya que sus padres también eran músicos. Tuvo su primera guitarra a los once años y a los dieciocho años empezó su carrera como cantante. En 2004 lanzó su primer CD como solista y compositora, *Pafuera telarañas*, con el que ganó un Grammy y la acogida de millones de hispanos alrededor del mundo. Sin embargo, en 2006 anunció su retirada temporal del mundo de la música.

▸ Antes de escuchar

2-47 La Madre Tierra. En esta canción se personifica a la Tierra como si sufriera personalmente los abusos que le impone la gente. En tu opinión, ¿cuáles son algunos de los abusos del medio ambiente más graves?

▸ A escuchar

2-48 La personificación de la Tierra. Al escuchar la canción, subraya las palabras que indican el sufrimiento de la Tierra a manos del ser humano.

Ska de la tierra

La tierra tiene fiebre necesita medicina
Y poquito de amor que le cure la penita° que tiene. *sorrow*
Aah-aah *(bis)*
La tierra tiene fiebre
Tiembla°, llora, se duele del dolor más doloroso *It trembles*
Y es que piensa que ya no la quieren. *(bis)*
Y es que no hay respeto por el aire limpio
Y es que no hay respeto por los pajarillos° pájaros pequeños
Y es que no hay respeto por la tierra que pisamos° donde caminamos
Y es que no hay respeto ni por los hermanos
Y es que no hay respeto por los que están sin tierra
Y es que no hay respeto y cerramos las fronteras
Y es que no hay respeto por los niños chiquininos° pequeños
Y es que no hay respeto por las madres que buscan a sus hijos.
La tierra tiene fiebre necesita medicina
Y poquito de amor que le cure la penita que tiene.
Aah-aah *(bis)*
La tierra tiene fiebre
Tiembla, llora, se duele del dolor más doloroso
Y es que piensa que ya no la quieren. *(bis)*
Y es que no hay respeto y se mueren de hambre
Y es que no hay respeto y se ahoga° el aire *is choking*
Y es que no hay respeto y lloran más madres
Y es que no hay respeto y se mueren de pena los mares
Y es que no hay respeto por las cosas de los pueblos
Y es que no hay respeto desde los gobiernos
Y es que no hay respeto por los coches mininos° pequeños
Y es que no hay respeto y el mundo se prendió° *caught on fire...*

▸ Después de escuchar

2-49 Una falta de respeto. Según la cantautora, ¿quiénes necesitan respeto y quiénes no se lo dan? ¿Cuáles son algunas de las agencias que se responsabilizan por el bienestar del medio ambiente? Cita un ejemplo de un programa que conozcas.

Páginas

***Los mutantes* (José Ruibal, 1925– , España)**

José Ruibal es un dramaturgo (*playwright*) contemporáneo español. Es uno de los iniciadores del "teatro subterráneo" que comenzó en los años 60. En esa época, el gobierno español censuraba las obras de teatro. Algunos de los temas comunes en las obras de Ruibal son la autoridad, la represión, la libertad y el individuo frente a la sociedad.

▸ Antes de leer

2-50 En anticipación. La tecnología simplifica la vida diaria. Sin embargo, a veces causa problemas. Explícale a tu compañero/a las ventajas y las desventajas de la tecnología. En estos ejemplos, ¿qué es más importante, el problema que la tecnología soluciona o el que causa? Algunas posibilidades: el avión, cl teléfono móvil, la televisión, la Internet.

MODELO: *El auto es un ejemplo de una invención que facilita la vida. Sin embargo, su motor contamina, causa accidentes y es difícil de mantener.*

▸ A leer

2-51 Estrategias de la lectura. La información sobre los personajes y las características del género de una obra literaria ayudan a comprender el contenido de la obra. Contesta estas preguntas antes de leer la obra.

1. ¿Cuál es el género literario de esta obra: poesía, narrativa, drama o epistolar (*letter writing*)?
2. ¿Cuántos personajes hay?
3. ¿Quiénes son?
4. ¿Piensas que esta historia es del pasado, del presente o del futuro?
5. ¿Cómo defines a un mutante?

Los mutantes

Personajes:

HOMBRE

MUJER

Una piedra inmensa se ilumina. Bajo ella, aplastados°, HOMBRE y MUJER conviven. El espacio es mínimo y se mueven con enorme dificultad. Allí, apretujados°, aparecen, en miniatura, todos los aparatos de la vida moderna, auto incluido, invadiendo todos los rincones libres.

crushed
squeezed together 5

(HOMBRE *hace movimientos mecánicos sobre una máquina electrónica invisible de la que, por momentos, se percibe el sonido°.* MUJER *pone en marcha° algunos de los electrodomésticos que le ayudan en las tareas de la casa. Luego enciende la televisión y crece° el volumen musical.*) | *a sound can be heard* / pone... enciende / *goes up*

10

HOMBRE: (*sin dejar de trabajar*)

Sí, soy feliz. Voy a ser padre. Era lo único que me faltaba para ser totalmente dichoso°. No me puedo quejar°, la vida me sonríe. Mi mujer es un sol, un sol hogareño°. Y no lo parecía. Cuando me casé era una señorita frívola. Soñaba con viajar y viajar, pero se ha acoplado° perfectamente a mi vida. | feliz | *complain* / de la casa | adaptado

15 MUJER: (*revolviendo° entre los objetos*) | *rummaging*

¡Estoy harta! Todo el día entre monstruos eléctricos. Me van a matar. En cualquier momento soy noticia: "Ama de casa electrocutada". ¡Qué horror! Y ahora, para colmo°, voy a tener un hijo, aquí, en este hogar sin espacio para jugar. ¡Sol, sol, quiero sol! | *to top it all*

HOMBRE: Este año no podrá ser. Tengo muchísimo trabajo. Me han ascendido°. Manejo una máquina electrónica que ha costado un dineral° a la empresa. Con ella llevo el control de la producción. Mis jefes me estiman muchísimo. Me han subido el sueldo. Me han animado para que cambie de modelo de auto. Claro que para venir al trabajo utilizo el Metro. Viajo apretujado, pero llego puntualmente. Al cruzar la ciudad, el tráfico está imposible. | *promoted* | mucho dinero | *salary*

20

MUJER: ¡Sol, sol! ¡Necesito sol! Si no tomo sol, el hijo que crece dentro de mí no será una persona. Será un gusano° pálido. | *worm*

25

HOMBRE: (*en una tienda, pero sin haber cambiado de sitio*). ¡Por favor! Despácheme° pronto. Tengo que volver al trabajo. Quiero una lámpara de rayos solares. No se trata de mí. Eso mismo, un regalo para mi mujer. Sí, envuélvala en un papel vistoso°. No, este año no podemos ir a la playa. Desde luego. No es por dinero. Es por algo que no se puede comprar: la falta de tiempo. Yo estoy siempre ocupado. Para colmo, la empresa acaba de comprar un ordenador electrónico y sólo yo sé manejarlo. Sí; tuve que hacer unos cursillos. Pero compensa el esfuerzo, se paga muy bien ese trabajo. | ¡Atiéndame! | bonito | computadora

30

(*Coge el paquete.*) ¿Y la lámpara cómo funciona? Entendido, sólo darle a la llave°. Supongo que dará buen resultado. ¡Lo mismo que el sol! ¡Increíble! La técnica es prodigiosa. | *turn the knob*

MUJER: (*Las cosas se le caen encima.*) ¡Socorro°, me aplastan! ¡Mi hijo, mi hijo!...¡Ay...! | ¡Ayude!

35 HOMBRE: Está dormida. Claro, el embarazo°. Se fatiga muchísimo. Menos mal que le he comprado el lavaplatos superautomático. (*Le pone encima el paquete de la lámpara.*) Cuando se despierte se llevará una agradable sorpresa. Será como si tuviera el sol en casa. ¡Sol a domicilio°! Eso la compensará del veraneo. Todavía no le he dicho que este año no podremos ir al mar. La lámpara hará el milagro de conformarla. Hoy la técnica hace milagros. | *pregnancy* | *home delivery*

40 MUJER: (*inconsciente*) ¡Aire..., aire...!

(HOMBRE *hace funcionar el ventilador.*) ¡Sol..., sol! ¡Quiero sol...!

(HOMBRE *abre el paquete y enciende la lámpara.*)

HOMBRE: Está soñando con su hijo; con nuestro hijo. Pero todavía faltan dos meses. Será un niño feliz. No sufrirá las privaciones que yo padecí. Crecerá sano y robusto. Le atenderán los mejores pediatras. Irá a
45 los mejores colegios. Sabrá idiomas. Estudiará... Sí, especialista en algo... En algo provechoso. Ganará todo el dinero con muchísima facilidad.

she twists

MUJER: (*Despertando. Se retuerce° con dolores espasmódicos.*)

Va a nacer. Va a nacer. Le aplastarán. (*Trata de quitarse objetos de encima. Tira la lámpara. Después con dificultad, el ventilador. Pero otros aparatos se le caen encima.*) ¡Oh, esto es horrible! (*Mientras aparta unos*
50 *objetos, van cayendo otros. Parecen estar animados y la vencen.°*) Se morirá aplastado. ¡Estos malditos trastos° no le dejan nacer!

they defeat her

cursed pieces of junk

HOMBRE: Tan pronto nazca, ya se encontrará en un hogar civilizado donde nada le faltará. Le compraré juguetes, muchísimos juguetes. (*Echa juguetes dentro, sobre la mujer también.*)

Todos los juguetes imaginables. Tendrá todos los juguetes que yo no he podido tener.

55 MUJER: (*Con gran esfuerzo hace un movimiento violento y la parte inferior de su cuerpo asoma al exterior de la piedra. Los objetos, mezclados con los juguetes, forman una barrera entre ella y* HOMBRE.) Va a nacer. Me siento mejor. ¡Oh!...¡Oh!...¡Oh!...(*llanto del recién nacido*)

HOMBRE: (*al teléfono, pero sin dejar su ritmo mecánico*) ¡Cómo! ¿Qué he tenido un hijo? No es posible. Faltan todavía dos meses. ¿Un accidente? Póngame con mi mujer. ¡Oh! Está dormida. ¿Cómo,
60 inconsciente? No puedo salir ahora. La máquina está funcionando. Si la dejo sola, se arruinará toda la producción. Iré tan pronto termine; ahora me es imposible.

MUJER: Ya ha nacido. ¡Qué alegría! Y ha nacido fuera de aquí. Será libre. Crecerá al viento y al sol. No, no puedo verlo. Pero lo siento°. Lo siento como cuando estaba dentro de mí. Le oigo llorar al aire libre. ¡Soy feliz! (*como en sueños*) Jugará con el sol..., el viento..., las estrellas..., el mar..., la luna..., los árboles..., la
65 arena..., el cielo azul..., la lluvia...

I feel him (the baby)

HOMBRE: (*Tiene un sonajero° eléctrico.*) — *baby rattle*

No lo encuentro. (*Busca entre objetos y juguetes.*) ¿Estará fuera? ¡Qué horror! Ha nacido fuera de aquí. Tendré que ir a buscarle. Fuera se morirá. El sol puede quemar su piel. Es muy fina la piel de un recién nacido. ¿Y si se moja°? Seguro que coge un catarro. (*gets wet*)

70 Tengo que tenerle aquí dentro. Fuera no le protege nadie. Allí crecerá a la intemperie° y sin ley. No. No quiero que sea un salvaje ni un inadaptado social. ¡Eso no! Me traería un montón de complicaciones. He trabajado toda mi vida como un animal para ser feliz. Tengo un hogar donde no falta de nada. Mi hijo podrá vivir sin complicaciones. Quiero conservar todo esto para él. Se trata de mi hijo. Tiene que crecer aquí. Fuera es el caos. El desorden. Tengo que hacer algo para que venga. Es urgente. Puede coger una (*intemperie: outdoors, exposed to the weather*)

75 infección o una peste°. Eso mismo... Avisaré a la policía. (*plague*)

(*Llanto del recién nacido*)

MUJER: (*La luz desciende.*) ¡No! ¡No!

(*Suena un disparo° en un lugar indefinido.*) — *A gunshot is heard*

▸ Después de leer

2-52 ¿Cómo lo interpretas tú? Contesta las siguientes preguntas relacionadas con el texto que acabas de leer.

1. ¿Qué simboliza la piedra en este drama?
2. ¿Por qué no llevan nombre los personajes?
3. ¿Qué es importante para el hombre? ¿Y para la mujer?
4. ¿Qué simboliza el sol para la mujer?
5. ¿Por qué no quiere el hombre que el hijo nazca fuera de su casa?
6. ¿Cómo ven el hombre y la mujer los electrodomésticos?
7. ¿Con qué personaje te identificas más? ¿Por qué?

2-53 Un resumen. Escribe un resumen del contexto, de los personajes, del argumento (*plot*) y de la resolución del drama.

2-54 Una sesión con el/la psicólogo/a. Dos compañeros/as harán el papel de psicólogo/a y de cliente. El/La cliente (el hombre, la mujer o el hijo de *Los mutantes*) explicará el problema; el/la psicólogo/a tratará de ayudarle a resolverlo.

Taller

Expresa tu opinión

En cualquier periódico encontrarás editoriales y cartas al editor donde la gente expresa su opinión con el propósito de influir a los demás. Muchas veces los temas son algo controversiales.

▶ Antes de escribir

Idear. Piensa en algo que consideres un problema para ti y para la sociedad en que vives.

Completar. Completa esta oración en español.

Yo creo firmemente que…

MODELO: *Yo creo firmemente que los medios de comunicación, especialmente la televisión, afectan negativamente nuestro desarrollo intelectual.*

▶ A escribir

Abrir el tema. Usando tu opinión como base, escribe una oración para plantear el problema y para atraer el interés del lector.

MODELO: *Para el año 2025, los que sepan leer serán una minoría privilegiada en nuestra sociedad.*

Explicar y respaldar (*support*). Escribe cinco o seis oraciones para explicar por qué esto es un problema. Incluye razones específicas.

Sugerir. Escribe cinco o más recomendaciones para explicar qué hay que hacer para solucionar el problema.

Resumir. Escribe tres o cuatro oraciones para resumir el problema y su solución.

Concluir. Escribe una oración para convencer al público de la crisis y concluir tu ensayo.

▶ Después de escribir

Revisar la comunicación. Vuelve a leer tu composición. ¿Son lógicas tus opiniones?

Revisar la gramática y el vocabulario.

- ☐ ¿Has incluido una variedad de vocabulario?
- ☐ ¿Has incluido algunas acciones usando el futuro?
- ☐ ¿Has usado bien el subjuntivo y el indicativo?
- ☐ ¿Has verificado la concordancia y la ortografía?

Intercambiar. Intercambia tu trabajo con el de un/a compañero/a. Mientras lees la composición de tu compañero/a, comenta sobre el contenido, la estructura y la gramática. ¿Ha seguido bien los procesos de la escritura? Incluye una evaluación de la comunicación y otra de la mecánica.

Entregar. Incorpora las sugerencias de tu compañero/a y pon tu ensayo en limpio. Luego, entrégaselo a tu profesor/a.

Vocabulario

Primera parte

a medio/largo plazo	*in the mid term/ long term*
ambiental	*environmental*
la basura	*trash*
el bosque	*forest*
calentar (ie)	*to warm*
la capa de ozono	*ozone layer*
el carbón	*coal*
el combustible	*fuel*
contaminar	*to contaminate*
el contenedor	*container*
creo que...	*I believe that...*
el cristal	*glass*
desechar	*to throw away, to discard*
el desecho	*waste*
destruir (y)	*to destroy*
la (des)ventaja	*(dis)advantage*
dificultar	*to make difficult*
disminuir (y)	*to diminish*
el efecto invernadero	*greenhouse effect*
es cierto que...	*it's true that...*
extinguir	*to extinguish*
las fuentes	*sources*
hacer caso	*to pay attention*
el humo	*smoke*
lo más importante es (que)...	*the most important thing is (that)...*
el medicamento	*medicine/drug*
la medida	*measure*
el medio ambiente	*environment*
pequeño/a	*small, little (in size)*
pienso que...	*I think that...*
el plomo	*lead*
poco/a	*little (amount, scope, or degree)*
pocos/as	*few*
potable	*safe to drink*
prevenir (ie)	*to prevent*
reciclar	*to recycle*
la recogida	*pickup*
el recurso	*resource*
renovar (ue)	*to renew*
rescatar	*to rescue*
la selva	*jungle*
la sequía	*drought*
sin embargo	*however*
un poco de	*a little*

Segunda parte

el ADN	*DNA*
agravar	*to aggravate*
el alimento	*food*
el aparato	*device*
aumentar	*to increase*
el avance	*advance*
avanzar	*to advance*
beneficioso/a	*beneficial*
la calidad	*quality (as a measure of worth)*
clonar	*to clone*
la cualidad	*quality (as a characteristic)*
dañar	*to damage*
etiquetar	*to label*
grave	*serious*
manipular	*to manipulate*
mejorar	*to improve*
predecir (i)	*to predict*
proponer	*to propose*
sano/a	*healthy*
transgénico/a	*genetically modified*

3 Los derechos humanos

▸▸ OBJETIVOS COMUNICATIVOS

- Discussing human rights and foreign policy
- Reacting to issues
- Willing others to act
- Discussing the work of charitable organizations
- Describing what is done for you and others
- Expressing likes and opinions

▸▸ PRIMERA PARTE

¡Así es la vida! • • • Libertad, igualdad y fraternidad

¡Así lo decimos! Vocabulario • • • Los derechos humanos

¡Así lo hacemos! Estructuras • • • Indirect commands

Conéctate

- VIDEORED • • • *Un hogar digno* (Habitat for Humanity International, Costa Rica)
- COMUNIDADES • • • Una organización humanitaria
- CONEXIONES • • • El derecho de vivir en un hogar digno
- COMPARACIONES • • • Hábitat para la Humanidad

▸▸ SEGUNDA PARTE

¡Así es la vida! • • • El lado humanitario de Ricky Martin

¡Así lo decimos! Vocabulario • • • Las organizaciones sin fines de lucro

¡Así lo hacemos! Estructuras • • • Direct and indirect object pronouns and the personal *a* • • • *Gustar* and similar verbs

▸▸ ¡ASÍ LO EXPRESAMOS!

- IMÁGENES • • • *Manos anónimas* (Carlos Alonso, Argentina)
- RITMOS • • • *Amor y paz* (Iván Pérez López, México)
- PÁGINAS • • • *Masa* (César Vallejo, Perú)
- TALLER • • • Crear poesía

Amnistía Internacional patrocina conciertos para que se tome conciencia de los abusos con respecto a los derechos humanos que ocurren en todo el mundo. El músico español, Kiko Veneno, participó en un concierto que tuvo lugar en Madrid.

A empezar

¿Por qué es importante respetar los derechos humanos? ¿En qué partes del mundo no se respetan los derechos humanos? ¿Qué organización defiende los derechos de los niños?

Curiosidades

¿Sabes...
cuándo se fundó Amnistía Internacional?

a. 1961
b. 1973
c. 1952

qué país fue el primero en legalizar las uniones de parejas homosexuales?

a. Francia
b. Suiza
c. Suecia

el nombre de dos centroamericanos que ganaron el Premio Nobel de la Paz?

a. Miguel Ángel Rodríguez y Alda Facio
b. Óscar Arias y Rigoberta Menchú
c. Francisco Flores y Ana Elena Obando

cuándo se celebra el Día Internacional de la Mujer?

a. el 1° de mayo
b. el 7 de julio
c. el 8 de marzo

Primera parte

¡Así es la vida!

Libertad, igualdad y fraternidad

Los derechos humanos son aquellas libertades y derechos básicos que le garantizan a toda persona una vida digna.

En 1979, Karel Vasak organizó los derechos humanos en tres generaciones, de acuerdo con el desarrollo social, político y económico del país que se evaluaba. Su división seguía las nociones centrales de las tres palabras que fueron el emblema de la Revolución Francesa: libertad, igualdad y fraternidad.

Primera generación (la libertad). La primera generación de derechos humanos está relacionada con la libertad y la vida polítca. En los países donde se tienen estos derechos se observan los derechos civiles y políticos básicos, o sea, se respetan las libertades clásicas.

Segunda generación (la igualdad). Se observan los derechos relacionados con la igualdad en sociedades más avanzadas en las que los derechos económicos, sociales y culturales básicos son realmente accesibles al pueblo. Por ejemplo, en estas sociedades hay un salario mínimo establecido, elecciones periódicas, centros culturales, etc.

Tercera generación (la fraternidad). Se estableció en los 70 y trata de incentivar el progreso social y elevar el nivel de los pueblos. Para ello se aprovecha el avance de las ciencias y la tecnología para tratar de alimentar y educar a todos, mejorar la calidad del medio ambiente, lograr una vida digna y poder desarrollar la personalidad individual.

A continuación leerás una muestra de los derechos que se incluyen en la *Declaración Universal de los Derechos Humanos* que fue aprobada en 1948 por la Organización de las Naciones Unidas (ONU). A ver si puedes clasificarlos según su generación.

	1ra	2da	3ra
el trabajo en condiciones equitativas y satisfactorias	●	●	●
los derechos y libertades fundamentales sin distinción de raza, color, idioma, posición social o económica	●	●	●
el uso de los avances de las ciencias y de la tecnología para beneficio mundial	●	●	●
la libertad de expresión, la libertad de movimiento y la libertad religiosa	●	●	●
la seguridad social y el acceso a los derechos económicos, sociales y culturales	●	●	●

	1ra	2da	3ra
la conservación del medio ambiente	●	●	●
el patrimonio común de la humanidad	●	●	●
el formar sindicatos para la defensa de los trabajadores	●	●	●
un nivel de vida adecuado	●	●	●
el obtener asilo político y a disfrutar de él, en cualquier país	●	●	●
el libre desarrollo de la personalidad	●	●	●
la vida, la libertad y la seguridad jurídica	●	●	●

¡Así lo decimos! Vocabulario

Vocabulario primordial

asesinar
la cárcel
el derecho
la opresión
la persecución

Vocabulario clave: Los derechos humanos

Verbos

amenazar	*to threaten*
asegurar(se)	*to assure (to make sure)*
desaparecer (-zc)	*to disappear*
desarrollar	*to develop*
desterrar (ie)	*to exile*
detener (ie)	*to detain*
disfrutar	*to enjoy*
ejecutar	*to execute*
escoger (j)	*to choose*
exigir (j)	*to demand*
garantizar	*to guarantee*
promover (ue)	*to promote*
proteger (j)	*to protect*
tomar conciencia	*to become aware*
violar	*to rape someone, to violate something*

Sustantivos

el asilo (político)	*(political) asylum*
el bienestar	*well-being*
el delito	*crime*
el desarrollo	*development*
la esclavitud	*slavery*
el juicio	*trial*
el nivel de vida	*standard of living*
el/la preso/a, el/la prisionero/a	*prisoner*
el sufragio universal	*universal suffrage*
el trato	*treatment*
la vejez	*old age*

Adjetivos

preso/a	*imprisoned*

Otras expresiones

sin fines de lucro	*non-profit*

Ampliación

Verbos	Sustantivos	Adjetivos
asesinar	el asesinato	asesinado/a
desaparecer (-zc)	la desaparición	desaparecido/a
ejecutar	la ejecución	ejecutado/a
oprimir	la opresión	oprimido/a
perseguir (i, i)	la persecución	perseguido/a
proteger (j)	la protección	protegido/a
tratar	el trato	tratado/a
violar	la violación	violado/a

¡Cuidado!

recordar / acordarse de / acordar

While the verbs **recordar** and **acordarse (de)** are synonymous, **acordar** means *to agree.*

- **recordar:** *to remind; to remember*

Recuérdame la fecha del juicio.	*Remind me of the date of the trial.*
Recuerdo el año que Óscar Arias recibió el Premio Nobel.	*I remember the year that Oscar Arias received the Nobel Prize.*

- **acordarse de:** *to remember, recollect*

Me acuerdo del día en que visité la ONU.	*I remember the day I visited the UN.*

- **acordar:** *to agree; to resolve by common consent*

Acordaron no hablar más de sus diferencias políticas.	*They agreed not to talk anymore about their political differences.*

▸ Aplicación

3-1 Un esquema. Aquí tienes algunas de las garantías y las protecciones de la Declaración Universal de los Derechos Humanos. Decide si los derechos a continuación son garantías o protecciones y escribe la oración bajo la categoría apropiada.

la libertad	la presunción de inocencia
un día laboral de ocho horas	el juicio público
el trato cruel	la intrusión arbitraria en la vida privada
la propiedad	la libertad de culto (*freedom of religion*)
la detención arbitraria	la libertad de movimiento

MODELO:

Garantías	Protecciones
la vida	los abusos
Se garantiza el derecho a la vida.	*Se protege contra los abusos.*

3-2 Otras categorías. De los derechos y protecciones, ¿cuáles son los tres más importantes para ti? ¿Cuáles son los más importantes para un país en vías de desarrollo (*developing*)?

3-3 Los derechos humanos. Expliquen las garantías y las protecciones que identificaron en la actividad 3-1 con ejemplos. ¿Por qué son importantes?

MODELO: la educación
Es el derecho de poder recibir una instrucción básica gratis. La educación básica es importante para poder ganarse la vida, tener una vida feliz...

3-4 A explorar: Los derechos humanos. Visita la página web de ***Conexiones*** para ver cuáles son algunos países que, según Amnistía Internacional, limitan los derechos humanos. Escribe una breve descripción de la situación actual respecto a los derechos humanos en uno de esos países.

MODELO: China
Dicen que en muchas fábricas chinas hay malas condiciones de trabajo. Contratan a los campesinos y les prometen un buen sueldo, pero luego los obligan a trabajar largas horas por poco dinero.

3-5 Para la mujer. En muchos países la mujer sufre persecución o discriminación simplemente por ser mujer. Hay discriminación en cuanto a las normas de comportamiento (*behavior*), de vestir, de trabajo, de la sexualidad, de la asistencia médica, del sufragio, etc. Den ejemplos de las diferencias de trato que reciben los hombres y las mujeres en diferentes aspectos de la vida.

MODELO: *En la Arabia Saudita los hombres pueden... pero las mujeres, no.*

3-6 A explorar: Los dedicados a la paz. Visita la página web de *Conexiones* para buscar más información sobre algunas personas u organizaciones y sus causas. Escribe un párrafo donde incluyas esta información:

- cuándo se fundó o empezó su misión
- cuál es su meta (*goal*)
- cuál es uno de sus logros

MODELO: *Óscar Arias, presidente de Costa Rica, recibió el Premio Nobel de la Paz en 1987 por su contribución a la paz en Centroamérica.*

3-7 Un emblema (*logo*) nuevo para Amnistía Internacional. Expliquen qué simboliza el emblema de Amnistía Internacional. Luego diseñen otros emblemas para este movimiento.

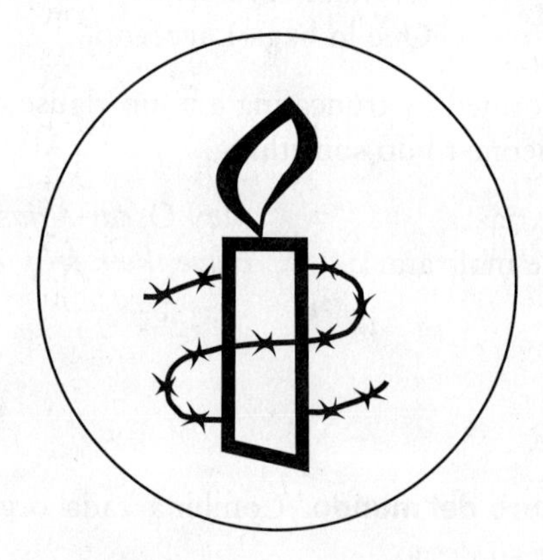

3-8 De nuevo: Un informe a la Comisión de Derechos Humanos (*Ser, estar,* and *haber*). Imagínate que eres el líder de una de estas organizaciones que defiende los derechos humanos en casos específicos:

- Médicos en Defensa de los Derechos Humanos
- Comité para la Protección de los Periodistas
- Liga de antidifamación
- Organización Internacional del Trabajo
- Organización Mundial Contra la Tortura
- MADRE

Utilizando oraciones con *ser, estar* y *haber*, escribe un informe de dos o tres párrafos en el que describas la situación de un país (real o imaginario) con respecto a la violación de los derechos humanos que defiende tu organización. Debes añadir un párrafo en el que propongas soluciones al problema.

MODELO: *MADRE es una organización que defiende los derechos de la mujer. Desde 2008* ***ha estado*** *en Colombia donde hay un conflicto que perjudica el bienestar de muchas personas...*

Recuerda: Consulta el *Capítulo* 2 para repasar los usos de *ser*, *estar* y *haber*.

Reto: Trata de usar los verbos *ser, estar* o *haber* en casi todas las oraciones. Usa muchas palabras de ***¡Así lo decimos!***

¡Así lo hacemos! Estructuras

1. Indirect commands

- You can order someone to do something directly with a direct command, or indirectly (via a third party) with an indirect command. Indirect commands use the subjunctive in all persons.

No quiero trabajar más de ocho horas diarias.	*I don't want to work more than eight hours a day.*
Que trabajen los jefes.	***Let the bosses work.***
No tenemos tiempo para terminar el informe.	*We don't have time to finish the report.*
Que lo haga Laureano.	***Let Laureano do it.***

- Indirect commands are formed by truncating a noun clause that uses the subjunctive to order or wish for someone to do something.

~~Ojalá~~ que venga Óscar Arias.	*May Oscar Arias come.*
~~Es necesario~~ que dejen de maltratar a los prisioneros.	*Have them stop mistreating the prisoners.*

▸ Aplicación

3-9 Esperanzas para el futuro del mundo. Combina cada organización con el mandato indirecto que mejor exprese su deseo.

MODELO: *La UNESCO… "Que se asegure la educación básica para todos los niños, mediante la cooperación internacional".*

1. _____ Amnistía Internacional
2. _____ La Cruz Roja
3. _____ UNICEF
4. _____ Médicos sin Fronteras

a. "Que todos donen dinero para ayudar a reconstruir las casas dañadas por el huracán".
b. "Que no se maltrate a los prisioneros políticos".
c. "Que se les proporcione cuidado médico a los más necesitados en las zonas de conflicto".
d. "Que se les proteja a los niños contra el maltrato".

3-10 Cartas al editor. Estos comentarios han aparecido en las páginas editoriales del periódico. Indica si estás de acuerdo o no y escribe tu opinión sobre cada comentario con un mandato indirecto.

MODELO: Los representantes buscan soluciones diplomáticas a los conflictos.
Estoy de acuerdo. Que todos busquemos soluciones diplomáticas.

1. El gobierno desea proteger las industrias nacionales.
2. Representantes de las Naciones Unidas van a observar nuestras elecciones.
3. Se necesitan leyes para garantizar el derecho a votar.
4. El terrorismo amenaza la paz mundial.
5. El gobierno propone un buen nivel de educación para todos.

3-11 Cambios necesarios. Ustedes son miembros de una comisión que planea la reconstrucción de un país que logró la paz después de un largo conflicto. Preparen una lista de seis o más mandatos indirectos que propongan ideas o soluciones para ayudar al país y a sus habitantes. Luego, preséntenle el plan al resto de la clase.

MODELO: Corea del Norte.
Que el gobierno se dedique a mejorar la salud de sus habitantes.

3-12 Una pasantía (*internship*) con WOLA. La Oficina en Washington para Asuntos Latinoamericanos (WOLA por sus siglas en inglés) es una organización que trabaja para la promoción de la democracia, los derechos humanos y la justicia social y económica en América Latina y el Caribe. WOLA ofrece una pasantía en honor de Sally Yudelman por sus contribuciones y por su compromiso con esa organización, los derechos humanos y la democracia en América Latina. Escucha la selección e indica si las afirmaciones a continuación son ciertas o falsas. Corrige las falsas.

¿Cierto o falso?

1. _____ WOLA es una organización del Departamento de Estado de Estados Unidos.
2. _____ Los pasantes tienen reuniones regulares con la Casa Blanca.
3. _____ Ofrece una buena oportunidad para familiarizarse con la política actual en Latinoamérica.
4. _____ Una parte importante de la pasantía es un proyecto de investigación.
5. _____ Todas las investigaciones serán publicadas en su revista mensual.
6. _____ El pasante debe trabajar gratis.
7. _____ El pasante trabajará cuarenta horas a la semana.

3-13 Debate: ¿Hay que respetar o no? Preparen su posición a favor o en contra de uno de estos temas.

Resolución: No es necesario respetar los derechos humanos de personas acusadas de terrorismo.

Resolución: Las diferencias culturales juegan un papel importante en la interpretación de los derechos humanos y se deben respetar esas diferencias.

Frases comunicativas

(No) Tienes razón.
Primero,... Segundo,... Finalmente,...
En resumen,... *In summary,...*

MODELO: *Las personas que cometen un acto de terrorismo no merecen los mismos derechos que otras personas acusadas de un crimen. Primero, el terrorismo es un acto en contra de individuos, además del gobierno...*

Conéctate

VideoRed

▸ Antes de verlo

3-14 Su meta. Escribe un párrafo sobre la meta de Hábitat para la Humanidad tal como la entiendes hasta ahora.

▸ A verlo

Video Red

Un hogar digno **(Habitat for Humanity International, Costa Rica)**

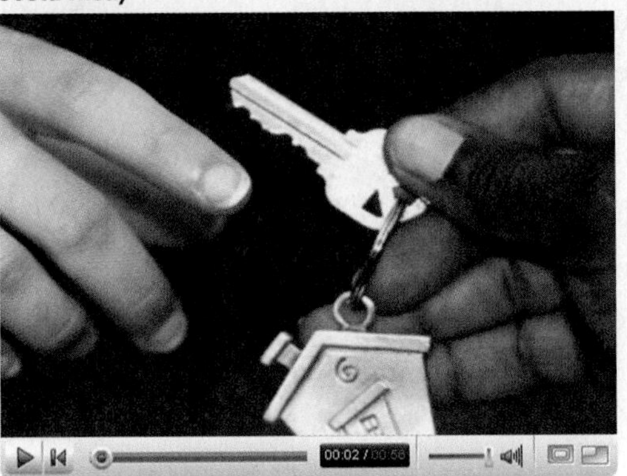

▸ Después de verlo

3-15 Reto. Este video presenta muchas estadísticas sobre las condiciones de vida en Latinoamérica. Escriban cinco preguntas que puedan contestarse viendo el video y rétense (*challenge each other*) para contestarlas.

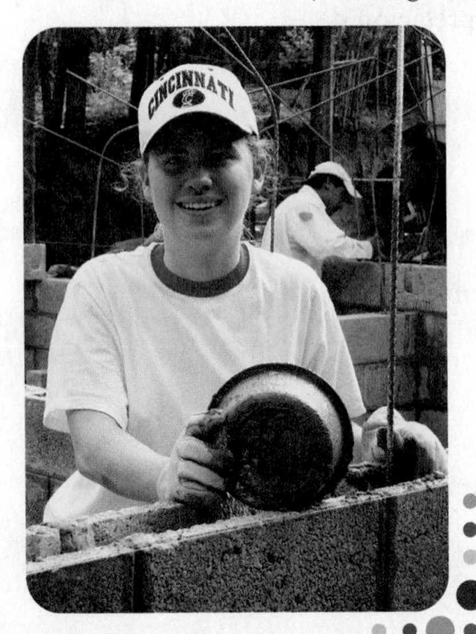

Voluntarios de todo el mundo donan su tiempo y materiales a Hábitat para la Humanidad.

Comunidades

3-16 Una organización humanitaria. Investiga qué organizaciones humanitarias hay en tu comunidad y cómo sirven a la comunidad hispana o a las comunidades del mundo hispano. ¿Qué tienes que hacer para ser voluntario/a? ¿Piden donaciones monetarias además de tiempo?

Conexiones

3-17 El derecho de vivir en un hogar digno. Según Hábitat para la Humanidad, ¿cómo se define un hogar digno? ¿Qué significa para ti vivir en un lugar digno? Escribe por lo menos cinco características y trata de enfocar los aspectos relacionados con los derechos humanos.

Comparaciones

3-18 En tu experiencia. ¿Conoces una organización sin fines de lucro que realice servicios sociales? ¿Has servido de voluntario/a en un proyecto para ayudar a personas necesitadas? ¿Cómo era?

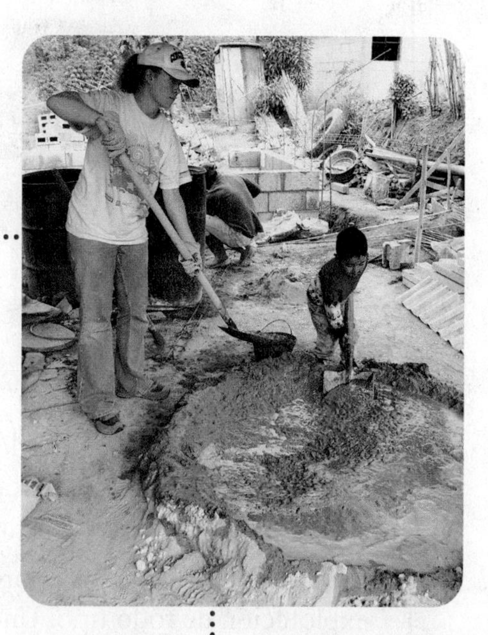

Hábitat para la Humanidad ofrece ayuda en todas partes del mundo, incluso en Estados Unidos.

Hábitat para la Humanidad

En la segunda generación de los derechos humanos se garantiza el derecho a un nivel de vida adecuado que asegure la salud, la alimentación, el vestido, la vivienda, la asistencia médica y los servicios sociales necesarios. Hábitat para la Humanidad es una fuerza importante para que se llegue a esa meta. La organización fue fundada en 1976 por Millard y Linda Fuller y bajo su dirección se han construido más de 250.000 casas en todo el mundo, proporcionando un techo (*dwelling*) seguro, decente y económico a más de un millón de personas en más de 3.200 comunidades. Hábitat tiene presencia en más de noventa países, entre ellos, Estados Unidos. Sus voluntarios son personas de todas las edades y sectores de la sociedad: estudiantes, profesionales y jubilados (*retired persons*).

Con el trabajo de voluntarios y donaciones de dinero y materiales, Hábitat colabora con familias para construir y rehabilitar casas sencillas y decentes. La familia compra la casa financiándola con préstamos a bajo interés. Lo que pagan cada mes contribuye a la construcción de otras casas. Las familias se identifican sin considerar su religión o su etnia. Se aceptan voluntarios que deseen trabajar para eliminar la vivienda inadecuada en el mundo.

3-19 En su opinión. En los últimos años, ha llegado a ser más común que los jóvenes participen como voluntarios en su comunidad y en otras partes del país o hasta en el extranjero. Conversen sobre las razones por las que pasa esto y sobre las organizaciones que conocen que hacen este tipo de servicio social. Expliquen en cuáles les gustaría servir como voluntarios/as y por qué.

3-20 A explorar: Hábitat para la Humanidad en Latinoamérica. Visita la página web de *Conexiones* para ver uno de los sitios en Latinoamérica donde Hábitat para la Humanidad tiene proyectos. Escribe un párrafo en que expliques las condiciones socioeconómicas del país y cómo son las casas que están construyendo.

Segunda parte

¡Así es la vida!

El lado humanitario de Ricky Martin

Todos conocemos el talento de Ricky Martin, el cantante de pop puertorriqueño famoso en todo el mundo. Pero no todos conocen el lado humanitario de Ricky. Su valor humano se ha demostrado año tras año en su labor para proteger a los niños de la pobreza, la explotación sexual y laboral, entre otros males.

Ricky Martin, a través de su fundación, les da voz a los que no la tienen. La Fundación Ricky Martin, establecida en 2004, considera su trabajo un compromiso. Su meta es erradicar la trata de niños globalmente y asegurarse de que reciban educación, servicios de salud y rehabilitación. La Fundación trabaja para educar y denunciar este «crimen abominable», como lo llama Ricky, contra los niños.

Para Ricky, los niños pobres constituyen la población más vulnerable a la explotación de todo tipo. Unos 27 millones de niños son víctimas anualmente del tráfico humano. Por eso la Fundación lanza campañas de educación y de sensibilización en todo el mundo y crea iniciativas de acción ciudadana. También ha hecho alianzas con otras organizaciones protectoras de los niños, incluyendo UNICEF, para la que Ricky es Embajador de Buena Voluntad.

Cada día más celebridades se unen a los esfuerzos de Ricky Martin, quien con su espíritu positivo y su dedicación está creando cada vez más conciencia de este mal y con ello, una vida mejor para los niños del mundo.

¡Así lo decimos! Vocabulario

Vocabulario primordial

educar
la explotación
la fundación humanitaria

Vocabulario clave: Las organizaciones sin fines de lucro

Verbos

constituir (y)	*to constitute*
denunciar	*to denounce, to report (to police)*
erradicar	*to erradicate*
laborar	*to work*
lanzar	*to launch, to put forth*
mostrar (ue)	*to show*
patrocinar	*to sponsor*
unirse a	*to join with*

Sustantivos

la alianza	*alliance*
la campaña	*campaign*
el compromiso	*obligation, pledge, commitment*
el esfuerzo	*effort*
la meta	*goal*
la trata (de personas, de niños, etc.)	*human trafficking*
el valor	*courage*

Adjetivos

protector/a	*protective*

Otras expresiones

año tras año	*year after year*
recaudar fondos	*to raise funds*

Ampliación

Verbos	Sustantivos	Adjetivos
constituir (y)	la constitución	constituido/a
denunciar	la denuncia	denunciado/a
educar	la educación	educado/a
erradicar	la erradicación	erradicado
laborar	la labor	laboral
unirse a	la unión	unido/a

¡Cuidado!

quedar / quedarse

- **quedarse:** *to stay* (in a place)

José **se quedó** en Chile hasta 2006. — *José stayed in Chile until 2006.*

- **quedar:** *to be left / remain* (with an adjective)

Laura **quedó** triste con la noticia. — *Laura was left feeling sad with the news.*

- **quedar:** *to be located* (colloquial = **estar**)

La casa **queda** cerca de la estación de trenes. — *The house is (located) close to the train station.*

▸ Aplicación

3-21 Información clave. Empareja las frases de las dos columnas para identificar información clave de *¡Así es la vida!*

1. _____ la profesión de Ricky Martin	**a.** a todo el mundo
2. _____ la organización que fundó	**b.** UNICEF
3. _____ dónde nació	**c.** en Puerto Rico
4. _____ su meta	**d.** más de 25 millones de niños
5. _____ el público a quien desea llegar	**e.** cantante
6. _____ el número de víctimas	**f.** son educativos
7. _____ la organización que lo nombró Embajador	**g.** lleva su nombre
8. _____ los programas que hace	**h.** proteger a los niños

3-22 Con más detalle. Lee otra vez el artículo y resume brevemente la información que se presenta.

3-23 A explorar: El SIDA. El SIDA es una enfermedad terrible que sufren decenas de millones de personas en todo el mundo. Esta contagiosa enfermedad afecta particularmente a los países pobres porque no tienen recursos para combatirla. La ONU tiene una gran campaña de prevención de esta enfermedad. Visita la página web de ***Conexiones*** para leer más sobre el SIDA. Anota algún aspecto que desconocías (por ejemplo: los efectos, la transmisión o el tratamiento).

3-24 *Save the Children.* Lean la descripción de la misión y actividades de esta organización y expliquen por qué es importante su labor en los países de América Latina.

Save the Children es una organización benéfica que tiene programas en todo el mundo. En América Latina hay 60 millones de niños menores de cinco años de edad. La organización se dedica a ayudar a los niños que viven en los países más pobres de este hemisferio: Bolivia, El Salvador, Guatemala, Haití y Nicaragua. Además, colabora con *Save the Children Alliance* en Honduras, México y República Dominicana. Con su base en la comunidad, *Save the Children* se enfoca en las necesidades de las madres, los niños y los adolescentes para mejorar su estado de salud y bienestar. Tiene cuatro prioridades: la salud neonatal y reproductiva, el desarrollo preescolar y la educación primaria, la nutrición y, por último, la preparación para emergencias.

3-25 Una causa suya. Decidan entre ustedes cuál sería una causa que les gustaría patrocinar. Conversen sobre estos detalles y compartan sus conclusiones con la clase.

- el nombre de la organización
- sus metas
- cómo van a participar en ella
- los beneficios sociales y personales que van a recibir de su participación
- los problemas que puede tener la organización
- cómo van a darle publicidad a la causa

3-26 Otros que trabajan por la justicia social. Los Jesuitas y otros grupos religiosos y humanitarios son conocidos por sus labores en el campo de la justicia social. Investiga qué grupos hay en tu comunidad, ciudad o estado y preséntale a la clase información sobre dos de ellos.

3-27 De nuevo: Un discurso inaugural (*The subjunctive in noun clauses*). Imagínate que eres el/la nuevo/a presidente/a de una nueva democracia después de largos años de dictadura y de violaciones sistemáticas de los derechos humanos. Escribe un discurso dirigido a los ciudadanos para proponer cambios, investigaciones y nuevas leyes que aseguren la preservación de los derechos humanos en el país. Usa al menos cinco de las siguientes frases en tu discurso:

No creo que...
Espero que...
Todos necesitamos que...
Insisto en que...
Es urgente que...
Yo sé que ustedes quieren que...
Dudo que el gobierno anterior...
El gobierno anterior niega que...
No permitiré que...
Exigiré que...
Los animo a que...
Le pediremos a Amnistía Internacional que...

Recuerda: Para repasar el subjuntivo en cláusulas nominales, consulta el ***Capítulo 2.***

Reto: ¡Trata de incluir todas las frases en tu discurso! Usa muchas palabras de la ***Primera*** y de la ***Segunda parte*** de ***¡Así lo decimos!***

¡Así lo hacemos! Estructuras

2. Direct and indirect object pronouns and the personal *a*

The direct object and direct object pronouns

- A direct object is the noun that generally follows and is affected directly by the verb. It answers "what" or "who" received the action of the verb.

La fundación lanzó **una campaña educativa.**	*The foundation launched an educational campaign.*
Tiene como meta proteger a **los niños víctimas.**	*It has as its goal to protect the child victims.*

- Note that the direct object can either be an object (**la campaña**) or a person (**los niños**). Direct object nouns are often replaced by direct object pronouns. The chart below shows the forms of the direct object pronouns.

Direct object pronouns

SINGULAR		PLURAL	
me	*me*	nos	*us*
te	*you (informal)*	os	*you (informal) (Spain)*
lo	*you (masculine), it, him*	los	*you (masculine), them*
la	*you (feminine), it, her*	las	*you (feminine), them*

- Direct object pronouns agree in gender and number with the noun to which they refer.

El gobierno denunció **la trata de personas.**	*The government denounced human trafficking.*
El gobierno **la** denunció.	*The government denounced it.*
No veo a **los voluntarios** en la reunión.	*I don't see the volunteers in the meeting.*
No **los** veo.	*I don't see them.*

- Direct object pronouns are usually placed immediately before the conjugated verb.

¿Ves **la casa de Hábitat**?	*Do you see the Habitat house?*
Sí, **la** veo.	*Yes, I see it.*

- In constructions with the infinitive or the present progressive forms, the object pronoun may either precede or be attached to the infinitive or the present participle (-**ndo** form). Note the use of a written accent when attaching the direct object pronoun to the present participle.

Vamos a patrocinar **a esta niña.**	*We're going to sponsor this child.*
Vamos a patrocinar**la.** **La** vamos a patrocinar.	*We're going to sponsor her.*
Estoy leyendo **el informe.**	*I'm reading the report.*
Estoy leyéndo**lo.** **Lo** estoy leyendo.	*I'm reading it.*

- In negative sentences, the direct object pronoun is placed between the **no** and the conjugated verb. It may also be attached to the infinitive or to the present participle.

No **los** vamos a mostrar. No vamos a mostrar**los.**	*We're not going to show them.*

Personal *a*

When the direct object is a specific person or persons, an a precedes the noun in Spanish. This is known as the personal **a.** Remember that **a** + **el** contract to form **al.**

El periodista entrevistó **al** cantante.	*The journalist interviewed the singer.*
La fundación patrocinó **a** 15.000 niños este año.	*The foundation sponsored 15,000 children this year.*

- The personal **a** is required before every specific human direct object in a series, and before the indefinite expressions **nadie** and **alguien.** It is not used to introduce hypothetical persons.

La fundación ayuda tanto **a** los padres como **a** los niños.	*The foundation helps the parents as much as the children.*
Después de la reunión no encontramos a nadie en el salón.	*After the meeting, we didn't find anyone in the room.*
Queremos un presidente democrático y honrado.	*We want a democratic and honest president.*

- When the interrogative **quién**(es) requests information about the direct object, the personal **a** precedes it.

¿**A** quiénes está deteniendo la policía?	*Whom are the police detaining?*

- The personal **a** is not normally used with the verb **tener.**

Tenemos un patrocinador muy generoso.	*We have a very generous sponsor.*

The indirect object and indirect object pronouns

- An indirect object indicates to/for whom a noun/action is given/carried out, or from whom something is bought, borrowed, or taken away. The following chart shows the forms of the indirect object pronouns.

Indirect object pronouns

SINGULAR		PLURAL	
me	*(to) me*	**nos**	*(to) us*
te	*(to) you (familiar)*	**os**	*(to) you (familiar) (Spain)*
le	*(to) you (formal)* *(to) him / it (masculine)* *(to) her / it (feminine)*	**les**	*(to) you (formal)* *(to) them (masculine)* *(to) them (feminine)*

- The indirect object pronouns are identical to the direct object pronouns, except for the third-person singular and plural.
- Indirect object pronouns agree in number with the noun to which they refer. There is no gender agreement.

Le acabo de dar un abrazo (**al niño**).	*I've just given him a hug (to the child).*
El joven **le** mostró su casa **a la señora.**	*The young man showed her his house (to the woman).*

- The indirect object pronoun is normally used even when the indirect object noun is expressed. These forms are called redundant or repetitive object pronouns and have no equivalent in English. They are only used with third person nouns; thus, **le** and **les** are the only redundant indirect object pronouns.

Les escribo una carta **a los periodistas.**	*I write a letter to the journalists.*
Le daremos una donación **a la causa.**	*We'll give a contribution to the cause.*

- Indirect object pronouns follow the same rules of placement as the direct object. Note the use of a written accent when attaching the indirect object pronoun to the present participle (-**ndo** form).

Le aseguré (a ella) que iba a donar tiempo y dinero.	*I assured her that I was going to donate time and money.*
Te doy las firmas que tengo.	*I'll give you the signatures that I have.*
El joven **me** quiere mostrar su escuela. El joven quiere mostrar**me** su escuela.	*The young man wants to show me his school.*
Te estoy dando consejos. Estoy dándo**te** consejos.	*I'm giving you advice.*

- The familiar plural form **os**, corresponding to **vosotros**, is used only in Spain. In Hispanic America, **les** is used as the plural of **te. Les** is the form that we will use in this text.

Los niños **os** pidieron una foto (de vosotros). (*Spain*)
Los niños **les** pidieron una foto (de ustedes). (*Latin America*)
The children asked you for your picture.

▸ Aplicación

3-28 Digna Ochoa. Lee este artículo sobre la mexicana Digna Ochoa, defensora de derechos humanos, que murió en 2001. Identifica si las palabras subrayadas son objetos directos o indirectos, marcándolas con *OD* o *OI* e indica también si son nombres o pronombres.

MODELO: Digna Ochoa recibió mensajes anónimos con amenazas de muerte.
OD (nombre)

Digna Ochoa Plácido murió de dos balazos (*gunshots*) el 19 de octubre, 2001 a la edad de 37 años. Había nacido en el pueblo de Misantla en Veracruz y dedicó su vida a la defensa de los derechos humanos. Estudió para religiosa pero nunca profesó (*took her vows*).

Para ella su profesión de abogada era un arma. En el año 2000 fue entrevistada en Estados Unidos donde dijo que había estudiado derecho. Su padre, líder obrero en una azucarera (*sugar refinery*), siempre decía que los obreros necesitaban abogados que no les cobraran mucho.

En 2003 Kerry Kennedy, hija de Robert Kennedy, la homenajeó (*paid her homage*) en Washington por su trabajo a favor de los derechos humanos. En el homenaje, Digna Ochoa era parte de un grupo de 51 activistas de derechos humanos de 40 países a quienes se incluyó en el libro *Hablar con la verdad al poder: Defensores de derechos humanos que están cambiando el mundo.*

Ahora hay una petición al gobierno mexicano para que investigue su muerte. La petición dice, "Les pedimos, urgentemente, que se unan a nosotros demandando una completa y transparente investigación de esta atrocidad. Les pedimos acciones inmediatas para prevenir las amenazas " contra los defensores de derechos humanos.

Antes de su muerte, Digna Ochoa y sus colegas sufrieron cinco años de hostigamientos (*harrassment*) por teléfono, intimidaciones personales, persecuciones, advertencias (*warnings*) de secuestro o desaparición, violaciones, vigilancia en domicilios privados y oficinas de trabajo. Digna Ochoa y el Centro Pro fueron víctimas de espionaje telefónico, robos de materiales, así como también de dinero en efectivo.

En 2003, la comisión oficial que investigó su muerte pronunció que Digna Ochoa se había suicidado.

3-29 ¿Cuál es el caso de Digna Ochoa? Contesta las siguientes preguntas, basándote en el artículo.

1. ¿Quién fue Digna Ochoa?
2. ¿Por qué se hizo abogada?
3. ¿Cómo murió?
4. ¿Qué hostigamientos sufrió con sus colegas?
5. ¿Qué honor recibió?
6. ¿Crees que fue asesinada? ¿Por qué?

3-30 Ante la comisión. Imagínate que eres abogado/a y trabajas con un grupo que investiga la muerte de Digna Ochoa. Escribe lo que quieres pedirles a las siguientes personas o entidades:

MODELO: al gobierno
Le pido justicia.

1. a la prensa
2. a su familia
3. a los jueces
4. al público
5. a tus colegas
6. a los historiadores

3-31 Una experiencia curiosa. Completa los espacios en blanco de la carta con el pronombre de objeto directo o indirecto, la **a** (**al**) personal, o una X, si no se necesita agregar nada. OJO: Hay dos espacios en blanco que necesitan la contracción **al**.

Querida Antonia:

(**1**) ___________ escribo para contar (**2**) ___________ una experiencia que tuve durante mi visita a tu país. (**3**) ___________ tuve una noche poco antes de volver a casa. Primero estuve en la capital donde conocí (**4**) ___________ jefe de nuestra empresa. (**5**) ___________ visité en su casa en una colonia cerca del centro. Después, cuando conducía mi coche de regreso al hotel, vi de repente (**6**) ___________ un automóvil que venía hacia mí. Cuando (**7**) ___________ vi, me di cuenta de que íbamos a chocar, y así fue. Afortunadamente, nadie se lastimó, pero el otro conductor (**8**) ___________ dijo que él no tenía seguro y que no (**9**) ___________ podría pagar la multa a la policía. (**10**) ___________ aseguré que no (**11**) ___________ iba a denunciar por el accidente y que mi seguro me pagaría los daños del coche. En ese momento vi (**12**) ___________ una luz brillante. Llegó un coche largo y negro. Tres hombres vestidos de negro bajaron del coche y agarraron (*grabbed*) (**13**) ___________ otro conductor. (**14**) ___________ metieron en el coche y salieron a toda velocidad. Al día siguiente no vi nada en el periódico cuando salí para el aeropuerto. Ahora me pregunto si fui testigo (*witness*) de un asalto o un secuestro (*kidnapping*). ¿Qué crees tú?

3-32 Otra experiencia curiosa. Usando la actividad 3-31 como modelo, inventen una experiencia curiosa. No se olviden de usar pronombres de objeto directo e indirecto y empleen la a personal cuando sea necesario.

MODELO: *Quiero contarte una experiencia que tuve...*

Double object pronouns

- When both a direct and an indirect object pronoun are used together in a sentence the indirect object pronoun precedes the direct object pronoun.

Te traigo la denuncia ahora.	*I'll bring you the accusation now.*
Te la traigo ahora.	*I'll bring it to you now.*

- The indirect object pronouns **le** (to you, to her, to him) and **les** (to you, to them) change to **se** when they appear with the direct object pronouns **lo, los, la, las.**

El periodista **les** dio el nombre del patrocinador.	*The journalist gave them the name of the sponsor.*
El periodista **se lo** dio.	*The journalist gave it to them.*

- As with single object pronouns, double object pronouns may be attached to an infinitive or to a present participle. In this case, the order of the pronouns is maintained and an accent mark is added to the stressed vowel of the verb. The pronouns may also be placed before the conjugated verb.

Joven, ¿puede traer**me** las firmas de los signatarios?	*Young man, can you bring me the signatures of the signatories?*
Enseguida voy a traér**selas**. Enseguida **se las** voy a traer.	*I'll bring them to you right away.*
¿El delegado **nos** está preparando la lista de participantes?	*Is the delegate preparing us the list of participants?*
Sí, está preparándo**nosla**. Sí, **nos la** está preparando.	*Yes, he's preparing it for us.*

▶ Aplicación

3-33 En la oficina de Amnistía Internacional. Combina las oraciones y preguntas con sus respuestas lógicas.

1. _____ Jaime, ¿dónde están mis apuntes para el jurado?
2. _____ Mariana, búscame el número de teléfono del testigo.
3. _____ Ramón, tráeme una botella de agua.
4. _____ Carlos, tengo hambre. ¿Está listo el almuerzo?
5. _____ Toña, ¿dónde están las cartas que preparé anoche?
6. _____ Pepe, ¿puedes pedirles a los testigos que vengan esta tarde?

a. Se las puse en su escritorio esta mañana.
b. No se preocupe, se lo preparo ahora mismo.
c. Si quiere, se lo marco ahora.
d. Sí, ahora mismo se lo digo.
e. Se los traigo enseguida.
f. No hay, pero voy al mercado y se la compro.

3-34 En una junta de la Fundación Ricky Martin. Completa este diálogo con pronombres de objeto directo, indirecto o con los dos juntos según el contexto. **OJO: Los objetos directos están subrayados para ayudarte.**

CLAUDIA: Bueno, Ramiro. Mañana es la inauguración de la campaña para recaudar fondos para nuestra causa. ¿Tienes los panfletos para repartir?

RAMIRO: Sí, Claudia. (**1**) ___________ recogí esta tarde. Esta noche (**2**) ___________ ___________ voy a llevar a Manolo para que me ayude a repartir (**3**) ___________ mañana temprano.

CLAUDIA: La campaña de televisión empieza a primera hora en el programa *Primer impacto*. (**4**) ___________ han anunciado en el periódico, pero no (**5**) ___________ saben todos todavía. Si vamos a tener éxito, tiene que participar todo el mundo. Manolo, ¿por qué no preparas una notificación para la radio? ¿(**6**) ___________ ___________ podemos mandar al director de noticias esta misma noche para que (**7**) ___________ pueda difundir a partir de la medianoche? Cuando veas a Francisca, (**8**) ___________ ___________ dices y ella también puede avisar (**9**) ___________ a la estación para que (**10**) ___________ anuncie cada hora durante toda la noche.

MANOLO: De acuerdo, Claudia. (**11**) ___________ ___________ explicaré bien a Francisca. Ella es muy responsable. Además, por ser cuñada del presidente, (**12**) ___________ van a escuchar. Seguramente la gente (**13**) ___________ demostrará su apoyo.

CLAUDIA: ¿A qué hora es la reunión con Ricky?

RAMIRO: Esperamos ver (**14**) ___________ al mediodía como (**15**) ___________ ha notificado su secretario. Llegará en helicóptero y (**16**) ___________ recogeremos para la visita con el presidente.

CLAUDIA: Bueno, todo está en orden. ¡Mañana comienza la campaña! Y con su ayuda, amigos, una nueva época para los niños del mundo.

3-35 Una entrevista con Nane Annan. Completa la entrevista con Nane Annan, la esposa del ex Secretario General de las Naciones Unidas, usando dos pronombres de objeto.

ENTREVISTADORA: Señora Annan, sabemos que usted se interesaba mucho por los derechos de los niños y que viajaba por todo el mundo en apoyo de esa causa. Cuando usted visitaba un nuevo lugar, ¿los niños le entregaban flores?

SRA. ANNAN: ____________________

ENTREVISTADORA: ¿Usted les regalaba algo a los niños, como por ejemplo camisetas de la ONU?

SRA. ANNAN: ____________________

ENTREVISTADORA: ¿Las familias le mostraban sus casas?

SRA. ANNAN: ____________________

ENTREVISTADORA: ¿El alcalde le daba la bienvenida?

SRA. ANNAN: ____________________

ENTREVISTADORA: Y usted, ¿le regalaba la bandera de la ONU como recuerdo de su visita?

SRA. ANNAN: ____________________

3-36 Amnistía Internacional entrevista a un jefe o una jefa de estado. Escojan un país que no respete los derechos humanos según la información de Amnistía Internacional. Preparen entre ocho y diez preguntas para hacerle al jefe o a la jefa de estado. Un miembro del grupo hará el papel de jefe o jefa de estado. Asegúrense de usar pronombres de objeto indirecto y directo en sus preguntas o respuestas.

MODELO: E1: *Señor/a Presidente/a, ¿por qué no nos permite visitar a los prisioneros políticos?*
E2: *Les doy permiso para visitarlos, pero ellos no quieren verlos a ustedes.*

3-37 Una causa importante. Imagínate que eres miembro de una organización que necesita fondos para una causa importante. Escribe una carta de ocho a diez líneas para explicar el propósito de la organización y por qué solicitas donaciones. Puedes empezar la carta con una variación del modelo:

MODELO: *Estimado colega (amigo, compañero, etc.):*
Quiero hablarle sobre una organización que va a tener mucha influencia en este siglo...

3. *Gustar* and similar verbs

- The verb **gustar** expresses preferences, likes, and dislikes. **Gustar,** however, is not directly equivalent to the English verb "to like." Literally, it means "to be pleasing."

Me gusta la libertad.	*I like liberty. (Liberty is pleasing to me.)*
Al secretario general Ban Ki-moon **le gustan** los gobiernos democráticos.	*Secretary General Ban Ki-moon likes democratic governments. (Democratic governments are pleasing to him.)*

- **Gustar** is most often used in the third-person singular or plural forms, **gusta** and **gustan.** It is also accompanied by an indirect object pronoun to express the idea that object(s) or person(s) are pleasing to someone. (That someone is an indirect object.)

Nos gustó el discurso pacifista del delegado.	*We liked the delegate's pacifist speech.*
No me gustan ni las dictaduras de derecha ni las dictaduras de izquierda.	*I don't like either right- or left-wing dictatorships.*

- To express the idea that one likes to do something, use the singular form of **gustar** with an infinitive or series of infinitives.

Nos gustaba siempre votar temprano.	*We always liked to vote early.*
Me gusta patrocinar y ayudar a un niño.	*I like to sponsor and help a child.*

Other verbs used like *gustar:*

caer bien	*to like (a person)*
caer mal	*to dislike (a person)*
encantar	*to love (colloquial; lit., to be enchanting)*
faltar	*to lack, miss (lit., to be lacking)*
fascinar	*to be fascinated by (lit., to be fascinating)*
hacer falta	*to need (lit., to be needed)*
importar	*to matter (lit., to be important to)*
impresionar	*to be impressed (lit., to impress)*
interesar	*to be interested in (lit., to interest)*
molestar	*to be a bother (lit., to be bothersome)*
parecer	*to seem*
quedar	*to be left over (lit., to be remaining, to fit [clothing])*

- Be careful when using the verb **gustar** to express likes and dislikes related to people. In Spanish, **gustar** is used with people to express the idea that you feel attracted to a person in a physical or emotional sense.

Me gusta María Luisa.	*I like María Luisa. (I am attracted to her.)*
A muchos votantes **les gustan** los políticos jóvenes.	*Many voters like young politicians. (They are attracted to them.)*

- To say that you like or dislike someone because of the way that person behaves or acts, Spanish speakers frequently use the expressions **caer bien** and **caer mal.**

Nos cae bien la presentadora.	*We like the talk show hostess. (She's a great person.)*
Me caen mal los que maltratan a los niños.	*I don't like those who mistreat children. (I can't stand them.)*

- Use **gustar** when referring specifically to qualities or defects of a person.

Me gusta cómo escribe el periodista.	*I like how the journalist writes.*
No **le gustan** las personas inflexibles.	*She doesn't like inflexible persons.*

- When referring to food, use **gustar** to express that a certain food is pleasing or not pleasing, and the verb phrase **caer bien** or **caer mal** to express that the food agrees or does not agree with someone.

A los refugiados no **les cae** bien la comida enlatada.	*The canned food doesn't agree with the refugees.*
Sin embargo, **les gustan** mucho las meriendas de la Cruz Roja.	*But they like the Red Cross snacks a lot.*

▸ Aplicación

3-38 Un plan estratégico. Completa el monólogo con pronombres de objeto indirecto, el verbo **gustar** u otros similares que tengan sentido según el contexto.

Compañeros y compañeras, lo que voy a decirles quizás no les va a gustar pero (a nosotros) (**1**) ___________ pensar seriamente en el futuro de esta fundación. (A mí) (**2**) ___________ que hemos esperado demasiado tiempo para hacer algunos cambios radicales. Primero, (a nosotros) no (**3**) ___________ muy bien el director de la campaña educativa. A nosotros (**4**) ___________ sus anuncios y circulares (*memos*). Además, (a él) (**5**) ___________ las peleas entre los empleados. (A nosotros) (**6**) ___________ un líder fuerte, alguien que sepa actuar en beneficio de la fundación. Por lo tanto, (a mí) (**7**) ___________ poder ser su nueva directora. ¿Qué (**8**) ___________ a ustedes mi propuesta?

3-39 En tu opinión. Usa verbos como **gustar, parecer, fascinar,** etc. para dar tu opinión sobre los asuntos siguientes.

MODELO: los derechos humanos
Me parecen cruciales para todos.

1. las organizaciones benéficas
2. la trata de niños
3. la educación
4. la violación
5. el secretario general de la ONU
6. la libertad de prensa
7. los voluntarios de Hábitat
8. las fundaciones sin fines de lucro

3-40 Me parece una idea excelente. Escríbanle una carta al editor de un periódico para expresar su opinión sobre cualquier causa humanitaria. Usen expresiones como **gustar, parecer, fascinar, impresionar,** etc.

3-41 Me cae bien o me cae mal. Hagan una lista de diez políticos, grupos políticos u organizaciones gubernamentales. Háganse preguntas sobre qué tal les caen.

MODELO: E1: *¿Qué tal te caen los administradores de la Cruz Roja?*

E2: *Este año me caen muy bien porque sus actividades en regiones necesitadas han sido excelentes. Me impresionan su organización y su independencia del sector comercial, que es lo que quiere el pueblo.*

3-42 Un noticiero hondureño. Escucha el noticiero de Tegucigalpa después de la visita de la Sra. Yoo Soon-taek, esposa del secretario general de las Naciones Unidas. Completa la información que falta a continuación:

1. La visita duró…
2. Visitó lugares como…
3. Se reunió con…
4. Después se sintió…
5. Su visita ha recibido…

3-43 Debate: Se necesita ayuda. Preparen su posición a favor o en contra de uno de estos temas.

Resolución: Se requerirá que todos los estudiantes hagan un año de servicio social después de graduarse.

Resolución: Las organizaciones humanitarias, como *Save the Children* o la Cruz Roja recibirán apoyo financiero del gobierno para facilitar su labor.

MODELO: *Las personas que dicen que el Gobierno Federal debería financiar organizaciones sin fines de lucro no tienen razón…*

¡Así lo expresamos!

Imágenes

Manos anónimas **(Carlos Alonso, 1929– , Argentina)**

Carlos Alonso nació en Mendoza, Argentina. Es pintor, dibujante y grabador. En 1959 ilustró el famoso poema gauchesco *Martín Fierro* y continuó ilustrando libros populares por varios años. Como pintor, Alonso ha ganado varios premios importantes. Hoy es considerado uno de los más grandes pintores de Argentina por su extraordinario sentido del color y de la composición y, sobre todo, por sus temas de impacto social y político.

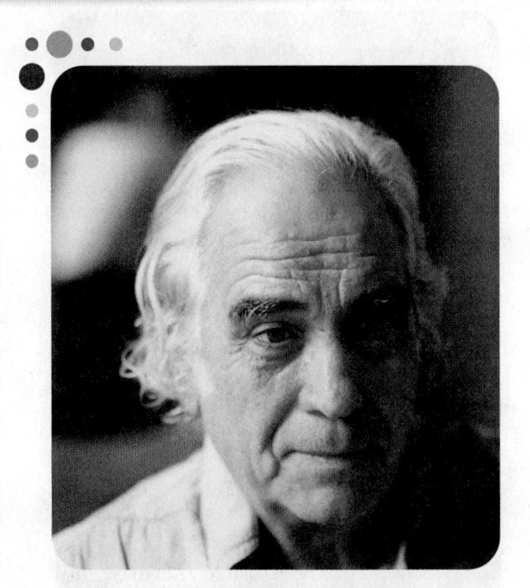

▸ Perspectivas e impresiones

3-44 Observen el cuadro. Comenten estos elementos del cuadro.

1. los colores y el efecto que tienen
2. la censura
3. las víctimas y los culpables *(guilty)*
4. el mensaje sociopolítico

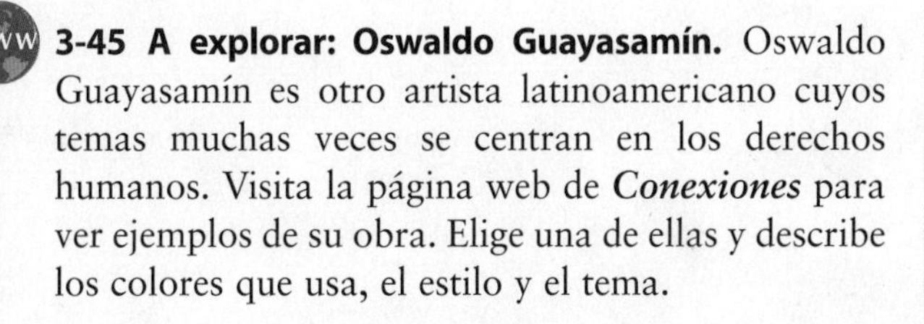

3-45 A explorar: Oswaldo Guayasamín. Oswaldo Guayasamín es otro artista latinoamericano cuyos temas muchas veces se centran en los derechos humanos. Visita la página web de *Conexiones* para ver ejemplos de su obra. Elige una de ellas y describe los colores que usa, el estilo y el tema.

Manos anónimas, 1982/83, acrílico s/tela, 102 × 76 cm.

Ritmos

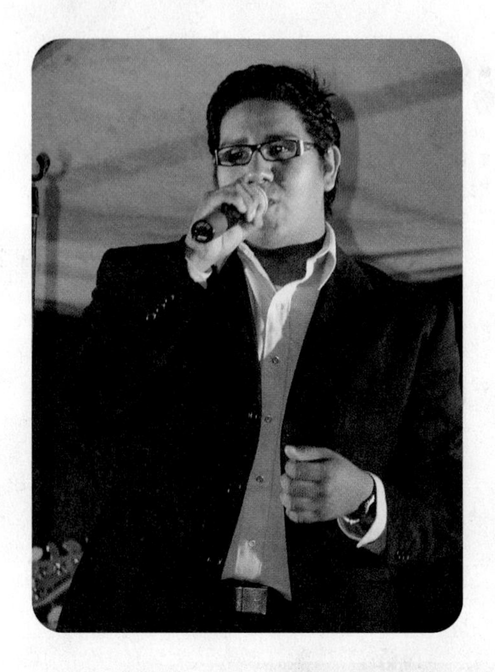

Iván Pérez López (México)

Iván Pérez López nació en Oaxaca, México, en 1984. Desde pequeño estudió música y aprendió a tocar el piano y la guitarra. Un día, mirando un programa de televisión sobre la violencia en el mundo, decidió escribir la canción *Amor y paz*, luego la cantó, la grabó e hizo un video en 2006. —Con esta canción —dice—, hago una pequeña contribución para mejorar el mundo y alcanzar la paz—. Iván escogió la Internet como el mejor método para dar a conocer su música y difundir su mensaje.

▸ Antes de escuchar

3-46 Tus deseos. ¿Cuáles son tus deseos para el futuro de la humanidad? ¿Qué propones para crear un mundo mejor? Además de amor, ¿qué más debemos tener para alcanzar la paz mundial? ¿Qué debemos hacer lo antes posible? Si pudieras formular cinco deseos para el mundo, ¿cuál sería el orden de prioridades?

▸ A escuchar

3-47 Los deseos del artista. Mientras escuchas la canción, anota lo que desea el cantante.

Amor y paz: no más guerras

Puede ser° que la vida te sonría — quizá
si es que tienes el valor para cambiar el mundo
Puede ser que se agoten° las salidas° — *run out* / soluciones
Pero siempre existirá alguna alternativa
Rescatemos el amor
para darnos lo mejor
Búscalo en tu corazón
Amor y paz
Queremos ya cambiar el rumbo° — *course*
Amor y paz
Cantar hasta cambiar el mundo
Amor y paz
Llegar hasta lo más profundo
Llena tu corazón de amor y paz
Uhh... de amor y paz

Puede ser que tú tengas la respuesta,
que el amor lo vence° todo, — *conquers*
que la paz es nuestra
Rescatemos el amor
para darnos lo mejor
Busca ya en tu corazón

▸ Después de escuchar

3-48 El mensaje. Túrnense para hacer y contestar las siguientes preguntas sobre la canción.

1. ¿Cómo caracterizas la canción? ¿Qué tono tiene? Explica.
2. ¿Qué necesita el cantante para lograr lo que quiere?
3. ¿En dónde hay que buscar para encontrar "lo mejor"?
4. ¿Cómo es el ritmo de la canción? ¿Melancólico? ¿Alegre? ¿Nostálgico? ¿Enérgico? ¿Bailable?
5. ¿Crees, como el cantante, que hay que tener valor para cambiar el mundo? ¿Qué más hay que tener?
6. ¿Crees que el cantante es pesimista, optimista o realista? ¿Por qué?

3-49 Un foro. Lee los siguientes comentarios sobre la canción *Amor y paz* en el foro de Lucía, una fanática del cantante. Luego inventa un nombre de usuario (*user ID*) y escribe tu propio comentario.

lucia99honduras

La canción está muy linda. Espero que haya más personas como tú en este mundo. Gracias y sigue así, amigo, que yo también quiero amor y paz.

fernandogarcia0776

La paz está en nuestras manos. ¡Muy bonita la canción! Y así como tú hay más personas que claman por la paz. De todo corazón, ¡Felicitaciones y paz! Me gustan mucho los versos que dicen "Puede ser que se agoten las salidas pero siempre existirá alguna alternativa".

dqdelamancha2010

¡Ayudemos a difundir el mensaje de esta canción! Necesitamos más música con mensajes positivos. Hay demasiada música con letras (*lyrics*) que hablan sobre la violencia, la intolerancia y el odio. ¡Gracias por tu canción!

Musicadelmundo

¡Hola amigos! Gracias por sus comentarios. En verdad me animan a seguir con esta gran labor de aportar mi granito de arena (*grain of sand*) para cambiar el mundo. ¡Por algo se empieza! ¿No? Este es un regalo para todos los que aman la paz y ustedes son una buena muestra. Espero que compartan esta canción con más personas.

3-50 A explorar: *Amor y paz*. Visita la página web de *Conexiones* para ver el video. Describe brevemente lo que ves. ¿Qué imágenes te han impresionado más? ¿Qué imágenes son más efectivas para difundir el mensaje de amor y de paz?

Páginas

César Vallejo (1898–1938, Perú)

De ascendencia indígena peruana y española, César Vallejo está considerado entre los más grandes innovadores de la poesía del Siglo XX. Uno de once hijos, sus padres querían que se dedicara a la Iglesia, y así empezó sus estudios religiosos. Pero cambió de dirección cuando se hizo profesor y luego escritor de poesía, novelas y teatro. Aunque fue miembro del partido comunista, sus poemas son profundamente humanistas, más que izquierdistas.

▸ Antes de leer

3-51 El poeta y la guerra. Sin duda, la guerra ha sido siempre un importante tema literario. Desde los griegos hasta hoy, hay muchos ejemplos de obras literarias que han tenido origen en las profundas impresiones que tiene el escritor del conflicto. Piensen en algún autor o autora cuya obra tiene como tema la guerra y describan cómo los/las ha afectado leerla. En su opinión, ¿cuáles son algunos motivos del escritor o de la escritora y cómo los logra? Compartan sus observaciones con la clase.

▸ A leer

3-52 Estrategias de la lectura. Un poema usa imágenes, símbolos y repetición para comunicar su mensaje. Lee rápidamente el poema y busca palabras que te ayuden a captar el tono. ¿Qué sustantivos, adjetivos y acciones comunican el mensaje del poeta?

Masa

Al fin de la batalla°, (*battle*)
y muerto el combatiente, vino hacia él un hombre
y le dijo: «¡No mueras, te amo tanto!»
Pero el cadáver ¡ay! siguió muriendo°. (*kept on dying*)
5 Se le acercaron dos y repitiéronle°: (le repitieron)
«¡No nos dejes! ¡Valor! ¡Vuelve a la vida!»
Pero el cadáver ¡ay! siguió muriendo.

Acudieron° a él veinte, cien, mil, quinientos mil, (*Gathered around*)
clamando: «¡Tanto amor, y no poder nada contra la muerte!»
10 Pero el cadáver ¡ay! siguió muriendo.

Le rodearon° millones de individuos, (*surrounded*)
con un ruego° común: «¡Quédate hermano!» (*plea*)
Pero el cadáver ¡ay! siguió muriendo.

Entonces, todos los hombres de la tierra
15 le rodearon; les vio el cadáver triste, emocionado;
incorporóse° lentamente, (se levantó)
abrazó al primer hombre; echóse° a andar… (empezó)

10 de noviembre de 1937

▶ Después de leer

3-53 ¿Cómo lo interpretas tú?

1. ¿Dónde se encuentra el poeta y con quién habla? ¿Cómo le responde la persona, y por qué?
2. ¿Quiénes llegan después del primer hombre y qué hacen? ¿Por qué no les responde?
3. ¿Qué pasa al final del poema? En tu opinión, ¿qué simboliza el cadáver? ¿Y el primer hombre?
4. Vallejo escribió este poema poco después de estar en el campo de batalla de la Guerra Civil española. ¿Te deja el poema con una sensación optimista o pesimista sobre la guerra?

3-54 La guerra y sus consecuencias. A ningún país le gusta la idea de ir a la guerra. Sin embargo, hay ocasiones en que después de tratar de resolver un conflicto pacíficamente a través de organismos internacionales, no le queda más remedio al país que declararle la guerra a otro país. ¿Pueden pensar en casos del pasado en que un país estuvo justificado en ir a la guerra? ¿Es diferente una guerra civil dentro de un país como ocurrió en España y EE. UU.? ¿Faltaban en el pasado mecanismos políticos para evitar ir a la guerra? En grupos de tres o cuatro estudiantes, discutan las respuestas a estas preguntas y expliquen qué soluciones existen ahora que no teníamos en el pasado.

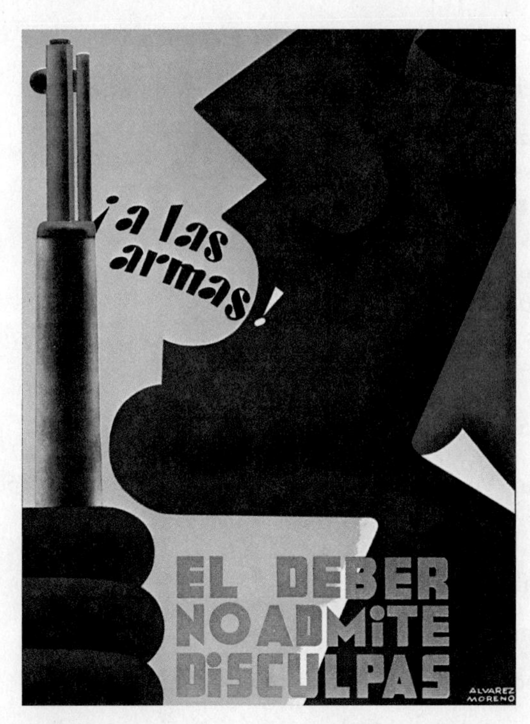

Un cartel que data de la Guerra Civil Española.

3-55 A explorar: El poema interpretado. Hay muchos ejemplos de interpretaciones de este poema. Visita la página web de *Conexiones* para ver y escuchar una. ¿Ha cambiado tu impresión del poema o del poeta? Explica.

Taller

Crea poesía

La poesía puede expresar los sentimientos más sencillos así como los más profundos. Puede ser individual o colectiva. Siguiendo el modelo que está abajo, trabaja solo/a o con un/a compañero/a para crear un poema original.

▶ Antes de escribir

Idea. Piensa en un concepto, imagen u objeto que consideres importante, interesante o curioso.

▶ A escribir

Abre el tema. Abre con un mandato impersonal.

Describe. Describe el concepto (imagen u objeto) con dos o más adjetivos.

Repite. Repite varios mandatos impersonales o frases con **gustar** (u otras expresiones como **gustar**) para dar énfasis.

Desarrolla. Escribe una frase para resumir el tema.

Cierra. Con una o dos palabras, resume o cierra el poema.

Puedes usar también el poema de César Vallejo como modelo.

MODELO: *¡Que vivamos en paz,*
una paz sencilla, llena de buena voluntad!
¡Que no nos odiemos!
¡Que hagamos más que sólo tolerarnos!
¡Que nos respetemos!
¡Que trabajemos como uno!
¡Que nos queramos en paz!

▶ Después de escribir

Revisa la comunicación. Vuelve a leer tu poema. ¿Expresa lo que esperabas?

Revisa la mecánica.

☐ ¿Has incluido vocabulario de este capítulo?

☐ ¿Has incluido adjetivos descriptivos adecuados?

☐ ¿Has incluido mandatos indirectos o el verbo **gustar**?

☐ ¿Has verificado la concordancia y la ortografía?

A intercambiar. Intercambia tu poema con el de un/a compañero/a. ¿ Comunicó bien sus ideas cada uno/a? Háganse una evaluación del mensaje del poema y otra de la estructura.

A entregar. Pon tu poema en limpio, incorporando las sugerencias de tu compañero/a y entrégaselo a tu profesor/a.

Vocabulario

Primera parte

acordar (ue)	*to agree, to resolve by common consent*
acordarse de (ue)	*to remember, to recollect*
amenazar	*to threaten*
asegurar(se)	*to assure (to make sure)*
asesinar	*to assassinate*
el asilo (político)	*(political) asylum*
el bienestar	*well-being*
el delito	*crime*
desaparecer (-zc)	*to disappear*
desarrollar	*to develop*
el desarrollo	*development*
desterrar (ie)	*to exile*
detener	*to detain*
disfrutar	*to enjoy*
ejecutar	*to execute*
en resumen...	*in summary...*
la esclavitud	*slavery*
escoger (j)	*to choose*
exigir (j)	*to demand*
garantizar	*to guarantee*
el juicio	*trial*
el nivel de vida	*standard of living*
oprimir	*to oppress*
perseguir (i, i)	*to pursue, to chase*
preso/a	*imprisoned*
el/la preso/a, el/la prisionero/a	*prisoner*
promover (ue)	*to promote*
proteger (j)	*to protect*
recordar (ue)	*to remind, to remember*
sin fines de lucro	*non-profit*
el sufragio universal	*universal suffrage*
(no) tener razón	*to be right (wrong)*
tomar conciencia	*to become aware*
tratar	*to treat*
el trato	*treatment*
la vejez	*old age*
violar	*to rape someone, to violate something*

Segunda parte

la alianza	*alliance*
año tras año	*year after year*
la campaña	*campaign*
el compromiso	*obligation, pledge, commitment*
constituir	*to constitute*
denunciar	*to denounce, to report (to police)*
educar	*to educate*
erradicar	*to eradicate*
el esfuerzo	*effort*
laborar	*to work*
lanzar	*to launch, to put forth*
la meta	*goal*
mostrar (ue)	*to show*
patrocinar	*to sponsor*
protector/a	*protective*
quedar*	*to be left/remain, to be located*
quedarse	*to stay*
recaudar fondos	*to raise funds*
la trata (de personas, de niños, etc.)	*human trafficking*
unirse a	*to join with*
el valor	*courage*

*Verbs like *gustar* *See page 96.*

4 El individuo y la personalidad

▸▸ OBJETIVOS COMUNICATIVOS

- Talking about yourself and others: personality and routines
- Discussing personality
- Describing people, things, and situations
- Talking about what has happened so far

▸▸ PRIMERA PARTE

¡Así es la vida! • • • ¿Eres imaginativo/a, intuitivo/a o analítico/a?

¡Así lo decimos! Vocabulario • • • Características personales

¡Así lo hacemos! Estructuras • • • Reflexive constructions

Conéctate

- VIDEORED • • • *¡Mejora tu autoestima!* (Yasmin Garves, República Dominicana - Pearson VPS)
- COMUNIDADES • • • La importancia de la autoestima
- CONEXIONES • • • La "personalidad"
- COMPARACIONES • • • Yo Puedo

▸▸ SEGUNDA PARTE

¡Así es la vida! • • • ¡Ejercita la mente! Goza de buena memoria

¡Así lo decimos! Vocabulario • • • La personalidad

¡Así lo hacemos! Estructuras • • • Agreement, form, and position of adjectives • • • The past participle and the present perfect indicative and subjunctive

▸▸ ¡ASÍ LO EXPRESAMOS!

- IMÁGENES • • • *Las dos Fridas* (Frida Kahlo, México)
- RITMOS • • • *Soy* (Willy Chirino, Cuba/EE. UU.)
- PÁGINAS • • • *A Julia de Burgos* (Julia de Burgos, Puerto Rico)
- TALLER • • • Un perfil para la red social

¿Te llevas bien con los demás o prefieres escaparte?

A empezar

En tu tiempo libre, ¿te gusta estar con otra gente o prefieres estar solo/a? ¿Qué tipo de persona te cae bien? ¿Cuál te cae mal? ¿Te sientes cómodo/a en un grupo de personas? ¿Te gusta hablar en público? ¿Por qué sí o por qué no?

Curiosidades

¿Sabes...

quién planteó la teoría de que los sueños revelan los pensamientos inconscientes de la mente?

a. Carl Jung
b. Joseph Breuer
c. Sigmund Freud

qué porcentaje del éxito académico es afectado por el coeficiencia intelectual (*IQ*) del estudiante?

a. 25%
b. 50%
c. 40%

cuál es el color que más incita la pasión en una persona?

a. el rojo
b. el negro
c. el anaranjado

a qué edad puede distinguir un bebé su idioma natal de otros idiomas?

a. a los seis meses
b. a los cuatro días
c. a las tres semanas

Primera parte

¡Así es la vida!

¿Eres imaginativo/a, intuitivo/a o analítico/a?

Cuando vas a ver una película:

1. Antes de verla
- Lees las críticas y después decides si quieres verla.
- Eliges dejándote llevar por tu instinto y no por la crítica.
- Decides al último momento, viendo el cartel y las fotos de la película.

2. Durante la película
- Te identificas mucho con uno de los personajes.
- Tratas de adivinar lo que va a hacer el protagonista.
- Te limitas a mirar y a disfrutar la película.

3. Después de verla
- Te gusta recordar ciertas escenas de la película.
- Te imaginas la película a tu manera, transformándola.
- No vuelves a pensar en la película, excepto si alguien te habla de ella.

Cuando tienes que hablar en público:

4. Antes de hablar
- Te preparas sin mucho interés.
- Sueñas con lo que esta experiencia te va a aportar personalmente.
- Te preocupas mucho, pensando en lo peor y en lo mejor que te puede pasar.

5. Mientras hablas
- Evalúas el ambiente del auditorio y te influye, para bien o para mal.
- Evitas mirar al público y te concentras en tu presentación.
- No te importa nada el público.

6. Después de hablar
- Te relajas un poco.
- Te acuerdas de las reacciones del público.
- No te preocupas, siempre miras hacia el futuro.

Cuando tienes que escribir un trabajo:

7. Antes de escribirlo
- Buscas la documentación que podría ayudarte.
- No piensas en ello y esperas a que te venga una idea.
- Piensas mucho en ello, imaginándote diferentes posibilidades.

8. Mientras escribes el trabajo
- Escribes rápidamente y no lo vuelves a mirar.
- Escribes tranquilamente, buscando referencias.
- Lo escribes todo sin parar y lo revisas después varias veces.

9. Después de terminarlo
- Te sientes contento/a o descontento/a.
- Evitas pensar en el tema.
- Piensas otra vez en el trabajo y vuelves a construir el texto mentalmente.

¡Así lo decimos! Vocabulario

Vocabulario primordial

analítico/a
apreciar
imaginativo/a
intuitivo/a

Vocabulario clave: Características personales

Verbos

acostumbrarse (a)	*to get used to*
adivinar	*to guess*
aportar	*to contribute*
elegir (i, i)	*to choose*
equivocarse	*to make a mistake*
evaluar	*to evaluate*
portarse bien/mal	*to behave/to misbehave*
relajarse	*to relax*
vencer	*to defeat, to overcome*

Sustantivos

la autoestima	*self-esteem*
el carácter	*personality*
la confianza	*confidence*
el instinto	*instinct*
la vergüenza	*embarrassment*

Adjetivos

afligido/a	*distressed*
ansioso/a	*anxious*
bondadoso/a	*good-natured, kind*
celoso/a	*jealous*
desenvuelto/a	*outgoing*
despreocupado/a	*carefree*
exitoso/a	*successful*
gracioso/a	*funny*
grosero/a	*nasty, vulgar*
honrado/a	*honest*
inseguro/a	*insecure*
maduro/a	*mature*
malhablado/a	*foul-mouthed*
malvado/a	*evil*
maniático/a	*compulsive*
mentiroso/a	*lying, false*
orgulloso/a	*proud*
rudo/a	*rough*

Ampliación

Verbos	Sustantivos	Adjetivos
analizar	el análisis	analítico/a
avergonzar (üe)	la vergüenza	avergonzado/a
confiar (en)	la confianza	confiado/a
evaluar	la evaluación	evaluado/a
mentir (ie, i)	la mentira	mentiroso/a

¡Cuidado!

Cognados falsos

- **soportar:** *to put up with, to tolerate*

  ¡No **soporto** a un hombre tan grosero! — *I don't tolerate such a nasty man!*

- **apoyar:** *to support*

  Te **apoyo** en tu decisión. — *I support you in your decision.*

- **el recuerdo:** *memory, as in remembrance*

  Tengo buenos **recuerdos** de mi niñez. — *I have good memories of my childhood.*

- **la memoria:** *memory (capacity)*

  ¡Mi **memoria** es excelente! Puedo recordar mi primer número de teléfono. — *My memory is excellent! I can remember my first telephone number.*

▸ Aplicación

4-1 ¿Eres imaginativo/a, intuitivo/a o analítico/a? Usa la siguiente clave (*key*) para averiguar (*check*) los puntos que corresponden a las respuestas que diste en la encuesta de *¡Así es la vida!* Después de sumar el total, lee la descripción de tu personalidad y explica si estás de acuerdo o no.

	Puntos		Puntos		Puntos		Puntos		Puntos
1.	3	**3.**	1	**5.**	1	**7.**	3	**9.**	2
	2		3		2		2		1
	1		2		3		1		3
2.	1	**4.**	2	**6.**	2	**8.**	1		
	3		1		1		3		
	2		3		3		2		

Si tu total suma entre 9 y 14, eres una persona imaginativa y creativa.
Si tu total suma entre 15 y 20, eres una persona intuitiva. No tomas mucho tiempo para analizar una situación, tampoco pasas mucho tiempo imaginándote más que lo obvio.
Si tu total suma entre 21 y 27, eres una persona analítica. Te gusta ver todos los aspectos de una cuestión antes de tomar una decisión.

4-2 ¿Quiénes? A continuación tienes una lista de figuras actuales, históricas o ficticias. Usa adjetivos de la lista para describirlas y explica por qué eran o son así.

agresivo/a	grosero/a	mentiroso/a
bondadoso/a	honrado/a	orgulloso/a
confiado/a	inseguro/a	rebelde
desenvuelto/a	malhablado/a	rudo/a
despreocupado/a	malvado/a	serio/a
exitoso/a	maniático/a	talentoso/a

MODELO: María Antonieta
María Antonieta, la esposa de Luis XIV, era una persona muy egoísta.

1. Ricky Martin
2. Hugo Chávez
3. Bart Simpson
4. Geraldo Rivera
5. Enrique Iglesias
6. Jennifer López
7. Shakira
8. Hillary Clinton
9. Barack Obama
10. John McCain

4-3 Un consejo. Lee la siguiente carta que un padre le escribió a su hijo en la universidad y complétala con la forma correcta del verbo más apropiado de la lista.

acostumbrarse	**apoyar**	**relajarse**
recordar	**portarse**	**vencer**

Caracas, 10 de octubre de 2008

Querido Toño:

¡Ojalá que todo vaya bien en la universidad y que (**1**) __________ bien en tus clases y con tus amigos! Tu mamá y yo sabemos que es difícil (**2**) __________ a la vida independiente, pero debes pensar en las consecuencias de tus acciones. Tienes que (**3**) __________ que siempre te vamos a (**4**) __________ con nuestro consejo y amor. No te olvides que aunque es bueno (**5**) __________, es importante ser dedicado para (**6**) __________ las dificultades y salir bien en la vida.

Un beso de tu padre

4-4 A explorar: ¿Tipo A o tipo B? Visita la página web de *Conexiones* para hacer otra prueba psicológica y determinar si tienes una personalidad tipo A o tipo B. En un párrafo de cinco líneas, explica los resultados de la prueba.

4-5 El desafío (*Challenge*). Escojan a cuatro personas famosas de la política, del cine o de la televisión sin dar su nombre. Luego, túrnense para describir a cada persona. Su compañero/a debe tratar de adivinar quién es. El desafío está en usar el mayor número de palabras de *¡Así lo decimos!*

4-6 Cápsula personal. Una de las grandes figuras de la historia de Latinoamérica, Simón Bolívar, dijo "El arte de vencer se aprende en las derrotas (*failures*)". Imagínense que sus palabras serán citadas miles de veces en el próximo siglo. Describan ambos su filosofía personal de la vida, del amor y del éxito en sólo tres oraciones por tema. Tomen nota de las respuestas de su compañero/a y compartan sus ideas con el resto de la clase.

 **4-7 Descubran al mentiroso por sus gestos.** Lean el siguiente artículo y luego hablen de las mentiras y los mentirosos.

¿Cómo descubrir a un mentiroso?

De acuerdo con el famoso psicólogo Dr. Paul Ekman, de la Universidad de California, «la mayoría de los mentirosos tienen éxito con sus mentiras porque nadie quiere hacer el esfuerzo que se requiere para descubrirlos». Pero, ¿en qué consiste este esfuerzo? Si quieres descubrir a un mentiroso, sólo tienes que observarlo detenidamente mientras habla. ¡Su actitud y expresión te dirán la verdad sobre sus mentiras!

Probablemente, estás hablando con un mentiroso si...

- su respiración es rápida y agitada, y si respira profundamenta cuando lo confrontas.
- al confrontarlo, se muestra sorprendido o sobresaltado.
- sus ojos se fijan en los tuyos prolongadamente, como para fingir una «mirada sincera».
- mira el reloj varias veces mientras habla, se ajusta los lentes o se alisa la ropa.
- se toca la punta de la nariz con los dedos.
- levanta las cejas (esto indica una reacción de sorpresa si lo sorprenden en un descuido o contradicción).
- se corrige varias veces y da demasiadas explicaciones que no has pedido.
- al confrontarlo, inclina o dobla el cuerpo.
- cuando no está hablando aprieta los labios.
- se toca la cara, particularmente cerca de la boca.
- cruza y descruza las piernas varias veces durante la conversación (así gana tiempo y alivia el estrés).

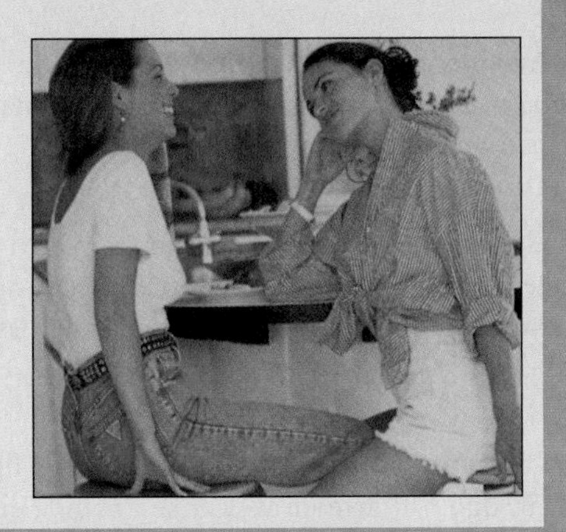

1. Describan algunas circunstancias en las que es aceptable mentir para no ofender a otra persona.
2. Den ejemplos y justifiquen circunstancias en las que es conveniente no decir toda la verdad.
3. Expliquen cómo se portan las personas cuando mienten.
4. Escriban una lista de los gestos que hace el mentiroso, de acuerdo con el artículo. Luego identifiquen los gestos que han visto en personas que mienten.
5. ¿Qué haces cuando notas que una persona te está mintiendo?

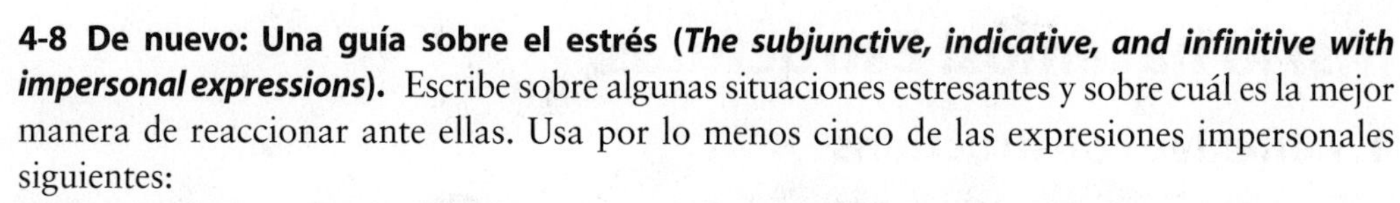

4-8 De nuevo: Una guía sobre el estrés (*The subjunctive, indicative, and infinitive with impersonal expressions*). Escribe sobre algunas situaciones estresantes y sobre cuál es la mejor manera de reaccionar ante ellas. Usa por lo menos cinco de las expresiones impersonales siguientes:

Es obvio (que)...
Es mejor (que)...
Es necesario (que)...
Es importante (que)...
Es crucial (que)...
Es cierto (que)...
Es raro (que)...
Es verdad (que)...
Es posible (que)...

MODELO: *Trabajar con niños pequeños puede ser muy estresante.* ***Es cierto que*** *es muy divertido y gratificante, pero* ***es necesario*** *estar siempre alerta.* ***Es obvio que*** *los niños pequeños requieren mucha atención. Esto causa mucha tensión, por eso en una situación así,* ***es mejor que*** *usted mantenga una actitud calmada y positiva*, etc.

Recuerda: Para completar las expresiones impersonales y formar oraciones completas debes elegir entre el subjuntivo, el indicativo o el infinitivo, según la oración. Para repasar consulta el *Capítulo 2.*

Reto: Trata de incluir más de cinco expresiones impersonales. Usa muchas palabras de *¡Así lo decimos!*

¡Así lo hacemos! Estructuras

1. Reflexive constructions

El barbero se afeita.

El barbero afeita al cliente.

Reflexive pronouns

A reflexive construction is one in which the subject both performs and receives the action expressed by the verb. The verb in a reflexive construction is always accompanied by a reflexive pronoun.

SUBJECT PRONOUNS	REFLEXIVE PRONOUNS	VERB
yo	me *(myself)*	lavo
tú	te *(yourself)*	lavas
Ud., él, ella	se *(yourself/himself/herself)*	lava
nosotros/as	nos *(ourselves)*	lavamos
vosotros/as	os *(yourselves)*	laváis
Uds., ellos, ellas	se *(yourselves/themselves)*	lavan

- As with the object pronouns, reflexive pronouns are placed immediately before the conjugated verb, or attached to the present participle (**-ndo**) or the infinitive.

Me lavo las manos.*	*I wash my hands.*
El joven está peinándo**se**. El joven **se** está peinando.	*The young man is combing his hair.*
Julia va a maquillarse ahora. Julia se va a maquillar ahora.	*Julia is going to put her makeup on now.*

Reflexive verbs

- Verbs that describe personal care and daily habits or routines are often reflexive.

Me voy a acostar tarde.	*I'm going to bed late.*
Ana **se maquilla** antes de salir.	*Ana puts makeup on before leaving.*
Lávate los dientes después de comer.	*Brush your teeth after you eat.*

- Here are some common verbs of daily routines and personal hygiene.

bañarse	despertarse (ie)	lavarse	peinarse
cepillarse	ducharse	maquillarse	secarse

Me desperté tarde esta mañana y no tuve tiempo para **bañarme.** — *I woke up late this morning and didn't have time to take a bath.*

*When talking about parts of the body and articles of clothing, use the definite article rather than the possessive.

- Verbs that express feelings, moods, and changes in conditions or emotional states are often reflexive. In English these ideas are expressed with verbs like *to get* or *to become*, or non-reflexive verbs.

Me **alegro** de verte.	*I am happy to see you.*
Mis amigos **se enojan** si pierden.	*My friends get (become) angry if they lose.*
Luis **se enamoró** de Ana.	*Luis fell in love with Ana.*
Ayer **nos divertimos** en la fiesta.	*Yesterday we had fun at the party.*
No **me acuerdo** de eso.	*I don't remember that.*
Me olvido de todo cuando estoy afligido.	*I forget everything when I'm distressed.*

- The reflexive structure can be used with almost any transitive verb (a verb that takes a direct object) to indicate or emphasize something one does to or for him/herself.

Compro un libro.	*I buy a book.*
Me compro un libro.	*I buy myself a book.*
Leí una novela rosa.	*I read a romance novel.*
Me leí una novela rosa.	*I read myself a romance novel.*

- Some verbs change meanings when used with a reflexive pronoun.

Non-reflexive		**Reflexive**	
acostar	*to put to bed*	**acostarse**	*to go to bed*
dormir	*to sleep*	**dormirse**	*to fall asleep*
enfermar	*to make sick*	**enfermarse**	*to become sick*
ir	*to go*	**irse**	*to go away, to leave*
levantar	*to lift*	**levantarse**	*to get up*
llamar	*to call*	**llamarse**	*to be called (named)*
llevar	*to wear, to carry*	**llevarse**[1]	*to take with oneself*
poner	*to put, to place*	**ponerse**	*to put on, to become*
quitar	*to remove*	**quitarse**	*to take off (clothing, shoes)*
vestir	*to dress*	**vestirse**	*to get dressed*

Reciprocal actions

- The plural forms of reflexive verbs can express reciprocal actions, things done *to each other* or *to one another*. To distinguish a reciprocal from a reflexive action, the phrases **el uno al otro** (reciprocal) and **a nosotros/vosotros/sí mismos** (reflexive) may be used.

Antonio y Cleopatra **se querían** muchísimo (el uno al otro).	*Antony and Cleopatra loved each other very much.*
Ellos **se veían** (el uno al otro) todos los días.	*They saw each other every day.*
Los niños **se vistieron** (a sí mismos).	*The children dressed themselves.*

[1]**llevarse bien/mal** (not) to get along (with someone)

▶ Aplicación

4-9 Parejas políticas. Lee sobre un matrimonio influyente en la política de Argentina y subraya los verbos reflexivos. Luego contesta las preguntas a continuación.

Seguramente la política ha producido matrimonios en los cuales ambas personas contribuyen a la historia de su época: Antonio y Cleopatra, Luis XIV y María Antonieta, Juan Perón y Evita, para nombrar algunos. Una de las parejas de esta década juega un papel significativo en Argentina. Son el ex presidente Néstor Kirchner y la actual presidenta Cristina Fernández (de Kirchner). ¿Qué sabemos de este matrimonio? Se conocieron en los años 70 cuando los dos estudiaban derecho, y se casaron después de sólo seis meses de noviazgo. Durante la época del populista Juan Perón, ella se afilió a una organización de jóvenes militantes, lo cual hoy ella misma ha confesado que fue un error. Durante la época del gobierno militar, era peligroso involucrarse (*to get involved*) en la política del país, y ninguno de los dos se arriesgó a destacarse. En efecto, muchos de sus compañeros militantes "desaparecieron" a manos del gobierno durante ese período. Desde 1989 Cristina ha tenido una vida activa en la política de Argentina y es una destacada defensora de los derechos humanos, tanto en Argentina como en el resto de América Latina. Además, es una fuerte promotora de la actividad política de las mujeres. En 2003, Néstor Kirchner fue electo presidente cuando Argentina se encontraba en una crisis económica. Durante su presidencia, se estabilizó la economía y se hicieron grandes reformas judiciales. Aunque gozaba de apoyo público, Kirchner decidió no presentarse a la presidencia en las elecciones de 2007. Sin embargo, con la victoria de su esposa, el ex presidente se ha convertido en el primer caballero de su país.

4-10 Néstor y Cristina. Contesta las preguntas siguientes:

1. ¿Quiénes son Néstor Kirchner y Cristina Fernández?
2. ¿Cuándo se conocieron? ¿Estuvieron mucho tiempo de novios?
3. ¿Cómo eran las creencias políticas de Cristina cuando era joven? ¿Cómo lo sabes?
4. ¿Por qué no se atrevieron a meterse en la política durante los años 80?
5. ¿Qué logró hacer él durante su presidencia?
6. ¿Por qué crees que Kirchner no se presentó a la presidencia en 2007?
7. ¿En qué se ha convertido el ex presidente argentino?
8. ¿Qué otras parejas políticas influyentes conoces?

4-11 Tu vida y la de los ricos y famosos. Escribe un párrafo en el que describas un día típico tuyo. Usa verbos reflexivos para explicar tu rutina diaria y verbos recíprocos para describir tus relaciones con otras personas. Compara tu vida con la de otras personas famosas como la esposa del empresario Donald Trump, la presidenta Cristina Fernández o su esposo, o el tenista español Rafael Nadal.

4-12 Escucho. El doctor Francisco Garza es un psicólogo que tiene un programa de radio en una ciudad grande y cosmopolita. Cuando los radioyentes (*listeners*) lo llaman, él trata de darles consejos para resolver sus problemas. Escucha las llamadas que recibe el doctor Garza. Mientras escuchas, indica a quién describe en cada oración. C: Carlos o R: Rosario.

MODELO: _R_ Se preocupa por su salud.

1. ___ Es inseguro/a.
2. ___ Es soltero/a.
3. ___ Le da vergüenza hablar.
4. ___ No soporta el humo.
5. ___ No quiere ser rudo/a con sus colegas.
6. ___ Se queja de los demás.
7. ___ Sufre de baja autoestima.
8. ___ Vive con su familia.

¿Cuál es tu opinión? Vuelve a escuchar el programa de radio y los consejos del doctor Garza. ¿Qué opinas de sus consejos? ¿Y de su personalidad? Explica tu opinión con ejemplos de lo que dice y de la forma en que trata a los radioyentes.

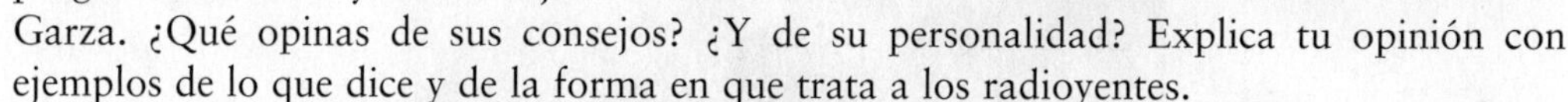

4-13 A explorar: La inteligencia emocional. Visita la página web de *Conexiones* para leer un artículo sobre la "inteligencia emocional". Después hazte la prueba para descubrir tu cociente emocional.

4-14 Debate: ¿Modelos falsos? Preparen su posición a favor o en contra de uno de estos temas.

Resolución: En la política, el liderazgo es más importante que la inteligencia.

Resolución: Lo correcto es siempre decir la verdad.

Resolución: Todos los políticos deberán someterse a una prueba de inteligencia emocional como condición para ser electos a un cargo público.

Frases comunicativas

Al contrario,...
Por una parte,... / Por otra parte,...
Para concluir,...

MODELO: *No es prudente siempre decir la verdad. Al contrario, es una tontería insistir en que siempre digamos la verdad aun cuando pueda dañar una relación personal...*

Conéctate

VideoRed

▸ Antes de verlo

4-15 La confianza entre amigos. Imagínate que tienes un/a amigo/a que tiene muy buenas cualidades y talentos, pero que sufre de baja autoestima. Escribe tres consejos que le darías para que tuviera más confianza en sí mismo/a. Luego, cuando veas el video, anota si alguno de tus consejos está incluido. ¿Cuáles te parecen los más válidos?

▸ A verlo

¡Mejora tu autoestima! **(Yasmin Garves, República Dominicana - Pearson VPS)**

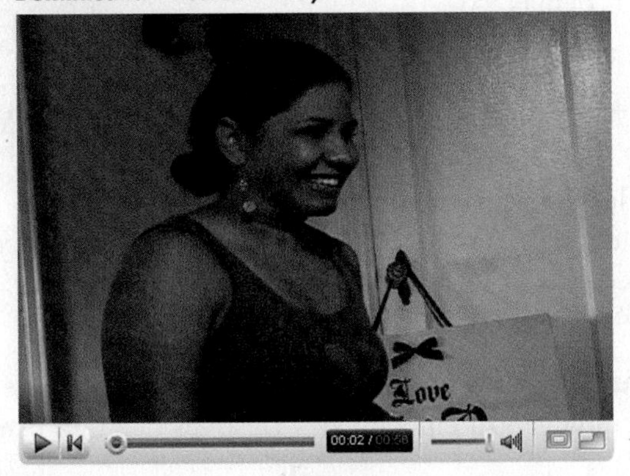

▸ Después de verlo

4-16 El/La especialista responde. Hagan el papel de consejero/a y el de cliente y conversen sobre cómo aumentar la autoestima. Usen verbos reflexivos en su conversación.

MODELO: CLIENTE: *Doctor/a, me siento muy mal. No tengo amigos…*
CONSEJERO/A: *Es necesario que…*

Comunidades

4-17 La importancia de la autoestima. Investiga si existen en tu comunidad organizaciones que tengan como meta elevar la autoestima de los niños. ¿Incluyen a niños hispanos? Pregunta qué puedes hacer para servir a la comunidad en esta importante labor. Comparte con la clase la información que hayas encontrado.

Conexiones

4-18 La "personalidad". Piensen en un personaje de la televisión, de la política o del mundo de los negocios que en su opinión tenga una alta autoestima. ¿Qué cualidades lo caracterizan? ¿Cómo actúa en diferentes situaciones? ¿Qué hace cuando se equivoca? Hagan un pequeño retrato (*portrait*) psicológico de este personaje y compárenlo luego con otro que sufra de baja autoestima. Para respaldar (*support*) sus descripciones, ofrezcan ejemplos de lo que ha hecho cada uno de estos personajes para ser calificado de esa manera. Presenten sus conclusiones.

Comparaciones

4-19 En tu experiencia. ¿Por qué es importante tener una autoestima positiva? ¿Qué se puede hacer para aumentarla? ¿Qué has hecho para elevar la autoestima de otra persona?

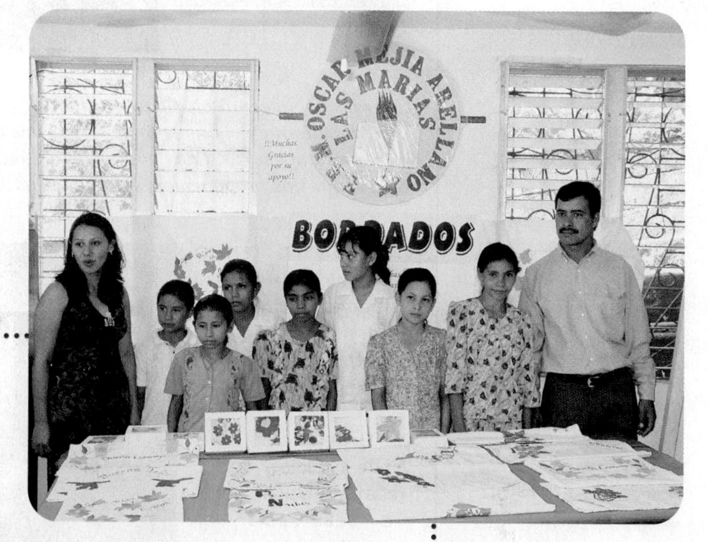

Yo Puedo: un programa para elevar el estatus de la mujer en Honduras

"El machismo" es un término que comúnmente se asocia con la cultura hispana. Este machismo es un conjunto de actitudes, conductas, prácticas sociales y creencias que cuando se tienen resultan en un trato inferior hacia las mujeres. Aunque las actitudes han cambiado mucho en los últimos años, el machismo continúa arraigado (*entrenched*) en regiones aisladas del mundo hispano.

Hombro a Hombro es una organización sin fines de lucro de Honduras que establece clínicas para llevar servicios básicos de salud a localidades apartadas. Su programa, **Yo Puedo,** ha sido establecido en unas localidades tan aisladas que muchas veces la única forma de llegar a ellas es a pie. El personal de **Hombro a Hombro** trabaja con las maestras de las pequeñas escuelas rurales para elevarles la autoestima a las niñas entre las edades de 10 a 14 años.

Las maestras trabajan con las jovencitas para ayudarlas a poner en práctica lo que aprenden en la escuela. La idea es que luego ellas puedan formar pequeñas empresas (*companies*) que sirvan a la comunidad. Las chicas aprenden a hacer un presupuesto (*budget*), a comprar materiales, a vender sus productos, a mantener las cuentas y a calcular sus ganancias (*earnings*).

Las maestras del programa observan que las jovencitas se han vuelto menos tímidas y ahora se ven más desenvueltas. Sin duda, **Yo Puedo** es un excelente programa para combatir el machismo y servirá de modelo para muchos países en vías de desarrollo (*developing*).

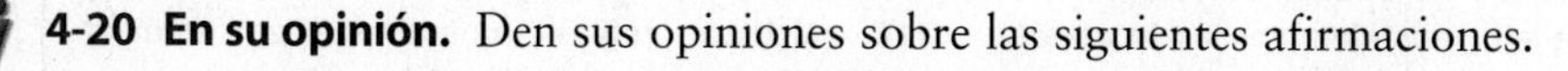

4-20 En su opinión. Den sus opiniones sobre las siguientes afirmaciones.

- En los países desarrollados también existe el machismo.
- En todo el mundo es más común que las chicas sufran de baja autoestima.
- El programa de Acción Afirmativa ha ayudado a elevar la autoestima de las mujeres en Estados Unidos.

Segunda parte

¡Así es la vida!

¡Ejercita la mente!

Goza de buena memoria

¿Pierdes la concentración con facilidad? ¿Olvidas las cosas con frecuencia? Con el estrés que produce la vida moderna y el aumento de tareas que estamos obligados a hacer, no es raro que nos quejemos de tener mala memoria. Para aliviar de alguna manera el agobio que sentimos al no poder cumplir con todo lo que nos proponemos, sugerimos las siguientes actividades para ejercitar la mente:

1. **Repite YO TENGO BUENA MEMORIA** una y otra vez. Si crees que tienes mala memoria, tu mente hará todo lo posible para comprobártelo.
2. **Ordena** el lugar donde estudias, lees o trabajas. El lugar siempre debe estar en orden, tener buena luz, y no tener distracciones (TV, radio, etc.).
3. **Haz** ejercicio, ya que ejercitando tu cuerpo oxigenas las células del cerebro.
4. **Escucha música.** Está comprobado que la música (en especial la clásica) es un medio ideal para mantener y desarrollar las funciones cerebrales. La música estimula las células del cerebro y esto mejora la concentración mental, la memoria y el desarrollo visual y auditivo. Además de que produce un efecto positivo sobre tu estado de ánimo.
5. **Relájate.** Cuando no puedas recordar dónde dejaste algún objeto, por ejemplo, las llaves del auto o tu cartera, el estrés bloqueará automáticamente tu memoria. Cierra un momento los ojos, respira profundamente y exhala lentamente varias veces. Entonces vuelve a pensar en las cosas que hiciste anteriormente hasta que recuerdes dónde dejaste el objeto perdido.

6. **Lee** para comprender. No pases a la línea o párrafo siguiente si no has comprendido lo anterior.
7. **Piensa** con imágenes cuando estés leyendo o estudiando, ya que la imaginación y el pensamiento están unidos. Esta técnica te permitirá recordar sucesos o episodios de un determinado tema. Exagera determinados rasgos, como si fuera una caricatura. Dale movimiento a tus imágenes como si fueran una película.
8. **Haz** varias pausas mientras lees o estudias para recordar lo que vas aprendiendo. Escribe dos o tres palabras en una tarjeta. Revisa tus notas.
9. **Lee o estudia** antes de dormir, ya que durante el sueño no hay interferencias.
10. **Utiliza** reglas mnemotécnicas (trucos lingüísticos, para facilitar la memorización).

¡Así lo decimos! Vocabulario

Vocabulario primordial

el cerebro
la mente

Vocabulario clave: La personalidad

Verbos

beneficiar	*to benefit*
bloquear	*to block*
comprobar	*to prove, to verify*
ejercitar	*to exercise*
emocionarse	*to get excited, to be moved emotionally*
engañar	*to deceive*
evitar	*to avoid*
experimentar	*to experience*
obsesionarse	*to become obsessed*
retroceder	*to go backwards*
superar	*to overcome*

Sustantivos

el amor propio	*pride, self-respect*
la conducta	*behavior*
el estado de ánimo	*mood*
el placer	*pleasure*
el rasgo	*characteristic*
el suceso	*event*
el truco	*trick*
el vicio	*vice, bad habit*

Adjetivos

apasionado/a	*passionate*
capaz	*capable*
dichoso/a	*happy, fortunate*
egoísta	*selfish*
enajenado/a	*alienated, absent*
humilde	*poor, humble*
ingrato/a	*ungrateful*
inquieto/a	*restless*
presumido/a	*conceited*
sensible	*sensitive*
tenaz	*tenacious*
terco/a	*stubborn*
valiente	*courageous*
vanidoso/a	*vain*

Ampliación

Verbo	**Sustantivo**	**Adjetivo**
apasionarse (por)	la pasión	apasionado/a
emocionarse	la emoción	emocionado/a
obsesionarse	la obsesión	obsesionado/a
suceder	el suceso	sucedido/a

¡Cuidado!

Pero, sino, and *sino que*

Pero, sino, and **sino que** mean *but* in the following contexts.

- Use **pero** when the second part of the sentence does not correct the first part.

  Marta es competente **pero** insegura. — *Marta is competent but insecure.*

- Use **sino** when the first part of the sentence is negative, and the second part is a noun, adjective, adverb, or prepositional phrase that corrects the same in the first part.

  No soy vanidoso **sino** sensible. — *I'm not conceited, but (rather) sensitive.*

- Use **sino que** instead of **sino** if the second part of the sentence has a new verb.

  Manuel no se obsesiona con las artes **sino que** se apasiona por ellas. — *Manuel doesn't obsess about the arts, but (instead) he is passionate about them.*

▸ Aplicación

4-21 Ejercita la mente. Vuelve a leer los consejos *de ¡Así es la vida!* para identificar lo que haces tú para mejorar la memoria. ¿Cuáles son los consejos más importantes para ti? ¿Cuáles son los más difíciles de seguir? ¿Usas diferentes trucos en diferentes situaciones? Explica.

4-22 Los vicios. Todos tenemos pequeños vicios. Cuéntense uno o dos de sus vicios y después traten de convencerse el uno/la una al otro/a la otra que esos vicios no son tan malos.

MODELO: E1: *Mi vicio es ver una telenovela todos los días. Mi favorita es* Esposas desesperadas, *y si me pierdo un episodio, estoy de mal humor…*

E2: *Entiendo. Es muy fácil ver un capítulo e identificarse con los personajes.*

4-23 ¿Quiénes? Identifiquen a gente en las noticias o en la historia que tenga las siguientes características personales y explíquense sus opiniones.

MODELO: *Bill y Melinda Gates son muy dichosos porque tienen dinero suficiente para ayudar a las personas necesitadas del mundo.*

1. enajenado/a
2. ingrato/a
3. presumido/a
4. sensible
5. terco/a
6. valiente
7. egoísta
8. vanidoso/a
9. apasionado/a por una buena causa
10. tenaz en su trabajo

4-24 El enojo: ¿amigo o enemigo? Después de leer el artículo, preparen un breve resumen siguiendo las preguntas a continuación. Incluyan también su propia perspectiva sobre la función del enojo. Después, presenten sus conclusiones a la clase.

CONTROLA EL ENOJO ANTES DE QUE TE CONTROLE

Todos nos enojamos de vez en cuando. Lo importante es no dejarse controlar por esta emoción tan poderosa. ¿Cómo podemos lograrlo? Aquí te damos algunas sugerencias:

- Pregúntate por qué estás enojado/a y exprésalo de la siguiente manera: Estoy enojado/a porque...
- Reflexiona y piensa: ¿es esta la primera vez que algo así me ha hecho enojar o existe algún patrón específico que puedo identificar?
- Busca un lápiz o una pluma y papel. NOTA: El acto físico de escribir es parte de este ejercicio, ¡no lo hagas en la computadora!
- Busca un lugar tranquilo y cómodo donde nada ni nadie pueda interrumpirte.
- Escribe una carta dirigida a la persona o a la situación en la que expliques por qué estás enojado.
- Describe cómo este dolor ha afectado tu vida. Escribe sobre las oportunidades que perdiste por su causa, tu depresión y la manera en que te ha afectado tu concepto de ti mismo/a.
- Escribe todo lo que has tenido que hacer y pasar desde que sucedió lo que te provocó el enojo. Escribe cualquier otra cosa que estés pensando o sintiendo en ese momento.
- Lee lo que has escrito. Si puedes, trata de leerlo en voz alta. Entonces ponlo a un lado.
- Repite todos estos pasos las veces que sea necesario hasta que te sientas mejor.
- Cuando te sientas listo/a, busca otro papel y escribe una carta en la que perdones a la persona que te hizo daño. Describe cómo vas a lidiar con este sentimiento.
- Cuando estés listo/a, echa la primera carta a la basura y pon la segunda carta en un lugar donde puedas encontrarla más tarde.

Recuerda: la meta es ser honesto/a contigo mismo/a y sacar estos sentimientos negativos de tu sistema de una manera productiva para así aliviar tu enojo. ¡Inténtalo! ¡Verás que sí funciona!

1. ¿En qué circunstancias se enojan ustedes?
2. ¿Qué hacen cuando se enojan?
3. ¿Cuáles son algunas de las recomendaciones que nos propone el autor del artículo?
4. ¿Cuál de ellas practican o creen que les puedan servir para controlar el enojo?
5. ¿Existen algunas circunstancias en las cuales enojarse tenga una función necesaria? Expliquen.
6. ¿Qué cambios físicos experimentan cuando se enojan? ¿El corazón les palpita más rápido?
7. ¿Se sonrojan (*blush*)? ¿Les duele el estómago?

4-25 A explorar: ¿Se puede curar una obsesión? Todo el mundo se ha sentido en alguna ocasión "obsesionado" por algún pensamiento que lo atormenta, a veces de forma absurda, y otras veces justificadamente. Estos pensamientos traen mucha ansiedad y causan problemas. Visita la página web de *Conexiones* para saber más sobre las obsesiones y sobre cómo curarse de ellas. ¿Cuál es tu opinión del tratamiento de una de estas obsesiones?

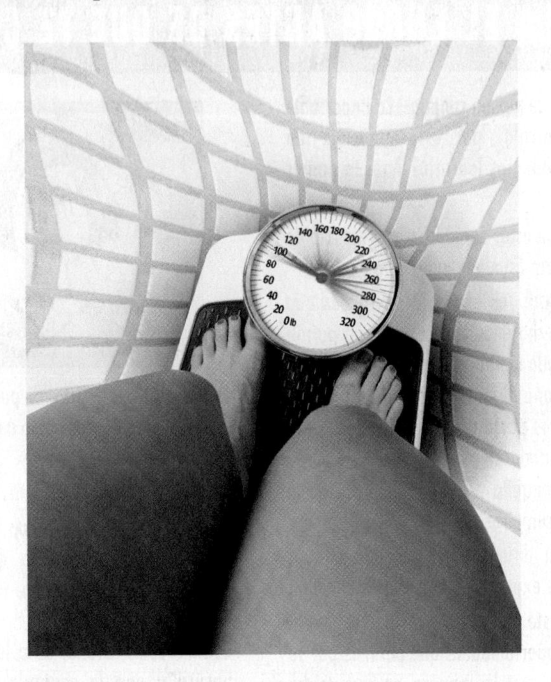

4-26 De nuevo: Preferencias personales (*Gustar* and similar verbs). Escribe una composición sobre una persona (real o imaginaria) en la que escribas lo que te gusta y lo que no te gusta de él o de ella. Puedes referirte a su personalidad, su aspecto físico, sus cosas, su actitud, su comportamiento, sus opiniones, etc. Incluye por lo menos cuatro oraciones afirmativas y cuatro negativas. Utiliza el verbo *gustar* y verbos similares como *fascinar*, *importar*, *encantar*, *parecer*, *molestar*, *caer bien/mal*, etc.

MODELO: *Carlos **me cae muy bien. Me gusta** su sentido del humor y **me encantan** sus cuentos y sus chistes. Sin embargo, a veces **no me gusta...***

Recuerda: Para repasar el verbo **gustar** y otros verbos similares, debes consultar el *Capítulo 3.*

Reto: ¡Trata de incluir seis oraciones afirmativas y seis negativas! Usa varios verbos diferentes. Usa también muchas palabras de la ***Primera*** y la ***Segunda parte*** de ***¡Así lo decimos!***

¡Así lo hacemos! Estructuras

2. Agreement, form, and position of adjectives

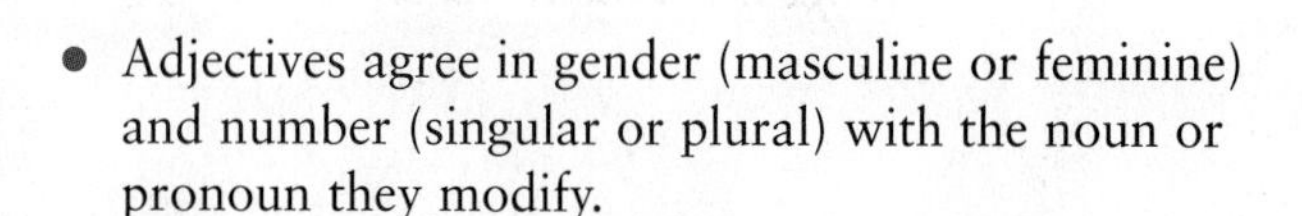

- Adjectives agree in gender (masculine or feminine) and number (singular or plural) with the noun or pronoun they modify.

Julio es un hombre **desenvuelto.**	*Julio is an outgoing man.*
Mis amigos son **dichosos.**	*My friends are happy.*

- Ending in **-o:** Adjectives whose masculine form ends in **-o,** have a feminine form ending in **-a.**

El profesor está **afligido.**	*The professor is distressed.*
La estudiante también está **afligida.**	*The student is also distressed.*

- Ending in **-e** or a consonant: Adjectives that end in **-e** and most adjectives that end in a consonant have the same masculine and feminine forms.

Rigoberta Menchú es una mujer **valiente.**	*Rigoberta Menchú is a courageous woman.*
Alejandro Sanz es un hombre **sensible.**	*Alejandro Sanz is a sensitive man.*
Ayer conocimos a un abogado muy **capaz.**	*We met a very capable lawyer yesterday.*
Violeta Chamorro fue una presidenta **tenaz.**	*Violeta Chamorro was a tenacious president.*

- Plurals: Generally, adjectives follow the same rules as nouns to form the plural.

mexicano → mexicanos	inteligente → inteligentes
tenaz → tenaces	popular → populares

- Nationality: Adjectives of nationality that end in a consonant add **-a** to form the feminine. If the adjective ends in **-e** or **-a,** the singular has only one form. Adjectives of nationality are not capitalized in Spanish.

El comediante **español** era muy bueno.	*The Spanish comedian was very good.*
La actriz **española** es maravillosa.	*The Spanish actress is marvelous.*
Óscar Arias es **costarricense.**	*Oscar Arias is Costa Rican.*
Tengo un amigo **vietnamita.**	*I have a Vietnamese friend.*

- Position, general: Limiting adjectives (numerals, unstressed possessives, indefinites, demonstratives, interrogatives) usually precede the noun they modify, and descriptive or differentiating adjectives (size, color, shape, nationality, etc.) are generally placed after the noun.

Mi novio es **cariñoso.**	*My boyfriend is affectionate.*
Julia es **una** mujer **inquieta.**	*Julia is a restless woman.*
Tenemos **muchos** recuerdos **agradables** de Pablo.	*We have many pleasant memories of Pablo.*

- Position, two or more adjectives: When two adjectives modify a noun, they are placed according to the aforementioned rules; when descriptive adjectives follow the noun, they are connected by **y.**

Son **tus cuatro** amigos **rebeldes.**	*They are your four rebellious friends.*
Mi única tía **generosa** vive en Los Ángeles.	*My only generous aunt lives in Los Angeles.*
Nuestros amigos, **optimistas y apasionados,** creen que es hora de rebelarse.	*Our optimistic and passionate friends think it is time to rebel.*

- Position, known quality: When descriptive adjectives precede the noun they modify, they usually describe a known or established quality.

El **ancho** río Amazonas es impresionante.	*The wide Amazon River is impressive.*
Ana es una **joven** psicóloga.	*Ana is a young psychologist.*
Rafael es mi **peor** enemigo.	*Rafael is my worst enemy.*

- Spelling changes: Some adjectives change spelling before the noun. **Bueno, malo, primero, tercero, uno, alguno,** and **ninguno** drop the final **-o** before a masculine singular noun. **Cualquiera** shortens to **cualquier** before any singular noun. **Algún** and **ningún** require a written accent.

Plácido Domingo es un **buen** cantante.	*Plácido Domingo is a good singer.*
El **tercer** consultorio es para los psicoanalistas.	*The third office is for the psychoanalysts.*
Cualquier libro sobre la autoestima te servirá.	*Any book on self-esteem will be useful to you.*
Algún pintor dejó esas pinturas en la mesa.	*Some painter left those paintings on the table.*

- The adjectives **grande, ciento,** and **santo** drop the final syllable in the following cases. **Grande** becomes **gran** before a singular masculine or a feminine noun. The meaning changes to *great.*

Eduardo es un **gran** hipnotizador.	*Eduardo is a great hypnotist.*
Tiene una oficina **grande.**	*He has a big office.*
Mi padre y Plácido Domingo son **grandes** amigos.	*My father and Plácido Domingo are great friends.*

- **Ciento** becomes **cien** before a noun, in counting, and before the adjective **mil.** However, it remains **ciento** when it precedes numerals smaller than one hundred.

cien personas deprimidas	*one hundred depressed people*
noventa y nueve, **cien,** ciento uno...	*ninety-nine, one hundred, one hundred and one...*
cien mil dólares al año	*one hundred thousand dollars per year*
Este año he tenido **ciento** diez días estresantes.	*This year I have had one hundred and ten stressful days.*

- **Santo** becomes **San** before the name of all masculine saints except those beginning with **Do-** or **To-**.

San Juan	*Saint John*
Santo Tomás	*Saint Thomas*

- Some adjectives change meaning depending on whether they precede or follow the noun they modify.

BEFORE NOUN	ADJECTIVES	AFTER NOUN
certain (particular)	**cierto/a**	*certain (sure)*
darn	**dichoso/a**	*happy, fortunate*
great, impressive	**grande (gran)**	*large*
half-	**medio/a**	*middle, average*
same	**mismo/a**	*(the thing) itself*
another, different	**nuevo/a**	*brand new*
unfortunate	**pobre**	*poor*
own	**propio/a**	*proper*
sheer	**puro/a**	*pure*
former, long-standing	**viejo/a**	*old, aged*

▸ Aplicación

4-27 Una personalidad atractiva. Lee la descripción de la personalidad de Carlos Santana y subraya los adjetivos que aparecen. Hay 20 adjetivos, ¿los podrás encontrar todos?

Carlos Santana es una de las celebridades más respetadas en el mundo musical por su gran corazón y su generosidad casi sin límite. Nació en Autlan de Navarro, una ciudad norteña y fronteriza mexicana en 1947, de una familia humilde. Santana, cuyo padre era violinista de mariachi, heredó de él este amor por la música y la familia, además de un saludable orgullo. Cuando Carlos tenía 20 años, emigró a California, donde empezó su verdadera carrera musical. Desde el principio tuvo mucho éxito como músico de rock. Ha ganado varios premios Grammy durante su larga carrera, y aún hoy, su público disfruta de su estilo y energía. Santana es inmensamente generoso con el dinero y les dedica buena parte de su tiempo a los pobres. Encabeza "Milagro", una fundación benéfica que ayuda a los niños desafortunados del mundo. Además, Santana permitió usar su nombre para varios modelos de zapatos muy a la moda y otros productos para la casa con el fin de recaudar (*collect*) dinero para esa causa.

4-28 Carlos Santana. Contesta las siguientes preguntas.

1. ¿Quién es Santana?
2. ¿Cómo es?
3. ¿Qué valores demuestra con su conducta?
4. ¿Qué artículos llevan su nombre y qué causa apoya?
5. ¿Conoces la música de Santana? ¿Cómo la describes?

4-29 Descríbanlos. Túrnense para hacer descripciones de lugares, situaciones o personas con estas características.

MODELO: una gran mujer: *Jacqueline Kennedy fue una gran mujer.*

1. un hombre feliz
2. una pobre persona
3. un hombre viejo
4. una persona dichosa
5. una gran ciudad
6. el aire puro
7. pura alegría
8. medio vaso
9. mi propio coche
10. el hombre medio

4-30 Una persona imposible. Trabajen juntos para describir a una persona real o ficticia que tenga una personalidad desagradable y que se comporte mal. Preséntenle la descripción de la persona a la clase y al final, la clase decidirá qué grupo presentó la personalidad más repulsiva.

MODELO: *Mi hermano no lava la ropa, pone la música muy alta, no se baña todos los días, es mentiroso, vanidoso y come mi comida sin pedirme permiso. También tiene muchos complejos y es muy maniático con sus cosas. Una vez...*

4-31 El mundo. Describe varios lugares en el mundo sin decir su nombre. Tu compañero/a debe tratar de adivinar de qué lugar se trata.

MODELO: E1: *Es una cadena de montañas altas y majestuosas que va del norte al sur de América del Sur.*
E2: *Los Andes.*

3. The past participle and the present perfect indicative and subjunctive

- The past participle is formed by adding **-ado** to the stem of **-ar** verbs and **-ido** to the stem of **-er** and **-ir** verbs.

TOMAR	COMER	VIVIR
tomado (*taken*)	**comido** (*eaten*)	**vivido** (*lived*)

- An accent mark is added to the past participle of **-er and -ir** verbs whose stems end in **-a, -e,** or **-o.**

caer	**caído**	*fallen*
creer	**creído**	*believed*
leer	**leído**	*read*
oír	**oído**	*heard*
reír	**reído**	*laughed*
traer	**traído**	*brought*

- The following verbs have irregular past participles.

abrir	**abierto**	*opened*
cubrir	**cubierto**	*covered*
decir	**dicho**	*said*
descubrir	**descubierto**	*discovered, uncovered*
escribir	**escrito**	*written*
hacer	**hecho**	*done, made*
imprimir	**impreso**	*printed*
ir	**ido**	*gone*
morir	**muerto**	*dead*
poner	**puesto**	*put, placed*
resolver	**resuelto**	*resolved*
romper	**roto**	*broken*
ver	**visto**	*seen*
volver	**vuelto**	*returned*

- In both English and Spanish, past participles may be used as adjectives to modify a noun. In Spanish, when the past participle is used as an adjective, it agrees in gender and number with the noun it modifies.

Esa pintura fue **hecha** en Perú.	*That painting was made in Peru.*
La catedral fue **construida** en 1560.	*The cathedral was built in 1560.*
La gente está **desilusionada.**	*The people are disillusioned.*
Las ventanas están **rotas.**	*The windows are broken.*

- The present perfect is a compound tense that requires two verbs. In English, the present perfect is formed with the present tense of the auxiliary verb *to have* + past participle. In Spanish, the present perfect is formed with the present tense of the auxiliary verb **haber** + past participle.

	HABER	PAST PARTICIPLE
yo	he	
tú	has	
Ud., él, ella	ha	tomado/comido/vivido
nosotros/as	hemos	
vosotros/as	habéis	
Uds., ellos, ellas	han	

- In general, the present perfect is used to refer to a past action or event that is perceived as having some bearing on the present.

Mis padres **han logrado** superar muchas dificultades. — *My parents have succeeded in overcoming many difficulties.*

- The auxiliary verb **haber** agrees with the subject of the sentence. The past participle, however, is invariable when it forms part of the perfect tense.

¿**Has intentado** llamar a tu amiga? — *Have you tried to call your friend?*
Sí, pero no **ha estado** en casa. — *Yes, but she hasn't been at home.*

- The auxiliary verb **haber** and the past participle *cannot* be separated by another word. Object pronouns and negative words are always placed before **haber.**

¿**Has conocido** al señor malhumorado? — *Have you met the bad-tempered man?*
No **lo he conocido** todavía. — *No, I haven't met him yet.*
¿Ha engañado el político a los votantes? — *Has the politician deceived the voters?*
Sin duda **los ha engañado.** — *Without a doubt, he has deceived them.*

- The present perfect subjunctive is formed with **haya** (**hayas, haya,** etc.) + the past participle.

Esperamos que el chico **haya dicho** la verdad. — *We hope the boy has told the truth.*
Dudo que **haya mentido.** — *I doubt he has lied.*

- The verb **haber** is not interchangeable with **tener. Haber** means *to have* only when used as an auxiliary verb with the past participle. **Tener** means *to have* or *to own* in the sense of possession.

El rector de la universidad **tiene** pocas opciones. — *The university president has few options.*
¿**Tienes** algún mal hábito? — *Do you have any bad habit?*

- Remember that you can use the present tense of **acabar de** + infinitive in order to describe an event that *has just happened.*

El vanidoso **acaba de** anunciar su buena fortuna. — *The conceited man has just announced his good fortune.*
Acabo de prevenir una crisis. — *I have just prevented a crisis.*

▶ Aplicación

4-32 En la prensa. Lee el artículo sobre una persona conocida en el mundo de los negocios y subraya los participios pasados e indica si funcionan como parte del presente perfecto de indicativo o de subjuntivo o como adjetivos.

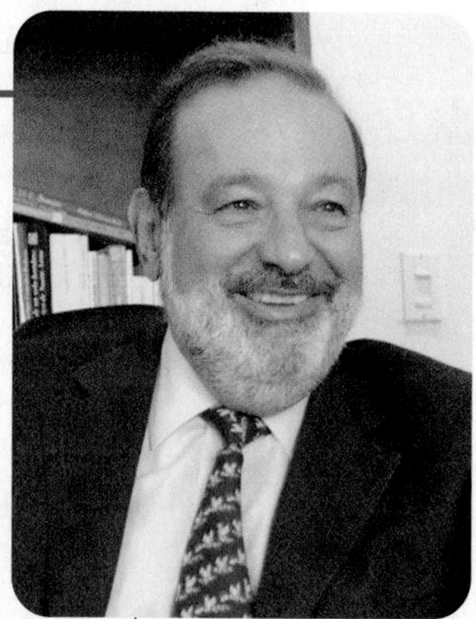

25 de julio de 2008
MÉXICO, D.F. (Notimex)

Carlos Slim, el exitoso empresario mexicano, ha sobrepasado a Bill Gates como el hombre más rico del mundo, según la revista *Fortune*. Lo ha logrado gracias a la subida de sus acciones (*shares*) en América Móvil. Se ha estimado que esto le ha aumentado a su fortuna hasta casi 70 millardos (*billions*) de dólares, lo que equivale al 8% del producto bruto doméstico (*GNP*) de México. Su banco, Imburso, también ha aumentado sus ganancias en un 20% en el mismo período.

Ingeniero Civil de profesión, licenciado de la UNAM, comenzó a invertir en la compra de negocios y bienes raíces (*real estate*) en el centro de la Ciudad de México a principios de los años 80, en medio de una crisis económica que paralizó a México. Aunque muchas de estas empresas tenían números rojos y sin mucho futuro, su grupo ha podido convertirlas en empresas sólidas y con una gran utilidad. Carlos Slim ha mencionado repetidamente que siempre ha confiado en el futuro de México. Desde los 80 Carlos Slim ha diversificado en varios sectores; en 1997, con las acciones adquiridas de la empresa informática Apple Computer y justo antes del lanzamiento de la iMac, logró multiplicar su fortuna. En 1997 adquirió Prodigy.

Carlos Slim es impopular entre muchos mexicanos porque no creen que Slim haya obtenido su riqueza justamente. Sin embargo, es admirado por muchos otros por su tenacidad ilimitada y su astucia en los negocios.

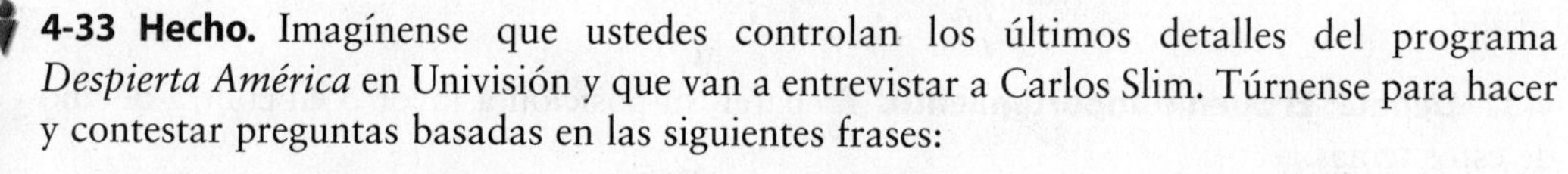

4-33 Hecho. Imagínense que ustedes controlan los últimos detalles del programa *Despierta América* en Univisión y que van a entrevistar a Carlos Slim. Túrnense para hacer y contestar preguntas basadas en las siguientes frases:

MODELO: arreglar las sillas
E1: *¿Has arreglado las sillas?*
E2: *Sí, las sillas están arregladas.* o *No, todavía no están arregladas.*

1. encender (*to turn on*) las luces
2. hacer la lista de los participantes
3. asignar los asientos para los invitados
4. poner botellas de agua mineral en la mesa
5. preparar el camerino del Sr. Slim con periódicos y acceso a la Internet
6. escribir las preguntas para su entrevista
7. imprimir la agenda y las preguntas para el director

4-34 A que nunca han... Háganse preguntas sobre experiencias que hayan tenido. Pueden usar las frases de la lista u otras que se les ocurran.

ver una discusión entre amigos	vencer una dificultad
engañar a un/a amigo/a	acostumbrarse a una situación difícil
obsesionarse por una persona	equivocarse en algo importante o difícil

MODELO: E1: *¿Te has estresado alguna vez en un evento social formal?*
E2: *No, no me he estresado en un evento social formal, pero sí en una reunión de familia.*

4-35 Relaciones interpersonales. Todos tenemos personas importantes en nuestra vida, ya sean familiares, amigos, conocidos, etc. Piensen en alguien importante para ustedes y hagan una lista de lo que esa persona haya hecho para hacerlos felices, para ayudarlos a superar alguna dificultad y también para enojarlos. Compartan su experiencia con su compañero/a. Después él/ella hará alguna observación sobre el hecho usando expresiones que requieran el subjuntivo.

MODELO: E1: *Mi novio me ha comprado flores muchas veces para hacerme feliz. Ha cancelado los planes algunas veces y eso me ha enojado.*
E2: *Me alegro de que tu novio te haya comprado flores pero dudo que haya cancelado los planes sin una buena razón.*

4-36 Una radionovela. Las radionovelas son semejantes a las telenovelas, pero muchas veces son aun más melodramáticas. Escucha a Encarnación contarle a Carolina sobre la radionovela de su vida e identifica de quién habla.

E: de sí misma
R: de su esposo Raúl
P: de su amiga Patricia

_____ avergonzado/a	_____ inseguro/a	_____ sensible
_____ egoísta	_____ humilde	_____ terco/a
_____ disciplinado/a	_____ olvidadizo/a	_____ vanidoso/a
_____ generoso/a	_____ ordenado/a	

4-37 Debate: El buen comportamiento. Preparen su posición a favor o en contra de uno de estos temas.

Resolución: Se prohíbe que los chicos de la secundaria sean malhablados y que usen ropa inapropiada cuando estén en la escuela.

Resolución: El abuso emocional y psicológico se castigará con la misma severidad que el abuso físico.

Resolución: Se obligará a todos los niños hiperactivos a tomar medicamentos para que se comporten correctamente.

MODELO: *La buena conducta es una condición imprescindible para el aprendizaje. Sin embargo, es más y más común ver a los chicos de la secundaria vestidos de una manera inapropiada para este propósito. Por un lado...*

¡Así lo expresamos!

Imágenes

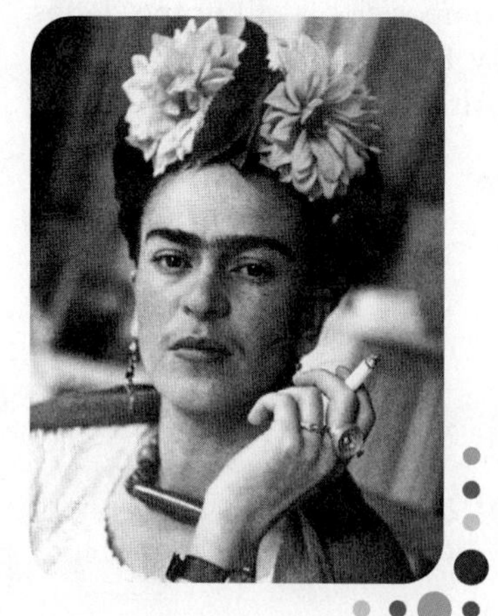

***Las dos Fridas* (Frida Kahlo, 1907–1954, México)**
Frida Kahlo fue una pintora mexicana que creó aproximadamente doscientas pinturas. Casi todas sus obras son autorretratos o tratan sobre temas autobiográficos o feministas. La mezcla de realidad y fantasía, del mundo interior y el mundo exterior, y de la combinación de lo moderno con lo tradicional hacen de esta pintora una de las figuras más importantes del arte latinoamericano. Pasó casi toda su vida junto a su famoso esposo, el muralista Diego Rivera, y aunque se separaron por un tiempo, Frida siempre estuvo enamorada de él.

▸ Perspectivas e impresiones

4-38 ¿Qué opinas? Contesta las siguientes preguntas sobre *Las dos Fridas*.

1. ¿Cómo explicas el título de la pintura?
2. ¿En qué se diferencian las dos Fridas?
3. Explica los elementos o colores de la pintura que son simbólicos. ¿Qué simbolizan?
4. ¿Crees que hay una cierta dualidad en todas las personas? ¿Por qué?
5. La Frida de la derecha tiene un retrato en miniatura de su esposo, Diego Rivera. ¿Qué crees que simboliza?
6. Haz una lista de tus "dualidades" y luego trata de representarlas en un dibujo. Comparte el dibujo con el resto de la clase.

Frida Kahlo (1907–1954, México), "The Two Fridas (Las Dos Fridas)" 1939. Oil on Canvas. 5′9″ × 5′9″ (173 × 173) cm. Bob Schalkwijk/Art Resource, NY. © Banco de México Diego Rivera & Frida Kahlo Museums Trust. Av. Cinco de Mayo No. 2, Col. Centro, Del. Cuauhtemoc 06059, México, D.F. Reproduction authorized by the Instituto Nacional de Bellas Artes y Literatura.

WWW **4-39 A explorar: El mundo interior de Frida Kahlo.** Visita la página web de *Conexiones* para aprender más sobre la vida de esta gran pintora mexicana y para ver algunos de sus famosos autorretratos. Elige uno que te impresione y descríbelo.

Ritmos

Willy Chirino (Cuba/EE. UU.)

Willy Chirino es uno de los compositores de música tropical más exitosos del momento. Chirino es cubano y vive en Miami. Aunque tiene una orquesta y es cantante, se le conoce también por sus rítmicas composiciones. El grupo de los hermanos Hansel y Raúl cantan esta versión de la canción con un ritmo muy tropical.

▸ Antes de escuchar

4-40 Soy. ¿Cómo eres? ¿Estás contento/a contigo mismo/a? ¿Quieres cambiar algo de tu personalidad? ¿Qué?

▸ A escuchar

4-41 La personalidad del cantante. Escucha la canción de Willy Chirino y descubre cómo es la personalidad del cantante.

Soy

CORO:
Soy como la brisa° que *breeze*
siempre de prisa
no anuncia su partida° *departure*
y como el dinero soy
donde yo quiero voy
sin una despedida° *without saying goodbye*
Soy la más pequeña aldea° *village*
en un distante lugar
soy el ruido y la marea° *tide*
del inmenso mar.
No soy cadenas ni rejas° *neither chains nor iron bars*
soy azúcar y soy sal
Si me quieren o me dejan
me da igual
CORO
Amo el sol que se levanta
la fragancia de una flor,
y me gusta como canta el ruiseñor° *nightingale*
CORO
Soy el agua de los ríos,
que corriendo siempre está
todo lo que tengo es mío
y de los demás°. las otras personas
Soy el sol en la mañana
la luna al anochecer
y he comido la manzana del placer°. *pleasure*
CORO
Soy un mendigo° ante el diablo *beggar*
y millonario ante Dios
hablo poco cuando hablo
sin alzar° la voz levantar, subir
Soy además mentiroso,
vanidoso y buen actor
y quisiera ser dichoso en el amor.

▸ Después de escuchar

4-42 ¿Cómo eres? Contesta las siguientes preguntas para explicar cómo eres. Explica por qué te identifas más con uno que con el otro.

1. ¿Eres como el azúcar o como la sal?
2. ¿Eres como el mar o como el río?
3. ¿Eres como un pájaro (*bird*) o como una flor?
4. ¿Eres como el ruido o como la música?
5. ¿Eres como el sol o como la luna?

4-43 El ritmo. La canción refleja la influencia africana en la música caribeña. Escúchala otra vez y subraya las palabras o expresiones que representen el ambiente de las islas caribeñas. ¿Cómo caracterizas el tono de la canción? ¿Optimista o pesimista? ¿Alegre? ¿Triste? ¿Qué crees que hace el cantante para poder llamarse "mentiroso, vanidoso y buen actor"?

4-44 ¿Qué piensas? Describe la personalidad de la persona de esta canción con otras palabras. ¿Es una persona reprimida o libre? ¿Es sincera o mentirosa? Usa términos de *¡Así lo decimos!* para tu descripción.

Páginas

Julia de Burgos (1914–1953, Puerto Rico)

Julia de Burgos fue una poeta puertorriqueña que escribió numerosos artículos periodísticos en los que abogaba (*advocated*) por las mujeres, los negros y los trabajadores. Se casó en dos ocasiones, pero fue su segundo marido, José Jimeses Grullón, quién se convertiría en su gran amor. Muchos de sus poemas fueron inspirados por el amor que sentía por él. De Burgos y su esposo vivieron primero en Cuba y luego en Nueva York. Después del fracaso de su matrimonio y a pesar de contar con muchos admiradores, de Burgos cayó en una profunda depresión. Se murió pobre y sola, y fue enterrada bajo el nombre de "Jane Doe" hasta que sus amigos pudieron encontrar su tumba y llevar sus restos a Puerto Rico. Hoy en día es considerada una de los más grandes poetas de Latinoamérica.

▸ Antes de leer

4-45 Anticipación. Mira el dibujo. ¿Quién es la mujer del espejo? ¿Quién es la mujer que se mira en el espejo? ¿Cuál se ve más real? ¿Con cuál de las dos te identificas más?

4-46 Estrategias para la lectura. Busca elementos de la lectura que puedan ayudarte a anticipar el tema. Lee la introducción a la lectura (o el prefacio de un libro). Ten en cuenta el título. Las siguientes palabras son algunos de los cognados que aparecen en el poema. ¿Cuáles reconoces?

aristocracia	esencia	humana	profundo	abismo	verso
enemigo	hipocresía	murmuran	social	voz	

▸ A leer

4-47 Dos en una. Lee el poema para ver por qué la poeta se escribe un poema a sí misma (*to herself*).

A Julia de Burgos

Ya las gentes murmuran° que yo soy tu enemiga (*have begun a rumor*)
porque dicen que en verso doy al mundo tu yo.
Mienten, Julia de Burgos. Mienten, Julia de Burgos.
La que se alza° en mis versos no es tu voz: es mi voz (se levanta)
5 porque tú eres ropaje° y la esencia soy yo; (ropa)
y el más profundo abismo se tiende° entre las dos. (se extiende)

Tú eres fría muñeca° de mentira social, (*doll*)
y yo, viril destello° de la humana verdad. (*spark*)

Tú, miel de cortesanas hipocresías°; yo no; (*polite hypocrisies*)
10 que en todos mis poemas desnudo° el corazón. (revelo)

Tú eres como tu mundo, egoísta; yo no;
que todo me lo juego° a ser lo que soy yo. (*risk everything*)

Tú eres sólo la grave señora señorona°; (*prim*)
yo no; yo soy la vida, la fuerza, la mujer.

15 Tú eres de tu marido, de tu amo°; yo no; (*master*)
yo de nadie, o de todos, porque a todos, a todos,
en mi limpio sentir y en mi pensar me doy.

Tú te rizas° el pelo y te pintas; yo no; (*curl*)
a mí me riza el viento; a mí me pinta el sol.
20 Tú eres dama casera, resignada, sumisa,
atada° a los prejuicios de los hombres; yo no; (*tied*)
que yo soy Rocinante° corriendo desbocado° (el caballo de Don Quijote / *runaway horse*)
olfateando° horizontes de justicia de Dios. (*smelling*)

Tú en ti misma no mandas; a ti todos te mandan;
25 en ti mandan tu esposo, tus padres, tus parientes,
el cura°, la modista°, el teatro, el casino, (sacerdote / *fashion designer*)
el auto, las alhajas°, el banquete, el champán, (joyas)
el cielo y el infierno, y el qué dirán social°. (*social gossip*)

En mí no, que en mí manda mi solo corazón,
30 mi solo pensamiento; quien manda en mí soy yo.

Tú, flor de aristocracia; y yo, la flor del pueblo.
Tú en ti lo tienes todo y a todos se lo debes°, (*owe*)
mientras que yo, mi nada a nadie se la debo.

Tú, clavada al estático dividendo ancestral°, — *"nailed" or chained to your past*
35 y yo, un uno en la cifra del divisor social°, — *a social misfit*
somos el duelo a muerte que se acerca fatal.

Cuando las multitudes corran alborotadas° — agitadas
dejando atrás cenizas° de injusticias quemadas — *ashes*
y cuando con la tea° de las siete virtudes, — *torch*
40 tras los siete pecados°, corran las multitudes° — *sins / crowds*
contra ti, y contra todo lo injusto y lo inhumano,
yo iré en medio de ellas con la tea en la mano.

▶ Después de leer

4-48 ¿Cómo lo interpretas tú? Contesta las siguientes preguntas sobre el poema.

1. Explica el título del poema.
2. ¿Quién es la Julia de Burgos más "real" o "auténtica"? ¿Por qué?
3. Describe con tus propias palabras cómo es la poeta en su vida privada y en su vida pública.
4. ¿Cuál de las "dos Julias" vence al final del poema?
5. ¿Piensas que todas las personas tienen dos caras? ¿Es muy diferente tu "cara social" de tu "cara personal, íntima"? ¿En qué se diferencian?

4-49 Las dos. Hagan una lista de los pares de palabras opuestas del poema.

MODELO: *hombre/mujer*

4-50 Tú... y tú. Escribe una lista de palabras opuestas que te describan. Luego, intercambia tu lista con la de tu compañero/a y úsala para retratarlo/la *(draw a picture of him/her)*, según sus "dos" personalidades. Puedes referirte a *Las dos Fridas* como modelo.

MI COMPAÑERO/A...	Y MI COMPAÑERO/A

Taller

Un perfil para la red social

Seguramente has leído algún perfil personal en la Internet. Muchas veces la gente se describe de una manera que los lectores tengan una impresión más favorable de la persona.

▸ Antes de escribir

Idear. Escribe una lista de cualidades que te describan y una lista de acciones que las ejemplifiquen. Puedes referirte a las expresiones de *¡Así lo decimos!* de este capítulo.

MODELO:	Cualidades	Acciones
	compasivo/a	*Trabajo como voluntario/a en un centro para ancianos.*

▸ A escribir

Introducir. Escribe unas oraciones con las tres cualidades más importantes que te describan.

MODELO: *Soy Sarita González y me apasiona la música. También soy aficionada a los deportes y participo en varios de ellos. Soy generosa y compasiva.*

Respaldar. Agrega varios ejemplos que respalden (*support*) estas cualidades. Utiliza los conectores **pero, sino, aunque** y **sin embargo.**

Concluir. Escribe una oración que resuma tus cualidades y tus acciones y que sirva de conclusión.

▸ Después de escribir

Revisar. Vuelve a leer tu perfil sin pausa para obtener una impresión general. Después, revisa los siguientes aspectos:

☐ ¿Has incluido un vocabulario variado?

☐ ¿Has verificado la concordancia y la ortografía?

☐ ¿Has incluido participios pasados como adjetivos?

☐ ¿Has incluido aspectos de tu rutina diaria?

Compartir. Intercambia tu ensayo con el de tu compañero/a. Al leer el ensayo, haz comentarios y sugerencias sobre el contenido, la estructura y la gramática.

Entregar. Incorpora las sugerencias y correcciones de tu compañero/a y luego pon tu ensayo en limpio para entregárselo a tu profesor/a.

Vocabulario

Primera parte

acostumbrarse (a)	*to get used to*
adivinar	*to guess*
afligido/a	*distressed*
Al contrario...	*On the contrary...*
analizar	*to analyze*
ansioso/a	*anxious*
aportar	*to contribute*
apoyar	*to support*
la autoestima	*self-esteem*
avergonzar (üe)	*to shame, to embarrass*
bondadoso/a	*good-natured, kind*
el carácter	*personality*
celoso/a	*jealous*
la confianza	*confidence*
confiar (en)	*to trust*
desenvuelto/a	*outgoing*
despreocupado/a	*carefree*
elegir (i, i)	*to choose*
equivocarse	*to make a mistake*
evaluar	*to evaluate*
exitoso/a	*successful*
gracioso/a	*funny*
grosero/a	*nasty, vulgar*
honrado/a	*honest*
inseguro/a	*insecure*
el instinto	*instinct*
maduro/a	*mature*
malhablado/a	*foul-mouthed*
malvado/a	*evil*
maniático/a	*compulsive*
la memoria	*memory (capacity)*
mentir (ie, i)	*to lie*
mentiroso/a	*lying, false*
orgulloso/a	*proud*
Para concluir	*To conclude*
Por una (otra) parte...	*On the one (other) hand...*
portarse bien/mal	*to behave/to misbehave*
el recuerdo	*memory, as in remembrance*
relajarse	*to relax*
rudo/a	*rough*
soportar	*to put up with, to tolerate*
vencer	*to defeat, to overcome*
la vergüenza	*embarrassment*

Segunda parte

el amor propio	*pride, self-respect*
apasionado/a	*passionate*
apasionarse (por)	*to be passionate (about)*
beneficiar	*to benefit*
bloquear	*to block*
capaz	*capable*
comprobar	*to prove, to verify*
la conducta	*behavior*
dichoso/a	*happy, fortunate*
egoísta	*selfish*
ejercitar	*to exercise*
emocionarse	*to get excited, to be moved emotionally*
enajenado/a	*alienated, absent*
engañar	*to deceive*
el estado de ánimo	*mood*
evitar	*to avoid*
experimentar	*to experience*
humilde	*poor, humble*
ingrato/a	*ungrateful*
inquieto/a	*restless*
obsesionarse	*to become obsessed*
pero	*but*
el placer	*pleasure*
presumido/a	*conceited*
el rasgo	*characteristic*
retroceder	*to go backwards*
sensible	*sensitive*
sino	*but (rather)*
sino que	*but (instead)*
suceder	*to happen, to occur*
el suceso	*event*
superar	*to overcome*
tenaz	*tenacious*
terco/a	*stubborn*
el truco	*trick*
valiente	*courageous*
vanidoso/a	*vain*
el vicio	*vice, bad habit*

5 Las relaciones personales

▸▸ OBJETIVOS COMUNICATIVOS

- Talking about styles of communication and relationships with friends and family
- Describing people, places, and things that may or may not exist
- Exploring relationships and how behavior affects perception
- Making resolutions and describing what had or had never happened before
- Describing and comparing people, places, and things

▸▸ PRIMERA PARTE

¡Así es la vida! • • • La comunicación interpersonal

¡Así lo decimos! Vocabulario • • • Las relaciones personales

¡Así lo hacemos! Estructuras • • • Subjunctive vs. indicative in adjective clauses

Conéctate

- VIDEORED • • • *La química del amor* (S. M. Bacon, EE. UU. - Pearson VPS)
- COMUNIDADES • • • La comunicación no verbal
- CONEXIONES • • • La pareja modelo
- COMPARACIONES • • • Conozcámonos: citas móviles

▸▸ SEGUNDA PARTE

¡Así es la vida! • • • ¿Qué piensan de ti? Tu lenguaje corporal

¡Así lo decimos! Vocabulario • • • Los sentimientos y las cualidades

¡Así lo hacemos! Estructuras • • • The future perfect and pluperfect tenses • • • Comparisons with nouns, adjectives, verbs, and adverbs; superlatives

▸▸ ¡ASÍ LO EXPRESAMOS!

- IMÁGENES • • • *Madre e hijo* (Pablo Ruiz y Picasso, España) • • • *Madre proletaria* (María Izquierdo, México)
- RITMOS • • • *Don Pedrito* (Yarey, Puerto Rico)
- PÁGINAS • • • *Waiting for Snow in Havana* (fragmento) (Carlos Eire, Cuba/Estados Unidos)
- TALLER • • • Una carta de amor

¿Cuál es la relación entre estas personas? ¿Por qué crees que están reunidas? ¿Qué papel tienen las mascotas (pets) *en esta familia? ¿Y en la tuya?*

A empezar

Las relaciones personales. ¿Te llevas bien con todo el mundo, o tienes un grupo pequeño de amistades? ¿A los miembros de tu familia, les gusta pasar tiempo juntos? ¿Te sientes cómodo/a cuando estás en un grupo grande? ¿Te consideras experto/a en el arte de la comunicación?

Curiosidades

¿Sabes...

cuál es la relación más importante en la vida de una persona según las más recientes investigaciones?

a. entre padres e hijos
b. entre hermanos
c. entre amigos

qué sentido, según los científicos, hace el papel más importante en la atracción hacia otra persona?

a. la vista
b. el olfato
c. el tacto

qué idioma tiene 30 palabras para "beso"?

a. el francés
b. el japonés
c. el alemán

cuántas veces las personas, según los expertos, se enamoran antes de casarse?

a. una vez
b. siete veces
c. tres veces

Primera parte

¡Así es la vida!

La comunicación interpersonal

¿Qué es la comunicación?

- Es el proceso que permite la interacción entre las personas, para lograr distintos propósitos a través de un lenguaje común.
- Tiene tres propósitos:
  A. influir en el comportamiento de otros
  B. compartir información
  C. lograr el entendimiento

La comunicación interpersonal

- Es bidireccional.
- Se realiza mediante el intercambio de información, sentimientos, emociones, etc., entre personas o grupos.

Elementos de la comunicación

- El emisor: la persona que transmite la información
- El mensaje: el contenido de la comunicación
- El receptor: la persona que recibe el mensaje y lo interpreta

Niveles de la comunicación interpersonal

- El contenido: transmite información verbalmente, "lo que dije"
- La relación: define el tipo de relación, "cómo lo dije"

Espacio y zonas según la distancia

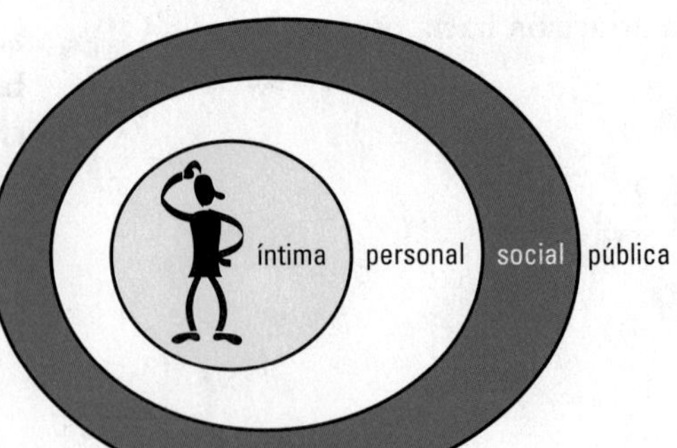

Calificadores del mensaje

- El volumen y la entonación de la voz, la velocidad del mensaje y las pausas
- Las conductas no verbales: expresión facial y gestos
- La expresión corporal y la distancia personal que uno mantiene

¡Así lo decimos! Vocabulario:

Vocabulario primordial

agradecido/a
compartir
enfadarse
enojarse
la fidelidad
lograr
la velocidad

Vocabulario clave: Las relaciones personales

Verbos

abrazar	*to embrace*
calumniar	*to slander*
comprometerse	*to get engaged, to commit oneself*
dar por sentado	*to take for granted*
declararse (a)	*to propose (to), to confess one's love*
disculpar	*to forgive*
discutir	*to argue*
hacer las paces	*to make peace*
herir (ie, i)	*to wound*
pedir disculpas (i, i)	*to ask for forgiveness*
sugerir (ie, i)	*to suggest*

Sustantivos

el bien	*good deed*
la bondad	*kindness*
los celos	*jealousy*
el chisme/el cotilleo (*Spain*)	*gossip*
los/las demás	*the others*
el entendimiento	*understanding*
el gesto	*gesture*
la molestia	*bother*
el nivel	*level*
la pareja	*couple, pair*
el propósito	*purpose*

Adjetivos

cariñoso/a	*affectionate*
(in)fiel	*(un)faithful*
mandón/mandona	*bossy*
pesado/a	*boring, tedious*

Ampliación

Verbos	Sustantivos	Adjetivos
agradecer (zc)	el agradecimiento	agradecido/a
calumniar	la calumnia	calumniado/a
tener celos	los celos	celoso/a
chismear	el chisme	chismoso/a
comprometerse	el compromiso	comprometido/a
disculpar	la disculpa	disculpado/a
discutir	la discusión	discutido/a
molestar	la molestia	molesto/a

¡Cuidado!

querer/amar

- In Spanish, the verb **querer** has two meanings: to want a thing or activity, or to love someone.

Quiero un anillo de compromiso.	*I want an engagement ring.*
Te **quiero**.	*I love you.*

- The verb **amar** means to love someone deeply. It is most often used among couples deeply in love or for family or religious contexts.

¡Cómo **amo** a mis hijos!	*How I love my children!*
Hay que **amarse** los unos a los otros.	*One must love one another.*

▸ Aplicación

5-1 ¿Qué es la comunicación? Contesta las siguientes preguntas, basándote en *La comunicación interpersonal.*

1. ¿Cuáles son los tres propósitos de la comunicación?
2. ¿Cuál es el propósito de los siguientes ejemplos de comunicación? Indica la letra más adecuada.
   ___ Un jefe le pide a un empleado que le prepare un informe.
   ___ Un científico le da una conferencia sobre el calentamiento global a un grupo de ecologistas.
   ___ Una mujer insiste en que su esposo limpie el garaje.
   ___ Los diplomáticos de las Naciones Unidas tratan de negociar una paz duradera en el Medio Oriente.
   ___ El meteorólogo informa sobre las temperaturas en diferentes capitales del mundo.
   ___ El jefe del sindicato (*union*) y los representantes de la empresa llegan a un acuerdo sobre cuestiones de sueldo y tiempo libre.
3. Si quieres cambiar la manera en que se recibe el mensaje, ¿cómo lo haces sin cambiar las palabras?

5-2 ¿Mensaje negativo o positivo? De estos consejos, ¿cuáles comunican un mensaje positivo (P) y cuáles son negativos (N)?

1. _____ Logra tu meta.
2. _____ Abraza a un amigo.
3. _____ Enójate cuando no encuentres lo que necesitas.
4. _____ Sugiéreme lo que quieras.
5. _____ Decláratele a tu novia.
6. _____ Hiere a tus enemigos.
7. _____ Calumnia a la gente que no te caiga bien.
8. _____ Haz las paces con tu enemigo.

5-3 Resultados positivos. Preparen un contexto adecuado para cada uno de los mensajes positivos de la actividad anterior. Piensen en sus propias experiencias y usen el pretérito para describirlas.

MODELO: *Después de trabajar todo el verano, logré mi meta de ahorrar lo suficiente para pagar parte de los costos de este semestre.*

5-4 A explorar: El espacio personal. Según el gran antropólogo Edward T. Hall (*The Hidden Dimension*, 1966), el espacio personal que uno mantiene depende de la cultura de la persona y de la situación social en que se encuentre. Visita la página web de ***Conexiones*** para anotar las distancias y las condiciones de las cuatro zonas de la lista que sigue. Luego, con un/a compañero/a, pongan a prueba las distancias para ver cómo se sienten. Escriban sus reacciones a cada distancia. ¿Qué hacen si sienten que hay una invasión de su espacio personal?

- la íntima
- la personal
- la social
- la pública

5-5 Los amoríos de Lulú. Mientras tú estudias, tus compañeros/as de cuarto están viendo una telenovela popular en la sala. Escucha la conversación de los personajes e identifica quién de ellos habla.

L: **Lulú** (la novia)
C: **Carlos** (el novio)
D: **Diana** (la ex novia)

1. _____ Se siente inseguro/a.
2. _____ Tiene celos.
3. _____ Dice que es fiel.
4. _____ Se siente calumniado/a.
5. _____ Confía en su novio/a.
6. _____ Su mamá está enferma.
7. _____ Quiere hacer las paces.
8. _____ Quiere olvidar el pasado.

5-6 Las buenas relaciones. Lee la triste historia de Ramón y Chelín y explica por qué es triste. Luego, crea tu propia historia, usando las palabras en negrita (*bold*).

Esta es una triste historia de **celos** y **calumnias.** Ramón y Chelín se conocieron en una fiesta de unos amigos comunes. Se llevaron muy bien y decidieron verse en otras ocasiones. Después de más de un año de salir juntos, Ramón por fin **se le declaró** a Chelín. Le prometió **fidelidad** y amor eterno. Pero un día, un conocido de Ramón le dijo que había visto a Chelín con otro, y Ramón lo creyó. Cuando acusó a Chelín, esta **se enojó** y estuvo muy **molesta** con Ramón. Ella decidió romper **el compromiso.**

Moraleja: Hay que tener **confianza** en los demás para mantener buenas relaciones.

5-7 De nuevo: Confesiones (*The present perfect*). Imagínate que eres un/a psicólogo/a que ayuda a las parejas a mejorar su relación. Como parte de la terapia, la pareja tiene que decir la verdad sobre lo que ha hecho o no ha hecho durante la relación. Como psicólogo/a, has grabado (*recorded*) el diálogo de la pareja y ahora lo tienes que transcribir para incluirlo en su expediente (*file*). Usa el presente perfecto al transcribir las "confesiones" de ambas personas.

MODELO:

ARMANDO: *Yo sé que no **he sido** el mejor novio. No **he sido** muy cariñoso, no le **he regalado** flores nunca a Julia, ni la **he llevado** a cenar.*

JULIA: *Yo tampoco **he sido** muy cariñosa, pero **he tratado** de llamarlo todos los días. También tengo que confesar que **he salido** con otro muchacho, pero no lo **he besado**.*

ARMANDO: *Yo **he salido** con varias muchachas, pero no **he amado** a nadie como a Julia. Yo sé que no **he luchado** por nuestro amor, ni **he intentado** hablar seriamente de nuestros problemas, como ella **ha querido** muchas veces…*

Recuerda: Para repasar el presente perfecto debes consultar el ***Capítulo 4.***

Reto: ¡Trata de usar muchos verbos diferentes y de escribir una página! Usa muchas palabras de ***¡Así lo decimos!***

¡Así lo hacemos! Estructuras

1. Subjunctive vs. indicative in adjective clauses

An adjective clause is a clause that modifies a noun. The subjunctive is used when the adjective clause refers to an indefinite or nonexistent person or thing. Like the noun clause, most adjective clauses are connected to the main clause with **que,** but they can also be joined with conjunctions like **donde.**

Indefinite antecedent

Busco una novia que **sea** sensible. — *I'm looking for a girlfriend who is sensitive.*

Ana necesita un amigo que le **dé** consejos. — *Ana needs a friend who will give her advice.*

Queremos un mundo donde se **viva** en paz. — *We want a world where one lives in peace.*

Nonexistent antecedent

No veo a ningún chico que me **guste.** — *I don't see any boy that I like.*

No hay nadie aquí que **se atreva** a bailar el merengue. — *There is no one here who dares to dance the merengue.*

- When the dependent clause refers to a specific person or thing that is certain or definite, the indicative is used.

  Tengo un novio que siempre **da** el primer paso para hacer las paces. — *I have a boyfriend who always takes the first step to make up.*

  Ese es el chico que me **entiende.** — *That's the boy who understands me.*

- Note that in questions, the existence itself of the person or object is being questioned, and consequently, the subjunctive is generally used.

  ¿Conoce usted a alguien que no **tenga** problemas? — *Do you know anyone who doesn't have problems?*

  ¿Hay alguien aquí que me **pida** disculpas? — *Is there anyone here who will ask for my forgiveness?*

- There are no set expressions that trigger the subjunctive in adjective clauses, but some common phrases include the following:

  Necesitar [algo] que...
  Buscar [a alguien, una persona, etc.] que...
  No conocer a nadie que...
  No hay nadie que...
  No hay nada que...

  Necesito una persona que me **quiera.** — *I need a person who loves me.*

  No hay nadie que me **acepte** sin querer cambiarme. — *There is no one who accepts me without trying to change me.*

¿No hay nadie que quiera jugar conmigo?

Aplicación

5-8 Una discusión entre amigos. Subraya los verbos en el diálogo. Di si están en el indicativo o subjuntivo y por qué.

ALEIDA: Abelardo, aquí hay varios trajes bonitos. ¿No hay ninguno que te guste?

ABELARDO: Aleida, el verde es muy feo. El gris tiene mangas demasiado largas. Busco uno que sea apropiado para una ocasión seria, como una boda.

ALEIDA: Pero nosotros no conocemos a nadie que se case pronto. Mejor compra un traje que puedas llevar a una fiesta elegante. Mira este que tiene cuadros azules.

ABELARDO: ¡Imposible! No voy a ponerme un traje que me haga ver como un payaso (*clown*).

ALEIDA: ¡Ay, los hombres! No hay ninguno que tenga el buen gusto de una mujer.

ABELARDO: Tienes razón, a pocos hombres les importa vestir bien.

Ahora lee otra vez el diálogo y contesta las siguientes preguntas:

1. ¿Crees que Aleida y Abelardo se llevan bien? ¿Por qué?
2. ¿Estás de acuerdo con la idea de que las mujeres tienen mejor gusto que los hombres? Explica por qué.

5-9 ¿Existe o no? Completa las siguientes oraciones de una forma lógica. Escribe la forma correcta de los verbos en el subjuntivo o el indicativo, según el contexto.

MODELO: Aquí hay una revista que… *tiene* un artículo sobre la química del amor.

1. _____ Para su clase de historia, Mariana necesita un libro que…
2. _____ Para ser más feliz, Liliana quiere ser voluntaria en una organización que…
3. _____ Para tener mejores relaciones con sus padres, Beto mantiene un calendario que…
4. _____ Pedro y Samuel son amigos que…
5. _____ Para mejorar las relaciones con su esposa, Ramón busca un consejero que…
6. _____ ¿Conoces una persona que…
7. _____ ¿Hay alguien en la clase que nunca…
8. _____ Veo a alguien que…

a. *recordarle* llamarlos por teléfono todos los domingos.
b. *explicar* bien las causas de la guerra civil.
c. *ayudarle* con los problemas en su matrimonio.
d. *ofrecer* ayuda a los desamparados (*needy*) de su comunidad.
e. *reunir* las características de ser un amigo perfecto?
f. no *enojarse* cuando discuten.
g. *levantar* la mano para saludarme, pero no lo conozco.
h. *haberse enamorado*?

 **5-10 No hay nadie, ninguno/a...** Usen la lista de frases para formar oraciones y contradecirse según el modelo. Inventen otras tres situaciones o características para comentar.

- dar por sentado la fidelidad
- disculpar a un/a novio/a infiel
- prestarle atención a la profesora/al profesor durante toda la clase
- perdonar una calumnia
- contar chismes
- decir siempre la verdad
- haberse enamorado a primera vista
- tener tacto en todas las ocasiones

MODELO: E1: *No hay nadie que no chismee de vez en cuando.*
E2: *No es cierto. Liliana es una mujer que no chismea nunca.*

 **5-11 Los amigos ideales.** Explíquense qué cualidades buscan en un/a amigo/a ideal. Luego, túrnense para describir lo que buscan en las personas de la lista a la izquierda. Pueden usar las frases a la derecha en sus descripciones.

un novio/una novia	... que sea...
un esposo/una esposa	... que (no) tenga...
un hijo/una hija	... que no busque...
un hermano/una hermana	... que me...
un profesor/una profesora ideal	... que me trate...
un amigo/una amiga	... que quiera...
un compañero/una compañera de trabajo	

MODELO: *Busco un/a amigo/a que me comprenda, que no tenga mal carácter, que no me hiera y que me quiera como soy.*

 **5-12 Consejos.** Imagínense que son una pareja de novios/as, amigos/as o compañeros/as de cuarto que necesitan la ayuda de un/a consejero/a. Explíquenle al/a la consejero/a por qué están enojados/as y el/la consejero/a les dará una solución. Presenten su situación, empleando el subjuntivo y el vocabulario de ***¡Así lo decimos!***

MODELO: E1: *Doctor, el problema es que mi novio es muy dominante. Necesito un hombre que me respete como persona y que no sea dominante.*
E2: *¡No es verdad que yo sea dominante! Además, te respeto mucho.*
E3: *Un momento. ¡Cálmense!...*

5-13 A explorar: El arte de la amistad. Visita la página web de *Conexiones* para descubrir los atributos que caracterizan a un buen amigo. ¿Qué aspectos de los representados consideras los más importantes? ¿Qué otros atributos o anécdotas puedes añadir? Luego describe los atributos de tu mejor amigo/a.

5-14 Debate: Conceptos del amor. Preparen un argumento sobre uno de estos temas para debatirlo en clase.

Resolución: La falta de comunicación sobre el dinero es la causa de todos los conflictos entre una pareja.

Resolución: Con el paso del tiempo, se pierden los impulsos químicos que corresponden a la pasión y al interés romántico.

Resolución: Los hombres son menos "selectivos" y más propensos al flechazo *(infatuation)* que las mujeres.

Frases comunicativas

Perdona, pero...
Voy a explicar mis razones.
En resumidas cuentas,... (*In short,...*)

MODELO: *Si una pareja está realmente enamorada el dinero no debe ser importante porque...*

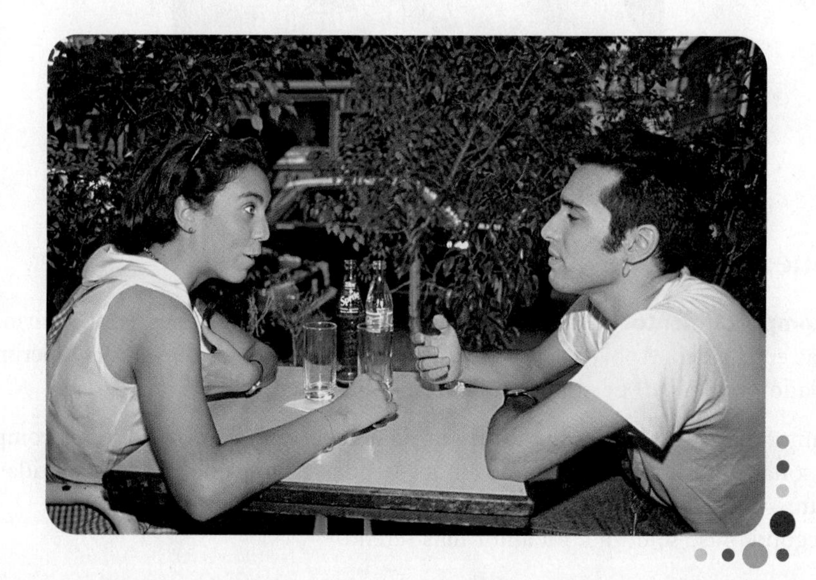

Conéctate

VideoRed

▶ Antes de verlo

5-15 La dopamina. La dopamina es una hormona que se asocia con las emociones y los sentimientos de placer. ¿Cuáles son algunas de las características que exhibe una persona enamorada? Si fuera posible embotellar la dopamina, ¿sería buena idea comercializarla para que todos pudieran sentir el placer de estar enamorado/a? Explica tu opinión.

▶ A verlo

La química del amor (S.M. Bacon, EE. UU. - Pearson VPS)

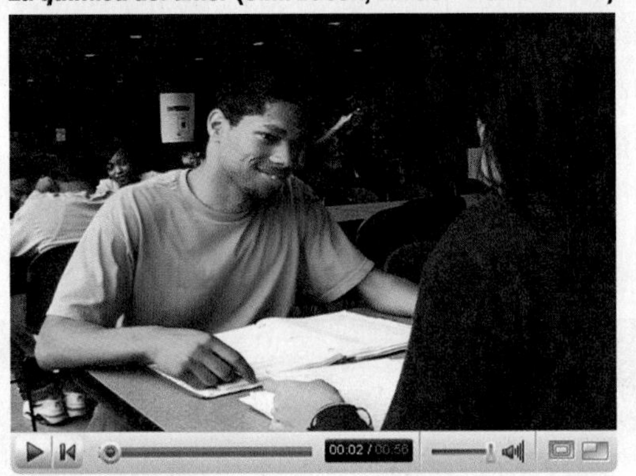

▶ Después de verlo

5-16 El comportamiento de los enamorados. Comenten las siguientes afirmaciones presentadas en el video. Apoyen su opinión con ejemplos de casos que hayan experimentado o presenciado *(witnessed)* personalmente. ¿Están de acuerdo o no?

- Los enamorados sufren de un síndrome semejante al de un trastorno obsesivo/compulsivo.
- Las personas que sufren del "mal de amor" tienden a consumir grandes cantidades de chocolate.
- En la segunda fase se llega a un amor más sereno.

Comunidades

5-17 La comunicación no verbal. Visita un lugar en tu comunidad donde acuda gente hispana (por ejemplo, un supermercado con comida hispana, el zoológico, un restaurante de comida rápida) y observa su comunicación no verbal. Si no hay ningún lugar de este tipo, ve una telenovela o una película producida en español. Escribe las características de la interacción y compárala con tu propia experiencia.

Conexiones

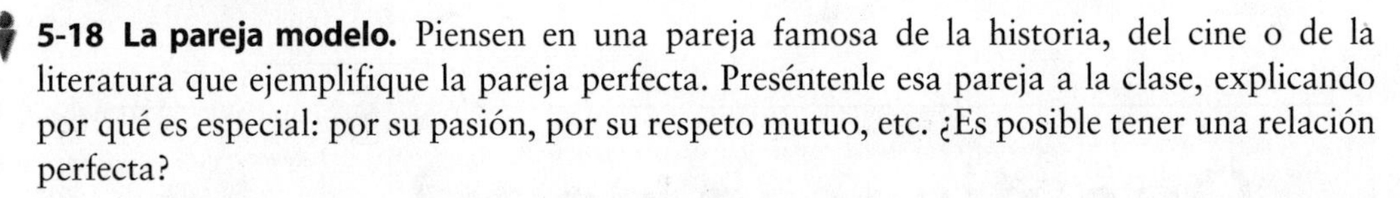

5-18 La pareja modelo. Piensen en una pareja famosa de la historia, del cine o de la literatura que ejemplifique la pareja perfecta. Preséntenle esa pareja a la clase, explicando por qué es especial: por su pasión, por su respeto mutuo, etc. ¿Es posible tener una relación perfecta?

Comparaciones

5-19 En tu experiencia. ¿Has usado algún servicio de la Internet para conocer a otras personas? ¿Te gusta usar los sitios de *chat*? ¿Para qué usas el teléfono móvil?

Conozcámonos: citas móviles

Millones de consumidores de muchas partes del mundo pueden hacer ahora citas con móviles, gracias a nuevos servicios que permiten los encuentros en "tiempo real". Hay diferentes servicios que les permiten a sus miembros acceder a los perfiles de los demás para enviarles mensajes o conectarse al instante con sus parejas potenciales desde sus teléfonos móviles.

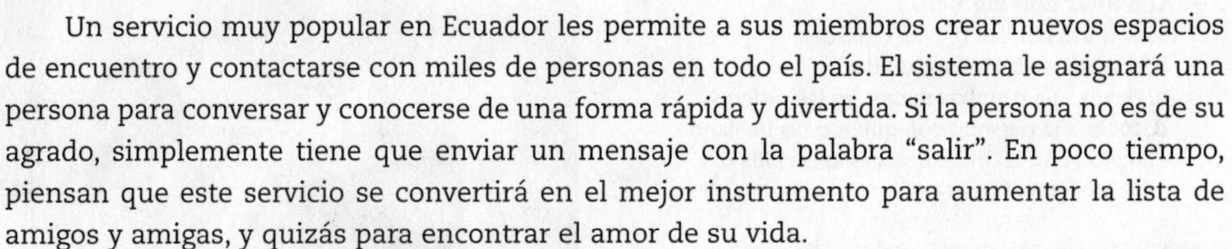

Un servicio muy popular en Ecuador les permite a sus miembros crear nuevos espacios de encuentro y contactarse con miles de personas en todo el país. El sistema le asignará una persona para conversar y conocerse de una forma rápida y divertida. Si la persona no es de su agrado, simplemente tiene que enviar un mensaje con la palabra "salir". En poco tiempo, piensan que este servicio se convertirá en el mejor instrumento para aumentar la lista de amigos y amigas, y quizás para encontrar el amor de su vida.

Otro servicio en Nueva York pone en contacto a personas que desean salir y conocer a nuevas personas del área. Simplemente tienen que enviar un mensaje de texto al servicio, indicando su código postal o su dirección. El servicio se encarga de mandar los perfiles que correspondan al criterio del usuario. La inscripción al servicio es gratuita y enviar diez mensajes de texto anónimos cuesta menos de un dólar. Con citas móviles, puede mantenerse el anonimato.

5-20 En su opinión. Piensen en maneras en que la gente usa la tecnología hoy en día para conocerse, y en las ventajas y desventajas de este uso. Presenten un caso verdadero que conozcan, o sobre el cual hayan leído. ¿Es posible encontrar la pareja ideal de esta manera?

Segunda parte

¡Así es la vida!

¿Qué piensan de ti?
Tu lenguaje corporal

Toma esta prueba para saber qué piensan los demás de ti.

1. Tienes más energía física e intelectual...
a. por la mañana
b. por la tarde
c. por la noche

2. Cuando caminas, normalmente vas...
a. bastante rápido, con pasos largos
b. bastante rápido, con pasos cortos
c. no tan rápido, con la cabeza levantada, mirando al mundo en la cara
d. no tan rápido, caminando cabizbajo/a
e. muy despacio

3. Al hablar con alguien...
a. te paras con los brazos cruzados
b. mantienes las manos unidas
c. tienes una o ambas manos en las caderas
d. tocas a la persona con quien estás hablando
e. juegas con la oreja, te tocas la barbilla o juegas con el pelo

4. Al relajarte, te sientas en el sofá con...
a. las piernas dobladas con las rodillas juntas
b. las piernas cruzadas
c. las piernas extendidas o rectas
d. una pierna doblada debajo de ti

5. Cuando algo realmente te divierte, reaccionas con una...
a. carcajada
b. risa, pero no muy alta
c. risita callada
d. sonrisa tímida

6. Cuando estás trabajando fuerte y alguien te interrumpe...
a. agradeces el descanso
b. te irrita la interrupción
c. varías entre estos dos extremos

7. ¿Cuál de los siguientes colores te gusta más?
a. el rojo o el naranja
b. el negro
c. el amarillo o el azul celeste
d. el verde
e. el azul oscuro o el morado
f. el blanco
g. el café o el gris

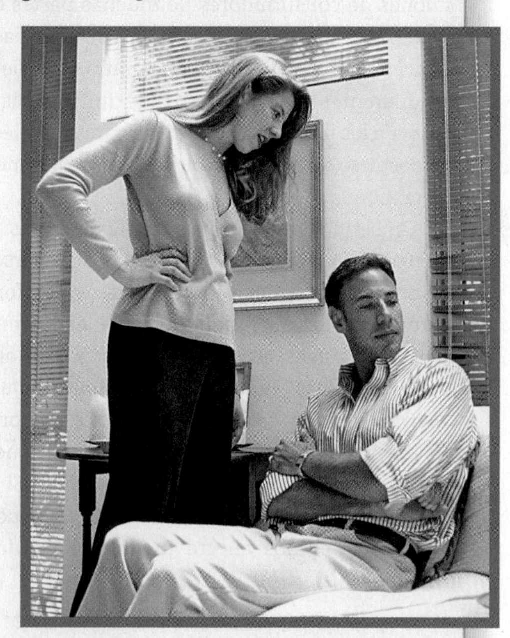

8. A menudo sueñas que estás...
a. cayéndote
b. luchando o haciendo un gran esfuerzo
c. buscando algo o a alguien
d. volando o flotando
e. Normalmente no sueñas.
f. Tus sueños siempre son agradables.

¡Así lo decimos! Vocabulario

Vocabulario primordial

amable
aventurero/a
diabólico/a
divorciarse
egocéntrico/a
firme
impulsivo/a
separarse
sociable
volátil

Vocabulario clave: Los sentimientos y las cualidades

Verbos

cruzar	*to cross*
dominar	*to control*
envidiar	*to envy*
fracasar	*to fail*
irritar	*to irritate*
pararse	*to stand (up), to stop*
pelearse	*to fight*
poseer	*to possess*

Sustantivos

la angustia	*anguish*
la carcajada	*loud laugh*
el comportamiento	*behavior*
la inseguridad	*insecurity*
la risa	*laughter*

Adjetivos

atrevido/a	*daring, bold*
cabizbajo/a	*downcast, dejected*
callado/a	*quiet*
consentido/a	*spoiled*
malcriado/a	*bad-mannered*
sinvergüenza	*shameless*
tacaño/a	*stingy*

Otras palabras y expresiones

a menudo	*often*

Ampliación

Verbos	Sustantivos	Adjetivos
cruzar	la cruz	cruzado/a
divorciarse	el divorcio	divorciado/a
envidiar	la envidia	envidioso/a
poseer	la posesión	poseído/a
reírse (i, i)	la risa	risueño/a
separarse	la separación	separado/a

¡Cuidado!

- Some Spanish verbs are not followed by a preposition, even though their English equivalents always require a preposition before a direct object.

agradecer: *to thank for*

Le **agradecemos** su bondad. — *We thank him for his kindness.*

buscar: *to look for*

Estoy **buscando** al chico malcriado. — *I am looking for the spoiled kid.*

esperar: *to wait for/to hope for*

Ana **espera** una resolución agradable. — *Ana is waiting for/hoping for an agreeable resolution.*

pagar: *to pay for*

Mario **pagó** la consulta matrimonial.* — *Mario paid for the marriage advice.*

*If an amount precedes the object, use *por*. *Mario pagó* ***cien dólares por*** *la consulta.*

▶ Aplicación

5-21 ¿Qué piensan de ti? Tu lenguaje corporal. A continuación tienes la clave para interpretar los resultados de la prueba. Suma tu puntaje según esta tabla para identificar la impresión que das a los demás. Explica por qué crees que te caracteriza de forma justa o injusta.

1.	2.	3.	4.	5.	6.	7.	8.
(a) 2	(a) 6	(a) 4	(a) 4	(a) 6	(a) 6	(a) 6	(a) 4
(b) 4	(b) 4	(b) 2	(b) 6	(b) 4	(b) 2	(b) 7	(b) 2
(c) 6	(c) 7	(c) 5	(c) 2	(c) 3	(c) 4	(c) 5	(c) 3
	(d) 2	(d) 7	(d) 1	(d) 5		(d) 4	(d) 5
	(e) 1	(e) 6				(e) 3	(e) 6
						(f) 2	(f) 1
						(g) 1	

Más de 48 puntos: La gente te considera vanidoso/a, egocéntrico/a y dominante. Te admira pero no siempre confía en ti.

42 a 47 puntos: La gente te ve como una personalidad volátil, más bien impulsiva; un/a líder natural que es rápido/a en tomar decisiones, aunque no siempre las correctas. Atrevido/a y aventurero/a.

32 a 41 puntos: Se te ve una persona fresca, viva, encantadora, entretenida, práctica y siempre interesante; el centro de atención, pero bien equilibrado/a. Amable, considerado/a.

22 a 31 puntos: Te ven como una persona sensata, cuidadosa y práctica. Con mucho talento pero modesto/a. Fiel a tus amigos y esperas la misma lealtad (*loyalty*) a cambio de la que tú les ofreces.

14 a 21 puntos: Tus amigos te ven como sumamente cuidadoso/a, lento/a y firme. Nunca haces nada impulsiva o precipitadamente (*hastily*); examinas todos los puntos de vista.

5-22 Entre amigos. ¿Qué gestos tienen ustedes que los/las hacen diferentes a otras personas? ¿Cómo usan el cuerpo para comunicarse? ¿Qué gestos usan para comunicarse? ¿Tienen alguna peculiaridad cómica o irritante? Preparen una lista de estos gestos y compárenla con las de otros grupos.

5-23 El amor duradero. Aunque somos conscientes del alto índice de fracasos matrimoniales y familiares que hay hoy en día, también sabemos que hay casos de familias unidas, de parejas felices y de amor duradero. ¿Conocen alguno? Piensen en un ejemplo de su familia o comunidad y preséntenselo a la clase. Expliquen por qué, en su opinión, es un amor duradero.

5-24 De nuevo: Una amistad duradera (*The future tense*). Piensa en tu mejor amigo o amiga. ¿Cómo será esta amistad en el año 2020? ¿Qué actividades harán juntos/as? ¿Qué cambiará? ¿Qué aspectos seguirán iguales? ¿Compartirán más o menos de lo que comparten hoy? Escribe un párrafo en el que describas tu amistad con esa persona hoy (en el presente) y otro párrafo sobre tus "predicciones" en cuanto a tu relación con ella en 2020.

MODELO: *Mi mejor amiga y yo siempre* ***estamos*** *juntas.* ***Estudiamos*** *todos los días y* ***salimos*** *a bailar los fines de semana. Los miércoles* ***voy*** *a cenar a su casa y los viernes ella* ***viene*** *a almorzar a mi apartamento. Yo* ***sé*** *sus secretos y ella* ***sabe*** *los míos.*
En 2020 ***seremos*** *las mejores amigas del mundo.* ***Hablaremos*** *por teléfono todos los días. Nuestros hijos se* ***tratarán*** *como hermanos.* ***Jugaremos*** *al dominó todos los sábados.* ***Iremos*** *de vacaciones a la playa con nuestras familias. Nos* ***contaremos*** *todo.*

Recuerda: Para escribir tus predicciones debes usar el futuro. Repásalo en el ***Capítulo 2.***

Reto: Incluye por lo menos seis verbos diferentes en cada párrafo. Usa muchas palabras de la ***Primera*** y ***Segunda parte*** de ***¡Así lo decimos!***

¡Así lo hacemos! Estructuras

2. The future perfect and pluperfect tenses

The future perfect

The future perfect is used to express an action which *will be finished* by a certain point in time. Form the future perfect with the future of the auxiliary verb **haber** and the *past participle*.

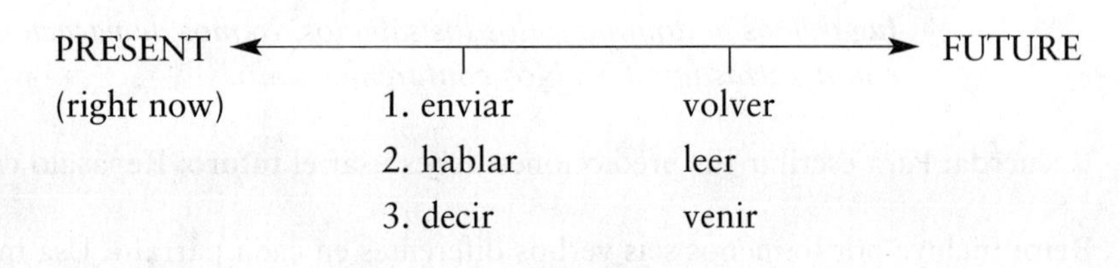

1. Mis padres **habrán enviado** la tarjeta postal antes de volver a México.
My parents will have sent the postcard before returning to Mexico.

2. Cuando la lea, **habré hablado** con ellos por teléfono.
When I read it, I will have talked to them on the telephone.

3. Me **habrán dicho** que vendrán a visitarme aquí en Guadalajara.
They will have told me that they will come to visit me here in Guadalajara.

	FUTURE	PAST PARTICIPLE
yo	**habré**	
tú	**habrás**	
Ud., él, ella	**habrá**	**tomado/comido/vivido**
nosotros/as	**habremos**	
vosotros/as	**habréis**	
Uds., ellos, ellas	**habrán**	

¿**Habrás hablado** con el psicólogo antes de la cena? — *Will you have talked with the psychologist before dinner?*

No, no **habré hablado** con él hasta mañana después de las diez. — *No, I will not have talked with him until tomorrow after ten.*

- The future perfect can also be used to express probability or conjecture about what may have happened in the past, yet may be related to the present.

¿**Se le habrá declarado** a Estela ya? — *I wonder if he has proposed to Estela already.*

¿**Se habrán enamorado** alguna vez? — *I wonder if they have ever fallen in love.*

The pluperfect

The pluperfect is used to refer to an action or event that took place before another past action or event. Compare the following sentences with the time line.

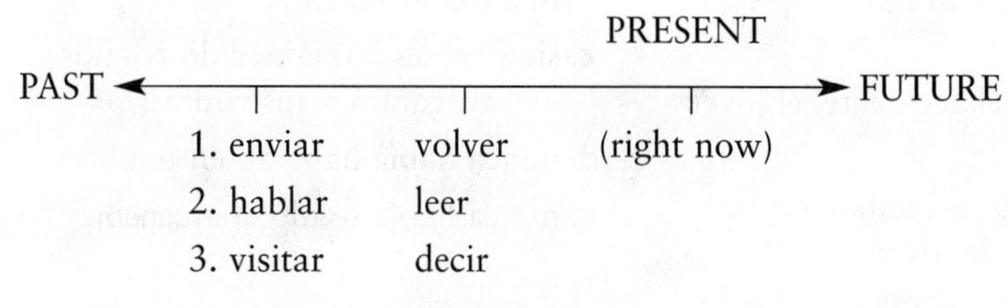

1. Mis padres **habían enviado** la tarjeta postal antes de volver a México.
   My parents had sent the postcard before returning to Mexico.
2. Cuando yo la leí, ya **había hablado** con ellos por teléfono.
   When I read it, I had already spoken with them on the telephone.
3. Me dijeron que **habían visitado** la capital de EE. UU.
   They told me that they had visited the capital of the United States.

- Like the present perfect tense, the pluperfect is a compound tense. It is formed with the imperfect tense of **haber** + *past participle.*

	IMPERFECT	PAST PARTICIPLE
yo	**había**	
tú	**habías**	
Ud., él, ella	**había**	
nosotros/as	**habíamos**	**tomado/comido/vivido**
vosotros/as	**habíais**	
Uds., ellos, ellas	**habían**	

Antes de llegar Lourdes, mis hermanos **habían dominado** la conversación. — *Before Lourdes arrived, my brothers had dominated the conversation.*

Manuel siempre **había tenido** una buena relación con Carmen, pero un día se pelearon. — *Manuel had always had a good relation with Carmen, but one day they had a fight.*

- Remember that in compound tenses, the auxiliary **haber** and the past participle are always kept together; **haber** must agree with the subject, and the past participle stays the same.

Hasta ese momento, Ana siempre me **había caído** bien. — *Until that moment, I had always liked Ana.*

Tu novio no **había sido** posesivo antes. — *Your boyfriend had not been possessive before.*

▸ Aplicación

5-25 ¿Cómo eran antes? Todas estas personas mejoraron su actitud después de un evento o una experiencia importante en su vida. Señala qué le pasó a cada una de ellas.

1. _____ Antes de consultar al psiquiatra, la mujer introvertida...
2. _____ Antes de mudarse al noveno piso, el claustrofóbico...
3. _____ Antes de sufrir el accidente, el joven atrevido...
4. _____ Antes de heredar un millón de dólares de un tío rico, la joven consentida...
5. _____ Antes de perder toda su fortuna, el tacaño...

a. nunca había pensado en el peligro.
b. nunca había invitado a sus amigos ni a tomar un café.
c. siempre les había pedido regalos extravagantes a sus padres.
d. nunca había hablado en público.
e. nunca había usado el ascensor.

5-26 La comunicación. ¿De qué temas debe hablar una pareja antes de comprometerse? Cada uno/a debe sugerir cinco temas importantes que una pareja tiene que tratar antes de comprometerse.

MODELO: *Antes de comprometerse, la pareja ya **habrá hablado** con sus padres acerca de su relación.*

5-27 Para el año 2030. En grupos de tres o cuatro, hagan seis predicciones de lo que habrá ocurrido para el año 2030 y expliquen por qué habrá ocurrido. Deben utilizar por lo menos diez verbos en el futuro perfecto.

MODELO: *Para el año 2030, **habremos establecido** una base en Marte. **Habremos hallado** una cura para el SIDA...*

5-28 Antes de venir a esta universidad. Hablen de qué habían hecho (o no habían hecho) antes de venir a la universidad. Empiecen con la siguiente lista de actividades y luego añadan sus propias ideas.

MODELO: E1: *Antes de venir a esta universidad, no había tenido novio/a.*
E2: *Pues yo tampoco había tenido novio/a, pero este año he conocido al hombre/a la mujer de mis sueños...*

- tener novio/a
- participar en...
- enamorarse
- tener la oportunidad de...
- escribir un poema de amor
- resolver un problema con un/a amigo/a

3. Comparisons with nouns, adjectives, verbs, and adverbs; superlatives

Comparisons of equality

- In Spanish, use nouns in the **tanto/a(s)... como** construction to make comparisons of equality of nouns (e.g., *as much affection as; as many friends as).* Note that **tanto/a(s)** agrees in gender and number with the noun it modifies or replaces.

tanto/a(s) + noun + **como**

Mi tía da **tantos** consejos **como** mi madre.	*My aunt gives as many pieces of advice as my mother.*
Mi padre tiene **tanta** paciencia **como** tu padre.	*My father has as much patience as your father.*

- Comparisons of equality of adjectives (e.g., *as nice as*) and adverbs (e.g., *as slowly as*) are made with the **tan... como** construction. **Tan** is an adverb and so is invariable.

tan + adjective/adverb + **como**

La Dra. Cisneros es **tan** callada como su esposo.	*Dr. Cisneros is as quiet as her husband.*
Carlos se le declaró a Ana **tan** suavemente **como** un poeta.	*Carlos proposed to Ana as smoothly as a poet.*

- Make comparisons of equality of verbs (e.g., *plays as much as*) with **tanto como.** **Tanto** in this context is an adverb and is invariable.

verb + **tanto como** + subject of second (implied) verb

María del Carmen apoya a los demás **tanto como** su mamá.	*María del Carmen supports others as much as her mother does.*
Mis amigos hispanos se dan la mano **tanto como** nosotros.	*My Hispanic friends shake hands as much as we do.*

Comparisons of inequality

- When the relationship is unequal, use **más/menos... que** for nouns, adjectives, and adverbs. Use **más/menos que** after verbs.

más/menos + adjective/adverb/noun + **que**

México es **más** grande **que** Perú.	*Mexico is bigger than Peru.*
Perú está **más** lejos de aquí **que** México.	*Peru is farther from here than Mexico.*

verb + **más/menos** + **que**

Yo sufro **más que** tú.	*I suffer more than you (do).*

- If the focus of the comparison is a number, substitute **de** for **que.**

En una versión de la leyenda, don Juan tiene **más de** diez hijos ilegítimos.	*In one version of the legend, don Juan has more than ten illegitimate children.*

- Some Spanish adjectives have both regular and irregular comparative forms:

ADJECTIVE	REGULAR FORM	IRREGULAR FORM	
bueno/a	más bueno/a	mejor	*better*
grande	más grande	mayor	*bigger*
joven	más joven	menor	*younger*
malo/a	más malo/a	peor	*worse*
pequeño/a	más pequeño/a	menor	*smaller*
viejo/a	más viejo/a	mayor	*older*

- **Mejor** and **peor,** which occur more often than the regular forms, are used to describe quality and performance related to both people and objects. **Más bueno que** and **más malo que** usually refer to moral, ethical, and behavioral qualities. Note these examples.

El promedio de Lucinda es **mejor que** el de su hermana. — *Lucinda's average is better than her sister's.*

Luisa es **más buena que** Lucho. — *Luisa is nicer than Lucho.*

- **Más grande** and **más pequeño** are often used to refer to size, while **mayor** and **menor** refer primarily to age.

La Ciudad de México es **más grande que** Nueva York. — *Mexico City is bigger than New York City.*

José Antonio es **mayor que** Laura. — *José Antonio is older than Laura.*

Superlatives

- The superlative (the most, the greatest, the worst, etc.) in Spanish is expressed with the definite article (el/la/los/las) and **más** or **menos.** Note that the preposition **de** is the Spanish equivalent of *in* for this structure.

el/la/los/las/(noun) + **más/menos** + adjective + **de**

Luisito es **el más grosero de** la clase. — *Luisito is the most vulgar one in the class.*

- When a noun is used with the superlative, the article precedes the noun in Spanish.

Lucrecia es **la** persona **más solitaria de** la universidad.	*Lucrecia is the most solitary person in the university.*

- The irregular comparatives are also used for the superlatives.

Esa fue **la peor** experiencia **de** mi vida.	*That was the worst experience of my life.*

▸ Aplicación

5-29 ¿Es lógico o no? Lee las declaraciones siguientes y decide si son verdaderas o no. Corrige las que, en tu opinión, no lo son.

1. Rosie O'Donnell es más delgada que Gwyneth Paltrow.
2. Bill Murray es tan serio como Harrison Ford.
3. Britney Spears es mayor que Madonna.
4. Enrique Iglesias canta mejor que Ricky Martin.
5. Jimmy Smits es más fuerte que Óscar de la Hoya.
6. Salma Hayek tiene tanto éxito como Penélope Cruz.

5-30 Comparaciones. Túrnense para hacer comparaciones basándose en la siguiente información. Para apoyar su opinión, incluyan más información. Después, compartan con la clase sus comentarios más acertados (*accurate*).

MODELO: más excéntrico/a que Steve Martin
Creo que Jim Carrey es más excéntrico que Steve Martin, pues cuando hace entrevistas, Carrey siempre se comporta como un loco.

1. menor que tú
2. mayor que el/la profesor/a
3. tan callado/a como tu mejor amigo/a
4. más sinvergüenza que un/a político/a
5. baila tan divinamente como Shakira
6. canta mejor que Cristina Aguilera

5-31 Tu familia. Describe a tu familia, usando comparativos, superlativos y números. Ten en cuenta las sugerencias a continuación. Usa todo el vocabulario que puedas de la ***Primera*** y ***Segunda parte*** de ***¡Así lo decimos!*** y de capítulos anteriores.

apasionado/a por (la música, el deporte...)

artístico/a	desenvuelto/a	interesado/a en...
ávido/a lector/a	exitoso/a	valiente
bondadoso/a	fiel	...

MODELO: *Hay más de cuatro personas en mi familia; somos cinco. Mi hermano mayor es más artístico que yo, pero yo soy más...*

5-32 Están orgullosos/as. Es natural que uno se sienta orgulloso de su universidad o de su ciudad. Preparen una pequeña descripción para comparar su universidad o ciudad con otras. Deben incluir también algunos superlativos. Después preséntensela a la clase para ver si sus compañeros comparten la misma perspectiva.

MODELO: *Nos gusta mucho esta universidad, aunque es más pequeña que otras. Tiene menos de diez mil estudiantes, pero nunca hay más de veinte estudiantes en una clase. Para nosotros, es la mejor universidad del estado.*

5-33 El récord Guinness. Preparen individualmente una lista de diez cosas, personas, acontecimientos o lugares superlativos. Piensen en cualidades como alto, rápido, bello, grande, largo, raro, extravagante, fuerte, etc. y formen preguntas. Luego háganle tres o cuatro preguntas a su compañero/a para ver si sabe la respuesta.

MODELO: (E1: edificio – alto)
E1: *¿Cómo se llama el edificio más alto del mundo?*
E2: *La torre de Sears en Chicago es la más alta del mundo.*
E1: *No, ahora hay edificios más altos que la torre de Sears. Por ejemplo, en Dubai hay uno que tiene más de ciento sesenta pisos.*

5-34 El noviazgo más largo del mundo. Lean el artículo siguiente y hagan comentarios sobre el mismo. Luego traten de discutir el tema desde los siguientes puntos de vista.

1. moral, ético o religioso
2. social
3. económico
4. personal

El noviazgo más largo del mundo

Según el periódico *Universal*, una pareja mexicana por fin ha concluido el noviazgo más largo del mundo. Octavio Guillén y Adriana Martínez se casaron en Guanajuato, México, a la edad de 82 años, después de 67 años de noviazgo. Aunque se comprometieron cuando tenían quince años, por una u otra razón no pudieron casarse. Ahora los dos afirman que tienen el matrimonio más feliz del mundo.

5-35 Villa Hermosa. A continuación escucharás un anuncio radial sobre un lugar que se especializa en bodas. Anota por lo menos cinco razones por las cuales escogerías este lugar.

5-36 A explorar: Las relaciones interpersonales en el trabajo. Visita la página web de *Conexiones* para informarte sobre las relaciones interpersonales en el trabajo. Luego prepara un memorando con normas de conducta para tu compañía. Incluye normas para las relaciones entre los compañeros de trabajo, los supervisores y el jefe.

5-37 Debate: Las relaciones personales en el trabajo. Preparen comentarios sobre uno de estos temas para debatirlo en clase.

Resolución: Los empleados no deben verse socialmente fuera de la oficina.

Resolución: Los jefes no deben contratar a miembros de su familia.

Resolución: Cuando hay diferencias de opinión en el trabajo, los empleados siempre deben respetar la decisión del jefe/de la jefa.

MODELO: *No estoy de acuerdo. Si eres soltero/a, es perfectamente legítimo convidar a salir a un/a compañero/a de trabajo.*

¡Así lo expresamos!

Imágenes

***Madre e hijo* (Pablo Ruiz y Picasso, 1881–1973, España)**

Pablo Ruiz y Picasso nació en Málaga, España. Durante la Guerra Civil española se expatrió a Francia, donde se destacó como pintor, escultor y diseñador escénico *(stage designer)*. Junto con Georges Braque, creó el movimiento cubista. Su obra es tan enorme y ha tenido tanta influencia en el arte moderno que se le considera uno de los genios más importantes del Siglo XX.

"Mother and Son", Pablo Picasso (1881–1973), Spanish Art Institute of Chicago, Illinois/A.K.G., Berlin/SuperStock. © 2004 Estate of Pablo Picasso/Artists Rights Society (ARS), New York.

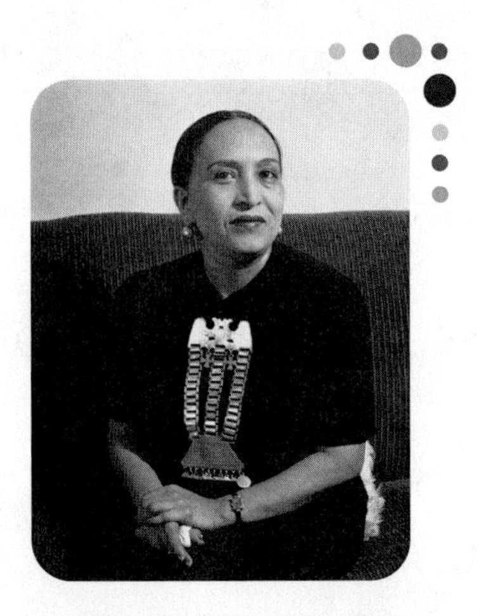

***Madre proletaria* (María Izquierdo, 1902–1956, México)**

María Izquierdo nació en San Juan de los Lagos, Jalisco, México. Sus temas se inspiran en motivos populares; y en su obra se destacan especialmente las naturalezas muertas (*still lifes*): alacenas (*cupboards*) con dulces, juguetes y retratos. Los colores fuertes y vivos son sus favoritos, y los emplea en sus pinturas de juguetes, cerámicas policromadas y piñatas.

Maria Izauierdo, "Madre Proletaria", 1944. Oleo sobre tela, 75 × 105 cms. Col. particular, Christie's Images, NY.

▸ Perspectivas e impresiones

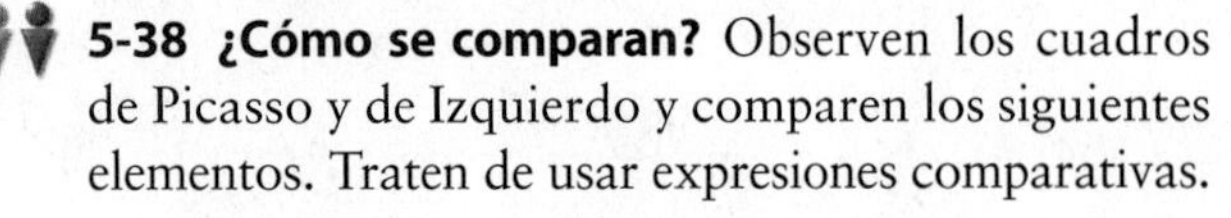

5-38 ¿Cómo se comparan? Observen los cuadros de Picasso y de Izquierdo y comparen los siguientes elementos. Traten de usar expresiones comparativas.

1. colores
2. temas
3. estilos
4. mensajes

Ritmos

Yarey (Puerto Rico)

La orquesta Yarey fue fundada hace más de diez años en Nueva York por el percusionista puertorriqueño Sal Pérez. Este grupo de salsa ha combinado las melódicas voces de Chamy Solano y Joe King en un nuevo álbum titulado "La perfecta combinación". Sus excelentes arreglos musicales y sus pegadizas (*catchy*) canciones y ritmos hacen de este grupo una combinación perfecta.

▶ Antes de escuchar

5-39 A pedir la mano. En Estados Unidos, ¿tiene el novio que pedir la mano de su novia al padre de ella antes de casarse? ¿Se hacía esto antes? ¿Qué piensan las chicas? ¿Es importante para ellas que su novio le pida la mano a su padre? ¿Qué piensan los chicos? ¿Es fácil hacer esto o se pondrían muy nerviosos? ¿Te gusta esta costumbre? ¿Crees que las chicas deberían también pedirles la mano del novio a los padres de él?

▶ A escuchar

5-40 Por favor, don Pedrito. Escucha la canción para ver si conoces a alguien que haya tenido una experiencia semejante?

Don Pedrito

—Muy buenas tardes, don Pedro.
Con usted quisiera hablar.
Aunque estoy medio° nervioso, *a little*
trataré de comenzar.

—Es acerca de° su hija, *about*
Teresita, la mayor.
Nos gustamos hace tiempo
y decidimos los dos:
que para estar a escondidas° es mejor *in hiding*
que yo venga y platique° con usted hable

Y después que terminemos
yo espero que esté de acuerdo
—Mi hija no está para novios.
Pierde° el tiempo, jovenzuelo°. *waste / young man*

—Hice más de lo que pude.
Hablé como un caballero° *gentleman*
y vine con la esperanza° *hope*
que estuviera usted de acuerdo.
Pero no.
Como no hay remedio...

CORO:

No la aguante° más, — *hold her back*
don Pedrito, no la aguante más
No la aguante más,
don Pedrito, me la vo'a° llevar — voy a

Teresita, la mayor...
Nos gustamos hace tiempo
y decidimos los dos
juntar° nuestros sentimientos. — *to join*

CORO:

Quiero serle sincero;
quiero casarme con ella
porque a ella yo la quiero.
¡No me la aguante, don Pedro!

Oiga, don Pedro,
¿y me va a dejar morir?
¡Yarey!...
Ella podrá ser su hija...
y mi esposa ella será...
... Porque su hija es la más bella del mundo.
Y este amor, tan profundo...
Le prometo, la vo' a cuidar...
Esa negrita° me ha robado° el corazón, — *term of endearment in Puerto Rico / stolen*
oye, ¡por eso conmigo se va!...
Yo me la llevo
Conmigo quiere estar, don Pedro
por la noche
hasta que se rompa el cuero° — *Puerto Rican saying: until the drums break*
—Por eso mi hija conmigo está rebelada° — *slang:* se ha rebelado contra mí
Porque la tiene con la mente lavada
—De mañanita se va a tirar° por la ventana — *throw herself*
Va estar conmigo hasta las cinco'e° la mañana — de

▸ Después de escuchar

5-41 ¿Qué significa para ustedes? Hablen sobre el significado de esta canción. Respondan a las siguientes preguntas.

1. ¿Cuál es el problema del cantante? ¿Con quién tiene que hablar? ¿Para qué?
2. ¿Cuál es la actitud de don Pedrito? ¿Qué piensa él del cantante?
3. ¿Cuáles son los sentimientos de la chica? ¿Cómo lo sabes?
4. ¿Qué decide hacer el cantante para resolver su dilema?
5. ¿Estás de acuerdo con lo que decide hacer el cantante al final?
6. ¿Conoces un caso semejante de la vida real o de ficción? ¿Cómo es?
7. ¿Piensas que pedir la mano de la novia es un fenómeno cultural o es más o menos igual en la mayoría de las culturas? ¿Conoces algún caso diferente?
8. ¿Piensas que la tradición de pedir la mano está pasada de moda?

Páginas

Carlos Eire (1950– , Cuba/Estados Unidos)

En 1962, cuando Carlos Eire tenía once años, él y su hermano Tony volaron de Cuba a Miami con otros 14.000 niños. A dicho grupo se le conoció con el nombre de Pedro Pan. Los padres de estos niños temían (*feared*) que la revolución comunista indoctrinara a sus hijos y decidieron enviarlos solos a EE. UU. para que se educaran en un país libre. El fragmento siguiente es parte de una traducción del libro *Waiting for Snow in Havana*, el cual recibió el premio *National Book Award* del 2003 en la categoría de autobiografía. En esta obra el autor cuenta los recuerdos (*memories*) de su truncada (*disrupted*) juventud. Hoy Carlos Eire es un prestigioso profesor de historia y estudios religiosos en la Universidad de Yale.

▸ Antes de leer

5-42 Cuando abandonas tu casa. ¿Has tenido que abandonar tu casa o separarte de tu familia alguna vez? ¿Tienes algún familiar que haya tenido que mudarse a otro lugar? Explica las circunstancias y lo que sentiste. ¿Cuántos años tenías? ¿Has podido mantener contacto regular con tu familia?

MODELO: *Cuando empecé mis estudios universitarios, decidí asistir a una universidad lejos de mi casa...*

5-43 Estrategias de la lectura: Los recuerdos. En este fragmento, Carlos Eire expresa lo difícil que fue para él separarse de su familia a la edad de once años. Antes de empezar a leer, haz una lista de las cosas que tu madre u otro familiar acostumbraba hacer por ti cuando tenías once años. ¿Cuáles de ellas podías hacer ya por ti mismo a los dieciocho años?

MODELO: *Cuando tenía once años, mi madre siempre me preparaba el desayuno. A los dieciocho años, lo hacía yo.*

▸ A leer

5-44 Lo que más extraña. Mientras lees este segmento, anota lo que más extraña (*misses*) el niño de su vida en Cuba.

Waiting for Snow in Havana (fragmento)

El mundo cambió mientras dormía, y para mi sorpresa, nadie me había consultado. De allí en adelante siempre sería igual.

Apenas tenía ocho años y había pasado horas soñando niñerías°, como hacen los niños. Mi papá, quien se acordaba perfectamente de su anterior reencarnación como el rey Luis XVI de Francia, posiblemente soñaba con bailes de disfraces°, turbas° y guillotinas. Mi mamá, que no se acordaba de haber sido María Antonieta, no hubiera podido compartir sus sueños. Quizás soñaba con ángeles, porque siempre me

childish things

costume / mobs

decía antes de acostarme, "Sueña con los angelitos". El hecho de que fueran pequeños quería decir que eran demasiado monos° para ser ángeles caídos.

¡Qué lejos de La Habana me encontraba! El asoleado° Miramar, donde no había ni un solo ladrillo carmelita° ni vientos que te golpeaban°, era para entonces como un sueño. No se diferenciaban en lo más mínimo de las fantasías que lucubraba° mi cerebro mientras dormía en un sofá-cama en la sala de nuestro apartamento en el sótano del North Side de Chicago.

Mi hermano y yo habíamos vivido como huérfanos en los EE. UU. por más de tres años y medio en campamentos y orfelinatos° y, más recientemente, con nuestro tío Amado en un pequeño pueblo en el centro de Illinois. Estaba muy contento en la casa de Amado, más contento de lo que había estado la mayoría de mi vida. Pero nuestra mamá finalmente pudo salir de Cuba, después de tratar por tres años desesperantes °, y el Sr. Sandoval, del Refugio del Centro Cubano de Miami, la había enviado a vivir a Chicago.

"Vamos a ver, usted no habla ni una palabra de inglés, usted tiene un impedimento físico°, y usted nunca ha trabajado en su vida. Su marido está en Cuba y tiene dos adolescentes que usted no ha visto en más de tres años. Creo que Chicago es el lugar para ustedes. Sí, Chicago. Hay muchas fábricas° allí. Casi todo el mundo que hemos enviado allí ha podido conseguir trabajo en una fábrica".

Así fue cómo terminamos en Chicago, gracias a la agilidad mental del Sr. Sandoval.

María Antonieta no sabía cómo buscar trabajo. Dadas sus circunstancias, hizo lo mejor que pudo, solicitando empleo sólo en los lugares donde otros cubanos habían encontrado trabajo. En ningún lugar la querían emplear.

Entonces fuimos a la oficina de servicios públicos a pedir ayuda. Pero el Sr. Fajardo, el trabajador social puertorriqueño que nos vio en el departamento de asistencia pública, no nos ayudó mucho. María Antonieta no sabía que no se suponía que uno se vistiera elegantemente cuando iba a pedir ayuda económica. Vestía un bello abrigo de gamuza° que una amiga rica le había dado en México mientras esperaba una visa americana.

"Tiene dos hijos grandes, señora. Los dos podrían encontrar trabajo en un instante. No, no le podemos ofrecer nada, señora. En este país trabajar es crucial. ¡Trabajo, trabajo, trabajo! Pienso que le puedo conseguir un cheque de asistencia social por un mes, mientras sus hijos buscan trabajo. Después de eso, depende de ustedes el ganar dinero".

Terminé trabajando de lavaplatos en el Conrad Hilton Hotel. Les dije que tenía diez y ocho años.

No dejé de ir a la escuela ni un solo día. Y tampoco dejé de trabajar un solo día. Mi horario era simple. Todos los días, de miércoles a domingo, trabajaba en el Hilton desde las cuatro de la tarde hasta las dos de la mañana. Los lunes y los martes no tenía trabajo. Todos los días de lunes a viernes iba a la escuela, desde las ocho de la mañana hasta las tres y cuarto de la tarde. No tenía tiempo para la tarea, excepto los lunes y los martes, y un periodo de *study hall* todos los días.

Asistir a la Escuela Secundaria Senn era un placer comparado a trabajar en el Conrad Hilton. Era un terrible lavador de platos. A mis compañeros de trabajo, todos los cuales eran puertorriqueños, les había dado por llamarme "cubita". Todos ellos sabían que había mentido sobre mi edad, hasta el jefe. Llegó la cosa a tal punto que cada vez que algo se rompía, mis colegas gritaban, "¡Tiene que ser cubita!" O simplemente al sonido de vasos rotos comenzaban a gritar, "¡cubita, cubita, cubita!"

cute — monos
sunny — asoleado
brown brick / ni... nor winds that bruised you — carmelita / ni vientos que te golpeaban
spun — lucubraba
foster homes — orfelinatos
maddening — desesperantes
physical handicap — impedimento físico
factories — fábricas
suede — gamuza

La peor parte del trabajo era caminar las cuatro cuadras° hasta la estación del metro de Harrison St. a las dos o las tres de la mañana, pasando por los bares *topless*, las casas de indigentes, las misiones y montarme en el tren a casa. Cuando llegaba al edificio donde se encontraba nuestro apartamento en la esquina° suroeste de Winthrop y Hollywood, María Antonieta estaba mirando por la ventana del sótano°, su cabeza al nivel de la acera°, esperándome, como siempre. Ella había luchado grandemente durante tres años para llegar a nosotros, lo había dejado todo, incluyendo a su marido, madre, padre, hermano, hermana y patria, sólo para encontrarse pasando todo el día y toda la noche en un apartamento vacío°. Ella nos cocinaba y limpiaba la casa y nos lavaba la ropa, que era un cambio positivo comparado a lo que nos habíamos acostumbrado, pero aparte de darnos todo su amor, eso era todo lo que podía hacer.

blocks / *corner* / *basement / sidewalk* / *empty*

Mi hermano y yo nos convertimos en sus guardianes. La manteníamos°. Hablábamos por ella. Le leíamos los periódicos y le interpretábamos las películas y los programas de televisión. La llevábamos a lugares en autobuses y trenes. No nos podía aconsejar en nada de importancia, o por lo menos eso creíamos. Y casi no pasábamos tiempo con ella. Su amor por nosotros era infinito, y nosotros no lo apreciábamos.

We supported her

Fragmento de la traducción de la obra *Waiting for Snow in Havana* de Carlos Eire, publicado en 2003 por Free Press, una división de Simon & Schuster, Inc.

▶ Después de leer

5-45 En Cuba o en Estados Unidos. Indica dónde ocurrieron las siguientes actividades y experiencias de Carlos, en Cuba (C) o en Estados Unidos (EU).

1. ___ Gozó del sol.
2. ___ Combatió el viento y el frío.
3. ___ Pasó por bares *topless*.
4. ___ Su mamá lo cuidaba bien.
5. ___ Lavaba platos.
6. ___ Tenía que cuidar a su mamá.

5-46 Cubita. Comenta lo siguiente con tu compañero/a. Luego compartan sus comentarios con otras parejas. A Carlos lo llamaban "cubita" cada vez que dejaba caer un plato en el restaurante. ¿Crees que los puertorriqueños le tenían afecto a Carlos? ¿Por qué? ¿Qué otras experiencias tuvo Carlos? ¿Cuáles se relacionan con algún miembro de la familia?

5-47 La nieve. Comenten y compartan como en la actividad anterior. El título de este libro parece algo irónico porque no es lógico que nieve en Cuba. Para Carlos Eire, ese era un sueño imposible. ¿Cuáles eran los sueños imposibles que ustedes tenían a los ocho años?

5-48 A explorar: Pedro Pan. El programa conocido como "Pedro Pan" evacuó a más de 14.000 niños de Cuba al comienzo de los años sesenta. Visita la página web de *Conexiones* para investigar dónde está uno de esos jóvenes refugiados hoy en día. Luego, expresa por escrito cuál es tu opinión sobre ese programa y prepárate para presentársela a la clase.

Taller

Una carta de amor

Aquí tienes la oportunidad de practicar el arte de escribir cartas de amor o de afecto. Escríbele una de esas cartas a una persona imaginaria o verdadera. Luego, intercambia la carta con la de un/a compañero/a y contesta la suya.

▸ Antes de escribir

Idear. Piensa en una persona que admiras y haz una lista de las razones.

Saludar. Comienza la carta con uno de los siguientes saludos:

Mi (muy/más) querido/a…
Adorable…
Mi corazón…
Amor de mi vida…

Abrir el tema. Declárale tu amor.

Elaborar. Explica por qué lo/la amas. Incluye una descripción de la persona. Trata de usar comparativos y superlativos. Sugiere una reunión o un favor muy especial, o pídele una respuesta rápida a tu carta.

Resumir. Resume las razones por las que le escribes esta carta de amor.

Concluir. Termina la carta con una frase cariñosa. Luego, fírmala con un nombre inventado.

El/la que te admira (quiere/ama),
Tu admirador/a secreto/a,
Recibe un fuerte abrazo de,

▸ Después de escribir

Revisar. Revisa la mecánica de tu carta.

- ☐ ¿Has incluido un vocabulario variado?
- ☐ ¿Has usado bien las cláusulas adjetivales? (No hay nadie que…)
- ☐ ¿Has usado bien las expresiones comparativas?
- ☐ ¿Has revisado la ortografía y la concordancia?

Intercambiar. Intercambia tu carta con la de un/a compañero/a para contestar esas preguntas. Al contestar, haz comentarios y sugerencias sobre el contenido, la estructura y la gramática.

A entregar. Pon tu carta original en limpio, incorpora las sugerencias de tu compañero/a y entrégasela a tu profesor/a.

Vocabulario

Primera parte

abrazar	*to embrace*
agradecer (zc)	*to be grateful for, to thank*
amar	*to love deeply*
el bien	*good deed*
la bondad	*kindness*
calumniar	*to slander*
cariñoso/a	*affectionate*
los celos	*jealousy*
el chisme/el cotilleo (*Spain*)	*gossip*
chismear	*to gossip*
comprometerse	*to get engaged, to commit oneself*
dar por sentado	*to take for granted*
declarársele (a)	*to propose (to) someone, to confess one's love*
los demás	*the others*
disculpar	*to forgive*
discutir	*to argue*
En resumidas cuentas,...	*In short,...*
el entendimiento	*understanding*
el gesto	*gesture*
hacer las paces	*to make peace*
herir (ie, i)	*to wound*
(in)fiel	*(un)faithful*
mandón/mandona	*bossy*
molestar	*to annoy, to bother*
la molestia	*bother*
el nivel	*level*
la pareja	*couple, pair*
pedir (i, i) disculpas	*to ask for forgiveness*
Perdona, pero...	*Excuse me, but...*
pesado/a	*boring, tedious*
el propósito	*purpose*
querer (ie)	*to love (someone), to want (something)*
sugerir (ie, i)	*to suggest*
tener celos	*to be jealous*
Voy a explicar mis razones.	*I'm going to explain my reasons.*

Segunda parte

a menudo	*often*
la angustia	*anguish*
atrevido/a	*daring, bold*
buscar	*to look for*
cabizbajo/a	*downcast, dejected*
callado/a	*quiet*
la carcajada	*loud laugh*
el comportamiento	*behavior*
consentido/a	*spoiled*
cruzar	*to cross*
divorciarse	*to divorce*
dominar	*to control*
envidiar	*to envy*
esperar	*to wait for, to hope for*
fracasar	*to fail*
la inseguridad	*insecurity*
irritar	*to irritate*
malcriado/a	*bad-mannered*
pagar	*to pay for*
pararse	*to stand (up), to stop*
pelearse	*to fight*
poseer	*to possess*
reírse (i, i)	*to laugh*
la risa	*laughter*
separarse	*to separate*
sinvergüenza	*shameless*
tacaño/a	*stingy*

6 El mundo del espectáculo

▸▸ OBJETIVOS COMUNICATIVOS

- Talking about your favorite entertainers and shows
- Talking about actions that depend on time or circumstances
- Talking about music, musicians, and musical events
- Telling others what to do
- Expressing wishes and possibilities for yourself and others

▸▸ PRIMERA PARTE

¡Así es la vida! • • • Eva Longoria Parker: No más desesperada

¡Así lo decimos! Vocabulario • • • El entretenimiento

¡Así lo hacemos! Estructuras • • • Subjunctive vs. indicative in adverbial clauses

Conéctate

- VIDEORED • • • *Escuela de música* (Rafael Alcalá, Musinetwork, EE. UU.)
- COMUNIDADES • • • El calendario de eventos
- CONEXIONES • • • El artista, el espectáculo y el espectador
- COMPARACIONES • • • El tango y el cine

▸▸ SEGUNDA PARTE

¡Así es la vida! • • • ¡Los más calientes!

¡Así lo decimos! Vocabulario • • • La música

¡Así lo hacemos! Estructuras • • • Formal and informal commands • • • Subjunctive with *ojalá, tal vez,* and *quizá(s)*

▸▸ ¡ASÍ LO EXPRESAMOS!

- IMÁGENES • • • *¿Quién lleva el ritmo?* (Aída Emart, México)
- RITMOS • • • *El Wanabí* (Fiel a la Vega, Puerto Rico)
- PÁGINAS • • • *El concierto* (Augusto Monterroso, Guatemala)
- TALLER • • • Una escena dramática

El actor español, Javier Bardem, con el Óscar por «Mejor actor de reparto» por su interpretación en la película No Country for Old Men.

América Ferrera honrada por «Mejor actuación de una actriz en una serie de televisión» por su papel en Ugly Betty.

A empezar

Las películas. ¿Cuál es la mejor película que has visto? En tu opinión, ¿quién es el actor más guapo del cine? ¿Quién es la actriz más talentosa? ¿Y la más bella? ¿Conoces a alguien que quiera ser actor o actriz? ¿Quién crees que es el/la artista mejor pagado/a? ¿Cuál es tu opinión de esa persona?

Curiosidades

¿Sabes...

qué director español ha ganado dos premios Óscar por la mejor película extranjera?

a. Carlos Saura
b. Pedro Almodóvar
c. Alejandro González Iñárritu

el nombre de la actriz neoyorquina que tuvo mellizos (*twins*)?

a. América Ferrera
b. Jennifer López
c. Eva Longoria Parker

cuál es el idioma del programa de televisión que más gente ve en el mundo?

a. inglés
b. español
c. francés

el nombre del actor joven mexicano que apareció en la películas *Motorcycle Diaries*, *The Science of Sleep* y *Babel*?

a. Diego Luna
b. Pablo Montero
c. Gael García Bernal

de qué país es el padre de Christina Aguilera?

a. Portugal
b. Ecuador
c. México

Primera parte

¡Así es la vida!

Eva Longoria Parker: No más desesperada

Nació en Corpus Christi de padres mexicanos, y de adolescente la gente la llamaba "fea". En 2003, sin embargo, la revista *People en español* la nombró una de las "Personas más bellas" y hoy en día, todo el mundo la conoce como la preciosa coqueta Gabrielle Solís en el sumamente popular drama, *Esposas desesperadas.*

En una entrevista publicada en PubliSpain.com, Eva explica sus opiniones sobre la serie y su fama.

–*The New York Times* dijo que *Esposas desesperadas* era un programa sexista, que volvía a las mujeres a sufrir el sexismo de los años 50.

–Creo que la persona que escribió eso no se ha dado cuenta de la intención de la serie. Mostramos una visión divertida, oscura y cínica de la vida en los suburbios de Estados Unidos. Esperamos mostrar la vida de las esposas que viven en barrios acomodados en las afueras de las grandes ciudades, que hasta ahora no han tenido una voz en la televisión. Les estamos diciendo que si no les gusta su vida, la pueden cambiar.

–Siempre has dicho que enfrentas tu carrera como un negocio. ¿Eso te hace muy distinta a otras actrices?

–Totalmente. Muchos llegan aquí buscando fama y no necesariamente para desarrollarse como actores o conseguir un trabajo de verdad.

–¿No fue tu caso?

–No, para nada. Cuando me fui de Texas, lo hice con mi título en telecomunicaciones y dispuesta a ser una actriz muerta de hambre, desesperada por encontrar un papel… Es especialmente difícil para una latina, porque no tienes ningún control sobre los personajes que te ofrecen. Por eso hay que concentrarse en las cosas que sí puedes cambiar.

–¿Cuál es la parte más difícil de superar?

–El rechazo. Por cada rol que conseguí, hubo 40 donde fui rechazada. Es muy difícil, especialmente para las latinas, porque estamos muy poco representadas en esta industria. Tenemos un 5 por ciento de representación en el cine y la televisión, pero somos un 15 por ciento de la población.

¡Así lo decimos! Vocabulario

Vocabulario primordial

la película
cómica
de aventuras
de ciencia ficción
de horror
de misterio
extranjera
romántica...

los programas de televisión
la comedia
los dibujos animados (los muñequitos)
el documental
el noticiero
la serie dramática
la serie policíaca
la telenovela
los videos musicales...

Vocabulario clave: El entretenimiento

Verbos

conseguir (i, i)	*to get, to obtain*
enfrentar	*to face*
entretener (ie)	*to entertain*
interpretar	*to interpret (a role, a song)*

Sustantivos

la actuación	*performance*
el/la aficionado/a	*fan*
la cadena	*network*
la carrera	*career*
el espectáculo	*show*
la estrella	*star*
el guión	*script*
el mundo del espectáculo	*show business*
la pantalla	*screen*
el papel	*role*
el personaje	*character*
el rechazo	*rejection*
el reportaje	*report*
la temporada	*season*
la trama	*storyline*

Adjetivos

bailable	*danceable*
competitivo/a	*competitive*
innovador/a	*innovative*

Ampliación

Verbos	Sustantivos	Adjetivos
actuar	la actuación	actuado/a
bailar	el baile	bailable
competir (i, i)	la competición/la competencia	competitivo/a
entretener (ie)	el entretenimiento	entretenido/a
innovar	la innovación	innovador/a
rechazar	el rechazo	rechazado/a

¡Cuidado!

entrar, excitante/emocionante

- In Spanish, the prepositions **a** or **en** are used after the verb **entrar. En** is used in Spain and some areas of Latin America; **a** is used in many Latin American countries.

El director entró **en** el teatro temprano.	*The director entered the theater early.*
Los estudiantes entraron **al** cine haciendo mucho ruido.	*The students came into the movie theater making a lot of noise.*

- The word **excitante** in Spanish means to inspire a feeling of passion. If you want to say *exciting* in the sense of *touching* or *thrilling*, say **emocionante.**

La película era muy **emocionante.**	*The movie was very exciting.*

▶ Aplicación

6-1 Eva Longoria Parker. Contesta las preguntas sobre el artículo de Eva Longoria Parker.

1. ¿Cuál es la nacionalidad de los padres de Eva?
2. ¿Cómo la consideraban cuando era niña?
3. ¿Por qué se sentía desesperada cuando se fue de Texas?
4. ¿Qué es lo más difícil para ella?
5. ¿Cuál es el nombre de la serie en que aparece?
6. ¿Cuál fue el motivo de la serie?
7. ¿Qué dificultad tienen que superar los actores latinos? ¿Por qué?

6-2 Los hispanos en el cine. A continuación tienen una lista de algunos de los éxitos en que han actuado actores latinos. Emparéjenlos e indiquen si han visto alguno. Conversen sobre cuál de ellos les ha gustado y por qué.

Actor/Actriz	Película
1. Antonio Banderas	___ *Something about Mary; The Holiday*
2. Cameron Díaz	___ *Frida; Once Upon a Time in Mexico*
3. Penélope Cruz	___ *Mar adentro; Love in the Time of Cholera; No Country for Old Men*
4. Salma Hayek	___ *Traffic; Sin City; Guerrilla*
5. Benicio del Toro	___ *Zorro; Shrek 3*
6. Javier Bardem	___ *Bandidas; Vanilla Sky*

6-3 Películas. Estos son algunos títulos en español de películas que ustedes probablemente conocen. ¡A ver si saben de qué película se trata! Escojan dos o tres películas y contesten las siguientes preguntas sobre cada una. ¿Quiénes actuaron en la película? ¿Quién fue el director/la directora? ¿Qué tipo de película es? ¿Qué efectos especiales tiene? ¿Tuvo mucho éxito? ¿Ganó algún premio? ¿Qué opinan de la película, la interpretación de los papeles y la dirección?

Piratas del Caribe
Una noche en el museo
La telaraña de Charlotte
Misión imposible 3
Secreto en la montaña
El grito 3
Harry Potter y el cáliz de fuego
El código Da Vinci
Todos los hombres del rey
El diablo viste de moda

6-4 Las ventajas y las desventajas. Comparen estas profesiones artísticas. Den su opinión sobre cuáles tienen las mayores ventajas y las más grandes desventajas. Incluyan los aspectos intelectuales, monetarios y personales.

MODELO: actor de cine o actor de teatro
E1: *Es mejor ser actor de cine porque muchas más personas ven películas que obras de teatro.*
E2: *Pero el actor de teatro tiene mejor conexión con el público.*

- violinista o guitarrista
- director/a de cine o director/a de teatro
- conductor/a de noticias o conductor/a de los videos más cómicos
- solista o miembro de la banda
- director/a de orquesta o miembro de la orquesta
- actor/actriz de telenovelas o escritor/a de guiones para telenovelas

6-5 Una carta de un/a admirador/a. Escríbele una carta a una estrella latina que admires. Cuéntale qué películas suyas has visto, qué papeles te han gustado, y por qué lo/la admiras. Ofrécele algún consejo útil y exprésale tus deseos para el futuro de su carrera. Luego, intercambia tu carta con la de un/a compañero/a y escribe una respuesta a su carta.

6-6 Una serie nueva. Escriban ideas para una serie de televisión. Incluyan el título, los personajes, la trama, los actores, etc. Usen las siguientes preguntas como guía y refiéranse al *Vocabulario primordial.* Después, presenten su programa a la clase. La clase va a hacer el papel de los productores y a escoger la serie que finalmente se televisará.

1. ¿Qué tipo de serie es?
2. ¿Cómo serán los episodios, autónomos o con argumentos interrelacionados y continuos?
3. ¿Cuál será el tono del programa (romántico, de suspense...)?
4. ¿Cómo será de innovador el programa? Hagan una lista de las novedades que incluya.
5. ¿Habrá uno o dos protagonistas, o varios papeles y grupos de personajes?

6-7 El mundo es un ratico (*moment*). Vas a escuchar un segmento de un programa de radio sobre un famoso cantante latino y su nuevo CD. Completa las oraciones siguientes con información lógica del segmento.

1. Juanes es de nacionalidad ___________.
2. Su cuarto disco salió en el año ___________.
3. El tema del disco es que la vida es muy ___________.
4. El disco se grabó en las afueras de la ciudad de ___________.
5. Su disco *Mi sangre* ha vendido más de ___________ de copias.
6. El estilo de *Mi sangre* es una fusión de ___________ con ___________.
7. Según Juanes, debemos concentrarnos en ________________ y no preocuparnos de ___________.
8. La revista *Time* opina que Juanes es ____________________________.

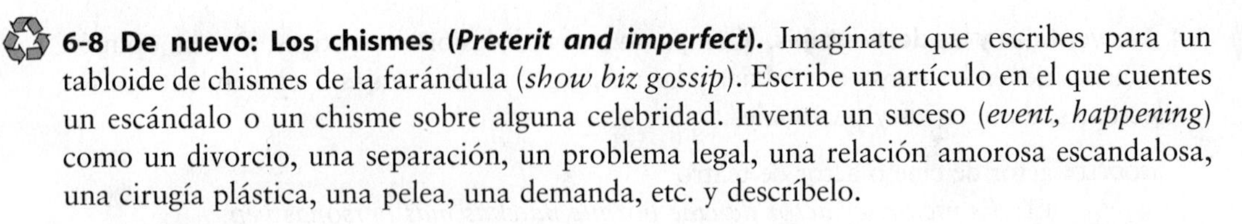

6-8 De nuevo: Los chismes (*Preterit and imperfect*). Imagínate que escribes para un tabloide de chismes de la farándula (*show biz gossip*). Escribe un artículo en el que cuentes un escándalo o un chisme sobre alguna celebridad. Inventa un suceso (*event, happening*) como un divorcio, una separación, un problema legal, una relación amorosa escandalosa, una cirugía plástica, una pelea, una demanda, etc. y descríbelo.

MODELO:

¡Se casó América Ferrera!

El 7 de julio de 2008 la famosa América Ferrera, estrella de "Ugly Betty" *y Freddy Rodríquez, su compañero de reparto, se casaron en Las Vegas, la ciudad matrimonial. Entre los invitados estaban sus coestrellas de la serie de televisión, la productora de la serie, Salma Hayek, con su nuevo amor. América llevaba un vestido blanco del diseñador dominicano Óscar de la Renta... Freddy vestía vaqueros y una camisa rosada. Todos parecían muy felices. La recepción se celebró en el casino Bellagio...*

Recuerda: Para contar tu chisme necesitas usar el pretérito y el imperfecto. Para repasar su uso, consulta el ***Capítulo 1***.

Reto: Usa muchas palabras de ***¡Así lo decimos!*** Lee tu artículo a la clase.

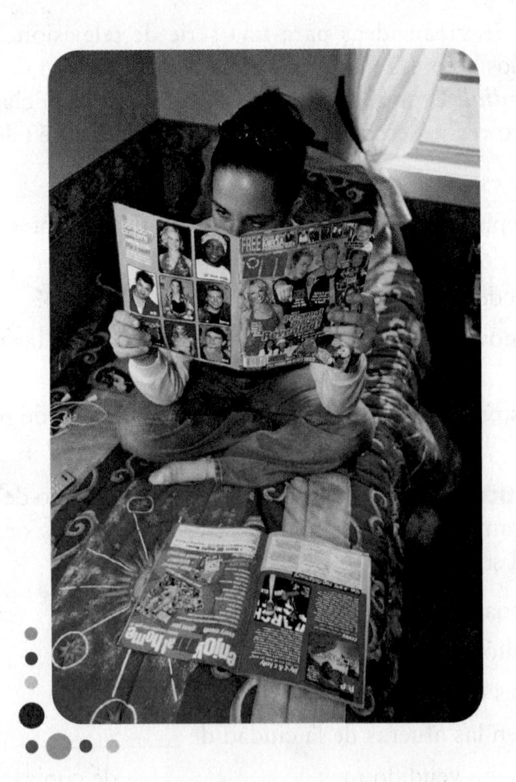

¡Así lo hacemos! Estructuras

1. Subjunctive vs. indicative in adverbial clauses

Conjunctions that always require the subjunctive

The following conjunctions are always followed by a verb in the subjunctive when they introduce a dependent clause, since they express purpose, intent, condition, or anticipation. The use of these conjunctions assumes that the action described in the dependent clause is uncertain or has not taken place yet.

a fin de que	*in order that*
a menos (de) que	*unless*
antes (de) que	*before*
con tal (de) que	*provided (that)*
en caso de que	*in case*
para que	*in order that, so that*
sin que	*without*

El actor tiene que hablar más alto **para que** todos lo puedan escuchar. — *The actor has to speak louder so everyone can hear him.*

No llamaré a la actriz **a menos que** me lo pidan. — *I will not call the actress unless they ask me.*

El camarógrafo no se enojará **con tal que** no lo interrumpas. — *The cameraman will not get angry provided that you don't interrupt him.*

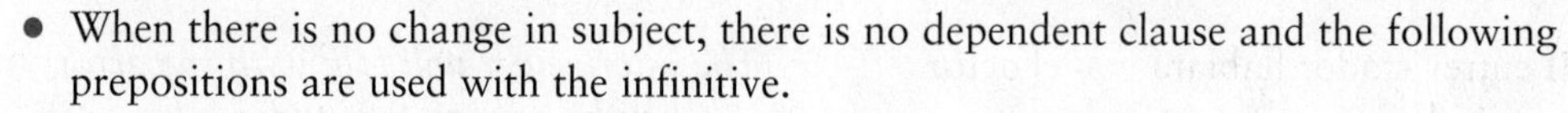

- When there is no change in subject, there is no dependent clause and the following prepositions are used with the infinitive.

a fin de	antes de
con tal de	para
a menos de	sin
en caso de	

La temporada será más larga este año **a fin de** complacer al público. — *The season will be longer this year in order to please the public.*

No podemos empezar a tocar **sin** tener la música. — *We can't begin to play without having the music.*

El autor escribió el guión en español **para** no tener que traducirlo después. — *The author wrote the script in Spanish so as not to have to translate it later.*

Conjunctions that require either the subjunctive or the indicative

The following conjunctions introduce time, place, or manner clauses and require the subjunctive when you can't speak with certainty about an action that has not yet taken place. The uncertainty is often conveyed by a future tense in the main clause.

cuando	*when*	**hasta que**	*until*
después (de) que	*after*	**luego que**	*as soon as*
(a)donde	*(to) where*	**mientras que**	*as long as*
como	*how*	**según**	*according to*
en cuanto	*as soon as*	**tan pronto como**	*as soon as*

El entrevistador hablará con el actor **cuando vaya** al estudio. — *The interviewer will talk with the actor when he goes to the studio.*

Los aficionados seguirán al conjunto musical **después de que salga.** — *The fans will follow the musical group after it leaves.*

Por favor, termina el guión **en cuanto puedas.** — *Please finish the script as soon as you can.*

La compañía no patrocinará la serie **hasta que cambien** el tema. — *The company won't sponsor the series until they change the theme.*

- If the action in the main clause is habitual or has already happened, use the present or past indicative in the subordinate clause.

América Ferrera era tímida **hasta que hizo** un curso de arte dramático. — *América Ferrera was shy until she took a drama course.*

Esta actriz siempre actúa **según** le **pide** el director. — *This actress always acts according to how the director asks her.*

- Use the subjunctive with the conjunction **aunque** (*even if, although, even though*) to convey uncertainty. To express certainty or refer to a completed event, use the indicative.

Aunque vea la telenovela, no te contaré el final.	*Even if I watch the soap opera, I will not tell you the ending.*
No me gusta ese tipo de programa, **aunque** todos me **dicen** que es muy entretenido.	*I don't like that type of program, even though everybody tells me it's very entertaining.*
Aunque detesta las películas de acción, mi novia me acompaña al cine.	*Although she detests action movies, my girlfriend goes with me to the movies.*

▸ Aplicación

6-9 Juanes. Lee el párrafo sobre este personaje famoso y subraya las expresiones adverbiales. Identifica las que necesitan el subjuntivo y explica por qué.

Juanes ha abogado por la paz en su país durante toda su carrera, y en el año 2006 estableció la Fundación Mi Sangre para ayudar a las víctimas de minas antipersonales. Dice el cantautor: «Aunque soy una sola persona, creo que tengo un rol importante. Tengo que usar mi voz para que el mundo se dé cuenta de la urgencia de la situación de las minas antipersonales. Todos los días en Colombia, donde hay minas antipersonales, más de dos personas inocentes reciben heridas graves después de pisarlas accidentalmente. Tenemos que trabajar juntos a fin de que se establezca una campaña para descubrir y desactivar estas minas. No voy a descansar hasta que los niños de mi país puedan vivir sin el temor de lastimarse o morir como resultado de una guerra que no causaron».

6-10 ¿Quién es Juanes? Ahora contesta las siguientes preguntas.

1. ¿Cuál es la profesión de Juanes?
2. ¿Cuál es el propósito de la Fundación Mi Sangre?
3. ¿Cuántas personas reciben todos los días heridas graves a causa de las minas?
4. ¿Qué hay que hacer para que los niños en Colombia vivan sin temor?

6-11 A explorar: Juanes. Visita la página web de *Conexiones* para ver la actuación de Juanes en el Parlamento Europeo por un mundo sin minas antipersonales. Escribe un párrafo corto sobre el cantautor colombiano.

6-12 Los amoríos de Lulú. En esta telenovela, aunque Lulú es novia de Carlos, no puede decidir entre los muchos admiradores que tiene y por esa razón hay muchos celos entre ellos. La próxima escena de esta telenovela se está grabando en vivo frente a los espectadores. Léela y complétala con las expresiones adverbiales que correspondan de la lista a continuación. Es posible usar la misma expresión adverbial más de una vez.

antes de (que)	**cuando**	**mientras que**	**tan pronto como**
aunque	**en cuanto**	**para que**	

Los amoríos de Lulú

Se bajan las luces en el estudio y se empieza a escuchar un violín romántico en el fondo. (**1**) ___________ se levanta el telón, se ve a Lulú y a Carlos, su novio, sentados en un sofá y abrazados. También se puede percibir a un hombre escondido detrás de una cortina a la derecha (**2**) ___________ ni Lulú ni Carlos lo vean. Un señor distinguido se detiene sorprendido ante los novios con una expresión molesta. (**3**) _______________________ los novios se dan cuenta de la presencia del señor distinguido, se separan. Lulú se levanta rápidamente (**4**) ___________ Carlos pueda levantarse. El otro hombre espía detrás de la cortina (**5**) ___________ los demás se pelean. (**6**) ___________ parezca imposible, el hombre saca una pistola y tira. Lulú cae al suelo. Carlos y el señor distinguido se abrazan con miedo y el telón baja de repente. Los espectadores aplauden (**7**) ___________ salgan los actores. Pero, (**8**) _______________________ salen los dos actores, se apagan las luces y se escucha un grito horrendo. Se oye la voz del presentador que dice: "¿Lulú está realmente muerta?"... Lo sabrán ustedes la semana que viene (**9**) ________ otra vez presentemos *Los amoríos de Lulú*.

6-13 Los planes del director/de la directora de cine. Eres director/a de cine y haces planes para tu próxima película que se filmará en Cabo San Lucas, México. Completa las oraciones de una manera lógica. ¡Acuérdate de usar la forma correcta del verbo y tu imaginación!

MODELO: *Saldremos para Cabo San Lucas a las ocho de la noche con tal que el avión no se demore* (is delayed).

1. Mi secretario me acompañará a menos que...
2. No llevaremos seis camarógrafos aunque...
3. Vamos a tener una reunión con el personal que trabajará en la película en cuanto...
4. Hablaré con el alcalde de Cabo San Lucas a fin de que...
5. Llevaremos a nuestros propios cocineros en caso de que...
6. Contrataremos extras mexicanos antes de que...
7. Tendremos que preparar la comida en la playa cuando...
8. Filmaremos en Cabo San Lucas donde...
9. Tendremos una gran fiesta después que...
10. Volveremos a Estados Unidos tan pronto como...

6-14 La entrevista. Imagínense que uno/a de ustedes es un/a reportero/a que le hace preguntas a un/a joven actor/actriz sobre sus planes y sueños. Usando la información que se da en la lista, formulen preguntas y respuestas que incluyan conjunciones. Prepárense para presentar su entrevista ante la clase.

casarse
viajar por todo el mundo
retirarse siendo joven
trabajar en Europa
hacer películas en Nueva York
dirigir una película
actuar en una obra de teatro
fundar una organización caritativa
apoyar una causa para mejorar el medio ambiente
trabajar con un actor/una actriz o director/a especial

MODELO: E1: *¿Va a casarse cuando encuentre un hombre/una mujer que le guste?*
E2: *Ya encontré al hombre/a la mujer que me gusta, pero no quiero casarme hasta que tengamos tiempo de conocernos mejor.*

6-15 Debate: El gobierno y las artes. Formen dos grupos para debatir una de las siguientes cuestiones. Usen las expresiones adverbiales que correspondan con el subjuntivo o el indicativo.

Resolución: El gobierno federal debe aumentar el apoyo financiero para las artes.

Resolución: Todos los niños de las escuelas primarias deben estudiar música y tener la oportunidad de aprender a tocar un instrumento musical.

Frases comunicativas

Estás mal informado/a.	*You're misinformed.*
Sin embargo,...	*Nevertheless,...*
Entiéndeme bien.	*Let me be clear.*

MODELO: *Es urgente que el gobierno federal aumente la ayuda económica a las artes para que los artistas no tengan que tener otro empleo para poder vivir decentemente.*

Conéctate

VideoRed

▶ Antes de verlo

6-16 Tu experiencia con la música. ¿Tocas un instrumento musical o conoces a alguien que toque alguno? ¿A qué edad empezaste tus lecciones? ¿Tomaste clases particulares o en grupo? Sí, aprendieras a tocar otro instrumento, ¿cuál sería y cómo serían las lecciones? Ten estas preguntas en mente cuando veas el video para luego comparar tus experiencias y tus expectativas con el método que se presenta.

▶ A verlo

Escuela de música **(Rafael Alcalá, Musinetwork, EE. UU.)**

▶ Después de verlo

6-17 Escuela de música en línea. Trabajen juntos para escribir una lista de ventajas y desventajas de estudiar música en línea. ¿Cómo creen que se compara estudiar música en línea con otros cursos que se ofrecen, como por ejemplo matemáticas? En su opinión, ¿qué materias se prestan para aprender en línea y qué cursos son menos apropiados?

6-18 A explorar: Musicnetwork. Visita la página web de *Conexiones* para ver más información sobre esta escuela. ¿Cuánto cuestan las lecciones? ¿Qué género de música parece predominar?

Comunidades

6-19 El calendario de eventos. Seleccionen un mes del calendario de eventos de su universidad o de su comunidad y tradúzcanlo al español para informar a la comunidad hispana. Puede ser un cartel electrónico, un anuncio para poner en un lugar frecuentado por hispanos, o para un sitio en la Internet.

Conexiones

6-20 El artista, el espectáculo y el espectador. ¿Cómo influye el arte en la sociedad? ¿Cuáles son las responsabilidades de un artista famoso? ¿Qué responsabilidad social tienen las grandes y poderosas compañías artísticas de Hollywood y los patrocinadores de los programas de televisión? ¿Piensan ustedes que un espectador típico ve los espectáculos con un ojo crítico?

Comparaciones

6-21 En tu experiencia. ¿Conoces alguna película cuyo tema sea el tango? ¿Has oído algún tango en español o en inglés? ¿Te gusta ver o bailar el tango? ¿Qué música o baile te gusta y por qué?

El tango y el cine

El tango se comenzó a bailar a fines del Siglo XIX y hasta hoy día sigue siendo popular en los salones de baile, en la radio y en el cine.

El más famoso de los cantantes de tango fue el argentino Carlos Gardel, quien murió joven en un accidente de aviación. En su corta vida pudo enamorar a muchas mujeres, aunque no se casó con ninguna de ellas. Una vez un reportero le preguntó si creía en el divorcio. Gardel le respondió que no, ni creía en el matrimonio tampoco.

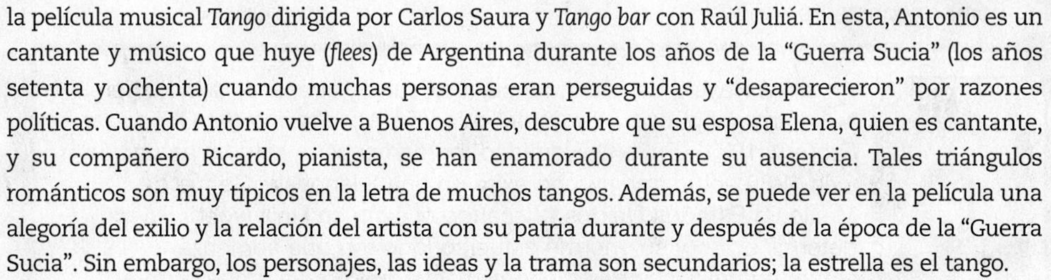

Hay muchas películas cuyo fondo musical es el tango romántico, o que incluyen el baile en algunas de sus escenas. Por ejemplo, *Perfume de mujer*, *Mentiras verdaderas*, *Crimen a ritmo de tango* (*Assasination Tango*), la película musical *Tango* dirigida por Carlos Saura y *Tango bar* con Raúl Juliá. En esta, Antonio es un cantante y músico que huye (*flees*) de Argentina durante los años de la "Guerra Sucia" (los años setenta y ochenta) cuando muchas personas eran perseguidas y "desaparecieron" por razones políticas. Cuando Antonio vuelve a Buenos Aires, descubre que su esposa Elena, quien es cantante, y su compañero Ricardo, pianista, se han enamorado durante su ausencia. Tales triángulos románticos son muy típicos en la letra de muchos tangos. Además, se puede ver en la película una alegoría del exilio y la relación del artista con su patria durante y después de la época de la "Guerra Sucia". Sin embargo, los personajes, las ideas y la trama son secundarios; la estrella es el tango.

Hoy en día el tango está de moda en todas partes del mundo y continúa siendo el tema principal de muchas películas.

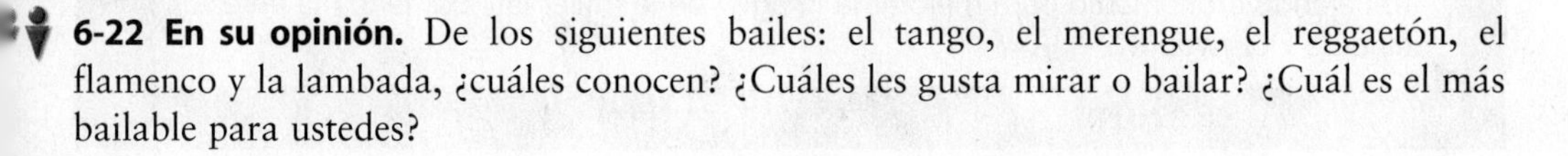

6-22 En su opinión. De los siguientes bailes: el tango, el merengue, el reggaetón, el flamenco y la lambada, ¿cuáles conocen? ¿Cuáles les gusta mirar o bailar? ¿Cuál es el más bailable para ustedes?

6-23 A explorar: El tango. Visita la página web de *Conexiones* para escuchar música de tango. ¿Qué instrumentos musicales predominan? ¿Hay un lugar en tu ciudad donde den clases de tango? ¿Qué bailes o ritmos norteamericanos se pueden comparar con el tango?

Segunda parte

¡Así es la vida!

¡Los más calientes!

Benicio del Toro nació en Puerto Rico y de niño hacía el papel de diferentes personajes para hacer reír a su madre. Junto con su hermano y su perro actuaba en historias imaginarias que creaban. En la universidad tomó una clase electiva de drama. Poco después decidió dejar la universidad y dedicarse a estudiar actuación. En su carrera, Benicio del Toro ha ganado muchos premios, incluyendo un Golden Globe y un Óscar como mejor actor de reparto en la película *Traffic*, y mejor actor en el festival de Cannes, por su papel, "Che" Guevara en la película de Steven Soderbergh. Benicio del Toro, quien ha sido llamado el "Marlon Brando de su generación" se siente orgulloso de ser puertorriqueño.

Café Tacvba se considera la mejor banda de rock alternativa de México, y para muchos, la mejor del mundo. Según el *New York Times* Café Tacvba se atreve a tratar el rock como arte. Sin embargo, su música no se puede colocar fácilmente en una categoría particular debido a la versatilidad de sus ritmos que combina los estilos pop modernos (desde rock a hip-hop y electrónica) con la música folklórica latina (incluyendo mariachi, ranchera, tejana y samba). El grupo ha ganado premios Grammy, Grammy Latino y ha presentado en *MTV Unplugged.* A los integrantes del grupo se les conoce por Meme, Joselo, Quique y por último Juan (aunque este cambia de nombre constantemente).

Salma Hayek, de ascendencia mexicana y libanesa, decidió ser actriz después de ver la película *Willy Wonka and the Chocolate Factory* (1971). En la Universidad Iberoamericana estudió actuación y en 1989 actuó con mucho éxito en una telenovela. Se fue de México a Estados Unidos buscando el éxito en Hollywood. Su determinación y su enorme esfuerzo lograron que comenzara a actuar en producciones menores hasta que por fin empezaron a darle papeles como protagonista, como en la película *Desperado.* Salma tuvo tanto éxito que decidió convertirse en productora, sin dejar su carrera de actriz. Produjo la película *Frida*, en la que hizo el papel de la pintora mexicana Frida Kahlo. Actualmente produce *Ugly Betty* y sigue trabajando arduamente para mejorar la imagen de la mujer latinoamericana en el cine de Hollywood.

¡Así lo decimos! Vocabulario

Vocabulario primordial

Algunos instrumentos musicales
el acordeón
el bajo
la batería
el clarinete
la flauta
el sintetizador
la trompeta...

Espectáculos en vivo
el acto
la audición
el boleto/el billete/la entrada
el escenario
el intermedio

Vocabulario clave: La música

Verbos

aplaudir	*to applaud*
componer	*to compose*
donar	*to donate*
ensayar	*to rehearse*
estrenar	*to premiere*
grabar	*to record*
hacer un papel	*to play a role*

Sustantivos

el actor (la actriz) de reparto	*supporting actor (actress)*
el camerino	*dressing room*
la cartelera	*billboard, entertainment listing*
el conjunto	*band, ensemble*
la gira	*tour*
el/la locutor/a	*(radio/TV) announcer*
el premio	*prize, award*
la reseña	*review (of a show or book)*
el sencillo	*single (record)*
la voz	*voice*

Adjetivos

movido/a	*lively*
lento/a	*slow*

Ampliación

Verbos	Sustantivos	Adjetivos
aplaudir	el aplauso	aplaudido/a
componer	la composición el/la compositor/a	compuesto/a
ensayar	el ensayo	ensayado/a
estrenar	el estreno	estrenado/a
grabar	la grabación	grabado/a
premiar	el premio	premiado/a

¡Cuidado!

jugar/tocar; parecer(se)/lucir

- Remember that **jugar** means *to play a game/sport* (also *to bet*) and **tocar** means *to play a musical instrument* (also *to touch* and *to knock*).

De niño, Benicio del Toro **jugaba** al fútbol.	*As a child, Benicio del Toro played soccer.*
Juanes **toca** bien la guitarra.	*Juanes plays the guitar well.*

- **Parecerse a** means *to look like*. **Parecer** before an adjective, adverb, or subordinate clause means *to seem*. **Lucir bien/mal,** on the other hand, refers to appearance in the context of dress or clothing.

Manuel **se parece a** Javier Bardem.	*Manuel looks like Javier Bardem.*
Parece que cancelaron la función.	*It seems that they cancelled the performance.*
Shakira **luce** muy **bien** con ese vestido.	*Shakira looks good in that dress.*

▶ Aplicación

6-24 ¿Quién será? Identifica a quién o a quiénes se refieren las siguientes descripciones y amplía la información dada. Refiérete a la información incluida en *¡Así es la vida!*

Benicio – Café Tacvba – Salma

MODELO: Nació en Puerto Rico.

Benicio del Toro nació en Puerto Rico pero luego estudió en California.

1. ____________ Son cuatro miembros.
2. ____________ Es productora de una serie en la televisión.
3. ____________ Su estilo es sumamente ecléctico.
4. ____________ Ganó un Óscar por mejor actor/actriz de reparto.
5. ____________ La música rock es un arte.
6. ____________ Hizo el papel principal y produjo una película.
7. ____________ Se considera el mejor grupo de México y tal vez del mundo.
8. ____________ Se impresionó por una película cuando era joven.
9. ____________ De niño/a inventaba dramas en los que actuaba con su hermano y su perro.
10. ____________ Le importa mucho la imagen de la mujer latina.

Colombia sin minas

Concierto para beneficiar a los niños víctimas de las minas antipersonales

el 24 de mayo de 2008

8:00 PM

Anfiteatro Gibson

Los Ángeles

Todos los años de 5.000 a 6.000 personas pierden su vida o sufren graves heridas a causa de las minas antipersonales

ARTISTAS

Alejandro Sanz, Ana Gabriel, Carlos Vives, Juan Luis Guerra, Laura Pausini, Luis Fonsi, Ricardo Montaner y Juanes

6-25 ¿Qué sabías ya? Antes de leer el artículo, ¿qué sabías de cada artista? Haz una lista de lo que ya sabías y compárala con la de un/a compañero/a de clase. ¿Puedes nombrar algunas de las canciones o películas que han hecho?

6-26 A explorar: Más sobre estos artistas. Visita la página web de *Conexiones* para ver imágenes o escuchar música de una de estas estrellas. Escribe un párrafo dando tu opinión sobre lo que encuentres.

6-27 Una función importante. Planeen una función en beneficio de alguna causa importante. Escriban un anuncio para el periódico en el que incluyan la siguiente información: el lugar, la fecha, la función, el programa, el grupo a quien beneficia y el costo. Incluyan una foto o un dibujo para ilustrar el anuncio.

6-28 A explorar: Objetivo Fama. Este es un programa de Univisión que tiene mucho público en Estados Unidos. Visita la página web de *Conexiones* para investigar a uno de los artistas que busca el éxito y escribe un párrafo sobre él o ella. Incluye información sobre sus experiencias, sus intereses y sus aspiraciones.

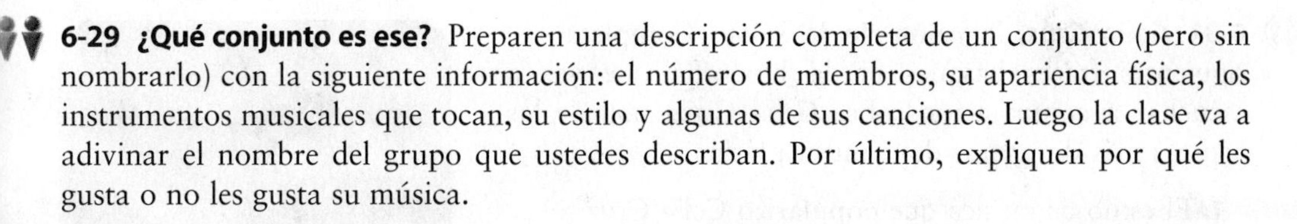

6-29 ¿Qué conjunto es ese? Preparen una descripción completa de un conjunto (pero sin nombrarlo) con la siguiente información: el número de miembros, su apariencia física, los instrumentos musicales que tocan, su estilo y algunas de sus canciones. Luego la clase va a adivinar el nombre del grupo que ustedes describan. Por último, expliquen por qué les gusta o no les gusta su música.

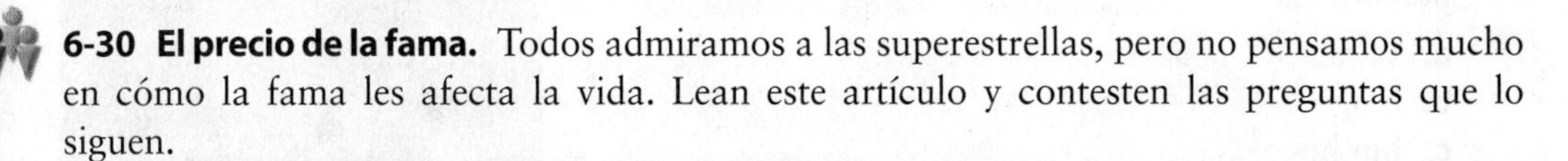

6-30 El precio de la fama. Todos admiramos a las superestrellas, pero no pensamos mucho en cómo la fama les afecta la vida. Lean este artículo y contesten las preguntas que lo siguen.

¿Buscas la fama? ¡Piénsalo dos veces!

El precio de la fama puede ser muy alto. ¿Vale la pena? Piensa que, en realidad, no tienes vida privada. No puedes hacer nada sin tomar una serie de medidas especiales, como disfrazarte, andar con guardaespaldas, hacer reservas con una identidad falsa, etc. Es muy posible que el estrés de ser vigilado todo el tiempo termine haciendo que te aísles y te separes del mundo. Los periódicos imprimen a diario todo lo que dices y haces (¡y también lo que no dices y no haces!). Todo el mundo sabe lo que compras, qué películas ves, qué pides en los restaurantes, con quién andas, los libros que lees, los videos que ves, la música que escuchas.... ¡En fin, todo lo que puedas imaginar!

Mientras gozas de la fama, lo más probable es que la prensa publique mentiras sobre ti, atribuyéndoles valor de verdad. Si se te ocurre demandar a las revistas, periódicos, cadenas de radio y televisión, y portales en la Internet te pasarás la vida en el tribunal y pagándoles grandes sumas de dinero a abogados, además del estrés y el tiempo que te costaría todo esto.

La verdad es que cuando eres famoso la gente te observa, habla de ti y esto se comprende, pero no siempre es fácil. ¿Te gustaría ser perseguido/a por fotógrafos que se esconden en los árboles y en todas partes para conseguir una foto tuya? ¡Y ni hablar de las personas que no te dejan caminar, comprar o cenar tranquilo pidiéndote autógrafos! Te persiguen hasta poder descubrir de qué enfermedades sufres, qué medicinas compras y otros aspectos íntimos de tu vida. ¡Piénsalo bien: adiós intimidad y adiós privacidad!

1. ¿Qué figura ha tenido alguno(s) de los problemas que se mencionan?
2. ¿Cómo ha afectado la fama sus relaciones personales, financieras o profesionales?
3. ¿Les parece que vale la pena ser famoso/a? Expliquen sus razones.

6-31 Celia Cruz, la reina de la salsa. Completa las siguientes frases basadas en la biografía que vas a escuchar a continuación sobre Celia Cruz, una de las artistas más duraderas de la música latina.

1. El estilo de música que popularizó Celia Cruz se llama...
  - **a.** salsa.
  - **b.** tango.
  - **c.** hip hop.

2. Antes de empezar su carrera musical, Celia Cruz estudió...
  - **a.** ciencias.
  - **b.** humanidades.
  - **c.** arte.

3. El Tropicana es...
  - **a.** el nombre de su banda.
  - **b.** un cabaret cubano.
  - **c.** un club de Miami.

4. Abandonó Cuba para irse a vivir a...
  - **a.** España.
  - **b.** EE. UU.
  - **c.** República Dominicana.

5. Además de grabar discos, ella apareció en...
  - **a.** películas norteamericanas.
  - **b.** la Casa Blanca.
  - **c.** un documental sobre Cuba.

6. Hoy en día, Celia Cruz...
  - **a.** vive en Nueva Jersey.
  - **b.** vive en el corazón de muchas personas.
  - **c.** está retirada.

6-32 De nuevo: Una entrevista con famosos (*Ser/estar*). Imagínate que eres periodista y que has entrevistado a un conjunto famoso (puede ser tu conjunto favorito). Utilizando los verbos *ser* y *estar*, escribe la entrevista para una importante revista de música.

MODELO: *Entrevista con "Los relojes rotos"*

E: *¿Cómo **están**, chicos?*

C: ***Estamos** un poco cansados pero también **estamos** contentos y muy agradecidos por el apoyo del público. ¡Todos nuestros fans **están** en nuestros corazones!*

E: *¿De dónde **son** ustedes?*

C: ***Somos** de La Paz, Bolivia, pero ahora **estamos** viviendo en Caracas.*

E: *¿**Están** grabando otro disco ahora o **están** preparando otra gira?*

C: *No, ahora **estamos** descansando. Anoche **fue** nuestro último concierto en España.*

E: *¿Dónde **fue**? ¿Cómo les **fue**?*

....

Recuerda: Para repasar *ser* y *estar* debes consultar el ***Capítulo 2***.

Reto: Trata de usar *ser* y *estar* en diferentes tiempos y modos. Usa muchas palabras de la ***Primera*** y ***Segunda parte*** de ***¡Así lo decimos!***. Trata de ser lo más original posible.

¡Así lo hacemos! Estructuras

2. Formal and informal commands

Formal commands

We use commands to give instructions or to ask people to do things. In Spanish, commands have different forms for formal (**usted/ustedes**) and informal (**tú/vosotros/as**) address.

The following examples summarize how formal commands are formed. Note that the verbs follow the same pattern as in the subjunctive. The same spelling changes (**-gar, -gue; -car, -que; -zar, -ce**), stem changes (**e, ie; e, i; o, ue**), and irregular verbs (**dar, estar, ir, saber, ser**) apply.

Llegue temprano para no tener que hacer cola.	*Arrive early so that you don't have to stand in line.*
Pida dos entradas.	*Ask for two tickets.*
Tenga paciencia en la cola.	*Be patient in line.*
Vayan al estreno temprano.	*Go to the premiere early.*

- Negative commands are formed by placing **no** in front of the command form.

No pierda el guión para la audición de mañana.	*Don't lose the script for the audition tomorrow.*
No escriban la reseña hasta hablar con la autora.	*Don't write the review until you've spoken with the author.*

- Subject pronouns may be used with commands for emphasis. As a rule, they are placed after the verb.

Piense usted en el personaje.	*Think about the character.*
No hablen ustedes con el violinista.	*Don't you talk with the violinist.*

- With affirmative commands, direct and indirect object pronouns must follow the command form and be attached to it. An accent mark is added to commands of two or more syllables to show that the stress of the original verb remains the same.

¿El cartel? Diséñe**melo** inmediatamente.	*The poster? Design it for me immediately.*
Prepáre**les** el contrato.	*Prepare the contract for them.*

- With negative commands, direct and indirect object pronouns are placed between **no** and the command form.

¿El productor? No **lo** siente allí; siénte**lo** aquí.	*The producer? Don't seat him there; seat him here.*
No **le** ponga más maquillaje a la actriz.	*Don't put any more makeup on the actress.*

▶ Aplicación

6-33 En el estudio de la telenovela *El corazón siempre llora*. El director está dando órdenes. Completa lo que dice con los verbos entre paréntesis.

Buenas tardes, señoras y señores. Con su cooperación, esta tarde vamos a filmar una escena entera de *El corazón siempre llora*. Camarógrafo, (**1.** poner) __________ su cámara donde pueda ver todo el escenario. María, (**2.** arreglarle) __________ el maquillaje a la estrella y (**3.** peinarle) __________ el cabello. Jorge, (**4.** limpiarle) __________ la corbata a don José. Parece que almorzó papas con salsa de tomate. Lupita y Sara, (**5.** apagar) __________ las luces al fondo del escenario. Jorge, (**6.** traerme) __________ el guión para esta escena. Rosa María, no (**7.** reírse) __________, por favor.

Don José, (**8.** ponerse) __________ más serio. Sí, eso es. Bueno... Luz, cámara, acción: Rosa María, (**9.** abrir) __________ la puerta lentamente, (**10.** entrar) __________ en la sala, (**11.** buscar) __________ la correspondencia, (**12.** encontrar) __________ la carta, (**13.** abrirla) __________, (**14.** leerla) __________, (**15.** gritar) __________ y (**16.** salir) __________ corriendo. Don José, (**17.** levantarse) __________ y (**18.** seguirla) __________. ¡Perfecto! ¡(**19.** Cortar) __________ y (**20.** copiar) __________!

6-34 ¡No toque, por favor! En el estudio de televisión siempre hay reglas *(rules)* para los visitantes. Intercambien órdenes afirmativas o negativas usando los verbos de la lista y otros. La regla debe ser lógica.

MODELO: tocar los objetos en el escenario
Por favor, no toquen los objetos. (No los toque, por favor.)

1. fumar
2. comer
3. sentarse en la silla del director
4. observar la participación de los extras
5. beber
6. hacer ruido *(noise)* durante la filmación
7. acercarse a las cámaras
8. distraer *(distract)* al personal

6-35 El escenario. Ustedes son responsables de la producción de la telenovela *La fea más bella* en la que la protagonista no puede decidirse entre dos novios. Escriban órdenes para los asistentes. Usen las siguientes sugerencias como guía.

- cómo maquillar a Lety, la protagonista
- dónde poner los micrófonos
- dónde colocar las cámaras y las luces
- cómo vestir a Fernando y a Aldo, los pretendientes *(suitors)*
- cómo entretener a la mamá de Lety

Los protagonistas de la telenovela mexicana, La fea más bella.

Informal commands

Tú commands

- Most affirmative **tú** commands have the same form as the third person singular (él, ella, Ud.) of the present indicative. For the negative commands use the subjunctive.

INFINITIVE	AFFIRMATIVE	NEGATIVE
comprar	compra	no compres
comer	come	no comas
escribir	escribe	no escribas
pedir	pide	no pidas
pensar	piensa	no pienses

Prepara los subtítulos al final. — *Prepare the subtitles at the end.*
Escribe, si puedes, una tragedia griega. — *Write, if you can, a Greek tragedy.*
Pide el micrófono para el concierto. — *Ask for the microphone for the concert.*
No toques la trompeta tan alto. — *Don't play the trumpet so loud.*
No pidas más audiciones. — *Don't ask for more auditions.*
No vayas a la taquilla hasta muy tarde. — *Don't go to the box office until very late.*

- The following verbs have irregular affirmative command forms. The negative **tú** commands of these verbs use the subjunctive form.

decir	**di**	**Di** si el cartel te gusta.	*Say if you like the poster.*
hacer	**haz**	**Haz** la proyección.	*Do the projection.*
ir	**ve**	**Ve** al teatro.	*Go to the theater.*
poner	**pon**	**Pon** el tambor en la mesa.	*Put the drum on the table.*
salir	**sal**	**Sal** para el teatro enseguida.	*Leave for the theater right now.*
ser	**sé**	**Sé** amable con el guitarrista.	*Be nice to the guitarist.*
tener	**ten**	**Ten** paciencia con los radioyentes.	*Be patient with the radio listeners.*
venir	**ven**	**Ven** al estudio de televisión.	*Come to the television studio.*

Vosotros/as commands

Most Spanish speakers in Latin America use the **ustedes** form to express both informal and formal plural commands. In Spain, however, informal plural commands are expressed with the **vosotros/as** commands.

Affirmative **vosotros/as** commands are formed by dropping the **-r** of the infinitive and adding **-d.** Negative **vosotros/as** commands have the same form as the second-person plural of the present subjunctive. The subject **vosotros/as** is usually omitted for the informal plural command forms.

INFINITIVE	AFFIRMATIVE	NEGATIVE
hablar	hablad	no habléis
comer	comed	no comáis
vivir	vivid	no viváis
hacer	haced	no hagáis
pedir	pedid	no pidáis

Donad dinero para beneficiar a los niños. — *Donate money to help the children.*
Aplaudid a los músicos, por favor. — *Clap for the musicians, please.*
Ensayad la escena final. — *Rehearse the final scene.*

- The affirmative informal commands of reflexive verbs drop the final **-d** before adding the reflexive pronoun **-os,** except for **idos (irse).** Every **-ir** reflexive verb, with the exception of **irse,** requires an accent mark on the **i** of the stem of the verb. The negative **vosotros/as** command uses the subjunctive.

INFINITIVE	AFFIRMATIVE	NEGATIVE
acostarse	acostaos	no os acostéis
vestirse	vestíos	no os vistáis
irse	idos	no os vayáis

Idos al estreno de la obra. — *Leave for the premiere of the play.*
Vestíos bien para ir al concierto. — *Dress well to go to the concert.*

▸ Aplicación

6-36 El Pingüino (*Happy Feet*). Usa mandatos informales (*tú, vosotros/as*) para completar las instrucciones que la mamá les da a sus hijos antes de ver esta película popular.

Pepito, (**1.** dejar) ___________ tu chicle en el basurero antes de entrar. No (**2.** mascarlo [*chew it*]) ___________ en el cine. Toño y Conchita, (**3.** buscar) ___________ la fila 32, las butacas de la "f" a la "j". (**4.** Sentarse) ___________ y no (**5.** moverse) ___________. Pepito, (**6.** comprarles) ___________ dulces y refrescos a tus hermanos. Conchita, (**7.** compartir) ___________ tu refresco con Toño. Pirula, (**8.** ponerse) ___________ el suéter que pronto vas a tener frío. (**9.** Mirar) ___________ hijos, va a empezar la película. (**10.** Callarse) ___________ por favor. Pepito, ¡(**11.** sentarse) ___________ ahora!

6-37 Consejos. ¿Qué consejos le darías a un/a buen/a amigo/a que está por salir a buscar fortuna como concertista o actor/actriz? Escríbele una carta en la que le des algunos consejos prácticos y filosóficos para empezar esta etapa de su vida.

MODELO:
Querido Elvis:
Ya que eres mi mejor amigo, quiero darte algunos consejos antes de que te vayas a Nashville. Primero, sé optimista…

6-38 Una balada. Eres cantautor y necesitas una canción sentimental para tu próximo álbum. Escribe una usando ocho o diez mandatos informales y preséntale a la clase la letra de tu canción.

MODELO: *Amor mío, por favor no te vayas…*

6-39 Un tablao (*dance floor*) en Sevilla. Ustedes son bailarines de flamenco y tienen que negociar un contrato nuevo con los dueños del tablao donde bailan. Hagan una lista de sus exigencias *(demands)* usando mandatos informales (*vosotros/as*).

MODELO: *Dadnos quince minutos de descanso por cada hora que bailamos.*

6-40 A explorar: La cartelera. Visita la página web de *Conexiones* para averiguar qué espectáculos hay en una ciudad hispana esta semana. Haz una lista de los diez que encuentres más interesantes. Escribe un párrafo corto sobre uno de los eventos que te interese.

3. Subjunctive with *ojalá, tal vez,* and *quizá(s)*

- The expression **¡Ojalá!** entered into the Spanish language during the Arab occupation of Spain. Its literal translation is "May Allah grant your wish," and its actual meaning is *I hope that.* **¡Ojalá!** may be used with or without **que**, and it is followed by the subjunctive.

¡Ojalá (que) **podamos** ver la nueva película de Almodóvar!	*I hope that we can see the new Almodóvar film!*
¡Ojalá (que) **venga** a la fiesta el cantautor!	*I hope that the singer-songwriter comes to the party!*

- The expressions **tal vez** and **quizá(s)**, meaning *perhaps* or *maybe,* are followed by the subjunctive to convey uncertainty or possibility.

Tal vez vaya al estreno de la obra.	*Perhaps I'll go to the premiere of the play.*
Quizás invite a Patricia a ir conmigo.	*Maybe I'll invite Patricia to go with me.*

- When **tal vez** or **quizá(s)** follows the verb, use the indicative.

Vamos a oír al conjunto, **tal vez.**	*We're going to listen to the band, perhaps.*
Te **veré** en el intermedio, **quizás.**	*I'll see you during the intermission, maybe.*

▸ Aplicación

6-41 La noche de los premios Óscar. Lee el siguiente monólogo interior de uno de los nominados para un Óscar. Subraya **ojalá, tal vez** y **quizás** y explica por qué se usa el indicativo o el subjuntivo del verbo con estas expresiones.

Esta es mi noche. Tal vez gane por fin la pequeña estatua dorada que tanto deseo. Quizás el público me dé una ovación. Me echarán flores cuando suba al escenario, quizás. ¿Estarán todos mis amigos y familiares llorando de alegría? Tal vez pase eso. ¡Ojalá que tenga éxito y que se realicen mis más deseados sueños!

6-42 Ojalá. Vuelve a expresar los deseos y dudas del párrafo anterior usando otra expresión que requiera el subjuntivo. Puedes referirte a la lista de expresiones en el *Capítulo 2.*

MODELO: *Es posible que gane* un *Óscar.*

Adriana Barraza fue nominada para un Óscar por su rol en Babel.

6-43 En el ensayo del drama. Vas a ensayar una obra de teatro con un nuevo director que ha sido contratado. Completa la lista usando la forma correcta del presente del subjuntivo.

1. Ojalá que el nuevo director (eliminar) ___________ rápido la tensión que existe entre el dramaturgo y el actor principal.
2. Ojalá que nosotros (poder) ___________ empezar y terminar los ensayos a tiempo.
3. Ojalá que nos (pagar) ___________ el salario puntualmente.
4. Ojalá que los actores y actrices (estar) ___________ satisfechos con los cambios.
5. Ojalá que la obra (llegar) ___________ al Teatro Infanta Isabel.

6-44 Tal vez lo pase bien. Vas al cine con alguien por primera vez y no sabes si vas a pasar un buen rato o no. Por eso deseas planear lo que puedes hacer y decirle. Cambia las siguientes oraciones para que expresen incertidumbre con **quizá(s)** o **tal vez.**

MODELO: Me vestiré informalmente.
Tal vez me vista informalmente. o *Quizá(s) me vista informalmente.*

1. Primero le comentaré algo sobre el tiempo.
2. Después le hablaré de mis estudios.
3. Le preguntaré de sus planes para el futuro.
4. Cuando termine la película, lo/la invitaré a tomar un refresco en el café *Carmelo.*
5. Entonces le diré lo que pienso hacer este verano.
6. Más tarde le preguntaré cuáles son sus pasatiempos favoritos.
7. Y finalmente le explicaré por qué me gusta la música clásica.
8. Si somos compatibles, lo/la invitaré a salir el próximo sábado.

6-45 Ojalá que... Imagínense que quieren ser estrellas de televisión, de cine o de música. Hablen de cosas que desean que les ocurran en los próximos diez años. Pueden expresar esperanzas verdaderas o inventadas.

MODELO: E1: *Ojalá que me haga famoso/a.*
E2: *Ojalá encuentre un director que quiera trabajar conmigo.*

6-46 Debate: Los medios de comunicación. Formen dos grupos para debatir uno de los temas siguientes. Usen expresiones de incertidumbre, mandatos informales y expresiones adverbiales apropiadas.

Resolución: Hay que censurar los medios de comunicación y reducir la violencia en el cine, en los videos musicales y en los programas de televisión.

Resolución: Hay que aumentar la representación de modelos positivos de latinos y afroamericanos en las películas y en los programas de televisión.

MODELO: *Pónganse en el lugar de los padres de familias con hijos pequeños. Tenemos que censurar la violencia en los medios de comunicación para que los niños de hoy no se conviertan en los criminales de mañana.*

¡Así lo expresamos!

Imágenes

***¿Quién lleva el ritmo?* (Aída Emart, 1962– , México)**
Aída Emart nació en México. Estudió la carrera de Grabado en la Escuela de Pintura, Escultura y Grabado "La Esmeralda" del Instituto Nacional de Bellas Artes, México, D.F. Ha trabajado como ilustradora, coordinadora y ponente en diferentes publicaciones y foros. Le gusta dibujar a los músicos, en particular a los músicos de jazz.

¿Quién lleva el ritmo? (© Aída Emart, México)

▸ Perspectivas e impresiones

6-47 Los músicos. Describe este cuadro: el estilo, los colores, las figuras y sus instrumentos. ¿Te parece una escena dinámica o estática? ¿Por qué?

6-48 El contexto. Inventa un contexto para esta escena. ¿Dónde tiene lugar? ¿Quiénes son los músicos? ¿Qué están tocando? ¿Por qué son todos hombres en el conjunto?

Ritmos

Fiel a la Vega (Puerto Rico)

El nombre del grupo se deriva del pueblo donde nacieron sus dos miembros fundadores: Vega Alta, Puerto Rico. Después de incorporar otros miembros al grupo, de grabar varios discos y de dar importantes conciertos, Fiel a la Vega se ha convertido en el grupo de rock más importante de Puerto Rico.

▸ Antes de escuchar

6-49 El brillo (*glow*) de la fama. ¿Has participado alguna vez en actividades artísticas como el teatro, la música o la pintura? ¿En la escuela o fuera de ella? ¿Fue una buena experiencia? Si no tuviste esa experiencia, ¿la tuvo alguien de tu familia? Si tuvieras mucho talento artístico, ¿qué te atraería más del mundo del espectáculo? ¿Podrías vivir una vida de artista?

▸ A escuchar

6-50 ¿Qué quiere ser? El título en inglés de esta canción se refiere a una persona que quiere ser algo que no es. Mientras escuchas la canción, descubre qué es lo que quiere ser.

El Wanabí

Hace ya bastantes años
que no se juega por jugar.
Cambio el guante de pelota° *baseball glove*
por las cartas del azar° *"the playing cards of chance"*
Y yo que me la pasé esperando
por la mayoría de edad
pa' que° me dejaran salir solo *para que*
a la calle y cruzar hasta la ciudad.
Y descubrir ese mundo nuevo
de edificios sin empañetar° *without plaster*
en donde las estrellas se dan° en el cine *existen*
y en el cielo°, sólo hay gas... *sky*
Y así echamos todo hacia un lado°, *put everything aside*
al familiar y a la amistad,
cambiando el cielo de tantos años
por un estudio que paga más,
y trabajando en restaurantes
de mensajeros°, de lo que sea°, *messengers / doing any kind of job*
automatizados por una espera,
por una gran oportunidad,
oyendo anécdotas de otra gente
que fueron antes igual que tú,
de limpia-mesas que tuvieron suerte
y que ahora viven en Hollywood...
Coro:
Dame un momento pa' probar° *to try out*
de que estoy hecho, je, je, je
Soy el que va cuesta arriba° *moving up*
Soy el que va al asecho° je, je, je... *on the lookout*

Quizás, algún día comprenda
lo que importa de verdad,
quizás lo que importa en esta vida
es algo que no tiene que ver
con las cosas que persigo° *pursue*
con todo aquello que soñé,
pero algo necesito, oye,
algo tengo que creer,
quizás mi sueño no vale nada,
quizás sea algo que me inventé
como un mapa como una guía,
como una excusa que promover°, *to promote*

Soñar tiene algo de engañarnos,
de ser hoy alguien más que ayer
malagradeciendo° lo que se nos ha dado *not appreciating*
pues nos importa más saber,
¿cómo sería todo al otro lado?
Que te escucharan sólo una vez.
Sé que se oye° egocentrista, *it sounds*
pero lo digo sin maldad°. *malice*
Si nada de esto significa algo,
no habría un Clemente°, Roberto Clemente, famoso jugador de béisbol de Puerto Rico
No habría un Juliá...° Raúl Juliá, actor
Coro...

▸ Después de escuchar

6-51 Antes de ganar la fama. ¿Cómo se gana la vida uno antes de llegar a tener fama? ¿Qué harías tú para alcanzar tu sueño?

6-52 ¡Qué actor! La canción menciona a dos personas con éxito (Roberto Clemente y Raúl Juliá). Ellos lograron su sueño y tuvieron éxito. Piensen en un actor o una actriz que admiren y explíquense la razón de su éxito.

6-53 A explorar: Pedro Almodóvar y sus películas. Visita la página web de *Conexiones* para descubrir el intrigante mundo del famoso director, guionista y productor de cine español Pedro Almodóvar. De familia humilde y con pocos recursos económicos, Almodóvar ha logrado ser el cineasta español más importante del mundo. ¿Cuál de sus películas has visto o deseas ver? ¿Por qué?

Páginas

Augusto Monterroso (1921–2003, Guatemala)

En 1944, el escritor guatemalteco Augusto Monterroso se trasladó a México por motivos políticos. En sus cuentos se destaca su inclinación por la parodia, la fábula y el ensayo, el humor negro y la paradoja (*paradox*). Honrado con varios prestigiosos premios literarios, se le conoce también por haber escrito uno de los cuentos más cortos del mundo:

El dinosaurio

Cuando despertó, el dinosaurio todavía estaba allí.

▸ Antes de leer

6-54 La paradoja. Este cuento presenta una difícil paradoja para cualquier padre: la tensión entre querer apoyar totalmente a su hija sin poder aceptar completamente la profesión que ella ha elegido. ¿Puedes pensar en alguna circunstancia parecida en tu familia o en otra que conozcas? Explica la situación y cómo se ha resuelto.

6-55 Estrategias de la lectura. Cuando lees por encima (*skim*), buscas información esencial para darte una idea de sobre qué trata lo que estás leyendo. Lee por encima los tres primeros párrafos para encontrar esta información.

- la relación entre el narrador y la persona sobre quien escribe
- dónde tiene lugar la acción
- quiénes están presentes, además del narrador
- la profesión del narrador
- el dilema que él siente en esta ocasión

▸ A leer

6-56 En contexto. Lee el primer párrafo para tener una idea del contexto del cuento. ¿Hay un evento de gran importancia? ¿Cuál es?

El concierto

Dentro de escasos minutos ocupará con elegancia su lugar ante el piano. Va a recibir con una inclinación casi imperceptible el ruidoso homenaje del público. Su vestido, cubierto con lentejuelas, brillará como si la luz reflejara sobre él el acelerado aplauso de las ciento diecisiete personas que llenan esta pequeña y exclusiva sala, en la que mis amigos aprobarán o rechazarán° —no lo sabré nunca— sus intentos de reproducir la más bella música, según creo, del mundo. (5)

° *they will reject*

Lo creo, no lo sé. Bach, Mozart, Beethoven. Estoy acostumbrado a oír que son insuperables y yo mismo he llegado a imaginarlo. Y a decir que lo son. Particularmente

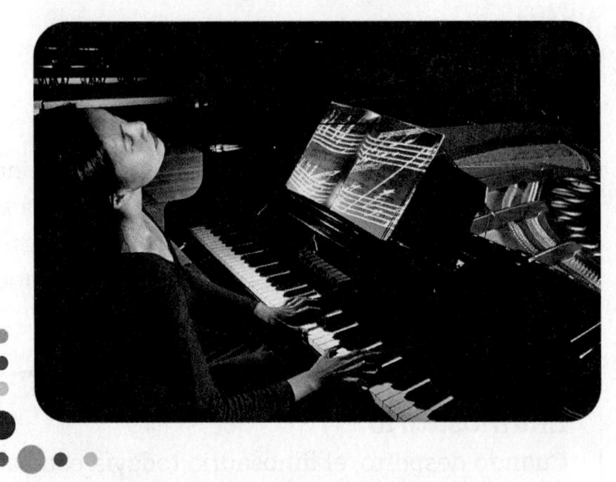

preferiría no encontrarme en tal caso. En lo
10 íntimo estoy seguro de que no me agradan y sospecho que todos adivinan mi entusiasmo mentiroso.

Nunca he sido un amante del arte. Si a mi hija no se le hubiera ocurrido ser pianista
15 yo no tendría ahora este problema. Pero soy su padre y sé mi deber° y tengo que oírla y apoyarla°. Soy un hombre de negocios y sólo me siento feliz cuando manejo las finanzas. Lo repito, no soy
20 artista. Si hay un arte en acumular una fortuna y en ejercer el dominio del mercado mundial y en aplastar° a los competidores, reclamo el primer lugar en ese arte.

duty / *support her* / *crushing*

La música es bella, cierto. Pero ignoro si mi hija es capaz de recrear esa belleza. Ella misma lo duda. Con frecuencia, después de las audiciones, la he visto llorar, a pesar de los aplausos. Por otra parte, si alguno
25 aplaude sin fervor, mi hija tiene la facultad de descubrirlo entre la concurrencia, y esto basta° para que sufra y lo odie° con ferocidad de ahí en adelante. Pero es raro que alguien apruebe fríamente. Mis amigos más cercanos han aprendido en carne propia° que la frialdad° en el aplauso es peligrosa y puede arruinarlos. Si ella no hiciera una señal de que considera suficiente la ovación, seguirían aplaudiendo toda la noche por el temor que siente cada uno de ser el primero en dejar de hacerlo. A
30 veces esperan mi cansancio° para cesar de aplaudir y entonces los veo cómo vigilan mis manos, temerosos de adelantárseme° en iniciar el silencio. Al principio me engañaron° y los creí sinceramente emocionados: el tiempo no ha pasado en balde° y he terminado por conocerlos. Un odio continuo y creciente se ha apoderado de mí. Pero yo mismo soy falso y engañoso°. Aplaudo sin convicción. Yo no soy un artista. La música es bella, pero en el fondo no me importa que lo sea y me aburre. Mis amigos
35 tampoco son artistas. Me gusta mortificarlos, pero no me preocupan.

this is enough / *hates* / *in their own flesh / coldness* / *weariness* / *getting ahead of me / they deceived / in vain* / *deceitful*

Son otros los que me irritan. Se sientan siempre en las primeras filas° y a cada instante anotan algo en sus libretas. Reciben pases gratis que mi hija escribe con cuidado y les envía personalmente. También los aborrezco°. Son los periodistas. Claro que me temen y con frecuencia puedo comprarlos. Sin embargo, la insolencia de dos o tres no tiene límites y en ocasiones se han atrevido a decir que mi hija
40 es una pésima ejecutante°. Mi hija no es una mala pianista. Me lo afirman sus propios maestros. Ha estudiado desde la infancia y mueve los dedos con más soltura° y agilidad que cualquiera de mis secretarias. Es verdad que raramente comprendo sus ejecuciones, pero es que yo no soy un artista y ella lo sabe bien.

rows / *detest* / *an extremely bad performer* / facilidad

La envidia es un pecado° detestable. Este vicio de mis enemigos puede ser el escondido factor de las
45 escasas° críticas negativas. No sería extraño que alguno de los que en este momento sonríen, y que dentro de unos instantes aplaudirán, propicie esos juicios adversos°. Tener un padre poderoso ha sido favorable y aciago° al mismo tiempo para ella. Me pregunto cuál sería la opinión de la prensa si ella no fuera mi hija. Pienso con persistencia que nunca debió tener pretensiones artísticas. Esto no nos ha traído sino incertidumbre e insomnio. Pero nadie iba ni siquiera a soñar, hace veinte años, que yo
50 llegaría adonde he llegado. Jamás podremos saber con certeza, ni ella ni yo, lo que en realidad es, lo que efectivamente vale. Es ridícula, en un hombre como yo, esa preocupación.

sin / pocas / propicie... *foster these negative opinions / fateful*

Si no fuera porque es mi hija confesaría que la odio. Que cuando la veo aparecer en el escenario un persistente rencor me hierve° en el pecho, contra ella y contra mí mismo, por haberle permitido seguir un camino tan equivocado. Es mi hija, claro, pero por lo mismo no tenía derecho a hacerme eso. *boils*

55 Mañana aparecerá su nombre en los periódicos y los aplausos se multiplicarán en letras de molde°. Ella se llenará de orgullo y me leerá en voz alta la opinión laudatoria de los críticos. No obstante, a medida que vaya llegando a los últimos, tal vez a aquellos en que el elogio es más admirativo y exaltado, podré observar cómo sus ojos irán humedeciéndose, y cómo su voz se apagará hasta convertirse en un débil rumor, y cómo, finalmente, terminará llorando con un llanto° desconsolado e infinito. Y yo me sentiré, 60 con todo mi poder, incapaz de hacerla pensar que verdaderamente es una buena pianista y que Bach y Mozart y Beethoven estarían complacidos de la habilidad con que mantiene vivo su mensaje. *en... in print* *weeping*

Ya se ha hecho ese repentino silencio que presagia° su salida. Pronto sus dedos largos y armoniosos se deslizarán° sobre el teclado°, la sala se llenará de música, y yo estaré sufriendo una vez más. *forewarns* *they will slide / keyboard*

▸ Después de leer

6-57 ¿Cómo lo interpretas tú? Identifica a la persona o a las personas que se describen a continuación. Si hay más de una, explica por qué.

N: el narrador H: la hija P: el público

1. ___ No entiende la música.
2. ___ Lleva puesto un traje elegante.
3. ___ Aplaude.
4. ___ Tiene éxito en el mundo comercial.
5. ___ Toma muy en serio su profesión.
6. ___ Odia a los periodistas.
7. ___ Resiente el camino que ella ha tomado.
8. ___ Responde favorablemente al espectáculo.

6-58 ¿En qué se diferencian? Trabajen juntos para hacer una lista de contrastes entre el narrador y su hija. En su opinión, ¿cuáles de estos no es posible remediar?

MODELO:

El narrador	La hija
Es egoísta.	*Es sensible.*

6-59 Los cuentos de Augusto Monterroso. Monterroso escribió muchas fábulas y cuentos cortos como *El dinosaurio*, que abre esta selección. En su opinión, ¿qué representa el dinosaurio? ¿Han visto uno al despertarse alguna vez? ¿Podría tener algún significado psicológico o político? Expliquen. ¿Cuál es "el dinosaurio" del narrador del cuento que acaban de leer?

Taller

Una escena dramática

La comunicación entre dos o más personas incluye gestos, miradas, tono y ambiente, entre otras cosas. Por eso, un guión debe ofrecer más que el diálogo entre los personajes. Debe crear una escena y un diálogo que podría figurar dentro de un guión más amplio.

▸ Antes de escribir

Idear. Piensa en la escena, los personajes y el problema dramático. Escribe una lista de ideas sobre los elementos que incluya ideas sobre el estado físico y psicológico de los personajes.

Describir. Describe la escena: el lugar, lo que hay allí, el ambiente, etc.

Ampliar. Describe la acción, es decir, lo que esté pasando antes del intercambio.

▸ A escribir

Escribir. Inventa un breve diálogo entre los dos personajes.

Agregar. Entre paréntesis, añade frases que indiquen los gestos, las expresiones y el tono de voz de los personajes.

Leer en voz alta. Lee sólo el diálogo en voz alta para ver si es "natural" y si lograste el tono.

▸ Después de escribir

Revisar. Revisa tu escena. ¿Es lógica? ¿Son claras las direcciones? ¿Fluye bien el diálogo? A continuación, revisa los siguientes aspectos.

- ☐ ¿Has incluido vocabulario variado?
- ☐ ¿Has incluido algunos mandatos o alguna expresión de esperanza (con *ojalá, tal vez* o *quiza[s]*)?
- ☐ ¿Has usado bien los mandatos y el subjuntivo?
- ☐ ¿Has verificado la concordancia y la ortografía?

Intercambiar. Intercambia tu escena con la de un/a compañero/a. Mientras leen las escenas, hagan comentarios y sugerencias sobre el contenido, la estructura y la gramática.

Entregar. Pon tu ensayo en limpio, incorpora las sugerencias de tu compañero/a y entrégaselo a tu profesor/a.

Vocabulario

Primera parte

la actuación	*performance*
actuar	*to act*
el/la aficionado/a	*fan*
bailable	*danceable*
bailar	*to dance*
la cadena	*network*
la carrera	*career*
competir (i, i)	*to compete*
competitivo/a	*competitive*
conseguir (i, i)	*to get, to obtain*
emocionante	*touching, thrilling*
enfrentar	*to face*
Entiéndeme bien.	*Let me be clear.*
entrar a/en	*to enter*
entretener (ie)	*to entertain*
el espectáculo	*show*
la estrella	*star*
excitante	*exciting, arousing*
el guión	*script*
innovador/a	*innovative*
innovar	*to innovate*
interpretar	*to intrepret (a role, a song)*
mal informado/a	*misinformed*
el mundo del espectáculo	*show business*
la pantalla	*screen*
el papel	*role*
el personaje	*character*
rechazar	*to reject*
el rechazo	*rejection*
el reportaje	*report*
sin embargo	*nevertheless*
la temporada	*season*
la trama	*storyline*

Segunda parte

el actor (la actriz) de reparto	*supporting actor (actress)*
aplaudir	*to applaud*
el camerino	*dressing room*
la cartelera	*billboard, entertainment listing*
componer	*to compose*
el conjunto	*band, ensemble*
donar	*to donate*
ensayar	*to rehearse*
estrenar	*to premiere*
la gira	*tour*
grabar	*to record*
hacer un papel	*to play a role*
jugar (ue)	*to play a game, to bet, to play a sport*
lento/a	*slow*
el/la locutor/a	*(radio/TV) announcer*
lucir bien/mal	*to look good/bad (appearance in context of clothing)*
movido/a	*lively*
ojalá (que)	*I hope (that), I wish (that)*
parecer(se a)	*to seem (to look like)*
premiar	*to award a prize to*
el premio	*prize, award*
quizá(s)	*perhaps, maybe*
la reseña	*review (of a show or book)*
el sencillo	*single (record)*
tal vez	*perhaps, maybe*
tocar	*to play a musical instrument, to touch, to knock*
la voz	*voice*

Conjunctions that always require the subjunctive *See page 179*
Conjunctions that require either the subjunctive or the indicative *See page 180*

7 La diversidad humana

▸▸ OBJETIVOS COMUNICATIVOS

- Overcoming obstacles due to racial, ethnic, or gender barriers
- Comparing the past with the present
- Expressing how long an action has been going on
- Discussing race and gender
- Answering the questions *Why?* and *What for?*
- Sharing experiences that promote positive behavior

▸▸ PRIMERA PARTE

¡Así es la vida! • • • Marta Tienda, demógrafa

¡Así lo decimos! Vocabulario • • • Igualdad de oportunidades

¡Así lo hacemos! Estructuras • • • Review of the preterit and imperfect • • • *Hacer* and *desde* in time expressions

Conéctate

- VIDEORED • • • *Spot contra la discriminación* (Yannlui Eduardo Velásquez Gálvez, Perú) • • • *Día internacional de la mujer* (Armando N. Faraoni, Argentina)
- COMUNIDADES • • • Los derechos en el trabajo
- CONEXIONES • • • Un grupo minoritario
- COMPARACIONES • • • Joaquín Cortés, un gitano que lucha por el respeto a su gente

▸▸ SEGUNDA PARTE

¡Así es la vida! • • • ¿Cuántas razas hay en el mundo?

¡Así lo decimos! Vocabulario • • • La diversidad étnica y de género

¡Así lo hacemos! Estructuras • • • *Por* and *para* • • • Verbs that require a preposition before an infinitive

▸▸ ¡ASÍ LO EXPRESAMOS!

- IMÁGENES • • • *La mesa de la hermandad* (José Clemente Orozco, México)
- RITMOS • • • *Represento* (Lou Briel, Puerto Rico)
- PÁGINAS • • • *Tú me quieres blanca* (Alfonsina Storni, Argentina)
- TALLER • • • Un reportaje periodístico

A empezar

¿Cuáles son algunos de los grupos étnicos que hay en tu ciudad? ¿Qué grupos étnicos predominan donde estudias? En la administración, ¿predominan hombres o mujeres?

Curiosidades

¿Sabes...

qué país hispanoamericano fue el primero en castigar con prisión a los homofóbicos?

a. Uruguay
b. Argentina
c. México

qué país fue el primero en otorgarle a la mujer el derecho a votar?

a. Estados Unidos
b. Costa Rica
c. Nueva Zelandia

cuál es el porcentaje de mujeres entre las personas que reciben el doctorado en ciencias?

a. 60%
b. 45%
c. 33%

qué país del continente americano tiene una ley llamada c-250 que prohíbe el uso ofensivo del lenguaje dirigido hacia las minorías religiosas, raciales, sexuales o étnicas?

a. Jamaica
b. Canadá
c. Panamá

Primera parte

¡Así es la vida!

Marta Tienda, demógrafa

Para Marta Tienda los números son clave para entender la calidad de la vida de la gente. En la universidad ella se especializó en sociología, la ciencia que estudia la sociedad humana. Hija de un inmigrante mexicano indocumentado, Marta Tienda entiende el dolor de crecer pobre. Cuando sus padres tenían que recoger frutas y verduras para ganarse la vida, Marta sufrió con ellos las condiciones duras que los trabajadores emigrantes tenían que aguantar. Fue una experiencia que ella nunca olvidaría. Marta prometió utilizar su creatividad, su espíritu fuerte y su actitud positiva para ayudar a los menos afortunados. Hoy es profesora de sociología y directora de Investigaciones Demográficas en la Universidad de Princeton donde aboga por la importancia de la diversidad en la educación superior y en la economía. En Estados Unidos "tenemos una de las poblaciones más diversas del mundo", dice la profesora Tienda, "pero esta diversidad no existe entre los intelectuales y los miembros de las clases media alta y alta del país. Es necesario que los jóvenes de todos los niveles socioeconómicos y de los diferentes grupos étnicos tengan la oportunidad de contribuir de una manera positiva a nuestra sociedad. Esto se logrará con el acceso de todos a una educación universitaria".

¡Así lo decimos! Vocabulario

Vocabulario primordial*

la clase baja (media / media alta / alta)
los derechos civiles
los estereotipos
indocumentado/a
la mayoría
la minoría
negarse (ie) a
el prejuicio
respetar

*These are expressions that you have either studied previously or are obvious English cognates. We list them under *Vocabulario primordial* (fundamental) as a reminder that they can be useful for the activities in this chapter. Although we do not provide English translations here, you will find them in the glossary at the end of the text.

Vocabulario clave: Igualdad de oportunidades

Verbos

abogar (por)	*to advocate*
aguantar	*to bear, to put up with*
cumplir	*to comply with, to fulfill*
ejercer (zc)	*to practice a profession*
hallarse	*to be in a certain place or condition*
otorgar	*to grant, to award*
pertenecer (zc)	*to belong*
restringir (j)	*to restrict, to limit*
señalar	*to point out, to make known*
valorar	*to value, to appreciate*

Sustantivos

el acoso sexual	*sexual harassment*
el adelanto	*progress*
la barrera	*barrier*
la convivencia	*coexistence*
la (des)igualdad	*(in)equality*
la discapacidad	*disability, handicap*
la etnia	*ethnic group*
el/la investigador/a	*researcher*

Ampliación

Verbos	Sustantivos	Adjetivos
acosar	el acoso	acosado/a
adelantar	el adelanto	adelantado/a
investigar	la investigación, el/la investigador/a	investigado/a
restringir (j)	la restricción	restringido/a
valorar	el valor	valorado/a

¡Cuidado!

todo/a/os/as, todos los días/cada día

- To express *all*, use **todo/a/os/as**.

Todos mis amigos odian el racismo.	*All of my friends hate racism.*
Tienen **toda** la razón.	*They are completely right* (lit., *have all the reason*).

- Also, remember that *every day* translates as **todos los días,** while *each day* translates as **cada día.**

Todos los días la socióloga aboga por la diversidad en la educación.	*Every day the sociologist advocates diversity in education.*
Cada día hay gente que aguanta la discriminación en el trabajo.	*Each day there are people who put up with discrimination at work.*

▸ Aplicación

7-1 Conoce a Marta Tienda. Completa la información basada en *¡Así es la vida!*

1. Nombre ____________
2. Especialización ____________
3. Profesión ____________
4. Nacionalidad ____________
5. Grupo étnico ____________
6. Profesión de sus padres ____________
7. Una meta suya ____________

7-2 Otros modelos. El artículo sobre Marta Tienda señala que una persona de bajos recursos puede tener éxito en nuestra sociedad, si adquiere una buena educación. Investiguen otro ejemplo de una persona que haya sobresalido (*excelled*) y que luego se haya dedicado a ayudar a los demás. Una vez que hayan identificado a esta otra persona, preparen un informe sobre ella y preséntenselo a la clase.

MODELO: *Antonia Novello, la ex cirujana general de Estados Unidos, nació en Puerto Rico. Pasó su juventud combatiendo las consecuencias de una malformación genética que le hizo muy difícil la vida. Sin embargo,...*

7-3 Los bajos, a la cola del desempleo. Hay varios tipos de discriminación, además de la discriminación por raza o género. ¿Creen que se discrimina contra las personas bajas en nuestra sociedad? ¿Qué otros grupos conocen ustedes que sufran discriminación a la hora de buscar empleo? Lean el artículo a continuación y den su opinión sobre el tipo de discriminación que describe.

LOS BAJOS, A LA COLA DEL DESEMPLEO

Un estudio del epidemiólogo británico Scott Montgomery, de la City University, revela que los niños que muestran un retraso en el crecimiento a los siete años tienen mayor riesgo de entrar en las listas del desempleo, en comparación con sus compañeros más altos. En la investigación participaron 2.256 hombres que nacieron en una misma semana de 1958. Se comprobó que, aunque estos niños luego llegaron a una estatura normal a la hora de incorporarse al trabajo, la incidencia de desempleo entre ellos era más alta. ¿En el futuro será normal dar hormonas de crecimiento a los niños bajos de estatura?

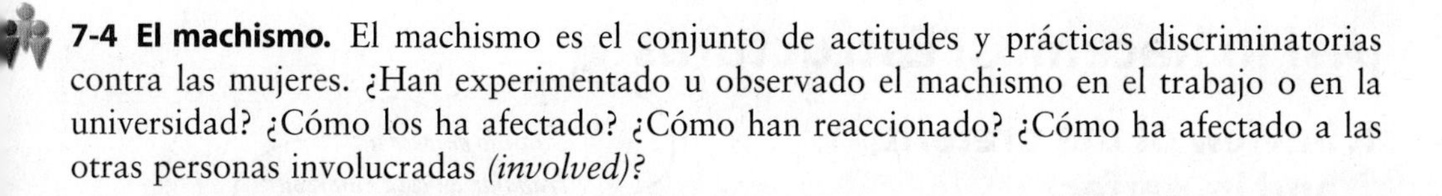

7-4 El machismo. El machismo es el conjunto de actitudes y prácticas discriminatorias contra las mujeres. ¿Han experimentado u observado el machismo en el trabajo o en la universidad? ¿Cómo los ha afectado? ¿Cómo han reaccionado? ¿Cómo ha afectado a las otras personas involucradas *(involved)?*

7-5 Profesiones machistas/feministas. Hagan una lista de profesiones en las que haya más presencia masculina y otra en las que haya más presencia femenina. Expliquen las razones de esa tradición y piensen si ha cambiado con el tiempo.

MODELO: *En EE. UU. hay más ingenieros que ingenieras porque...*

7-6 A explorar: Los hispanos en EE. UU. Visita la página web de *Conexiones* para leer un artículo sobre la contribución de los hispanos a la economía de EE. UU. Basándote en el artículo, describe la situación actual de los hispanos en tu ciudad o en tu estado y luego contesta estas preguntas: ¿Cuál es la contribución de los hispanos a tu comunidad? ¿Hay discriminación en tu comunidad? ¿Qué se está haciendo para eliminarla?

7-7 De nuevo: Un encuentro con la discriminación (*The pluperfect*). Imagínate que vienes del Planeta Pluscuamperfecto, donde todos los individuos se respetan mutuamente, donde no existe la discriminación y se celebran las diferencias. Imagínate que un día llegas a alguna región o a algún país de la Tierra. En este país se violan los derechos civiles de una minoría (sexual, religiosa, política o étnica). ¡Estás muy sorprendido/a! ¡Nunca habías visto algo así! Envías rápidamente un mensaje al Planeta Pluscuamperfecto describiendo esta situación tan absurda. Requisitos para mandar tu mensaje: ¡debe contener por lo menos cinco verbos en el pluscuamperfecto!

MODELO: –Yo *nunca* ***había visto*** *tanta desigualdad entre los grupos étnicos.*
–Hablé con un hombre que me dijo que ***había sido*** *víctima de discriminación con mucha frecuencia.*

Recuerda: Para escribir tu mensaje interplanetario debes repasar el pluscuamperfecto del indicativo que se estudió en el ***Capítulo 5.***

Reto: Usa muchas palabras de ***¡Así lo decimos!***

¡Así lo hacemos! Estructuras

1. Review of the preterit and imperfect

In order to decide whether to use the preterit or the imperfect, take the following into account.

1. Analyze the context in which the verb will be used and ask yourself: does the verb describe the way things were or does it tell what happened? Use the imperfect to describe and the preterit to tell what happened.

Era temprano cuando la investigadora **llegó** al laboratorio.	*It was early when the researcher arrived at the laboratory.*
Era: describes	*It was early.*
llegó: tells what happened	*She arrived at the laboratory.*

2. In many instances, both tenses produce a grammatical sentence. Your choice will depend on the message you are communicating.

Así **fue.**	*That's how it happened.*
Así **era.**	*That's how it used to be.*
Ayer **terminaron** el experimento.	*Yesterday they finished the experiment. (This is the point, it's not background information.)*
Terminaban el experimento.	*They were finishing the experiment. (This is background information for the action that will be narrated.)*

▸ Aplicación

7-8 En la oficina de Investigaciones Demográficas. Anoche la Dra. Tienda se quedó hasta tarde en su oficina. ¿Qué pasaba mientras la Dra. Tienda terminaba su informe? Asocia cada persona con la acción que realiza.

1. _____ La Dra. Tienda
2. _____ Su ayudante estaba impaciente
3. _____ Los hijos de la doctora
4. _____ Sus estudiantes
5. _____ Su esposo pensaba
6. _____ La Dra. Tienda sabía que

a. porque quería irse a casa.
b. sin su esfuerzo, no habría suficientes fondos para los estudiantes minoritarios.
c. preparaban el trabajo de investigación para entregárselo mañana en clase.
d. revisaba los datos de la última encuesta.
e. la esperaban en la casa con ganas de verla antes de acostarse.
f. que ella dedicaba demasiado tiempo a sus investigaciones.

7-9 Amplía el contexto. Expande las oraciones de la actividad 7-8 usando oraciones con verbos en el pretérito, como en el modelo. Puedes usar *cuando, porque, pero, de repente, en ese momento,* etc.

MODELO: *La Dra. Tienda terminaba su informe cuando su esposo la llamó por teléfono para ver cuánto iba a tardar en llegar a la casa.*

7-10 ¿Cómo era en la generación de sus padres? Escriban primero sus respuestas a las siguientes preguntas. Tengan cuidado con el tiempo verbal (pretérito o imperfecto) que usen. Después compartan su punto de vista con su compañero/a para ver si han tenido la misma experiencia. Preséntenle un resumen a la clase.

1. En la época de tus padres, ¿era difícil ser admitido a una universidad? ¿Era difícil ser estudiante? ¿Por qué?
2. En los negocios, ¿era más difícil tener éxito para una mujer que para un hombre?
3. ¿Asistieron tus padres a la universidad? ¿Por qué?
4. ¿Se graduaron? ¿Qué estudiaron?
5. ¿Qué obstáculos tuvieron tus padres en los estudios o en el trabajo?
6. ¿Es más fácil para los estudiantes de hoy ser admitidos a la universidad? ¿Por qué? ¿Es más fácil para ti ser estudiante de lo que era para la generación de tus padres?
7. ¿Cuáles eran las ventajas de graduarse de una universidad en la generación de tus padres? ¿Tienes tú las mismas ventajas?

7-11 Bill Richardson: un personaje de renombre. Lean la selección a continuación sobre este importante personaje político. Escriban cinco preguntas en el pasado relacionadas con la lectura; por último escriban otra nueva pregunta sobre Bill Richardson sobre el que deseen investigar.

MODELO: *¿Por qué dejó México y se fue a Boston?*

Hoy en día, el grupo étnico hispano/latino representa una fuerza política importante en Estados Unidos. De hecho, hay alcaldes, senadores, congresistas y gobernadores hispanos. No fue siempre así. Antes, pocos hispanos votaban y casi no tenían representación en el gobierno. Pero en el Siglo XXI no es raro que un hispano se postule (*present his/her candidacy for*) a la presidencia del país.

Aunque Bill Richardson nació en California en 1947, tres de sus abuelos eran mexicanos y él creció en México. Cuando tenía trece años, fue a Boston para continuar sus estudios. Después asistió a la universidad de Tufts, donde se especializó en francés y ciencias políticas. También practicó béisbol y llegó a ser considerado por equipos profesionales. Cuando se graduó de la universidad, trabajó varios años para un congresista y así decidió postularse él mismo. Por fin salió electo en 1982 y sirvió catorce años en el Congreso. Durante la administración de Bill Clinton, Richardson fue nombrado embajador ante las Naciones Unidas y después secretario de Energía. En el año 2007, siendo gobernador de Nuevo México, anunció su candidatura a la presidencia de EE. UU., y de esa manera se convirtió en el primer aspirante hispano a ese importante cargo.

7-12 Otro personaje de renombre. Usa el párrafo anterior como modelo para escribir sobre otro personaje que haya logrado renombre, a pesar de pertenecer a un grupo con muy poca voz en la política o en la vida social. Ten cuidado al usar el pretérito y el imperfecto para contrastar las acciones cumplidas con las continuas.

7-13 A favor y en contra de la selección de embriones. Este informe (*report*) explica la polémica a la hora de seleccionar los embriones. Completa las frases según lo que escuches.

1. La familia quiso seleccionar el embrión de su hijo porque...
- **a.** quería tener un varón.
- **b.** esperaba tener gemelos (*twins*).
- **c.** esperaba salvar la vida de su hija.

2. La hija padecía de...
- **a.** diabetes.
- **b.** una enfermedad rara.
- **c.** leucemia.

3. El bebé que nació...
- **a.** murió a las pocas horas de nacer.
- **b.** contribuyó células del cordón umbilical.
- **c.** tenía el mismo defecto genético que su hermana.

4. Según la Dra. Callejo...
- **a.** las células de este donante les servirán a muchos otros.
- **b.** la ingeniería genética es el futuro.
- **c.** no es ético discriminar entre embriones.

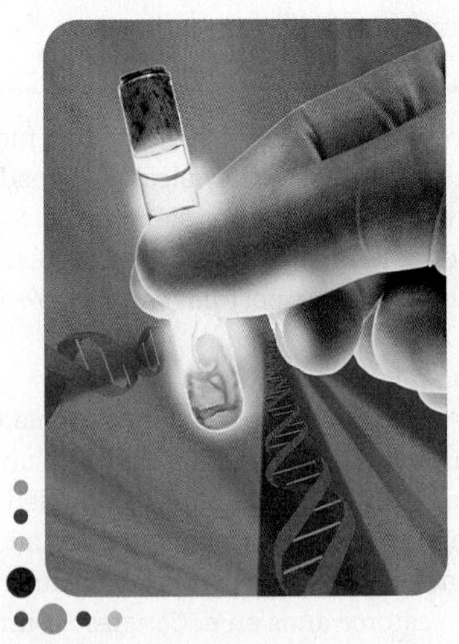

7-14 ¿Cuál es su opinión? Dice la doctora Callejo que hay muchas formas de discriminación en el mundo y el decidir qué embrión implantar para tener un bebé es otra forma más. Comenten estos puntos y den su opinión.

- Los padres son los dueños de sus embriones.
- Es ético tener un bebé para poder salvar la vida de otra persona.

2. *Hacer* and *desde* in time expressions

To express the idea that an action began in the past and is still going on in the present, Spanish uses the following constructions with the verb **hacer** and the preposition **desde.**

- To ask how long or since when a certain action has been going on, Spanish uses this formula:

¿Cuánto (tiempo) hace que + *a verb phrase in the present?* [or]
¿Desde cuándo + *a verb phrase in the present?*

¿Cuánto (tiempo) hace que se investiga el caso de discriminación?	*How long have they been investigating the discrimination case?*
¿Desde cuándo son Mirta y Ofelia feministas?	*Since when have Mirta and Ofelia been feminists?*

- To state how long or since when an action has been going on, Spanish uses:

Hace + *a time expression* + **que** + *a verb phrase in the present* [or]
A verb phrase in the present + **desde hace** + *a time expression*

The first construction is the equivalent of *for* + a period of time, while the second corresponds to the English *since... ago.*

Hace dos meses que se investiga el caso de discriminación.	*They have been investigating the discrimination case for two months.*
Mirta y Ofelia son feministas **desde hace** dos años.	*Mirta and Ofelia have been feminists for two years.*

Note that in Spanish, the verb **hacer** and the main verbs are in the present; the English equivalent, however, uses *have/has been.*

- To express the idea that an action that began in the remote past and was still continuing when another occurrence happened, Spanish uses the following construction.

Hacía + *period of time* + **que** + *a verb phrase in the imperfect*

¿Cuánto tiempo **hacía que** la investigadora trabajaba en el proyecto?	*How long had the researcher been working on the project?*
Hacía seis meses **que** la investigadora trabajaba en el proyecto.	*The researcher had been working on the project for six months.*

Note that in Spanish, the verb **hacer** and the main verb are in the imperfect; the English equivalent, however, uses *had been.*

- To tell how long ago an action or event occurred, Spanish uses the following construction.

Hace + *a time expression* + (**que**) + *a verb in the preterit*

- If the **hace** clause comes first, **que** may introduce the main clause; but if **hace** and the time expression follow the verb, **que** is not used.

¿Cuánto tiempo **hace que** comenzaron la investigación?	*How long ago did they start the research?*
Hace varios años **que** la comenzaron. La comenzaron **hace** varios años.	*They started it several years ago.*

▸ Aplicación

7-15 ¿Cuánto tiempo hace que...? Cambia las oraciones para expresar cuánto tiempo hace que ocurrieron los siguientes eventos.

MODELO: Bill Richardson se postuló para el cargo de presidente de EE. UU. en 2007.

Hace... años que Bill Richardson se postuló para el cargo de presidente.

1. Se liberó a los esclavos negros en Cuba en 1886.
2. Se le concedió el derecho al voto a la mujer española en 1931.
3. Se ordenó integrar las escuelas en EE. UU. en 1954.
4. Se prohibió el acoso sexual en Costa Rica en 1986.
5. En Argentina se les permitió a los homosexuales casarse en 2003.

7-16 Hace años. Expliquen cuánto tiempo hace que estas actividades o ideas forman parte de sus vidas. Túrnense para comparar sus experiencias.

ser feminista, idealista, ambicioso/a	valorar los estudios, los derechos humanos
cursar matemáticas, biología, ciencias	conocer a...
reciclar vidrio, papel	abogar por...

MODELO: estudiar ciencias

E1: *Hace dos años que estudio ciencias.*

E2: *Yo no. Yo estudio ciencias desde hace ocho años.*

7-17 ¿Cuánto tiempo hace que...? Escriban individualmente cinco preguntas indiscretas como la del modelo. Después, túrnense para hacérselas.

MODELO: E1: *¿Cuánto tiempo hace que (no) sales con Mario?*

E2: *Hace dos semanas que (no) salgo con él.* o *(No) Salgo con él desde hace dos semanas.*

7-18 Antes... Explíquense por cuánto tiempo hacían estas distintas actividades en algún momento del pasado.

ser estudioso/a (feminista, idealista,...)
vivir en la residencia estudiantil (en un apartamento, en una casa, en...)
vivir solo/a (con compañero/a de cuarto, con...)
tener novio/a (coche, bicicleta, perro,...)
trabajar en...

MODELO: *En 2007 hacía un año que estudiaba español.*

7-19 Antes de morir. ¿Recuerdan a las siguientes personas y lo que hacían? Expliquen cuánto tiempo (muchos años, varios años, poco tiempo, etc.) hacía que las siguientes personalidades practicaban ciertas actividades antes de morir.

MODELO: Rosa Parks
Cuando murió Rosa Parks, hacía muchos años que abogaba por los derechos civiles.

1. la Madre Teresa
2. Celia Cruz
3. Coretta Scott King
4. Pat Tillman
5. la princesa Diana
6. César Chávez

7-20 ¿Cuándo lo hicieron? Expliquen cuánto tiempo hace que cada uno/a de ustedes hizo lo siguiente.

MODELO: comprar un coche
Hace dos años que compré un coche.

1. ver a la familia
2. despertarme hoy
3. revisar el correo electrónico
4. conocer a mi mejor amigo/a
5. sacar una "A"
6. ir a ver una película en español

7-21 Debate: La discriminación. Formen dos grupos para debatir uno de los siguientes temas. Usen expresiones con *hacer* en su presentación.

Resolución: En las escuelas y universidades no es necesario invertir tanto dinero en los programas deportivos para las mujeres, como en los programas para los hombres.

Resolución: Hay que asegurarse de que la representación de grupos étnicos y el porcentaje de hombres y mujeres en la universidad reflejen la población general del área.

Frases comunicativas

Según...

Estoy a favor de...

Estoy en contra de...

MODELO: *Según las estadísticas, hoy en día hay más mujeres que hombres que asisten a la universidad. Sin embargo, la mayoría de los profesores catedráticos* (tenured) *es del género masculino. Estoy a favor de tener un equilibrio de géneros entre ambos grupos...*

Conéctate

VideoRed

▶ Antes de verlo

7-22 Treinta segundos en contra de la discriminación. Imagínate que tienes 30 segundos para enumerar el máximo número de grupos que no merecen ser discriminados. Haz una lista de grupos que esperas ver en el video. Después verás un video sobre el Día Internacional de la Mujer. ¿En qué campos ha habido progreso en su lucha para la igualdad y dónde todavía queda por hacer?

MODELO: No hay que discriminar… *contra los fumadores.*

▶ A verlo

VideoRed

Spot contra la discriminación **(Yannlui Eduardo Velásquez Gálvez, Perú)**

VideoRed

Día internacional de la mujer **(Armando N. Faraoni, Argentina)**

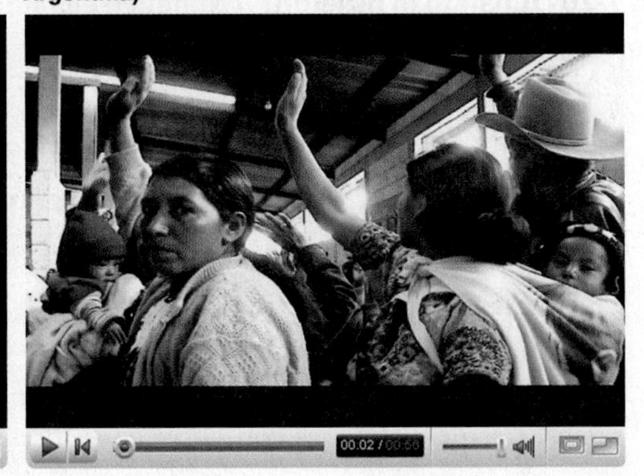

▶ Después de verlo

7-23 ¿Cuáles coinciden? Indica cuáles de los grupos que incluiste en tu lista también aparecieron en el video. Explica por qué los incluiste en tu lista.

Comunidades

7-24 Los derechos en el trabajo. Hay normas de trabajo que todas las empresas tienen que seguir, conforme a la ley federal. Investiguen cuáles son las normas antidiscriminatorias, y preparen un cartel explicándolas en español.

Conexiones

7-25 Un grupo minoritario. Investiguen la condición de un grupo minoritario que no se haya mencionado antes (por ejemplo los navajos, los inuit, los apalache, etc.) y describan las maneras en que el grupo ha sido discriminado. ¿Hay en estos momentos algún movimiento para mejorar su situación?

Comparaciones

7-26 En tu experiencia. ¿Hay grupos o pueblos en EE. UU. y en Canadá que sean marginados porque su cultura es muy diferente a la de la mayoría? ¿Qué grupos étnicos en tu región se distinguen por su manera de vestirse o de hablar? ¿Qué tipo de discriminación sufren estos grupos? ¿Qué podemos hacer para evitar la discriminación?

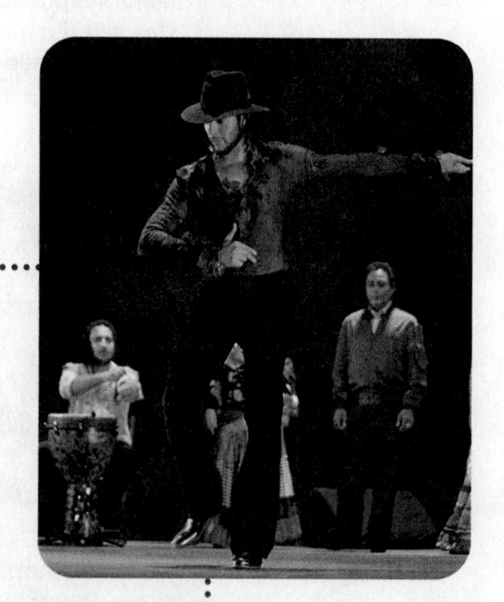

Joaquín Cortés, un gitano que lucha por el respeto a su gente

Al bailarín Joaquín Cortés se le conoce por su apasionada interpretación del baile flamenco. Afirma, sin embargo, que como gitano, ha sentido la intolerancia hacia su etnia. Como invitado al Parlamento Europeo, Cortés presentó un discurso sobre este tema donde aseguró que gracias a su fama puede "reivindicar *(reclaim)* con orgullo la identidad gitana sin miedo a ser perseguido, humillado o tratado con prejuicios". Pero señaló que este no es el caso de la mayoría de los gitanos europeos.

Cortés, que también patrocinó en Valladolid la campaña **Convivimos: conéctate a la tolerancia,** explica que le "duele ver cómo una persona puede ser maltratada" por ser diferente a la mayoría. Aconseja a los que sufren la intolerancia a "estar por encima" de las críticas o rechazos. El artista defiende un "mundo sin fronteras" en el que se mezclen "culturas y etnias" y en el que todos puedan convivir juntos sin conflictos.

Por su esfuerzo, el Parlamento Europeo nombró en 2007 a Joaquín Cortés embajador del pueblo romaní. Cortés espera que su cargo lo ayude a acabar con décadas de discriminación y xenofobia.

7-27 En su opinión. ¿De qué parte de su herencia se sienten más orgullosos/as? Comenten lo que sepan de sus propios orígenes étnicos/raciales.

Segunda parte

¡Así es la vida!

Foro: Tierra.es

¿Cuántas razas hay en el mundo?

Pregunta resuelta (SylviaR):
En Estados Unidos siempre utilizan el término “hispano” o “latino” como raza pero no creo que sea correcto, o ¿es que estoy confundida? ¿Cuántas razas hay en el mundo?
Mejor respuesta (Almira):
Una sola, no hay más. Somos una sola especie *homo sapiens.* El color de la tez, la forma de los ojos y lo encrespado o lacio del cabello y su color marcan las diferencias entre individuos.

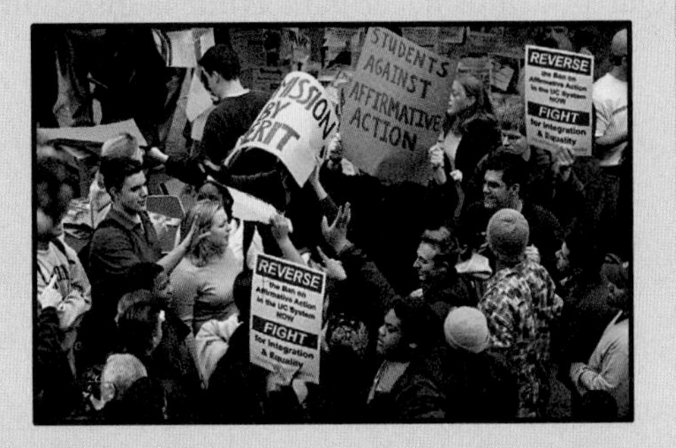

Otros comentarios (LaIndependiente)

Es una imagen muy bonita, pero irrealista cuando existen políticas que dictan que los blancos, debido a su color de piel, deben cumplir con un estándar más elevado. Me estoy refiriendo a la política de la Acción Afirmativa (o la “Discriminación Positiva”) que privilegia a una clase de individuos a expensas de otra, porque considera que las minorías no pueden competir en igualdad de condiciones con los blancos. Un sistema que dice que los obstáculos deben ser reducidos para mí porque soy mujer, o para mi esposo porque es hispano, es un insulto. ¡Y qué insulto a las contribuciones que han hecho todos los inmigrantes anteriores!

(graci)

Veo que los críticos de la Acción Afirmativa siguen alegando que es injusto considerar la raza y la etnia en la admisión de estudiantes a la universidad. Insisten en que esta política sólo sirve para negar admisión a más estudiantes blancos “calificados”. Pero tampoco es justo decidir que una persona es más competente que otra, basándose sólo en los resultados de exámenes estandarizados. Estos tampoco pueden predecir el rendimiento de los estudiantes. Sólo sé que la Acción Afirmativa me dio la oportunidad de alcanzar mis más altas aspiraciones; no me hizo las tareas, no tomó mis exámenes, no pasó los exámenes de licenciatura por mí. Simplemente me dio la oportunidad.

¡Así lo decimos! Vocabulario

Vocabulario primordial

la acción afirmativa*
conseguir (i, i)
el insulto
las leyes antidiscriminatorias
la orientación sexual
la segregación
superar

*also la discriminación positiva

Vocabulario clave: La diversidad étnica y de género

Verbos

criar	*to raise*
culpar	*to blame*
integrar	*to integrate*
luchar	*to struggle*
maltratar	*to mistreat*
odiar	*to hate*

Sustantivos

la ascendencia	*heritage*
la ciudadanía	*citizenship*
el género	*gender*
la manifestación	*protest, demonstration*
el mito	*myth*
la política	*policy, politics*
la queja	*complaint*
la raza	*race*
la tez	*complexion (of the face)*
el vínculo	*link*

Adjetivos

encrespado/a	*curly*
lacio/a	*straight (hair)*

Ampliación

Verbos	Sustantivos	Adjetivos
insultar	el insulto	insultante
integrar	la integración	integrado/a
maltratar	el maltrato	maltratado/a
odiar	el odio	odiado/a
segregar	la segregación	segregado/a
vincular	el vínculo	vinculado/a

¡Cuidado!

lo + adjective, *la gente*

- To express "*the* + adjective + *thing...*" in Spanish, use the neuter **lo** + adjective (masculine singular).

Lo importante es evitar la discriminación. *The important thing is to avoid discrimination.*

- In English the word *people* is plural, while in Spanish **la gente** is singular.

Esa **gente** no es nada racista. *Those people are not at all racist.*

▸ Aplicación

7-28 ¿Qué quiere decir "raza"? Identifica a la persona que tiene las siguientes opiniones o creencias según el foro de *¡Así es la vida!*

S: SylviaR
A: Almira
I: LaIndependiente
G: Graci

1. ____________ Está agradecida por haber tenido la oportunidad de estudiar.
2. ____________ Es un insulto decir que se debe dar preferencia a alguien por ser minoritario.
3. ____________ No sabe cuántas razas hay en el mundo.
4. ____________ Hay una sola raza.
5. ____________ Los rasgos físicos son diferencias individuales.
6. ____________ El valor de la persona no debe basarse en los exámenes.
7. ____________ Es más difícil para los anglosajones debido al color de su tez.
8. ____________ ¿Cuál, en tu opinión, está equivocado/a?

7-29 ¿Cuáles son las consecuencias? Den su opinión sobre las siguientes afirmaciones, usando las expresiones de la lista y el vocabulario de *¡Así lo decimos!* Expliquen sus razones, dando ejemplos concretos. ¡OJO! Usen el subjuntivo sólo cuando sea necesario.

Es cierto que...
Es lógico que...
Es dudoso que...
Según las estadísticas...

MODELO: En las escuelas de hoy, las razas están integradas.
Es cierto que las razas están integradas, pero todavía hay mucha segregación económica.

1. Hay más hombres que mujeres en el campo de la enfermería.
2. Los salarios de blancos, hispanos y afroamericanos no se diferencian hoy tanto como en el pasado.
3. El techo de cristal (*glass ceiling*) ya no existe para la mujer de negocios.
4. Ahora ya no es necesario distinguir entre las razas en un censo.
5. La Acción Afirmativa ha cumplido su misión original.
6. Las leyes actuales protegen a todo individuo contra los crímenes de odio.

7-30 En nuestra defensa. Contesta las preguntas, basándote en el artículo a continuación.

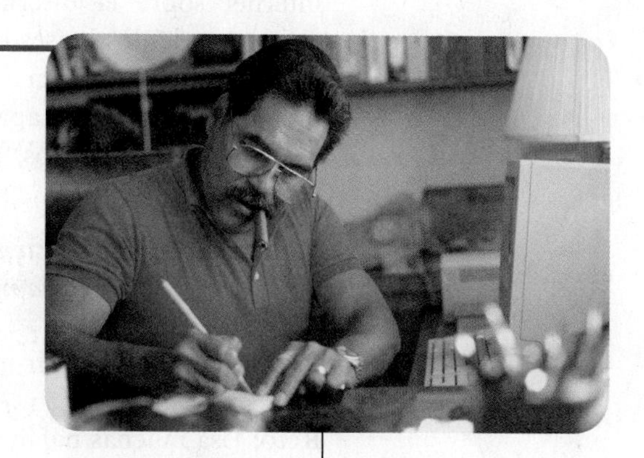

En nuestra defensa

"Nuestra imagen está en peligro", dice el prestigioso director de *La Bamba*, Luis Valdez. Valdez, quien junto con un grupo de artistas hispanos, ha sido nombrado por el Consejo Nacional de La Raza para mejorar la imagen de los hispanos en los medios de comunicación. "Ya era hora", declaró Valdez. "Los hispanos no existen en los medios, o su imagen es negativa". El grupo, que piensa atacar el problema a nivel legal, corporativo y gubernamental, también incluye al cineasta Moctezuma Esparza y al músico Carlos Santana. "Sólo en un puñado (*handful*) de las 500 películas que lanza Hollywood al año los hispanos tienen papeles principales o son protagonistas del film", explica Esparza. "Al ver una película de Vietnam como *Nacido el cuatro de julio*, uno ni se entera de que los hispanos pusimos una cuarta parte de los muertos en esa guerra y que ganamos más medallas que ningún otro grupo". Entre las actividades del comité está el plan de publicar la lista de las diez mejores y de la diez peores películas del año en cuanto al tema de la imagen hispana.

1. ¿Quién es Luis Valdez?
2. ¿Cómo es la imagen de los hispanos en los medios de comunicación?
3. ¿Qué películas conoces en que figuren artistas hispanos?
4. ¿Qué tipo de información ayudaría a mejorar la imagen del hispano?
5. ¿Crees que la imagen del hispano ha mejorado desde que se publicó este artículo?

7-31 La política antidiscriminatoria. Comenten las preguntas siguientes en cuanto a la política que existe donde estudian y en los lugares de empleo. Después, compartan con la clase la información que intercambiaron.

1. ¿Han experimentado u observado algún tipo de discriminación? Qué discriminación? ¿Cómo fue?
2. ¿Por qué a veces la gente no denuncia esos casos?
3. ¿Cuál es la política que se sigue cuando hay una queja de discriminación racial o de acoso sexual donde estudian?
4. ¿Qué tipo de orientación se da en las empresas para informar a los empleados de su política antidiscriminatoria? ¿Creen que funciona?

7-32 A explorar: La discriminación positiva. Visita la página web de *Conexiones* para ver un foro en el que los participantes dan su opinión sobre la «discriminación positiva» (acción afirmativa), y escribe un párrafo en el que comentes la posición de una de las entradas.

7-33 De nuevo: ¿Qué país? (*Comparisons of equality and inequality*). Investiga en la Internet sobre la discriminación o la desigualdad que sufren algunos ciudadanos o residentes de dos países o ciudades diferentes. Puedes concentrarte en un tema específico: la discriminación racial, las ideas religiosas, la desigualdad entre hombre/mujer, la orientación sexual, la apariencia física, etc. Luego, escribe un artículo para el periódico en el que compares esos países o ciudades. Incluye comparaciones de igualdad y de desigualdad.

MODELO: *En... existen más leyes que protegen a la mujer que en..., pero en... se discrimina menos a la mujer que en...,* etc.

Recuerda: Para escribir tu artículo debes consultar el *Capítulo 5.*

Reto: Usa muchas palabras de la ***Primera*** y ***Segunda parte*** de ***¡Así lo decimos!*** Haz por lo menos seis comparaciones.

¡Así lo hacemos! Estructuras

3. *Por* and *para*

Although the prepositions **por** and **para** are both often translated as *for* in English, they are not interchangeable. Each word has distinctly different uses in Spanish, as outlined below.

- **Por** expresses the object or goal of an action; the notion of something in exchange for something else; the time of day an event or action takes place and the amount of time it lasts; motion through, by, along, and around; and the means or manner in which an action is accomplished.

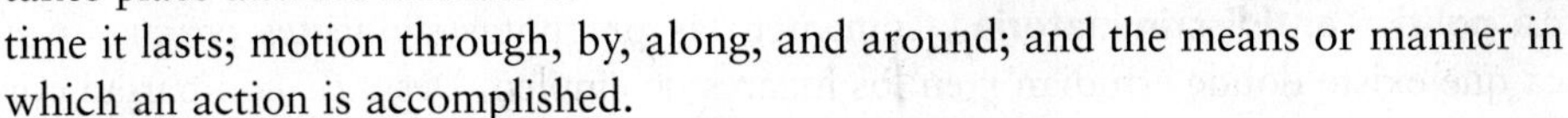

- **Para** expresses the purpose of an object, action, event, or one's studies; comparison in qualities or perspective with others; time limits, deadlines, or expected time; destination as a place or a recipient.

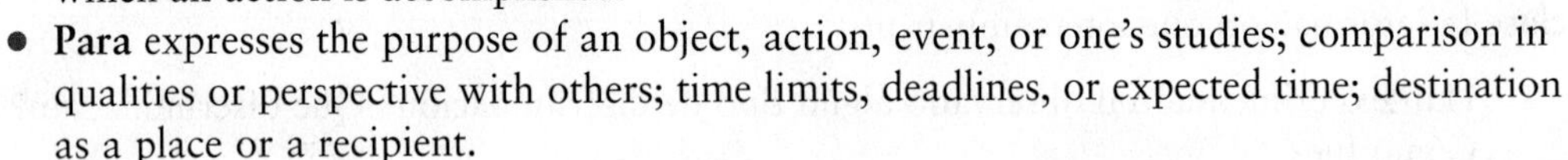

You will see several examples of each of the different uses of **por** and **para** on the following pages.

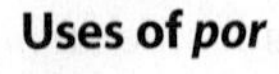

Uses of *por*

- the object or goal of an action *(for, because of, on behalf of, to get)*

Vine **por** usted a las ocho.	*I came by for you at eight.*
Los estudiantes salieron **por** más pinturas para los carteles.	*The students went to get more paint for the posters.*
Cancelamos el proyecto **por** falta de fondos.	*We cancelled the project because of a lack of funds.*
¿Lo hiciste **por** mí?	*Did you do it for me (on my behalf)?*

- in exchange for

¿Querías cinco dólares **por** ese libro de derecho?	*Did you want $5 for that law book?*
Te doy mi CD de Juanes **por** el tuyo de Maná.	*I'll give you my Juanes' CD for yours of Maná.*

- amount of time or the part of day an event or action takes place *(for, during)*

Fuimos a visitar el asilo de ancianos **por** la tarde.	*We went to visit the nursing home during the afternoon.*
Pensábamos estudiar genética **por** cuatro años.	*We were planning to study genetics for four years.*
¿**Por** cuánto tiempo estuviste en la manifestación?	*(For) how long were you at the demonstration?*
Estuve en la manifestación **por** dos horas.	*I was at the demonstration for two hours.*

- motion (*through, by, along, around*)

Pasé **por** tu casa esta mañana y no estabas.	*I went by your house this morning and you weren't in.*
La niña salió **por** la puerta hace un minuto.	*The girl went out through the door a minute ago.*

- means or manner in which an action is accomplished, or agent in a passive statement *(by)*

¿Trajeron los alimentos **por** avión?	*Did you bring the food by plane?*
El estudio demográfico fue iniciado **por** la oficina del censo.	*The demographic study was initiated by the census office.*

- to be about to do something when used with **estar** + infinitive

Estábamos **por** hablar sobre el problema.	*We were about to discuss the problem.*
Estaba **por** protestar contra la discriminación.	*She was about to protest against discrimination.*

- some common idiomatic expressions with **por:**

por ahí, allí	*around there*	**por favor**	*please*
por ahora	*for now*	**por fin**	*finally*
por aquí	*around here*	**por lo general**	*in general*
por cierto	*by the way, for certain*	**por lo visto**	*apparently*
		por poco	*almost*
por Dios	*for God's sake*	**por si acaso**	*just in case*
por ejemplo	*for example*	**por supuesto**	*of course*
por eso	*that's why*	**por último**	*finally*

Uses of *para*

- purpose of an object, action, event, or one's studies *(for, to, in order to)*

La pintura era **para** hacer los carteles.	*The paint was for making the posters.*
Organizaban una manifestación **para** protestar contra la decisión del juez.	*They were organizing a demonstration to protest the judge's decision.*
Carmen estudió **para** abogada.	*Carmen studied to become a lawyer.*

- comparison in qualities or perspective with others (stated or implicit)

Para ser conservador, tenía la mente muy abierta.	*For a conservative, he had a very open mind.*
Para el científico las estadísticas eran fáciles de entender.	*Statistics were easy for the scientist to understand.*

- time limits, deadlines, or expected time (*by, for*)

Necesito el reportaje sobre los países industrializados **para** mañana.	*I need the report about the industrialized countries for tomorrow.*
Pensaban estar en la reunión **para** las seis de la tarde.	*They were planning to be at the meeting by six in the afternoon.*
Hablaban de otra manifestación **para** la primavera.	*They were talking about another demonstration for spring.*

- destination as a place or a recipient

Ahora mismo partimos **para** la oficina del abogado.	*We're leaving for the lawyer's office right now.*
Este informe era **para** ustedes.	*This report was for you.*

Por* vs. *para

- The uses of **por** and **para** have similarities that sometimes cause confusion. Linking their uses to the questions **¿para qué?** (for what purpose?) and **¿por qué?** (for what reason?) can be helpful.

¿**Por qué** no se defendió?	*Why (For what reason) didn't she defend herself?*
No se defendió **porque** estaba sola.	*She didn't defend herself because she was alone.*
¿**Para qué** se defendió?	*For what purpose did she defend herself?*
Se defendió **para** aclarar las cosas.	*She defended herself to clarify things.*

- In many instances the use of either **por** or **para** will be grammatically correct, but the meaning will be different. Compare the following sentences.

Elena camina **para** la universidad.	*Elena is walking to (toward) the university.* (destination)
Elena camina **por** la universidad.	*Elena is walking through (in) the university.* (motion)
Lo hicimos **por** usted.	*We did it because of you.* (on your behalf)
Lo hicimos **para** usted.	*We did it for you.* (destination)
El dinero era **por** la investigación.	*The money was for the research.* (in exchange for)
El dinero era **para** la investigación.	*The money was for the research.* (so that the research could be done)

▶ Aplicación

7-34 La obesidad grave se cuadruplica en EE. UU. Lee el artículo y subraya las preposiciones *por* y *para*. Explica por escrito (*in writing*) por qué se usa *por* o *para* en cada caso.

La obesidad grave aumenta por todo el mundo

La Organización Mundial de la Salud (OMS) definió la obesidad como la enfermedad epidémica no transmisible más grande del mundo. Los riesgos de este problema de salud representan una verdadera crisis para la salud de todos.

En los últimos catorce años, el número de personas obesas se ha duplicado en EE. UU. y el de las mujeres se ha cuadruplicado en el mismo periodo. Pero no es sólo un problema para EE. UU. Según las últimas estadísticas sanitarias de la OMS, Argentina cuenta con el porcentaje más alto de obesidad de todos los países de América Latina, tanto en hombres como en mujeres. A los especialistas no les sorprenden estas cifras (*figures*) y culpan a los malos hábitos a la hora de comer, el estrés en el trabajo y la poca actividad física entre los argentinos. En México, la Secretaria de Salud afirmó que el país vive una epidemia de obesidad por la cual ha elaborado un Plan Nacional de Prevención y Promoción de la Salud para luchar contra el sobrepeso.

Este excesivo sobrepeso es la principal contribución al desarrollo de otras enfermedades crónicas como la diabetes, la hipertensión, la artritis y los padecimientos de corazón. El cuidado médico de estas personas, por su tratamiento largo y costoso, impacta a toda la sociedad. Por un lado, la economía sufre las consecuencias del ausentismo laboral por las enfermedades que padecen los obesos. Por otro lado, estas personas son discriminadas en el trabajo, en el mundo educativo y hasta en el cuidado médico que reciben. Esto se debe a que corren el riesgo de no recibir el diagnóstico correcto, ya que en algunos casos el equipo técnico no se ajusta al tamaño (*size*) del paciente. El sector sanitario se enfrenta con tener que buscar alternativas para proporcionarles estos tratamientos especializados a sus pacientes.

Es evidente que no se puede ignorar esta crisis social, y que hay que trabajar para solucionarla.

7-35 La obesidad. Contesta estas preguntas, basándote en el artículo.

1. ¿Por qué se considera la obesidad una epidemia no transmisible?
2. ¿A qué se atribuye el número de obesos en Argentina?
3. ¿Cuáles son algunas de las consecuencias físicas, económicas y sociales de la obesidad?
4. En tu opinión, ¿qué medidas se pueden tomar para solucionar este problema?

7-36 Un pleito (*lawsuit*) civil de César Chávez. Completa con **por** o **para** el monólogo de un abogado durante un juicio civil. Luego, lee el monólogo en voz alta como si lo presentaras ante el tribunal.

Señoras y señores, miembros del jurado: Estamos aquí hoy (**1**) _____ juzgar el caso de César Chávez contra los productores de uvas. (**2**) _____ cierto, ustedes han leído mucho sobre este asunto. Saben que el señor Chávez trabaja (**3**) _____ mejorar las condiciones de los obreros. Saben que él mismo ha sufrido mucho (**4**) _____ ser líder del sindicato UFW. Pero tal vez no sepan que él también ha trabajado largas horas (**5**) _____ mantener a su familia, y que además de eso se ha dedicado a esta importante lucha (**6**) _____ ayudar a sus compatriotas. (**7**) _____ ejemplo, (**8**) _____ horas él ha llevado pancartas protestando contra el maltrato de los trabajadores. (**9**) _____ días él ha estado en huelga de hambre (**10**) _____ señalar las malas condiciones del trabajo. Pero ha ganado muy poco (**11**) _____ sus esfuerzos: ¡Mírenlo, (**12**) _____ ser un hombre joven, parece tener 70 años! Sin embargo, no ha perdido la fe en el sistema jurídico de Estados Unidos. (**13**) _____ eso estamos aquí, señoras y señores.

César Chávez, líder del sindicato United Farm Workers.

7-37 Causas y fines. Háganse las siguientes preguntas para contrastar los motivos y las metas.

MODELOS: ¿Por qué hay desigualdad entre los grupos étnicos?
Por razones históricas, políticas, sociales y económicas.
¿Para qué luchan los discriminados?
Para recibir oportunidades de trabajo y un sueldo justo.

1. ¿Por qué recibe una mujer menos dinero que un hombre por el mismo trabajo? ¿Para qué sirve la *Equal Employment Opportunity Commission* (EEOC) en Estados Unidos?
2. ¿Por qué acepta la gente el maltrato de otros? ¿Para qué se trabaja en la vida?
3. ¿Por qué todavía hay discriminación racial? ¿Para qué sirve la Acción Afirmativa?
4. ¿Por qué hay gente que se cree superior a los demás? ¿Para qué luchan los discriminados?
5. ¿Por qué boicoteó el UFW a los productores de uvas? ¿Para qué luchó César Chávez?

7-38 Tu filosofía y trato con los demás. Usa las siguientes frases para formar oraciones originales según tu propia experiencia o usando la imaginación. Algunos temas posibles son: la tolerancia religiosa o racial; una persona ejemplar (*exemplary*); diferencias entre tu generación y la de tus padres; metas personales.

MODELO: Para mí... *es difícil entender por qué hay intolerancia religiosa o racial.*

1. Para mis padres...
2. Por supuesto,...
3. Siempre trabajo para...
4. Por ahora,...
5. Lo hago por...
6. Por lo general,...
7. Fui influenciado/a por...
8. Ahora estoy por...

7-39 A explorar: Diferentes pero iguales. Visita la página web de *Conexiones* para investigar la organización SOS Discriminación. Escoge uno de los artículos que allí encuentres y describe brevemente de qué se trata. ¿Cuál es tu opinión sobre el caso?

7-40 Una historia. Imagínense que son activistas de algún grupo, cuya meta es investigar casos de discriminación (p. ej., en el acceso a la vivienda [*housing*], la educación, el trabajo, servicios de salud, etc.). Necesitan investigar clandestinamente el sitio donde sospechan que ocurre la discriminación. Usen las expresiones de la lista para inventar los motivos y propósitos de su visita.

andar (pasar) por
venir (ir) por
por último
pagar por
permanecer (estar) por
para Madrid (Buenos Aires, Asunción...)
por avión (barco, bicicleta...)
por cierto, por si acaso
por el parque (teatro, calle, museo, allí)
por la tarde (noche, mañana)
trabajar para

MODELO: *Tenemos que investigar al dueño de una casa de apartamentos donde no admiten hispanos. Vamos a salir para el sitio mañana por la tarde y...*

4. Verbs that require a preposition before an infinitive

A number of Spanish verbs require a characteristic preposition before an infinitive.

Te voy a enseñar a reconocer la discriminación.	*I am going to teach you to recognize discrimination.*
Quedemos **en** reunirnos aquí para la manifestación.	*Let's agree to meet here for the demonstration.*

Verbs that require "a"

The preposition a follows verbs of motion, of beginning, and of learning process, among others.

animar a	*to encourage, to inspire*
aprender a	*to learn (to do something)*
atreverse a	*to dare*
ayudar a	*to help, to aid*
bajar a	*to take down, to go down*
comenzar (ie) a	*to begin*
empezar (ie) a	*to begin*
enseñar a	*to teach (to do something)*
invitar a	*to invite*
ir(se) a	*to go, to leave*
negarse (ie) a	*to refuse*
obligar a	*to oblige, to force*
salir a	*to leave to*
subir a	*to come up, to climb, to climb aboard*
venir (ie) a	*to come*
volver (ue) a	*to do something again*

Empecé a comprender cómo se originaron las diferencias étnicas.	*I began to understand how ethnic differences originated.*
Nos **obligaron a** pensar en las consecuencias del prejuicio.	*They forced us to think of the consequences of prejudice.*

Verbs that require "de"

acabar de	*to have just*
acordarse (ue) de	*to remember*
alegrarse de	*to be glad*
arrepentirse (ie, i) de	*to regret, to be sorry*
asegurarse de	*to assure oneself*
avergonzarse (ue) de	*to be ashamed*
cansarse de	*to get tired*
cesar de	*to cease to*
dejar de	*to cease, to stop*
encargarse de	*to take charge (care) of*
estar cansado/a de	*to be tired of*
estar seguro/a de	*to be sure of*
jactarse de	*to brag about*
olvidarse de	*to forget*
tener (ie) miedo de	*to fear*
tratar de	*to try*
tratarse de	*to be a question of*

La estudiante **tenía miedo de** ofender a alguien con su primer discurso. — *The student was afraid to offend someone with her first speech.*

Sus colegas **cesaron de** molestarla. — *Her coworkers stopped bothering her.*

Verbs that require "con"

contar (ue) con	*to count on, to rely on*
soñar (ue) con	*to dream of*

Soñamos con mejorar el mundo. — *We dream of improving the world.*

Verbs that require "en"

consentir (ie, i) en	*to consent to, to agree to*
insistir en	*to insist on*
quedar en	*to agree to, to decide on*
tardar(+ *period of time*) **en**	*to take (period of time) to*

Insistí en hacer frente al racismo. — *I insisted on confronting racism.*

Tardó diez años **en** hacer su estudio sobre las razas. — *It took him ten years to do his study about the races.*

▸ Aplicación

7-41 Contra la discriminación y el prejuicio. Lee el artículo sobre los niños y la discriminación, y subraya los verbos que llevan una preposición antes del infinitivo.

¿Qué pueden hacer los padres para educar a sus hijos contra la discriminación?

En EE. UU. siempre se ha debido encontrar maneras eficaces (*effective*) para que sus diversas poblaciones convivan y trabajen juntas. En consecuencia, es necesario preparar a los niños a vivir, trabajar y producir en armonía con grupos raciales y culturales de origen y habilidades diferentes. A continuación encontrará consejos prácticos.

- **Acepte a sus hijos como seres únicos y especiales.**
- **Ayúdelos a ser sensibles a los sentimientos de otra gente.** Cuando ocurran conflictos personales, trate de hacer que sus hijos piensen en los sentimientos de la otra persona.
- **Asegúrese de señalar y discutir la discriminación cada vez que la vea.** De esta manera los niños comenzarán a entender que el prejuicio y la discriminación son injustos.
- **Acuérdese de usar las noticias de la televisión y los programas de entretenimiento para estimular el pensamiento crítico y la discusión contra el prejuicio.**
- **Enséñeles a respetar y apreciar las diferencias.** Invite a sus hijos a participar en actividades que provean oportunidades de interacción con gente de diversos grupos.
- **Anímelos a crear cambios positivos.** Ayúdelos a no tener miedo de confrontar el comportamiento discriminatorio de un compañero.
- **Tome la acción apropiada contra el prejuicio y la discriminación.** No deje de llamar la atención a otros adultos si usan lenguaje intolerante delante de sus hijos.

Recuerde que los adultos deben seguir los mismos principios de conducta que ellos esperan de los niños.

7-42 Speedy González. Los dibujos animados a menudo proveen oportunidades para la discusión de estereotipos, prejuicio y discriminación. Lee el siguiente artículo de la polémica con un personaje conocido. Completa el artículo con el verbo más apropiado y la preposición correspondiente.

ha dejado	**insisten**
se jacta	**tenían miedo**

El canal *Cartoon Network* (**1**) ____________ transmitir el dibujo animado *Speedy González* por considerar que era ofensivo hacia los mexicanos. El debate en Estados Unidos resultó de la creciente (*growing*) presencia latina: los productores (**2**) ____________ perder a su público. Pero hay algunos que (**3**) ____________ proteger a este ratoncito tenaz. Él es brillante, trabajador, rápido y además, protector de los menos hábiles. Aunque (**4**) ____________ no tener buenas relaciones con las mujeres, siempre las trata de una manera gentil.

se arrepiente	**sale**
ha cesado	**ha tratado**

Speedy González no (**5**) __________ burlarse de los demás, especialmente de los gatos. Y cuando (**6**) __________ pasear con sus amigos, siempre los trata con respeto. Pero Speedy González no es el único personaje que ha perdido su puesto en CN. Desde los años 80, CN (**7**) __________ eliminar dibujos animados que puedan ofender a los televidentes. Por una parte, CN dice que ha intentado eliminar lo ofensivo, pero por otra parte no (**8**) __________ incluir programas con contenido violento.

7-43 La televisión. ¿Cuáles son las consecuencias de que los niños y los adolescentes vean demasiada televisión? Usen estas y otras frases comunicativas en su discusión.

primero... segundo... finalmente...
por un lado
por otro lado
en cambio

7-44 Una abogada y su ayudante. Túrnense para completar de una manera lógica este diálogo entre una abogada que trata un caso de discriminación y su ayudante. Usen preposiciones seguidas del infinitivo.

MODELO: ABOGADA: ¿Tienes los documentos legales?
ASISTENTE: Acabo... *de ponerlos en su escritorio.*

1. —¿Cuándo vas a terminar tu investigación?
   —Empiezo...
2. —¿Has encontrado el artículo que necesito?
   —Vuelvo...
3. —Por favor, no desordenes mi escritorio.
   —No me atrevo...
4. —Necesito tu ayuda con la presentación.
   —Con mucho gusto la ayudo...
5. —Es mucho trabajo preparar estos materiales.
   —No me canso...
6. —¿Quién tiene la responsabilidad de preparar la defensa?
   —El señor Robles se encarga...
7. —¿Cuál es la fecha límite para preparar los materiales?
   —Contamos...
8. —¡Es una barbaridad que no tengas lo que te pedí!
   —Me avergüenzo...

7-45 Sé cortés. Escribe cartas breves, según las indicaciones. Trata de usar por lo menos tres verbos con preposición en cada una.

MODELO: una excusa
Estimada profesora Rodríguez:
Me avergüenzo de confesarle que no asistí a la reunión ayer porque me olvidé de anotar la hora. Me arrepiento de no haber asistido, y le pido mil disculpas.
Atentamente,
Serafina

1. una excusa
2. una invitación
3. la petición de un favor
4. una carta de agradecimiento

7-46 Sean creativos. En grupos de tres, usen por lo menos diez verbos con preposición para crear un poema o una canción en español. Algunos posibles temas: la igualdad en el trabajo, cómo romper el techo de cristal, una sociedad perfecta, un amor perfecto. Después, intercambien el poema o la canción con otro grupo y den sugerencias para mejorarlo/la.

MODELO: *No consiento en dejarte.*
Insisto en amarte.
Sueño con convencerte.
No dejo de quererte.

7-47 El reto educativo. El acceso a gran escala de los latinos a la universidad será uno de los grandes retos educativos del futuro, más aún con el fuerte crecimiento que tendrá la comunidad en las próximas décadas. Escucha el informe sobre una reunión que tuvo lugar hace poco y en un párrafo escribe un resumen de los cuatro puntos que consideres más importantes.

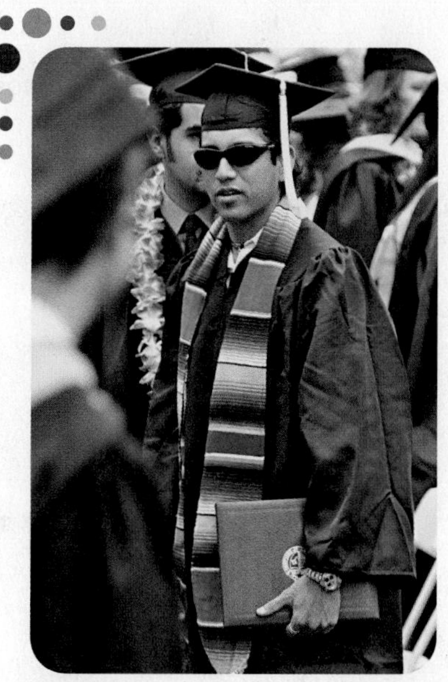

7-48 Debate: Reforma de los derechos civiles en España. Lean el artículo siguiente sobre un cambio al Código Civil de España. Luego formen dos grupos para discutir uno de los temas que siguen al artículo.

Un cambio en los derechos civiles de España

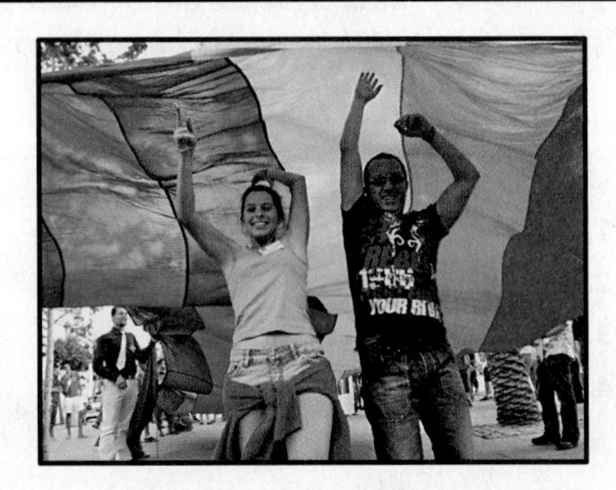

La reforma al Código Civil en 2005 hizo a España el primer país hispanohablante y el cuarto país del mundo que permitía el matrimonio homosexual. En particular, esta reforma añade un segundo párrafo al vigente (*in force*) artículo 44 del Código Civil, manteniendo el primer párrafo intacto.

«El hombre y la mujer tienen derecho a contraer matrimonio conforme a las disposiciones de este Código.
El matrimonio tendrá los mismos requisitos y efectos cuando ambos contrayentes sean del mismo o de diferente sexo.»

Las otras modificaciones del Código Civil sustituyen las expresiones «marido y mujer» por «cónyuges», y «padre y madre» por «progenitores».

Resolución: En Estados Unidos se permite el matrimonio entre personas del mismo sexo.

Resolución: Los cónyuges del mismo sexo tienen el derecho de adoptar niños.

Resolución: La sociedad norteamericana acepta sin prejuicios el matrimonio entre diferentes razas.

Resolución: Hay que eliminar la Acción Afirmativa para proteger los derechos civiles de todos los ciudadanos.

MODELO: *Estoy totalmente a favor de que las parejas homosexuales tengan derecho a adoptar niños. Primero,...*

¡Así lo expresamos!

Imágenes

***La mesa de la hermandad* (José Clemente Orozco, 1883–1949, México)**

José Clemente Orozco es uno de los tres grandes muralistas mexicanos, junto con Diego Rivera y David Alfaro Siqueiros. Su obra se conoce por expresar un gran compromiso social de impacto universal. En este mural, Orozco pintó a once hombres sentados como iguales alrededor de una mesa. El pintor incluye a dos asiáticos, a un africano, a un árabe, a un tártaro, a un indígena mexicano, a un afroamericano, a un crítico de arte norteamericano, a un filósofo francés, a un zionista y a un poeta holandés.

Jose Clemente Orozco “La mesa de la hermandad”. © Clemente V. Orozco. Reproduction authorized by the Instituto Nacional de Bellas Artes.

▸ Perspectivas e impresiones

7-49 El mural. Observen la imagen y contesten las siguientes preguntas.

1. ¿Qué tienen en común las figuras? ¿En qué se diferencian?
2. ¿De qué tratará el libro que está sobre la mesa?
3. ¿Qué estará observando cada uno de ellos?
4. ¿Cómo será el estado de ánimo de cada uno?
5. ¿En qué estará pensando cada uno?
6. ¿Por qué crees que se ha excluido a las mujeres de este cuadro?

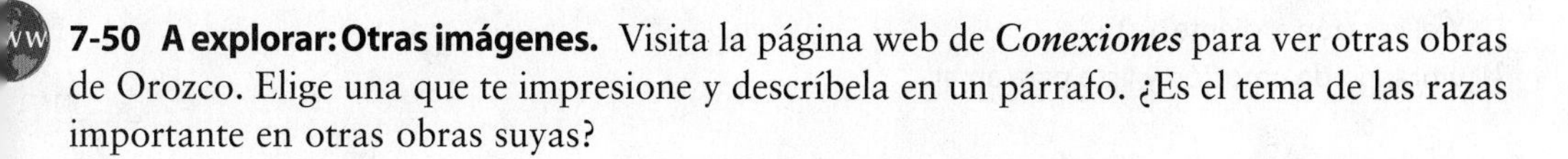

7-50 A explorar: Otras imágenes. Visita la página web de *Conexiones* para ver otras obras de Orozco. Elige una que te impresione y descríbela en un párrafo. ¿Es el tema de las razas importante en otras obras suyas?

Ritmos

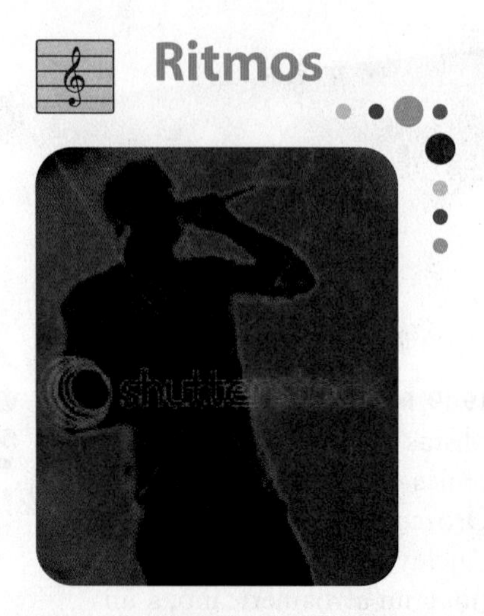

Lou Briel (Puerto Rico)

El puertorriqueño Lou Briel lleva tres décadas de carrera como compositor, actor y cantante. Ha ganado muchos premios por sus composiciones y se ha presentado en muchos países de América. Su canción *Yo puedo* ha sido tema de inspiración para innumerables instituciones de beneficiencia.

Sus canciones se caracterizan por contener un mensaje alentador (*uplifting*) y positivo. El cantautor también ofrece talleres de canto para nuevos cantantes juveniles.

▸ Antes de escuchar

7-51 Características y estereotipos. ¿Cuál es la diferencia entre reconocer las características de un grupo y ver al grupo en términos estereotípicos? Escojan tres grupos minoritarios, étnicos o sociales. Escriban una lista de algunas de las características de cada grupo y otra lista de los estereotipos con los que el grupo se enfrenta en nuestra cultura. ¿Hay alguna conexión entre las características y los estereotipos? Hablen de sus conclusiones con el resto de la clase.

▸ A escuchar

7-52 El mensaje. Escucha *Represento* para ver cuál es el mensaje positivo de esta canción.

Represento

Hoy mi cantar se sentirá,
pues traigo de mi patria° sabor tropical; *homeland*
y huelo a° mar, arena y sol, *I smell like*
pues vengo del Caribe, zona del calor.

El ritmo está sonando ya,
la conga y el bongó comienzan a tocar;
van al compás° de esta ciudad, *to the rhythm*
que ya comienza a oír, sentir y compartir.

Represento... a los que llevan la música por dentro,
sea salsa, rumba, mambo o flamenco.
Lo que importa es el sabor y el movimiento.

Represento... una raza de colores diferentes,
que se funden° para hacerse transparentes... *melt, fuse together*
y yo soy el vivo ejemplo de mi gente.

Mi sangre ya caliente está
corriendo por mis venas, nunca parará.
Y el corazón ardiente° está *blazing*
vibrando de emoción y listo para amar.

Yo represento... a los que llevan la música por dentro,
sea salsa, rumba, mambo o flamenco.
Lo que importa es el sabor y el movimiento.

Represento... gente.
Yo represento... sentimiento.
Los que en este momento añoran su patria
por estar muy lejos...
A lo miles de hermanos que están a mi lado
buscando un abrazo...

Yo represento... sentimiento.
Soy latino con un sabor tropical;
y a mi gente...represento.

▸Después de escuchar

7-53 ¿Qué opinan ustedes? Conversen entre ustedes sobre las siguientes preguntas.

1. ¿A qué sabe y a qué huele el cantante? ¿Y ustedes?
2. ¿De dónde es el cantante?
3. ¿Qué ritmos de música hispana menciona la canción?
4. ¿Qué ocurre con las razas? ¿De qué color es la raza nueva?
5. ¿Cómo tiene el cantante la sangre y el corazón? ¿Por qué creen que se siente así?
6. ¿Qué sienten los que están lejos de su país?
7. Hagan una lista de todo lo que el cantante dice que representa.

7-54 ¿Qué representas tú? Siguiendo la canción como modelo, escribe una canción o poema que describa lo que tú representas.

Páginas

Alfonsina Storni (1892–1938, Argentina)

Alfonsina Storni nació en Suiza, pero vivió toda su vida en Argentina. Su poesía se publicó entre los años 1916 y 1938. Su vida personal constituye un ejemplo de la discriminación contra toda mujer que no se adapte al estereotipo social de su época. En gran parte de su poesía, Storni denuncia este hecho junto con la frustración y el desconcierto que le provoca el ser discriminada por ser mujer. Storni murió en Mar de Plata, Argentina, en 1938.

▸ Antes de leer

7-55 Los colores. Da una mirada (*Skim*) al poema para encontrar palabras que se refieran a colores. Apunta el nombre de cada color y escribe una palabra o idea que asocies con ese color. Guarda tus apuntes para usarlos después de leer.

www **7-56 Estrategias de lectura.** Cuanto más sepas sobre el contexto en el que fue escrito un poema, más fácilmente lo comprenderás. Busca datos sobre Alfonsina Storni, el país en el que vivió y escribió y el ambiente político y socioeconómico en el que transcurrió su vida.

▸ A leer

7-57 ¿Cómo la quiere? Al leer el poema, trata de visualizar cómo quiere el novio que sea la autora. ¿Cómo debe vestirse? ¿Cómo debe comportarse?

Tú me quieres blanca

Tú me quieres alba°, *white as the dawn*
Me quieres de espumas° *made of froth*
Me quieres de nácar°. *mother-of-pearl*
Que sea azucena° *lily*
5 Sobre todas, casta°. *chaste, pure*
De perfume tenue°, *lightly scented*
Corola° cerrada. *corolla, inner petals of a flower*
Ni un rayo
Filtrado me haya°, *Ni un rayo me haya filtrado*
10 Ni una margarita° *daisy*
Se diga mi hermana°. *may consider herself my sister*
Tú me quieres nívea°, *snowy, niveous*
Tú me quieres blanca,
Tú me quieres alba.

15 Tú que hubiste° todas *tuviste*
Las copas a mano,
De frutos y mieles° *honey*
Los labios morados.
Tú que en el banquete
20 Cubierto de pámpanos° *vine branches*
Dejaste las carnes° *you let your flesh be free*
Festejando a Baco°. *Bacchus, Roman god of wine*
Tú que en los jardines
Negros del engaño° *deceit, falsehood*
25 Vestido de rojo
Corriste al estrago°. *havoc*
Tú que el esqueleto° *body*
Conservas intacto
No sé todavía
30 Por cuáles milagros,
Me pretendes blanca
(Dios te lo perdone)
Me pretendes casta
(Dios te lo perdone)
35 ¡Me pretendes alba!

Huye° hacia los bosques; *flee*
Vete a la montaña;

Límpiate la boca;
Vive en las cabañas° *huts, i.e., simply*
40 Toca con las manos
La tierra mojada;
Alimenta al cuerpo
Con raíz amarga°; *bitter root*
Bebe de las rocas;
45 Duerme sobre escarcha°; *frost*
Renueva tejidos° *body tissues*
Con salitre° y agua; *sea salt in the air*
Habla con los pájaros
Y lévate° al alba. *levántate*
50 Y cuando las carnes
Te sean tornadas° *turned back, i.e., returned to their original state*
Y cuando hayas puesto
En ellas el alma
Que por las alcobas° *bedrooms*
55 Se quedó enredada°, *tangled*
Entonces, buen hombre,
Preténdeme blanca,
Preténdeme nívea,
Preténdeme casta.

▶ Después de leer

7-58 ¿Cómo lo interpretas tú? Contesta las siguientes preguntas sobre el poema.

1. Saca tus apuntes sobre los colores. ¿Qué color predomina en la primera parte? ¿En la segunda?
2. Compara las asociaciones que apuntaste con las asociaciones que hace la autora con los colores.
3. ¿Qué simboliza ser blanca?
4. ¿Qué cualidades se relacionan con el blanco en el poema? ¿Y con el rojo?
5. ¿Quién será ese *tú*?
6. ¿Qué le daría a ese *tú* el derecho de pedirle a Alfonsina que sea casta?
7. ¿Puedes pensar en un refrán en inglés o en español que resuma este poema?

7-59 El doble criterio (*standard*). El contraste de colores refleja otra dualidad: la manera en que esa persona (*tú*) vive su vida y lo que esa persona quiere de la poeta. Sigue los siguientes pasos para estudiar las imágenes del poema.

1. Haz una lista de lo que ese *tú* quiere de la poeta y trata de dar ejemplos concretos para cada imagen. Por ejemplo, *La quiere alba, es decir, que sea «nueva» o inocente.*
2. Haz una lista de cómo el *tú* vive, y trata de dar ejemplos concretos para cada imagen. Por ejemplo, *Tuvo todas las copas a mano, es decir, se permitió todos los placeres carnales* (*alcohol, comida, mujeres*, etc.).
3. Compara las imágenes y los ejemplos que apuntaste en 1 y 2. ¿Por qué se enoja la poeta?
4. Hay un contraste implícito en el poema entre lo espiritual y lo carnal. Escribe por lo menos cinco palabras o ideas que asocies con cada concepto y explica por qué.
5. La poeta le da instrucciones al *tú* del poema para deshacer el "doble criterio". ¿Le pide "ejercicios" espirituales o terrenales (*earthly*)? Haz una lista de los ejercicios que la narradora requiere del *tú* y explica por qué.

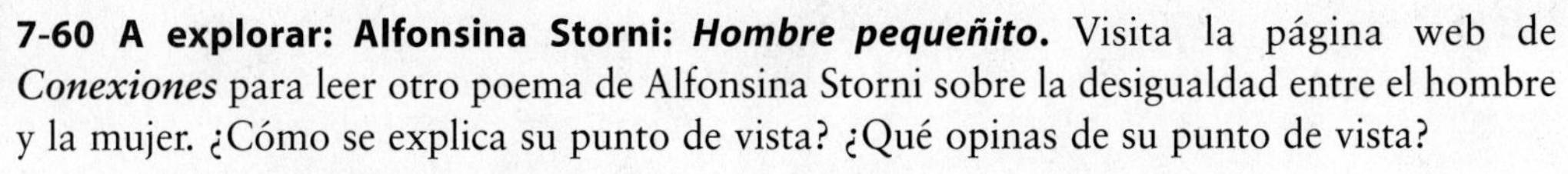

7-60 A explorar: Alfonsina Storni: *Hombre pequeñito*. Visita la página web de *Conexiones* para leer otro poema de Alfonsina Storni sobre la desigualdad entre el hombre y la mujer. ¿Cómo se explica su punto de vista? ¿Qué opinas de su punto de vista?

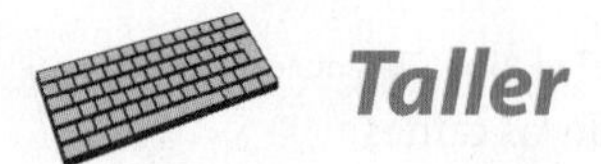

Taller

Un reportaje periodístico

Un reportaje periodístico nos informa de algo notable que ha ocurrido en la región, el estado, la nación o el mundo.

▸ Antes de escribir

Idear. Piensa en algo que haya ocurrido recientemente en tu ciudad o estado. Escribe una breve cronología del acontecimiento.

Informar. Escribe una oración que dé cuenta general del acontecimiento.

▸ A escribir

Detallar. Escribe cuatro o cinco oraciones para dar una cronología de lo ocurrido y añadir detalles.

Agregar. Agrega citas de personas interesadas o involucradas en el acontecimiento.

Conjeturar. Escribe dos o tres oraciones en que expliques el efecto de este acontecimiento.

Resumir y concluir. Escribe una o dos oraciones para resumir el incidente y concluir el artículo.

▸ Después de escribir

Revisar. Revisa tu artículo para ver si tiene una secuencia lógica. Luego revisa los siguientes aspectos.

- ☐ ¿Has incluido una variedad de vocabulario?
- ☐ ¿Has usado una frase con **hacer** refiriéndote a un período de tiempo?
- ☐ ¿Has verificado el uso de verbos seguidos por una preposición?
- ☐ ¿Has verificado los usos de **por** y **para**?
- ☐ ¿Has usado el **pretérito** para expresar lo que ocurrió?
- ☐ ¿Has usado el **imperfecto** para describir las circunstancias (de la acción)?
- ☐ ¿Has verificado la ortografía y la concordancia?

Intercambiar. Intercambia tu artículo con el de un/a compañero/a. Mientras lean los ensayos, hagan comentarios y sugerencias sobre el contenido, la estructura y la gramática.

Entregar. Pon tu ensayo en limpio, incorporando las sugerencias de tu compañero/a, y entrégaselo a tu profesor/a.

Vocabulario

Primera parte

a favor de	*in favor of*
abogar (por)	*to advocate*
acosar	*to harass, to hound*
el acoso sexual	*sexual harassment*
adelantar	*to advance, to overtake, to pass*
el adelanto	*progress*
aguantar	*to bear, to put up with*
la barrera	*barrier*
cada día	*each day*
la convivencia	*coexistence*
cumplir	*to comply with, to fulfill*
la (des)igualdad	*(in)equality*
la discapacidad	*disability, handicap*
ejercer (z)	*to practice a profession*
en contra de	*against*
la etnia	*ethnic group*
el/la investigador/a	*researcher*
hallarse	*to be in a certain place or condition*
investigar	*to investigate*
otorgar	*to grant, to award*
pertenecer (zc)	*to belong*
restringir (j)	*to restrict, to limit*
según	*according to*
señalar	*to point out, to make known*
todo/a/os/as	*all*
todos los días	*everyday*
valorar	*to value, to appreciate*

Segunda parte

la ascendencia	*heritage*
la ciudadanía	*citizenship*
criar	*to raise*
culpar	*to blame*
encrespado/a	*curly*
el género	*gender*
la gente	*people*
insultar	*to insult*
integrar	*to integrate*
lacio/a	*straight (hair)*
luchar	*to struggle*
maltratar	*to mistreat*
la manifestación	*protest, demonstration*
el mito	*myth*
odiar	*to hate*
la política	*policy, politics*
la queja	*complaint*
la raza	*race*
segregar	*to segregate*
la tez	*complexion (of the face)*
vincular	*to link, to connect*
el vínculo	*link*

Common idiomatic expressions with "por" *See page 225*
Verbs that require "a" *See page 229*
Verbs that require "de", "con", "en" *See page 230*

8 Las artes culinarias y la nutrición

▸▸ OBJETIVOS COMUNICATIVOS

- Talking about foods and their preparation
- Describing food and family traditions from your childhood
- Talking about foods and nutrition
- Expressing what you would do or would have done
- Discussing hypothetical situations

▸▸ PRIMERA PARTE

¡Así es la vida! • • • ¡Simplemente delicioso!

¡Así lo decimos! Vocabulario • • • Los ingredientes y la preparación de la comida

¡Así lo hacemos! Estructuras • • • The imperfect subjunctive

Conéctate

- VIDEORED • • • *Comidas típicas: Ilobasco, El Salvador* (Jonathan Breitner Hernández Rivera, El Salvador)
- COMUNIDADES • • • Un supermercado hispano
- CONEXIONES • • • Comida y cultura
- COMPARACIONES • • • Productos oriundos de las Américas y productos introducidos allí por los españoles

▸▸ SEGUNDA PARTE

¡Así es la vida! • • • Tu inteligencia nutricional

¡Así lo decimos! Vocabulario • • • La dieta sana

¡Así lo hacemos! Estructuras • • • The conditional and conditional perfect • • • The indicative or subjunctive in *si*-clauses

▸▸ ¡ASÍ LO EXPRESAMOS!

- IMÁGENES • • • *Nature Morte Vivante* (Salvador Dalí, España)
- RITMOS • • • *Supermercado* (Mamá Pulpa, México)
- PÁGINAS • • • *La leyenda del chocolate* (Anónimo)
- TALLER • • • Una receta

La paella se originó en España, pero es popular en muchas partes del mundo hispano.

A empezar

¿Cuándo fue la última vez que comiste en un restaurante especializado en comida hispana? ¿Cuál era la especialidad de la casa? ¿Cuál era uno de los platos más populares? ¿Cuáles eran algunos de los ingredientes? ¿Te atreves a hacer recetas nuevas? ¿Cuánto tiempo hace que preparaste un plato nuevo para tus invitados? ¿Hay ciertos platos que no comes por razones de salud, religión o gusto?

Curiosidades

¿Sabes...

de qué color era originalmente la Coca-Cola?

a. del mismo color de ahora
b. transparente
c. verde

qué alimento es mejor para mantener a las personas despiertas?

a. el té helado
b. la pasta
c. una barra de chocolate

de qué idioma vienen las palabras *tomate, aguacate* y *chocolate*?

a. del yoruba, idioma de la tribu yoruba, en la zona occidental de África
b. del náhuatl, idioma principal de la civilización azteca, en la zona que hoy ocupa la mayor parte de México
c. del taíno, idioma hablado por los indios taínos que poblaban varias zonas del Caribe

dónde se originó la papa?

a. en las montañas de los Andes, América del Sur
b. en las Islas Canarias
c. en la zona central de China

Primera parte

¡Así es la vida!

¡Simplemente delicioso!

Ingrid Hoffman es la moderna y apasionada creadora de *Delicioso*, un nuevo programa que aparece en Galavisión/Univisión y con el cual da voz a algo muy importante: el mercado latino. Con su estilo y sentido de humor promociona la cultura y cocina hispanas con sus recetas simples y deliciosas.

Nacida y criada en Colombia, Ingrid siempre tuvo una gran afinidad por la cocina, aprendiendo al lado de su mamá a preparar los platos típicos de la gastronomía latina. Muy pronto se dio cuenta que este podría ser el "escenario" ideal desde el cual podría transmitir sus pasiones.

Se mudó a Miami en los años 80, y allí le llegó el momento de poner en práctica sus aspiraciones. Primero abrió *La Capricieuse*, una boutique de alta moda europea presentada con una sensibilidad latina. De allí, decidió lanzar un nuevo restaurante, *Rocca*, el primero en Miami donde los clientes preparaban los asados y churrascos en sus propias mesas sobre brasas de lava caliente. Tanto su boutique, *La Capricieuse*, como su restaurante, *Rocca*, captaron la atención de los famosos, logrando así gran éxito para Ingrid.

Actualmente, Ingrid colabora en la revista *Buen Hogar*, donde tiene una sección dedicada a la cocina y a la decoración. También aparece en *Despierta América*, el programa de variedad y noticias más popular de Estados Unidos emitido todas las mañanas por Univisión. Pero no termina aquí; presenta todos los sábados en la *Food Network* su programa *Simplemente Delicioso*.

En todas sus tareas, Ingrid intenta promover el placer de festejar a los amigos de una manera práctica, añadiendo siempre "un toque latino". Ofrece a sus seguidores no sólo ideas de cómo preparar el menú, sino también de cómo planear el evento desde las compras hasta la decoración. Según Ingrid, toda despensa debe contener atún enlatado, caldo de pollo, un buen aceite de oliva, legumbres congeladas y un buen adobo. Con estos ingredientes clave, dice ella, se puede preparar una comida nutritiva y completa. Ingrid Hoffman, con su humor y simpatía, nos ayuda a simplificar la vida para poder pasar más tiempo disfrutándola con amigos y familiares.

¡Así lo decimos! Vocabulario

Vocabulario primordial

Las bebidas
la cerveza, el jugo, la leche, el vino,...

Los condimentos
el aceite, el azúcar, la pimienta, la sal, el vinagre,...

La carne
el biftec (bistec), el cerdo, el pollo,...

Las frutas
la fresa, la naranja, la piña, el plátano,...

Las legumbres
las espinacas, los frijoles, la lechuga, la papa (patata), la zanahoria,...

El pescado y los mariscos
los camarones, la langosta, el salmón,...

Los postres
el helado, el pastel,...

Los utensilios
la cuchara, el cuchillo, el tenedor,...

Vocabulario clave: Los ingredientes y la preparación de la comida

Verbos

agregar, añadir	*to add*
asar	*to roast*
cocer (ue)*	*to cook, to boil*
freír (i, i)	*to fry*
hornear	*to bake*
medir (i, i)	*to measure*
mezclar	*to mix*
moler (ue)	*to grind*
picar	*to chop, to cut up*
probar (ue)	*to try, to taste*
sazonar	*to season*

Sustantivos

Carnes

la albóndiga	*meatball*
la carne de res	*beef*
el chorizo	*Spanish-style sausage*
el churrasco	*grilled meat*
el cochinillo	*suckling pig*
el cordero	*lamb*
la pechuga	*breast (of fowl)*
el solomillo	*sirloin*

Frutas y legumbres

el ajo	*garlic*
la berenjena	*eggplant*
el champiñón, hongo	*mushroom*
la col	*cabbage*
los guisantes	*peas*
el melocotón, durazno	*peach*
el pimiento	*green pepper*
la toronja, el pomelo	*grapefruit*

Miscelánea

el aderezo	*salad dressing*
el adobo	*marinade or seasoning*
la brasa	*grill*
el caldo	*broth*
la empanada	*spicy or sweet turnover*
los fideos	*noodles*
la harina	*flour*
el sabor	*flavor*
las sobras	*leftovers*

Adjetivos

agrio/a	*sour*
amargo/a	*bitter*
dulce	*sweet*
picante	*spicy*
salado/a	*salty*
soso/a	*bland*

*cuezo, cueces, cuece, cocemos...

Ampliación

Verbos	Sustantivos	Adjetivos
adobar	el adobo	adobado/a
freír (i, i)	la fritura	frito/a
hornear	el horno	horneado/a
moler (ue)	el molinillo, el molino	molido/a

¡Cuidado!

Oler (hue) a, saber a

- The verbs **oler** (*to smell*) and **saber** (*to taste*), require the preposition **a** to express *smell/taste like*. Note the spelling change for *oler*, which has both the stem change and the added initial *h*.

Esta sopa **huele a** mariscos.	*This soup smells like seafood.*
Dicen que las ancas de rana **saben a** pollo.	*They say that frog legs taste like chicken.*

▸ Aplicación

8-1 ¡Simplemente delicioso! Después de leer el artículo, completa el cuadro a continuación con información sobre Ingrid Hoffman.

1. Su nacionalidad	
2. Su profesión	
3. Lugar donde vive ahora	
4. Sus pasiones	a.
	b.
5. Lo novedoso de su restaurante *Rocca*	
6. Las metas de sus programas de televisión	
7. Lo que tiene siempre en su despensa	a.
	b.
	c.
	d.
	e.
8. El resultado de sus esfuerzos	

8-2 ¿Los conocen? Aquí tienen algunos platos típicos hispanos. Trabajen juntos para emparejarlos con algunos de sus ingredientes. ¿Cuáles han probado y dónde? ¿Cuáles comerían si fueran vegetarianos/as? ¿Cuáles son bajos en calorías? ¿Cuál es el más bajo en carbohidratos? ¿Cuáles les gustaría probar y por qué? Compartan sus opiniones con el resto de la clase.

1. _____ el flan
2. _____ la enchilada
3. _____ la paella
4. _____ la parrillada
5. _____ el ceviche
6. _____ el gazpacho

a. pescado, mariscos, cilantro, sal y limón
b. arroz, pollo, mariscos, guisantes, ajo, azafrán (*saffron*)
c. carne de res, cerdo, pollo, chorizo
d. tomates, cebollas, ajo, pimientos, pepinos (*cucumber*), aceite de oliva, vinagre, pan
e. leche condensada, azúcar, huevos, vainilla
f. tortilla de maíz, carne molida o pollo, salsa picante, queso

8-3 En las cocinas de algunas parejas famosas. Escojan cinco ingredientes de *¡Así lo decimos!* para crear un plato original que una de estas parejas serviría en una cena especial. Preséntenle su creación al resto de la clase.

Los reyes de España
Tom Cruise y Katie Holmes
Eva Longoria Parker y Tony Parker
Shakira y Antonio de la Rua
Cristina Fernández (presidenta de Argentina) y Néstor Kirchner (ex presidente de Argentina)
Penélope Cruz y Javier Bardem
Jennifer López y Marc Anthony

8-4 Un menú en colaboración. Preparen un menú para una cena elegante. Indiquen cuánto tiempo llevará la preparación, cuánto costará y cuál será el valor nutritivo de cada plato.

8-5 Cocinar en casa o comer fuera. En grupos de tres o cuatro, hablen sobre los siguientes temas: ¿Cuáles son las ventajas y desventajas de cocinar en casa o comer fuera? ¿Qué prefieren hacer ustedes? ¿Qué prepararían si tuvieran más tiempo? ¿Y más dinero? ¿Y mejores mercados? ¿Cómo sería su restaurante ideal?

8-6 A explorar: Ingrid Hoffman. Visita la página web de *Conexiones* para ver a Ingrid Hoffman en acción. ¿Qué consejos da que puedes incorporar en tu cocina?

8-7 Cómo economizar en el supermercado. Ingrid Hoffman nos da varios consejos para gastar menos a la hora de hacer las compras. ¿Cuáles de los siguientes consejos nos da? Corrige los que no representan lo que nos aconseja. ¿Cuáles ya seguías? ¿Cuáles podrías adoptar fácilmente?

1. _____ Ve al supermercado cuando tengas hambre para poder elegir lo que te apetezca.
2. _____ Ten un presupuesto (*budget*) y haz una lista.
3. _____ Deja tu tarjeta de crédito en casa.
4. _____ No compres las ofertas especiales si no están en la lista.
5. _____ Compra paquetes de carne o queso rebanado ya preparados en vez de hacer cola en el delicatessen.
6. _____ Ve al supermercado todos los días para así comprar comida más fresca.
7. _____ Compra las verduras enlatadas o congeladas y no las frescas.
8. _____ Compra comida extra por si llegan amigos que no esperabas.

8-8 De nuevo: Mi propio restaurante (*The present subjunctive with adjective clauses*). Imagínate que eres el/la nuevo/a dueño/a de un restaurante argentino elegante. Diseña un anuncio para el periódico en el que solicites empleados que cumplan con (*fulfill*) ciertos requisitos. Utiliza las siguientes frases en tu anuncio.

Se necesita(n)...

cocinero/a que...	decorador/a que...
administrador/a que...	carpintero/a que...
varios/as meseros/as que...	pintor/a que...
contable que...	portero/a que...

MODELO: *Se necesita cocinero/a que sepa preparar comida argentina, que sea confiable y que pueda trabajar seis días a la semana.*

Recuerda: Para poder completar las oraciones para tu anuncio debes usar el presente del subjuntivo. Puedes repasarlo en el *Capítulo 5*.

Reto: Usa muchas palabras de *¡Así lo decimos!* ¡Trata de añadir más personas a la lista!

¡Así lo hacemos! Estructuras

1. The imperfect subjunctive

Te pedí que no empezaras hasta que llegara la sopa.

The Spanish imperfect subjunctive has two conjugations: **-ra** endings and **-se** endings. The **-ra** form is more common in daily conversation, while the **-se** form is used in formal speech and, especially, in writing. The **-ar, -er,** and **-ir** verbs follow the same pattern.

- All imperfect subjunctive verbs are formed by dropping the **-ron** ending of the third-person plural of the preterit and adding the endings below.

-RA FORM		*-SE* FORM	
-ra	-ramos	-se	-semos
-ras	-rais	-ses	-seis
-ra	-ran	-se	-sen

- The following chart shows the imperfect subjunctive forms of some common regular and irregular verbs.

INFINITIVE	3RD-PERSON PLURAL PRETERIT	1ST-PERSON SINGULAR IMPERFECT SUBJUNCTIVE
tomar	toma**ron**	toma**ra**/toma**se**
beber	bebie**ron**	bebie**ra**/bebie**se**
escribir	escribie**ron**	escribie**ra**/escribie**se**
caer	caye**ron**	caye**ra**/caye**se**
decir	dije**ron**	dije**ra**/dije**se**
ir/ser	fue**ron**	fue**ra**/fue**se**

- The first-person plural requires a written accent.

  cayéramos/cayésemos   tomáramos/tomásemos

- The imperfect subjunctive is required in the same cases as the present subjunctive, but the point of reference is in the past. Compare the following sentences.

Juana **duda** que el pavo **esté** cocinado.	*Juana doubts that the turkey is cooked.*
Juana **dudaba** que el pavo **estuviera** cocinado.	*Juana doubted that the turkey was cooked.*

- A common use of the imperfect subjunctive is to make polite requests or statements with the verbs **querer, poder,** and **deber.** Note the following examples.

Quisiera probar las albóndigas.	*I would like to taste the meatballs.*
Me encuentro muy resfriado. **¿Pudieras** prepararme una sopa de pollo?	*I have a bad cold. Could you make me some chicken soup?*
Debieran seguir la receta.	*They should follow the recipe.*

- **Ojalá (que)** + imperfect subjunctive expresses a wish that is contrary-to-fact in the present or unlikely to happen in the future.

Ojalá que mamá **tuviera** cordero para la cena.	*I wish Mom had lamb for dinner. (She doesn't.)* *I wish Mom would have lamb for dinner. (She probably won't.)*

▸ Aplicación

8-9 En la cocina con Tita y Nacha. En la novela y la película *Como agua para chocolate* la preparación de la comida ocupa un lugar importante. Lee cómo recuerda Tita el tiempo que pasaba en la cocina con Nacha, su niñera (*nanny*). Subraya los verbos en el imperfecto del subjuntivo y explica por qué se usan.

MODELO: *Nacha siempre insistía en que nos laváramos las manos antes de empezar a cocinar. ("Insistir en que" requiere el subjuntivo. "Laváramos" es el imperfecto del subjuntivo porque "insistía" está en el imperfecto.)*

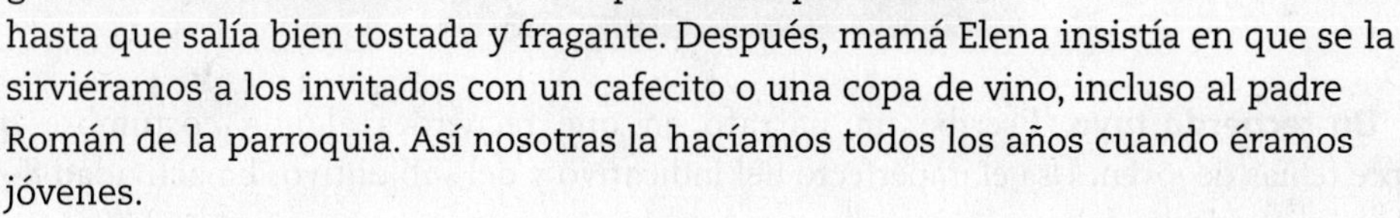

Era un día perfecto para preparar la rosca de Navidad. Nacha siempre quería que la preparáramos dos días antes de la Navidad para que la pudiéramos servir para la Nochebuena. Nos pedía que buscáramos huevos frescos en la pollera, que compráramos levadura (*yeast*) y fruta, que calentáramos bien la leche y que midiéramos bien la harina. Nosotras hacíamos una masa olorosa (*fragrant*), llena de frutas secas, nueces, canela y amor. Sí, el secreto de la rosca es que siempre hay que prepararla con amor. Luego era necesario que la horneáramos en el horno de leña (*wood*) en la cocina grande de mamá Elena. Nosotras la poníamos por dos horas hasta que salía bien tostada y fragante. Después, mamá Elena insistía en que se la sirviéramos a los invitados con un cafecito o una copa de vino, incluso al padre Román de la parroquia. Así nosotras la hacíamos todos los años cuando éramos jóvenes.

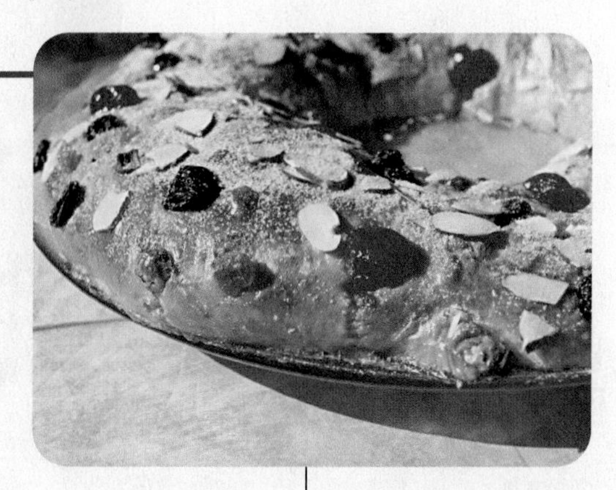

La rosca de Navidad

8-10 La preparación del cochinillo. El cochinillo es un plato muy popular en la Navidad. Completa la descripción de su preparación con la forma correcta del imperfecto del indicativo o del subjuntivo según el contexto.

MODELO: Era necesario que mis padres (ir) ___*fueran*___ a la carnicería.

Mis padres siempre le (**1.** pedir) ___________ al carnicero que les (**2.** dar) ___________ el cochinillo más bello que tenía. El carnicero (**3.** querer) ___________ que ellos (**4.** comprar) ___________ uno pequeño, pero mis padres (**5.** necesitar) ___________ más uno para veinte invitados. Ellos (**6.** temer) ___________ que uno de sólo cinco kilos no (**7.** ser) ___________ lo suficientemente grande para tanta gente. Al volver a casa, (**8.** ellos: poner) ___________ los cochinillos en la parrilla. Me (**9.** decir) ___________ que (**10.** preparar) ___________ un adobo de naranja agria, sal, ajo y orégano. (**11.** Yo: esperar) ___________ que no se (**12.** quemar) ___________ en la parrilla, pero siempre (**13.** haber) ___________ gente que lo vigilaba. Cuando (**14.** estar) ___________ listo, no (**15.** ser) ___________ necesario llamar a los invitados porque el olor de cochinillo en la parrilla siempre les (**16.** obligar) ___________ a que (**17.** venir) ___________ a comer.

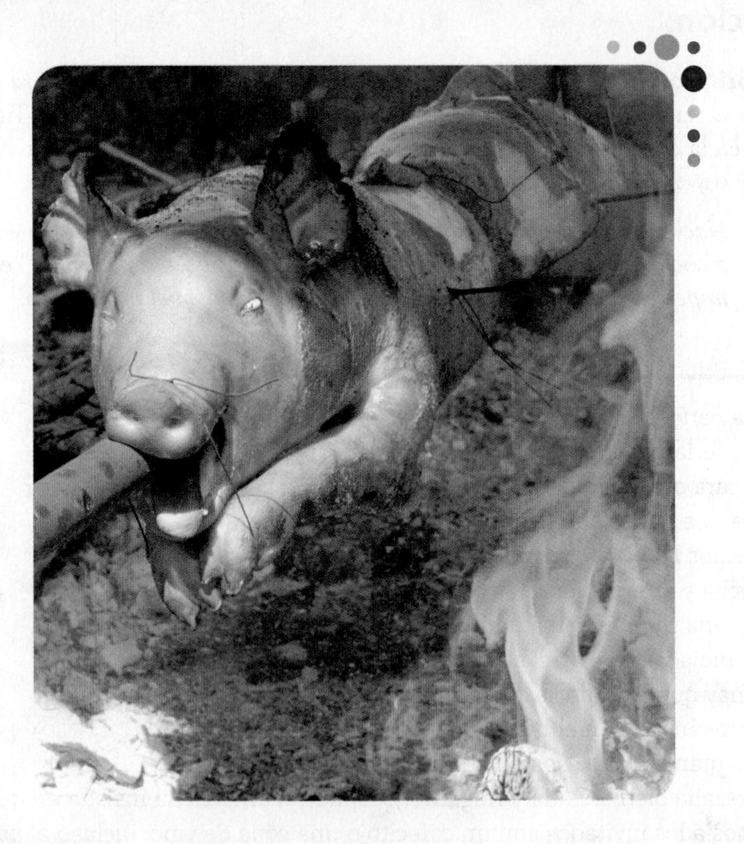

8-11 Un recuerdo tuyo. Escribe un párrafo en que recuerdes alguna costumbre que siempre tenías de joven. Usa el imperfecto del indicativo y del subjuntivo. La actividad 8–10 puede servirte de modelo.

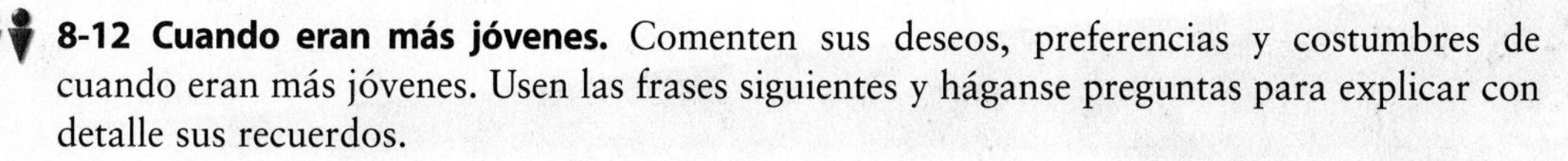

8-12 Cuando eran más jóvenes. Comenten sus deseos, preferencias y costumbres de cuando eran más jóvenes. Usen las frases siguientes y háganse preguntas para explicar con detalle sus recuerdos.

MODELO: E1: *Cuando era más joven, siempre quería que mi mamá me preparara sopa cuando me sentía mal.*
E2: *¿Qué sopa te gustaba más?*
E1: *Prefería la sopa de pollo.*

1. Esperaba que...
2. No conocía a nadie que...
3. Buscábamos una receta que...
4. Siempre les pedía a mis padres que...
5. No iba a la escuela sin que...
6. Mis padres preferían que...
7. Queríamos seguir un régimen (una dieta) que...
8. No me gustaba que...

8-13 ¡Ojalá! ¿Cuáles son sus deseos? Expresen algunos deseos que probablemente no se hagan realidad. Traten de hacer un comentario sobre cada uno de los siguientes temas.

la comida de esta noche
el próximo examen
el precio de la gasolina
mi fiesta de cumpleaños
la tarea para mañana
la felicidad de un familiar

MODELO: la salud de mi abuelo
¡Ojalá que mi abuelo se cuidara más y no comiera tantos dulces!

8-14 Debate: Comida nutritiva para todos. Formen dos grupos para debatir uno de los siguientes temas. Usen expresiones con el imperfecto del subjuntivo en su presentación.

Resolución: Hay que eliminar por completo la comida rápida de las escuelas primarias y secundarias.

Resolución: Hay que expandir el programa de alimentos y nutrición para las familias de bajos recursos para que nadie tenga hambre en Estados Unidos o Canadá.

Frases comunicativas

Ya era hora que... *It was about time...* (+ imperfect subjunctive)
Pero, lo más importante es que...
Y también el gobierno debe...

MODELO: *En estos momentos los estudiantes deben comer sólo comidas nutritivas en las escuelas. Anteriormente, era común que las escuelas sirvieran papitas fritas, hamburguesas y otros alimentos que tenían demasiada grasa.*

Conéctate

VideoRed

▶ Antes de verlo

8-15 Las pupusas. En Centroamérica *la pupusa* es una tortilla de maíz rellena de chicharrones (*pork rind*), queso, frijoles o carne. Una *pupusería* es el pequeño comedor (restaurante) donde se sirve esta comida típica. Piensa en un pequeño comedor en tu comunidad donde se sirva comida barata. En un párrafo, describe el lugar y la comida.

▶ A verlo

Comidas típicas: Ilobasco, El Salvador **(Jonathan Breitner Hernández Rivera, El Salvador)**

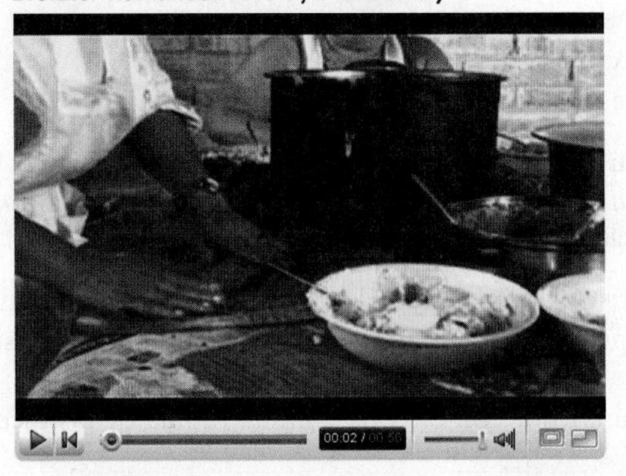

▶ Después de verlo

8-16 ¿Cómo se comparan? ¿Cómo se compara la *pupusería* y la comida típica salvadoreña con el comedor y la comida que describiste en la actividad 8-15? Si visitaras El Salvador, ¿qué plato te gustaría probar: la pupusa, el shuco o el pastel? ¿Por qué?

Comunidades

8-17 Un supermercado hispano. Investiga en tu comunidad para ver si hay un supermercado que venda comestibles para el mercado hispano. Visítalo para ver lo que ofrece y haz una lista de diez o más productos o ingredientes que raramente se encuentren en supermercados que no tengan una clientela hispana. ¿Cuáles no habías visto antes?

Conexiones

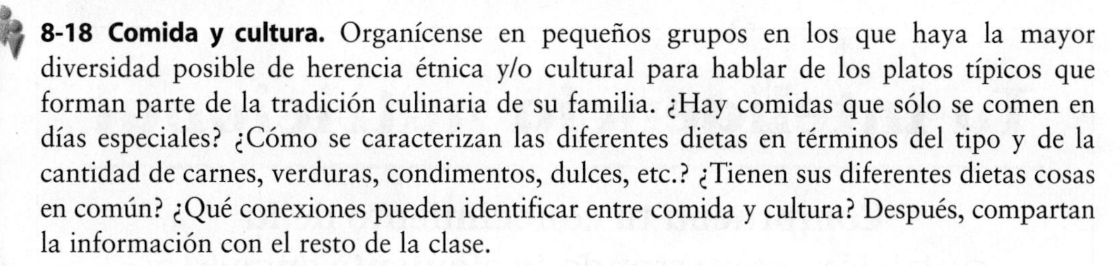

8-18 Comida y cultura. Organícense en pequeños grupos en los que haya la mayor diversidad posible de herencia étnica y/o cultural para hablar de los platos típicos que forman parte de la tradición culinaria de su familia. ¿Hay comidas que sólo se comen en días especiales? ¿Cómo se caracterizan las diferentes dietas en términos del tipo y de la cantidad de carnes, verduras, condimentos, dulces, etc.? ¿Tienen sus diferentes dietas cosas en común? ¿Qué conexiones pueden identificar entre comida y cultura? Después, compartan la información con el resto de la clase.

Comparaciones

8-19 En tu experiencia. ¿Qué productos agrícolas son oriundos *(native)* de tu región? ¿Cuáles de los no oriundos son importantes en tu dieta? ¿De dónde son y cómo llegan al supermercado?

Productos oriundos de las Américas y productos introducidos allí por los españoles

Con el descubrimiento del Nuevo Mundo los españoles introdujeron en España, y después en el resto de Europa, una serie de productos desconocidos hasta entonces. El que más impacto ha tenido es el tabaco, llevado por Sir Walter Raleigh a Londres en el siglo XVI, y cuya influencia perdura en todo el mundo hasta nuestros días.

En el siglo XVI llegaron a Europa a través de España productos comestibles y especias como el maíz, la papa, la vainilla, el tomate, el aguacate, el cacao, la piña, la guayaba, la papaya, el chile, los frijoles, el boniato (*yam*), el maní (*peanut*) y el pavo.

De la gran variedad de plantas americanas vienen productos farmacéuticos como la quinina y la coca. Y, ¿qué sería de los métodos de transporte sin la goma del caucho (*rubber*)?

De Europa, los españoles introdujeron en América el café, posiblemente el producto que más impacto ha causado. Además, trajeron la caña de azúcar, el arroz, el mango y la banana. Y con los españoles vinieron animales como los caballos, los burros, las mulas, las ovejas, las cabras (*goats*), las vacas, los cerdos, los pollos, los gatos y hasta los ratones. Comestibles como el trigo, las aceitunas (*olives*), la cebolla y el ajo cambiaron para siempre la dieta del indígena americano.

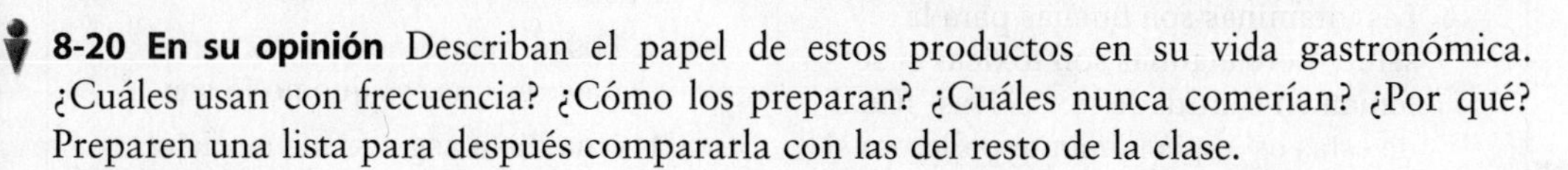

8-20 En su opinión Describan el papel de estos productos en su vida gastronómica. ¿Cuáles usan con frecuencia? ¿Cómo los preparan? ¿Cuáles nunca comerían? ¿Por qué? Preparen una lista para después compararla con las del resto de la clase.

del Nuevo Mundo		**del Viejo Mundo**	
el maíz	la papa	el arroz	el aceite de oliva
la vainilla	el tomate	el café	la cebolla
el aguacate	el chocolate	el azúcar	el ajo
la piña	el pavo	el mango	la harina
la papaya	el chile	la banana	la carne de cerdo
el boniato	el maní	la carne de res	el cordero

Segunda parte

¡Así es la vida!

Tu inteligencia nutricional

Comprueba tu conocimiento de la nutrición, contestando la siguiente encuesta:

1. De las siguientes comidas, ¿cuáles se consideran afrodisíacas, según muchas personas?
   - **a.** las ostras
   - **b.** los espárragos
   - **c.** el ajo

2. De las siguientes legumbres, ¿cuál contiene la mayor cantidad de vitaminas y nutrientes?
   - **a.** el pimiento rojo
   - **b.** el pimiento verde
   - **c.** el chile verde

3. Si quieres endulzar tu té, ¿cuál de estos ingredientes tiene menos calorías?
   - **a.** la miel
   - **b.** el azúcar blanco
   - **c.** el azúcar crudo

4. Las vitaminas son buenas para la salud, pero algunas son tóxicas si se toman en cantidades excesivas. ¿Cuál de estas es especialmente peligrosa si se ingiere en exceso?
   - **a.** la A
   - **b.** la C
   - **c.** todas las B

5. Si estás resfriado, ¿cuál de estos tratamientos te ayudará más?
   - **a.** ingerir más vitaminas
   - **b.** tomar sopa de pollo
   - **c.** tomar antibióticos

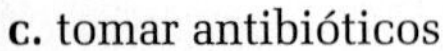

6. De estos dichos, ¿cuál es el más cierto?
   - **a.** «Después de un atracón (comer y beber en exceso), un día de ayuno.»
   - **b.** «Debes comer toronja para quemar la grasa.»
   - **c.** «A diario una manzana, es cosa sana.»

7. De estas creencias, ¿cuál tiene más validez?
   - **a.** Los alimentos orgánicos son mejores que los que no lo son.
   - **b.** Una dieta vegetariana es mejor que una que incluya carne.
   - **c.** Hacer ejercicio te hace comer más.

¡Así lo decimos! Vocabulario

Vocabulario primordial

La nutrición
el alimento
la anemia
bajar / subir de peso
cocinar
el colesterol
la grasa

Las medidas
la botella
el gramo
el kilo
la libra
el litro
la onza
la taza

Vocabulario clave: La dieta sana

Verbos

adelgazar	*to slim down*
(des)congelar	*to freeze (to defrost)*
echarse a perder	*to spoil (food)*
engordar	*to gain weight*
enlatar	*to can*
hervir (ie, i)	*to boil*
ingerir (ie, i)	*to ingest*
pelar	*to peel*

Sustantivos

Mariscos

las almejas	*clams*
los calamares	*squid*
los mejillones	*mussels*
las ostras	*oysters*

Utensilios

el abrelatas	*can opener*
la batidora	*blender*
la cafetera	*coffee pot, coffee maker*
la olla, cacerola	*pot*
el sacacorchos	*corkscrew*
la sartén	*frying pan*

La preparación

al ajillo	*in garlic sauce*
a la francesa	*French-style*
al horno	*baked*
a la marinera	*seafood-style*
a la parilla	*broiled, charcoal grilled*
a la plancha	*grilled*
al vapor	*steamed*
a la vizcaína*	*Basque-style*

Miscelánea

el ayuno	*fast*
la cáscara	*peel (fruit), shell (nuts)*
la piel	*skin*

Adjetivos

bien hecho/a	*well-done (for meat)*
(casi) crudo/a	*raw (rare, for meat)*
(des)equilibrado/a	*balanced (unbalanced)*

*Ingredients often include fish (cod), garlic, onion, olive oil, potatoes, red peppers, and tomato.

Ampliación

Verbos	Sustantivos	Adjetivos
(des)congelar	el congelador	(des)congelado/a
embotellar	la botella	embotellado/a
engordar	la gordura	gordo/a
enlatar	la lata	enlatado/a
ingerir (ie, i)	la ingestión	ingerido/a

¡Cuidado!

copa, taza, vaso

- **Copa** is a glass of wine, champagne, or brandy; **tomar una copa** means to have a drink.

  Tráeme dos **copas** para probar el vino. — *Bring me two glasses to try the wine.*

- **Taza** means *cup* in the sense of a cup of coffee or a measuring cup.

  Busca unas **tazas** para el café. — *Look for some cups for the coffee.*

- **Vaso** is a glass of water, juice, milk, soda, etc.

  ¿Quieres un **vaso** de limonada? — *Would you like a glass of lemonade?*

▸ Aplicación

8-21 Tu inteligencia nutricional. Suma los puntos a continuación para calcular tu inteligencia nutricional, de acuerdo a la encuesta. Comparte tu puntaje con el resto de la clase e indica si estás de acuerdo con el análisis. ¿Hay algún punto que te sorprenda?

1. Hay gente que cree que todas son afrodisíacas, pero la evidencia científica no lo prueba. Su efecto puede ser el resultado de la sugestión. Date 1 punto por cada una de las comidas que escogiste. (máximo 3 puntos)
2. El pimiento rojo. Contiene nueve veces más caroteno que el pimiento verde, un antioxidante importante y dos veces la cantidad de vitamina C. Date 1 punto si escogiste el pimiento rojo.
3. Todos son iguales en cuanto a la cantidad de calorías. Date 3 puntos si no escogiste ninguno. (máximo 3 puntos)
4. La vitamina A es soluble en la grasa (*fat soluble*) y es tóxica en dosis grandes porque el cuerpo no la elimina fácilmente. Además, puede dañar el hígado (*liver*). Las vitaminas B y la C son solubles en agua y hay que reemplazarlas todos los días. Date un punto si escogiste la A. (máximo 1 punto)
5. Date un punto si escogiste la sopa de pollo. Hay poca evidencia que demuestre las ventajas de tomar vitaminas para combatir el resfriado, y los antibióticos sólo sirven para las infecciones bacteriales, no las virales como el resfriado. (máximo 1 punto)
6. Date un punto si escogiste la manzana. Una fruta bastante baja en azúcar, es rica en vitamina C, potasio y fibra. En cuanto al día de ayuno, es mucho mejor hacer de tres a cuatro comidas pequeñas durante el día. Y la toronja es una excelente fruta baja en calorías, pero no quema la grasa. (máximo 1 punto)
7. Hay demasiados variables para aceptar la opción "a" o la "b" porque cualquier dieta puede ser saludable o no, dependiendo de lo que se coma. Es verdad que hacer ejercicio da hambre, pero también ayuda a quemar calorías y a mejorar el estado de salud en general. Date un punto si escogiste la opción "c". (máximo 1 punto)

Tu resultado

10–11 puntos: ¡Felicitaciones! Tienes un buen conocimiento de nutrición. Sírvete un vaso de jugo de zanahoria para celebrar.
7–9: No está mal, pero no te olvides de leer las etiquetas de las comidas.
4–6: ¡Anímate! La buena nutrición vale la pena.
Menos de 4: Consulta a un/a nutricionista. Todavía hay tiempo para mejorar la calidad de tu vida.

8-22 A explorar: Otros mitos y realidades acerca de la alimentación. Visita la página web de *Conexiones* para leer sobre otros mitos y realidades de la alimentación. Escoge uno/a que te interese y escribe un párrafo corto explicándolo.

8-23 ¿Para qué sirve? Túrnense para describir y adivinar de qué utensilio se trata.

MODELO: E1: *Sirve para preparar el café.*
E2: *Es una cafetera.*

8-24 ¿Cómo lo prefieren? Indiquen cómo prefieren que se prepare cada uno de estos platos. ¿Qué más les gustaría comer con este plato?

MODELO: el pescado
Lo prefiero a la parrilla con limón y aceite de oliva. Para acompañarlo, me gusta una ensalada o brócoli al vapor.

1. el filete de res
2. los huevos
3. el pollo
4. las bananas
5. el pavo
6. el arroz
7. la pasta
8. la carne de res molida
9. las papas

8-25 La yerba mate. Lee el artículo sobre la yerba mate y contesta las preguntas que siguen.

La yerba mate, o simplemente el mate, es parte de la cultura de Argentina, Paraguay, Uruguay y Brasil. De las hojas secas del arbusto perenne (*evergreen bush*), *Ilex paraguariensis*, se hace un té. Hay varias costumbres que se asocian con el mate. Generalmente el recipiente que se usa para tomar el mate está hecho de una calabaza (*gourd*) pequeña y a veces está decorado con bordes y ornamentos de plata. Se meten las hojas machacadas (*crushed*) en la calabaza, se les echa agua caliente y se toma por un tubo metálico que se llama «bombilla», el cual contiene un pequeño colador (*sieve*) en su extremo para prevenir que entren las hojas machacadas. Tomar mate en casa de un anfitrión (*host*) es casi como un ritual. Primero, lo toma el anfitrión; luego este llena de nuevo el mismo recipiente y se lo pasa al invitado, quien lo toma, y el proceso se repite. Muchas personas hacen el mate solamente con agua caliente, pero otras prefieren echarle leche, azúcar o miel.

Hoy en día, el mate es conocido en otros países fuera del mundo hispano por sus cualidades beneficiosas, y se puede conseguir frecuentemente en los centros naturistas. Según las investigaciones y las creencias populares, la yerba mate sirve para muchas cosas: para adelgazar, para aliviar el hambre y la sed, para remediar la artritis, el estrés, el cansancio y las alergias. También se cree que estimula el pensamiento y retarda el envejecimiento.

1. ¿En qué países es popular la yerba mate?
2. ¿Qué utensilios se usan para tomar mate?
3. Si un amigo te invita a tomar mate en su casa, ¿cómo es el ritual que se sigue?
4. ¿Cómo beneficia el mate la salud?
5. ¿Has probado mate alguna vez? ¿Conoces otra hierba medicinal que se tome para remediar el cansancio o aliviar el estrés?

8-26 Una dieta saludable. Escojan una de las dietas que siguen y preparen una lista de las comidas que se deben consumir y cómo se preparan. Incluyan también consejos que ayuden a las personas a seguir la dieta.

- una dieta baja en grasa y en colesterol
- una dieta alta en proteínas
- una dieta para adelgazar
- una dieta para diabéticos
- una dieta con mucha fibra
- una dieta alta en carbohidratos

8-27 «Fortaleza». Escucha el anuncio sobre un producto nuevo y completa las oraciones siguientes.

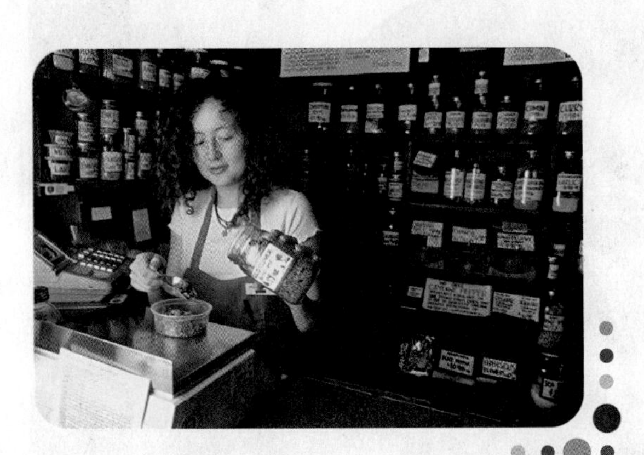

1. El producto es...
a. una bebida. **b.** una píldora. **c.** una inyección.

2. Es útil para aliviar...
a. la diabetes. **b.** la anemia. **c.** el insomnio.

3. El producto está lleno de...
a. calorías. **b.** carbohidratos. **c.** vitaminas.

4. Se garantiza que dentro de diez días la persona...
a. podrá hacer mucho ejercicio. **b.** subirá de peso. **c.** encontrará trabajo.

5. Si pides la oferta especial, pagas...
a. sólo diecinueve dólares. **b.** menos de cien dólares. **c.** seis mensualidades.

8-28 De nuevo: Una estrella (*Commands*). Eres el/la dueño/a de un nuevo restaurante lujoso que espera obtener una estrella en la guía *Michelín*. Antes de abrir las puertas por primera vez, háblales a los cocineros, a los meseros, al administrador y al/a la empleado/a que toma las reservas. Usando mandatos de *ustedes*, *usted* o *tú* (según el caso), recuérdales a cada grupo por separado lo que deben y no deben hacer. Escribe un mínimo de ocho oraciones, usando diferentes verbos.

MODELO: A los cocineros:
Cocinen siempre con los ingredientes más frescos.

Recuerda: Para darles las últimas instrucciones a tus empleados debes usar mandatos afirmativos y negativos. Podrás repasarlos en el *Capítulo 6*.

Reto: Usa muchas palabras de la ***Primera*** y ***Segunda parte*** de ***¡Así lo decimos!*** Trata de crear diez mandatos y de añadir más empleados a tu lista.

¡Así lo hacemos! Estructuras

2. The conditional and conditional perfect

The conditional

In Spanish, the conditional is formed by adding the imperfect ending for **-er** and **-ir** verbs to the infinitive. The same endings are used for **-ar, -er,** and **-ir** verbs.

	TOMAR	COMER	VIVIR
yo	tomar**ía**	comer**ía**	vivir**ía**
tú	tomar**ías**	comer**ías**	vivir**ías**
Ud., él, ella	tomar**ía**	comer**ía**	vivir**ía**
nosotros/as	tomar**íamos**	comer**íamos**	vivir**íamos**
vosotros/as	tomar**íais**	comer**íais**	vivir**íais**
Uds., ellos, ellas	tomar**ían**	comer**ían**	vivir**ían**

- The conditional is used to state what you *would* do in some future or hypothetical situation.

  ¿**Pedirías** arroz a la marinera en un restaurante? — *Would you order seafood rice in a restaurant?*

  La paciente jamás **eliminaría** el colesterol de su dieta. — *The patient would never eliminate cholesterol from her diet.*

- The conditional is also used when the speaker is referring to an event that is future to a point in the past.

  Creía que **habría** más gente en el restaurante. — *I thought that there would be more people at the restaurant.*

  Ellos me informaron que **preferirían** el pescado a la plancha. — *They told me that they would prefer the grilled fish.*

- The conditional is also used to express a request in a courteous manner.

  Me **gustaría** tomar un vaso de agua. — *I would like to have a glass of water.*

  ¿**Podría** pasarme la sal? — *Could you pass me the salt?*

- The conditional of **deber,** like the present indicative, translates as *should.*

  No **deberías** quemar la carne. — *You should not burn the meat.*

  Deberían encender el horno ahora. — *They should turn on the oven now.*

- The conditional has the same irregular stems as the future.

decir	**dir-**	diría, dirías, diría...
haber	**habr-**	habría, habrías, habría...
hacer	**har-**	haría, harías, haría...
poder	**podr-**	podría, podrías, podría...
poner	**pondr-**	pondría, pondrías, pondría...
querer	**querr-**	querría, querrías, querría...
saber	**sabr-**	sabría, sabrías, sabría...
salir	**saldr-**	saldría, saldrías, saldría...
tener	**tendr-**	tendría, tendrías, tendría...
venir	**vendr-**	vendría, vendrías, vendría...

- Probability or conjecture in the past is often expressed in Spanish with the conditional.

¿Cuándo preparó la chef el caldo? — *When did the chef prepare the broth?*
Lo **prepararía** esta mañana. — *She probably prepared it this morning.*

The conditional perfect

The conditional perfect is formed with the conditional of the auxiliary verb **haber** + past participle.

		PAST PARTICIPLE
yo	**habría**	**asado**
tú	**habrías**	**metido**
Ud., él, ella	**habría**	**medido**
nosotros/as	**habríamos**	**pelado**
vosotros/as	**habríais**	**adelgazado**
Uds., ellos, ellas	**habrían**	**hervido**

- The conditional perfect is used to express an action that would or should have occurred but did not.

Habría congelado la sopa, pero mis hijos ya se la habían comido.	*I would have frozen the soup, but my children had already eaten it.*
Habríamos cocido los alimentos con menos líquido, pero no teníamos las proporciones correctas.	*We would have cooked the food with less liquid, but we didn't have the correct proportions.*

- The conditional perfect is also used to express probability or conjecture.

Ingrid **habría asistido** a una escuela culinaria antes de hacerse famosa.	*Ingrid had probably attended a culinary school before becoming famous.*
¿**Habría** tenido muchos clientes Ferrán Adrià el primer año de abrir El Bulli?	*I wonder if Ferrán Adrià had many customers his first year after opening El Bulli.*

Ferrán Adrià saborea uno de sus platos exquisitos en su famoso restaurante.

▸ Aplicación

8-29 ¿Qué harían? Elige la oración más lógica, según el caso y escribe el verbo en el condicional para decir lo que harían estas personas.

MODELO: Estás en un restaurante de comida rápida.
Pedirías una hamburguesa y un refresco.

1. ___ El gran chef Ferrán Adrià está en su restaurante cerca de Barcelona.
2. ___ Ingrid Hoffman está preparando las recetas para su próximo programa.
3. ___ Estás en tu apartamento y tienes hambre, pero no hay nada en el refrigerador.
4. ___ No tienes suficiente dinero para pagar la cuenta del restaurante.
5. ___ Estoy en un restaurante y encuentro que el pollo está casi crudo.
6. ___ Tu mejor amigo acaba de encontrar trabajo después de buscarlo por mucho tiempo.
7. ___ Tus padres están en el supermercado el día antes de una fiesta familiar.

a. **tener** que lavar los platos.
b. **salir** a comer en su restaurante favorito para celebrar e **invitar** a todos sus amigos.
c. **pensar** en cómo convertir las comidas tradicionales hispanas en creaciones nuevas.
d. **decirle** al mesero que llamara al chef.
e. **reunirse** con los ayudantes de la cocina para repasar el menú del día siguiente.
f. **tratar** de comprar algo especial para servirle a la familia.
g. **buscar** galletas, maní o cereal en los gabinetes de la cocina.

8-30 ¿Qué harías en mi lugar? Túrnense para comentar qué harían en los siguientes casos.

MODELO: Quieres adelgazar.
E1: *Quiero adelgazar y me dicen que debería tomar sopa de verduras. ¿Qué harías tú?*
E2: *¡Yo no la tomaría! Mejor comería puras proteínas: carne, pescado, pollo. Nada de verduras.*

1. Estás a dieta y tu mejor amigo te regala un pastel de manzana.
2. Quieres comprar la mejor comida para estar saludable.
3. Tu mejor amiga tiene gripe y quieres prepararle algo apropiado.
4. Has invitado a tu familia a comer en un restaurante elegante.
5. Esta noche hay una fiesta en casa de tu profesor. Quieres llevarle algo especial.

8-31 ¿Qué habrían hecho? Expliquen lo que habrían hecho sus abuelos en las siguientes circunstancias.

MODELO: al recibir una invitación a una fiesta de gala
E1: *La habrían aceptado con mucho gusto. Mi abuelo se habría puesto un esmoquin* (tuxedo).
E2: *Mi abuela se habría pasado el día en la peluquería. Se habrían divertido mucho bailando toda la noche en la fiesta.*

1. al conocer a una estrella de cine
2. al nacer el primer nieto
3. al asistir a la graduación de un hijo o de una hija
4. al celebrar 50 años de matrimonio
5. al ver a un astronauta caminar en la luna
6. al tener a todos los hijos y nietos juntos para una fiesta familiar
7. al cumplir veintiún años
8. al recibir una carta con malas noticias

8-32 Una cena desastrosa. Túrnense para dar consejos después de que todo sale mal en una comida.

MODELO: Asé la carne de res, pero salió seca.
E1: *Yo la habría asado por menos tiempo.*
E2: *Yo la habría adobado cada quince minutos.*
E3: *Yo habría comprado la carne en otra carnicería.*

1. Freí el pollo, pero se quemó.
2. No herví la pasta lo suficiente y quedó dura.
3. Cociné la carne en el microondas, pero salió medio cruda.
4. No pelé las papas y tardaron mucho tiempo en cocinarse.
5. Medí mal la harina y la torta salió como una piedra.
6. El pescado resultó demasiado salado.

3. The indicative or subjunctive in *si*-clauses

Simple *si*-clauses

A *si*-clause states a condition that must be met in order for something to occur. The verb in a simple *si*-clause is usually in the present indicative, while the verb in the result clause is in the present or future tense.

Si no sacas el helado del congelador ahora, estará muy duro cuando lo sirvas.	*If you don't take the ice cream out of the freezer now, it will be very hard when you serve it.*
Si quieres, comemos fresas de postre.	*If you want, we'll eat strawberries for dessert.*

Contrary-to-fact *si*-clauses

When a *si*-clause contains implausible or contrary-to-fact information, the imperfect subjunctive is used in the *si*-clause and the conditional is used in the result clause.

Si **tuviera** 21 años, te **invitaría** a una copa.	*If I were 21 years old, I would ask you out for a drink.*
Enlataría los tomates, si tú me **ayudaras**.	*I would can the tomatoes if you helped me.*

- Note that the conditional clause does not have a fixed position in the sentence; it may appear at the beginning or end of the sentence.
- When the *si*-clause containing contrary-to-fact information describes a past action, the pluperfect subjunctive is used in the *si*-clause, while the conditional perfect is used in the main clause.

Si **hubiera sabido** que te gustaba, te **habría hecho** el cordero a la parrilla.	*If I had known that you liked it, I would have made you the lamb on the grill.*
Si no **hubiéramos comprado** tantos alimentos, no **habríamos comido** tanto.	*If we hadn't bought so much food, we wouldn't have eaten so much.*

- Comparative *si*-clauses introduced by **como si** (*as if*) refer to a hypothetical or contrary-to-fact situation and require either the imperfect or the pluperfect subjunctive. When used with the imperfect, the action coincides in time with the main verb; when used with the pluperfect, the action happens before the main verb.

Julián ha desayunado **como si** no **fuera** a comer más en una semana.	*Julián ate breakfast as if he were not going to eat anything in a week.*
Ana nos habló del menú **como si hubiera asistido** al almuerzo.	*Ana spoke to us about the menu as if she had attended the luncheon.*

▸ Aplicación

8-33 ¡Si hay amigos, hay fiesta! Completa estas frases con una terminación lógica.

1. ___ Si no llueve,...	**a.** lo tendrás para abrir la lata de anchoas.
2. ___ Si no pierdes el abrelatas,...	**b.** si los encontramos frescos en el mercado.
3. ___ No habrá quejas...	**c.** podremos tener la fiesta afuera.
4. ___ Serviremos mariscos...	**d.** si no hay mucho tráfico en el camino.
5. ___ Llegaremos a tiempo...	**e.** si la comida está bien preparada.

8-34 La buena nutrición. Completa el diálogo entre la nutricionista y su cliente con el condicional o el imperfecto del subjuntivo, según el contexto.

DON ISMAEL: No me siento bien, doctora. ¡Ay, si (**1.** tener) ___________ más energía!

DRA. SÁNCHEZ: Si (**2.** tomar) ___________ estas vitaminas e (**3.** hacer) ___________ más ejercicio, (**4.** sentirse) ___________ mejor, don Ismael.

DON ISMAEL: Pero doctora, las vitaminas son caras. Si (**5.** tener) ___________ el dinero para comprar pastillas, si no (**6.** tener) ___________ que trabajar tanto, (**7.** sentirme) ___________ mejor. Y hacer ejercicio es aburrido. Si (**8.** vivir) ___________ más cerca del gimnasio, lo (**9.** hacer) ___________, pero...

DRA. SÁNCHEZ: Entiendo que es difícil, don Ismael. Pero ¿qué (**10.** hacer) ___________ su esposa si algo le (**11.** pasar) ___________ a usted? Si (**12.** seguir) ___________ mi consejo, (**13.** ser) ___________ mucho más feliz y su esposa no (**14.** temer) ___________ por su salud.

DON ISMAEL: Usted tiene razón. Ojalá (**15.** poder) ___________ seguir sus consejos. Pero voy a tratar de hacerlo. ¡Ay, si (**16.** ser) ___________ más joven!

8-35 Ay, si... Desafortunadamente, sus cocinas no están muy bien equipadas. Túrnense para preguntar qué harían si tuvieran estos utensilios.

MODELO: una batidora
E1: *¿Qué me prepararías si tuvieras una batidora?*
E2: *Si tuviera una batidora, te prepararía una bebida deliciosa.*
E1: *¿Y qué le pondrías?*
E2: *Le pondría yogur, limón, durazno, hielo y azúcar.*

1. una sartén
2. una olla
3. un horno
4. un molde
5. un sacacorchos
6. un horno microondas
7. un abrelatas
8. una tostadora
9. un cuchillo

8-36 Si fueran de la generación de sus bisabuelos. Contesten estas preguntas para luego presentarle un resumen a la clase de las diferencias que habría en la comida y en su preparación en los tiempos de sus bisabuelos. ¿Qué comidas predominarían en la dieta y por qué? ¿Qué utensilios se utilizarían? ¿Quiénes estarían en una comida? ¿Cuánto tiempo pasarían en una comida familiar?

8-37 El Mesón Sevillano. El Mesón Sevillano es un bar popular donde la gente se reúne (*gather*) por la tarde a tomar un café, una cerveza, una copa de vino y a comer unas tapas. Las tapas son aperitivos como aceitunas, tortilla española, mariscos, maníes o queso. ¿Qué pedirían si visitaran El Mesón Sevillano? Si ustedes tuvieran un bar de este tipo, ¿qué otras tapas ofrecerían? ¿Qué bebidas incluirían? Escriban su propio menú para este bar, usando vocabulario de la *Primera* y *Segunda parte* de *¡Así lo decimos!*

8-38 A explorar: Un bar de tapas. Visita la página web de *Conexiones* para ver un menú completo de un bar de tapas o algunas recetas para tapas. Elige cinco tapas que te parezcan especialmente nutritivas y cinco que sean menos nutritivas y explica tus razones para elegirlas.

8-39 Debate: Los suplementos dietéticos. La industria de tiendas de nutrición ha crecido enormemente en las últimas décadas. Formen dos grupos para debatir uno de los siguientes temas. Usen cláusulas con *si* en su presentación.

Resolución: La *FDA* (o *Health Canada*) inspeccionará y convalidará las afirmaciones que aparecen en las etiquetas de los suplementos dietéticos.

Resolución: Se obligará a los menores de edad a tener una receta médica o el permiso de los padres para tomar suplementos dietéticos.

MODELO: *Los suplementos dietéticos no son necesarios si se hace una dieta equilibrada. Pienso que muchos de estos suplementos...*

¡Así lo expresamos!

Imágenes

Nature Morte Vivante **(Salvador Dalí, 1904–1989, España)**

Salvador Dalí, reconocido internacionalmente como uno de los artistas más importantes del Siglo XX, nació en Figueras, un pueblo cerca de Barcelona. Junto con Pablo Picasso y Joan Miró, es producto de la rica cultura catalana. En París, Dalí conoció al círculo de poetas y pintores surrealistas cuya influencia se ve claramente en su obra. Con un estilo esmeradamente realista y preciso, Dalí coloca objetos familiares en espacios y paisajes que parecen ser el fruto de un sueño. Lo común se transforma así en imágenes tanto inquietantes como impresionantes. También influenciado por sus lecturas del famoso psicoanalista Sigmund Freud, Dalí investiga tanto lo oscuro como lo bello del inconsciente.

▸ Perspectivas e impresiones

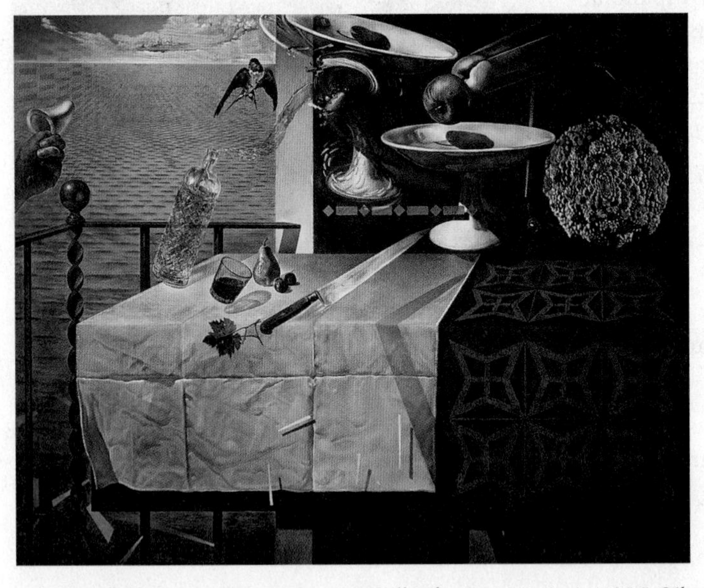

Salvador Dali "Nature Morte Vivante" (Still Life - Fast Moving). (1956) Oil on canvas 49 1/4 × 63 inches. Collection of The Salvador Dali Museum. St. Petersburg, Florida.

8-40 Observa el cuadro. Contesta las siguientes preguntas.

1. ¿Cuál es el estilo de esta pintura? ¿Impresionista? ¿Realista? ¿Surrealista?
2. El título parece ser una contradicción (*Still Life-Fast Moving*). ¿Cómo se diferencia de una naturaleza muerta tradicional?
3. ¿Qué comidas y bebidas puedes identificar en la pintura?
4. ¿Qué contraste percibes entre la manera en que Dalí pinta cada uno de los objetos individualmente y el efecto que produce el cuadro como un todo?
5. Piensa en el simbolismo relacionado con algunos de los objetos de la pintura.
6. Si fueras a pintar una naturaleza muerta, ¿qué objetos y comidas incluirías?

Ritmos

Mamá Pulpa (México)
Mamá Pulpa toca una mezcla de rock, reggae, ska y punk, con dos guitarras eléctricas, un bajo, una batería y una computadora. Sus letras tocan, de una manera irónica y humorística, temas cotidianos (*everyday*) con los que cualquier persona se puede identificar.

▸ Antes de escuchar

8-41 Se vende de todo en un supermercado. En los supermercados grandes se venden comestibles y todo tipo de artículos necesarios para el hogar. Haz una lista de cinco comestibles y de otros cinco artículos que piensas comprar la próxima vez que vayas al supermercado o que consideres esenciales en la despensa (*provisions for daily use*).

▸ A escuchar

8-42 No tiene ni un centavo. Esta canción trata de una manera irónica lo que hace una persona desesperada cuando no tiene qué comer. Mientras escuchas, anota tanto los comestibles, así como los demás artículos que encuentra el cantante en el supermercado.

Supermercado

Llevo varios días sin probar bocado° — *mouthful*
y lo peor de todo es que no tengo ni un centavo
ni ningún amigo ni ningún pariente
que me invite a su casa a comer algo decente.

Por eso decidí meterme a un supermercado
y nada de robar si no nomás° tomar prestado° — nada más / *borrow*
un poco de jamón y tal vez un pan Bimbo° — pan blanco
y de una vez un cacho° de ese queso gringo. — pedazo
Y ya sé que robar es un delito grave
pero la neta° es que esto a mí me vale. — verdad

Coro:
Como no tengo ni un varo° — centavo
todo lo robo del supermercado
no tengo ni un varo
todo lo robo del supermercado
no tengo ni un varo

Y como en la chamarra° ya no tengo espacio — chaqueta
me voy hacia la ropa caminando muy despacio
y le arranco la etiqueta a una gabardina° — abrigo
ahora ya me caben esas latas de sardina.

Me robo varios discos y unas servilletas
un frasco de perfume y una caja de galletas
una engrapadora° y un taladro° chino — *stapler / drill*
un bote° de café y un tetrabrick° de vino. — lata / envase rectangular

Y empiezo a convencerme de que esto no es delito
estoy pensando en llevarme hasta el carrito...

Estaba ya guardando un papel de baño
cuando se me acerca un tipo muy extraño
que me dijo muy amable "joven ya nos dimos cuenta
de que ahí en la gabardina lleva usted toda la tienda"

Me mete en un cuartucho° para interrogarme — cuarto pequeño y feo
y en un instante al tipo se le quita lo amable
pues de muy mal modo me pregunta todo
desde dónde vivo hasta cuál es mi apodo°. — *nickname*

Y cuando me pregunta que por qué robé
no se me ocurre más que contestarle que...

▶ Después de escuchar

8-43 ¿Qué quiso robar en el supermercado? Llena el cuadro para categorizar los comestibles y artículos que quiso robar. ¿Por qué no tuvo éxito?

Comidas	Bebidas	Otros artículos

 **8-44 El interrogatorio.** Hagan el papel de sospechoso/a y policía y preparen una escena en la que se le hace explicar al/a la sospechoso/a por qué quiso robar todos los artículos. El/La sospechoso/a tiene que convencer al/a la policía de que es inocente.

Páginas

La leyenda del chocolate (Anónimo)

Las leyendas representan la tradición oral de la literatura: los cuentos que se pasan de generación en generación para transmitir las ideas y los valores de la gente. Muchas veces las leyendas mezclan fenómenos naturales (el clima, la topografía o los productos agrícolas) con los fenómenos sobrenaturales o míticos para explicar su existencia. En la literatura oral, el cuentista tiene un rol importante en la versión de la leyenda. La que sigue representa el origen del chocolate, un producto oriundo del Nuevo Mundo.

Quetzalcóatl, el dios creador

▸ Antes de leer

8-45 ¿Qué asocias con el chocolate? Haz una lista de ideas, características, sensaciones, platos y experiencias que asocies con el chocolate. ¿Cuáles son agradables y cuáles son desagradables? Explica.

MODELO: *El chocolate es dulce y rico pero engorda…*

▸ A leer

8-46 Los personajes principales. Echa un vistazo a la leyenda que sigue para identificar a estos personajes que aparecen en ella.

1. _____ Quetzalcóatl	**a.** el dios de la lluvia
2. _____ Tezcatlipoca	**b.** el dios malo
3. _____ Tláloc	**c.** el dios más generoso de todos
4. _____ los toltecas	**d.** la diosa del amor
5. _____ Xochiquetzal	**e.** la gente que recibió el don (*gift*) del chocolate

La leyenda del chocolate

El dios Quetzalcóatl, cuyo nombre significa "serpiente emplumada"° descendió por un rayo de la estrella matutina°, dejando asombrada° a la gente con su aparición. Todo el pueblo comprendió que aquella aparición no era un simple mortal y, de hecho, le rindió adoración rompiendo sus feos y oscuros dioses de barro°.

El pueblo le erigió un gran templo de cinco pisos escalonados y con una fachada adornada de bajorrelieves para simbolizar el dominio de Quetzalcóatl sobre el oriente y el poniente°. Este impresionante templo para Quetzalcóatl contaba también con una gran plaza, alrededor de la cual se extendía la ciudad de Tollán (hoy Tula).

Y en sus días de riqueza la dominaba Quetzalcóatl junto con el dios Tláloc ("el dios que está en la tierra"), el dueño de las lluvias°, dador° de la vida y dueño de las almas° separadas de los cuerpos. Reinaba también Xochiquetzal ("flor emplumada"), la diosa de la alegría y el amor, esposa de Tláloc y descubridora del pulque°. Todos los dioses eran buenos, y dirigidos por Quetzalcóatl, le enseñaron al pueblo tolteca la marcha de los astros°, lo que les permitió medir el tiempo y señalar en el calendario el cambio de las estaciones para aprovechar las lluvias y levantar las cosechas°. Bien alimentados y

feathered; morning / amazed; clay; east and west; rain / giver / souls; bebida fermentada del maíz; heavenly bodies; harvests

15 dueños del maíz, del frijol, de la yuca y de todos los cereales y frutos, los toltecas pudieron dedicar sus horas a ser admirables arquitectos, magníficos escultores y delicados ceramistas. Quetzalcóatl, que los amaba, les dio además el don° de una planta especial que les había robado a los dioses, sus hermanos. Estos la guardaban celosamente°, porque de ella obtenían una bebida que creían que era sólo para los dioses. Quetzalcóatl plantó este maravilloso arbusto° en los campos de Tula y le pidió a Tláloc que lo 20 alimentara con la lluvia, y a Xochiquetzal que lo adornara con sus flores. El pequeño árbol dio sus frutos y Quetzalcóatl hizo tostar el fruto. Les enseñó a molerlo a las mujeres, y a batirlo con agua en una jícara°, obteniendo así el rico° chocolate, que en el principio sólo tomaban los sacerdotes° y los nobles. Fue licor sagrado° y lo tomaban amargo. Los toltecas eran ricos y sabios, artistas y constructores; gozaban del sabroso chocolate y eran felices, lo cual despertó la envidia de los dioses, más aún cuando 25 descubrieron que tomaban la bebida destinada a ellos. Juraron venganza°, contra Quetzalcóatl primero y contra el pueblo tolteca después. Para eso llamaron a Tezcatlipoca, dios de las noches y de las tinieblas°. Este dios, enemigo de Quetzalcóatl, bajó a la Tierra por un hilo° de una araña° y disfrazándose de mercader° fue a visitar a Quetzalcóatl para hacerle una ofrenda. El dios luminoso se hallaba en su palacio, inmensamente triste, pues un sueño le había hecho saber que los dioses preparaban su venganza 30 y temía por el pueblo al que había hecho rico, sabio y feliz. El falso mercader se le acercó y le dijo:

—¿Por qué estás triste, amigo?

—Porque los dioses han decretado° mi perdición y el exterminio del pueblo tolteca —respondió Quetzalcóatl.

—Yo te ofrezco con este licor el olvido de tus penas y la alegría. Tómalo y serás nuevamente feliz, y se lo 35 darás al pueblo para que sea feliz también.

Quetzalcóatl, que amaba al pueblo tolteca, creyó las palabras falsas de Tezcatlipoca y bebió el jugo que le ofrecía, que era en realidad el pulque, la bebida que Xochiquetzal había descubierto. Se embriagó°, bailó y gritó ante el escándalo del pueblo al ver a su dios comportarse de esta manera. Después, Quetzalcóatl se durmió y, al despertar, con la boca amarga y en la cabeza un dolor profundo, se dio 40 cuenta de que los dioses lo habían deshonrado y que ahora se preparaban para celebrar la ruina del pueblo tolteca y la caída° de la gloriosa Tollán. Quetzalcóatl creyó que nunca podría ver a los que había enseñado a ser buenos y honrados sin sentir una profunda vergüenza y decidió marcharse para la estrella vespertina. Emprendió° el camino llorando y aún más cuando encontró, al día siguiente de su embriaguez°, que las plantas del cacao se habían transformado en mezquites secos y espinosos°. Se 45 fue entonces hacia el mar, y allí arrojó los granos° del cacao. Después entró al mar y, aprovechando° un rayo de la estrella del atardecer, se volvió a su morada° celestial.

¿Sería la pérdida del chocolate un presagio° de la conquista de México por los españoles? ¿Hay una moraleja° que los toltecas Tollán les pasarían a futuras generaciones? ¿Cuál sería?

don	regalo
celosamente	*jealously*
arbusto	*shrub*
jícara	*gourd*
rico / sacerdotes	sabroso / *priests*
sagrado	*sacred*
venganza	*revenge*
tinieblas / hilo / araña	*darkness / thread / spider*
mercader	*merchant*
decretado	*decreed*
se embriagó	*got drunk*
caída	*downfall*
emprendió	*He set out on*
embriaguez / espinosos	*drunkenness / thorny*
granos / aprovechando	*beans / taking advantage of*
morada	casa
presagio	profecía
moraleja	lección

El templo de Quetzalcóatl en Tula

Antes de la conquista de México, los granos del cacao se usaban en el comercio y valían más que el oro. Sólo los nobles tomaban la bebida que llamaban xocolatl.

▸ Después de leer

8-47 ¿Quién es quién? Identifica quién lo hace en la leyenda.

P: el pueblo tolteca
Q: Quetzalcóatl
T: Tezcatlipoca
Tl: Tláloc
X: Xochiquetzal
TLD: todos los dioses

1. _____ Baja del cielo ante el asombro de la gente tolteca.
2. _____ Construye un gran templo rodeado por una plaza que llegaba hasta la ciudad de Tollán.
3. _____ Reinó en la región junto con los dioses de la tierra y de la alegría.
4. _____ Les trae las flores a las plantas.
5. _____ Era el dueño de la lluvia.
6. _____ Les enseñan a entender las estaciones y los astros.
7. _____ Goza de buena salud y se dedica a la arquitectura y las artes manuales.
8. _____ Comete el error de robarles el chocolate a sus hermanos.
9. _____ Engaña a Quetzalcóatl.
10. _____ Siente tremenda vergüenza y abandona la Tierra.

8-48 El don del chocolate. En la época de los toltecas, el chocolate era tan precioso que se reservaba para los nobles y los sacerdotes (*priests*). En su opinión, ¿qué ingredientes o comidas hoy en día son especialmente exóticos y se usan sólo en ocasiones muy especiales? Expliquen el origen y el uso de algunos.

8-49 Otra historia. El libro del Génesis de la Biblia tiene aspectos en común con las leyendas y mitos de los indígenas. Trabajen juntos para comparar estas dos historias, u otra historia que conozcan y hacer una lista de sus semejanzas y diferencias.

8-50 A explorar: Los beneficios del chocolate. Visita la página web de *Conexiones* para leer sobre los beneficios que le han atribuido al chocolate las personas que lo comen. Escribe tres de ellos y explica por qué aceptas o no la teoría.

Taller

Una receta

Las reuniones familiares casi siempre incluyen un almuerzo o una cena en los que los miembros de la familia traen sus platos favoritos. Los olores y sabores de estos platos están entre nuestros recuerdos más agradables. A continuación escribe una receta de uno de tus platos favoritos.

▸ Antes de escribir

Idear. Piensa en un plato que te guste mucho. Debe tener alguna relación con un evento social.

▸ A escribir

Presentar. Escribe un mínimo de cuatro oraciones para explicar el contexto social del plato. ¿Cuál es su origen? ¿Por qué es especial? Puedes inventar el origen si quieres.

Hacer la lista. Con el título de *Ingredientes,* haz una lista de los ingredientes y sus cantidades.

Explicar. Con el título *Manera de hacerse,* explica los pasos para la preparación del plato. Incluye consejos y sugerencias para ayudar al/a la cocinero/a.

Resumir y concluir. Escribe un párrafo final en el que expongas el contenido nutritivo, el valor social, la presentación del plato, etc. Puedes usar el condicional para las sugerencias (Podrías servir…). Incluye una foto o un dibujo del plato.

▸ Después de escribir

Revisar. Revisa la secuencia de los ingredientes y de las instrucciones. ¿Están claros y son lógicos? Luego, revisa la mecánica de la receta.

☐ ¿Has mantenido un solo estilo (formal o informal) de mandatos?

☐ ¿Has usado bien el subjuntivo y el condicional?

☐ ¿Has verificado la concordancia y la ortografía?

Intercambiar. Intercambia tu receta con la de un/a compañero/a. Mientras leen las recetas, hagan comentarios y sugerencias sobre el contenido, la estructura y la gramática.

Entregar. Pon tu receta en limpio, incorporando las sugerencias de tu compañero/a y entrégasela a tu profesor/a.

Vocabulario

Primera parte

el aderezo	*salad dressing*
adobar	*to season, to marinade*
el adobo	*marinade or seasoning*
agregar	*to add*
agrio/a	*sour*
amargo/a	*bitter*
añadir	*to add*
asar	*to roast*
la brasa	*grill*
el caldo	*broth*
cocer (ue)	*to cook, to boil*
dulce	*sweet*
la empanada	*spicy or sweet turnover*
los fideos	*noodles*
freír (i, i)	*to fry*
la harina	*flour*
hornear	*to bake*
medir (i, i)	*to measure*
mezclar	*to mix*
moler (ue)	*to grind*
oler (hue) (a)	*to smell (like)*
la pechuga	*breast (of fowl)*
Pero, lo más importante es que...	*But the most important thing is that...*
picante	*spicy*
picar	*to chop, to cut up*
probar (ue)	*to try, to taste*
saber (a)	*to taste (like)*
el sabor	*flavor*
salado/a	*salty*
sazonar	*to season*
las sobras	*leftovers*
soso/a	*bland*
Y también el gobierno debe...	*And the government also should...*
Ya era hora que...	*It was about time...* (+ imperf. subjunctive)

Segunda parte

el abrelatas	*can opener*
adelgazar	*to slim down*
el ayuno	*fast*
la batidora	*blender*
bien hecho/a	*well-done (for meat)*
la cacerola	*pot*
la cafetera	*coffee pot, coffee maker*
la cáscara	*peel (fruit), shell (nuts)*
(des)congelar	*to freeze (to defrost)*
la copa	*glass (for wine, brandy, etc.)*
(casi) crudo/a	*raw (rare, for meat)*
(des)equilibrado/a	*balanced (unbalanced)*
echarse a perder	*to spoil (food)*
embotellar	*to bottle*
engordar	*to gain weight*
enlatar	*to can*
hervir (ie, i)	*to boil*
ingerir (ie, i)	*to ingest*
la olla	*pot*
pelar	*to peel*
la piel	*skin*
el sacacorchos	*corkscrew*
la sartén	*frying pan*
la taza	*cup, measuring cup*
tomar una copa	*to have a drink*
el vaso	*glass*

Carnes, frutas y legumbres *See page 245*
Expressions for food preparation *See page 255*
Los mariscos *See page 255*

9 Nuestra compleja sociedad

▸▸ OBJETIVOS COMUNICATIVOS

- Talking about crime and personal safety
- Speculating about what might have been
- Discussing social problems and personal excesses
- Expressing ideas without attributing them to anyone

▸▸ PRIMERA PARTE

¡Así es la vida! • • • ¿Se siente Ud. seguro/a?

¡Así lo decimos! Vocabulario • • • La seguridad y el delito

¡Así lo hacemos! Estructuras • • • The pluperfect subjunctive

Conéctate

- VIDEORED • • • *Recuperación neuronal en los trastornos adictivos* (Juan José Legarda, TAVAD, España)
- COMUNIDADES • • • Asociaciones de servicio internacional
- CONEXIONES • • • Las drogas y el delito
- COMPARACIONES • • • ASPIRA

▸▸ SEGUNDA PARTE

¡Así es la vida! • • • Mito o verdad: ¿cómo afecta el alcohol al organismo?

¡Así lo decimos! Vocabulario • • • Excesos personales

¡Así lo hacemos! Estructuras • • • Uses of *se* with impersonal and passive constructions • • • Indefinite and negative expressions

▸▸ ¡ASÍ LO EXPRESAMOS!

- IMÁGENES • • • *Estación de la calle 14* (Camilo Egas, Ecuador)
- RITMOS • • • *Esto fue lo que vi* (Ramón Orlando, República Dominicana)
- PÁGINAS • • • *Un pueblo sin drogas* (Soraya Izquierdo, España)
- TALLER • • • Un relato en primera persona

En Madrid, España, en el año 2004, ocurrió este ataque terrorrista en el que fallecieron 191 personas y 1.700 fueron heridas.

A empezar

¿Conoces a alguien que haya sido víctima de un acto de terrorismo? ¿Qué harías si vieras un acto de terrorismo? ¿Crees que hay más violencia ahora que hace veinte años? ¿A qué se atribuye el aumento? ¿Qué impacto tienen estos eventos en la forma en que vives tu vida? ¿De quién/es dependes para tu seguridad? ¿Qué podemos hacer para eliminar el miedo?

Curiosidades

¿Sabes…

dónde y cuándo se empezó a usar el ADN para resolver un delito?

a. en Estados Unidos, 1991
b. en Inglaterra, 1985
c. en Francia, 1988

cuántos actos violentos habrá visto por televisión un niño de 13 años?

a. 100.000
b. 50.000
c. 150.000

en qué estado está la cárcel más segura de Estados Unidos?

a. en Texas
b. en Michigan
c. en Colorado

cuántos años más viven las personas que no fuman?

a. tres
b. ocho
c. cinco

Primera parte

¡Así es la vida!

¿Se siente Ud. seguro/a?

Favor de rellenar este cuestionario para indicar sus opiniones sobre la seguridad en su comunidad y en su país.

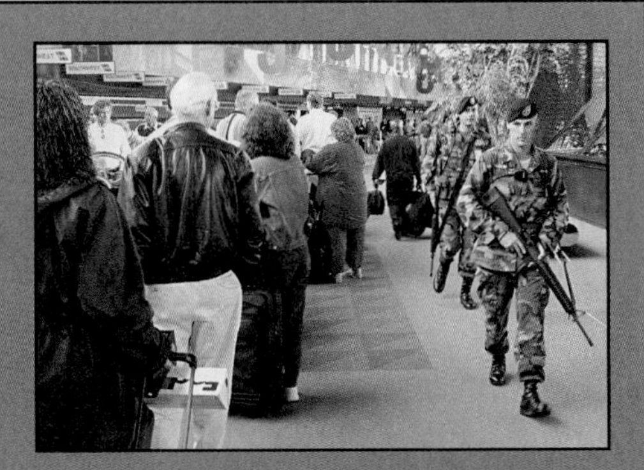

1. Sexo	M	F				
2. Edad	15–20	20–30	30–40	40–50	50–60	>60
3. Ingresos	$0–$20 mil	$20–30 mil	$30–40 mil	$40–50 mil	$50–60 mil	>$60 mil
4. Domicilio	Rural	Suburbano	Urbano			

5. ¿Cuáles diría Ud. que son los tres principales problemas de seguridad para su comunidad y para su país? Márquelos con una X.

Para mi comunidad	Para el país	
		los robos y asaltos en la calle
		el pandillaje
		el consumo y comercialización de las drogas
		los robos en la vivienda
		los secuestros
		la prostitución
		la violencia familiar
		el terrorismo político
		el consumo excesivo de bebidas alcohólicas
		los homicidios
		el robo de identidad
		las violaciones
		otros (explique)

6. ¿Ha sido Ud. víctima de un crimen? sí no

7. Favor de indicar si está de acuerdo o no con las siguientes afirmaciones:

sí no	La policía tiene suficientes recursos para combatir el crimen en mi comunidad.
sí no	Tengo confianza en las agencias de seguridad estatal y nacional.
sí no	En general, me siento seguro/a en mi comunidad.
sí no	En general, me siento seguro/a cuando viajo por el extranjero.
sí no	Creo que hoy en día es importante que todos tengan el derecho de portar armas para protegerse de los criminales.

¡Así lo decimos! Vocabulario

Vocabulario primordial

abusar (de)
el acoso
la bomba
el crimen
defraudar
el delito
el homicidio
el revólver
robar
la seguridad
el vandalismo

Defensores de la ley...
el/la agente secreto/a
el/la guardaespaldas
el/la guardia de seguridad
el/la policía

Abusadores de la ley...
el/la asesino/a
el/la contrabandista
el/la delincuente
el/la homicida
el ladrón/la ladrona
la pandilla
el/la terrorista
el/la traficante

Vocabulario clave: La seguridad y el delito

Verbos

cuidarse	*to be careful, to take care of oneself*
destrozar	*to destroy, to vandalize*
disparar	*to fire (a gun)*
emborracharse	*to become intoxicated*
estafar	*to cheat*
secuestrar	*to kidnap, to hijack*
tatuar(se)	*to (get a) tattoo*

Sustantivos

la culpabilidad	*guilt*
el pandillaje	*gang activity*
el/la pandillero/a	*gang member*
el/la sospechoso/a	*suspect*

Ampliación

Verbos	Sustantivos	Adjetivos
asesinar	el asesinato; el/la asesino/a	asesinado/a
defraudar	el fraude	fraudulento/a
emborracharse	la borrachera	borracho/a
estafar	la estafa, el/la estafador/a	estafado/a
robar	el robo	robado/a
secuestrar	el secuestro, el/la secuestrador/a	secuestrado/a
vandalizar	el vandalismo, el vándalo	vandalizado/a

¡Cuidado!

abusar de

- In Spanish the verb **abusar** is usually followed by **de** before naming the abused person or thing taken advantage of.
- The abused (person or thing taken advantage of) is the object of the preposition **de.**

El hombre **abusó de** la generosidad de mi tío.	*The man took advantage of my uncle's generosity.*
Parece que los padres **abusaron de** los dos hijos.	*It seems the parents abused the two children.*

- Avoid **me abusa, lo abusa,** etc., which are grammatically incorrect.

▸ Aplicación

9-1 Amenazas a la seguridad. Empareja los términos de *¡Así lo decimos!* con sus definiciones.

1. ___ el secuestro	**a.** el acto de destruir algo sin motivo
2. ___ el vandalismo	**b.** el acto de matar
3. ___ el homicidio	**c.** productos prohibidos o introducidos fraudulentamente
4. ___ el acoso	**d.** la acción y el efecto de capturar a alguien sin causa
5. ___ el delito	**e.** la persecución constante de una persona
6. ___ el contrabando	**f.** el crimen

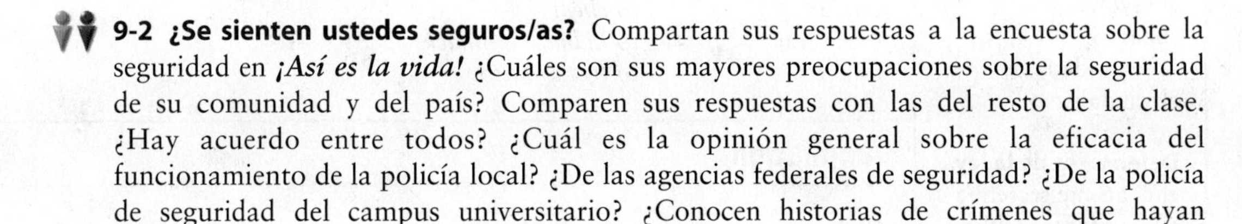

9-2 ¿Se sienten ustedes seguros/as? Compartan sus respuestas a la encuesta sobre la seguridad en *¡Así es la vida!* ¿Cuáles son sus mayores preocupaciones sobre la seguridad de su comunidad y del país? Comparen sus respuestas con las del resto de la clase. ¿Hay acuerdo entre todos? ¿Cuál es la opinión general sobre la eficacia del funcionamiento de la policía local? ¿De las agencias federales de seguridad? ¿De la policía de seguridad del campus universitario? ¿Conocen historias de crímenes que hayan ocurrido en su comunidad?

9-3 A explorar: ¿Cómo empiezan las pandillas? Visita la página web de *Conexiones* para leer sobre los factores que contribuyen al crecimiento de las pandillas. Prepara un resumen para discutir en clase.

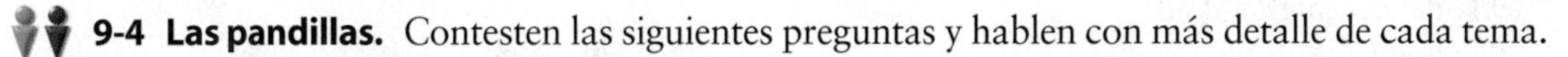

9-4 Las pandillas. Contesten las siguientes preguntas y hablen con más detalle de cada tema.

1. ¿Por qué alguien se hace miembro de una pandilla? ¿Cómo se puede identificar a los miembros?
2. ¿Es posible abandonar una pandilla fácilmente?
3. ¿Qué pueden hacer los padres para contrarrestar las actividades de las pandillas?
4. ¿Qué alternativas creen que se les pueden ofrecer a los jóvenes para evitar que busquen refugio en las pandillas?

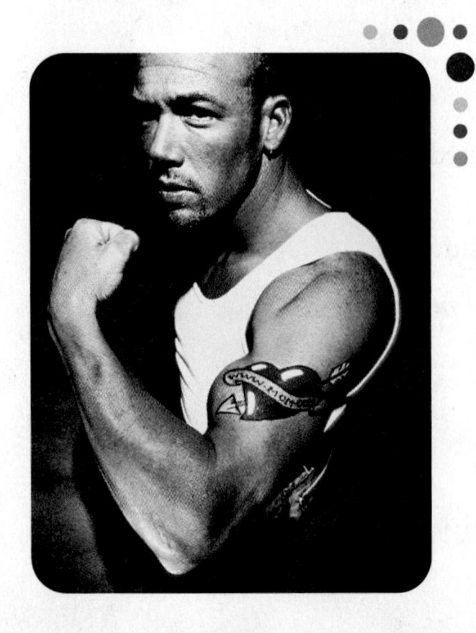

9-5 Los adornos corporales. Escribe un párrafo para contestar las siguientes preguntas. Usa expresiones como **aunque, pero, sino, por eso** y **por lo visto.** ¿Conoces a alguien que tenga algún tatuaje o que lleve algún anillo en la nariz u otra parte del cuerpo? ¿En qué parte se tatuó o se puso el anillo? ¿Sabes por qué lo hizo? ¿Cómo reaccionaron los amigos y la familia de la persona?

9-6 El delito. Hablen de casos recientes que conozcan o de los que hayan oído hablar, en relación con los delitos siguientes. Traten de dar detalles del caso.

MODELO: una bomba
Unos terroristas pusieron bombas en un tren de Madrid y murieron muchas personas. Pronto la policía arrestó a algunos sospechosos.

1. un robo
2. un secuestro
3. un acto de vandalismo
4. un asesinato

9-7 ¡Protéjanse! Aquí tienen consejos para su seguridad personal. ¿Cuáles de ellos siguen ustedes con regularidad? ¿Cuáles creen que deberían seguir? ¿Qué recomendaciones añadirían para sentirse seguros en su universidad o en su escuela?

Siéntase seguro/a dondequiera que esté

Primer paso...

Esté atento/a a lo que pasa a su alrededor, no importa dónde esté. No permita que nada lo tome por sorpresa. Demuestre confianza en sí mismo cuando camine. No demuestre miedo. Evite tener aspecto de víctima. Confíe en sus instintos. Si se siente incómodo en algún lugar o situación, márchese (*leave*) de inmediato y busque ayuda de ser necesario.

Cuando vaya a caminar...

Camine por calles donde haya mucha gente. No ande por sitios vacíos, callejones (*alleys*) u otras zonas desiertas. Por la noche, camine por áreas bien iluminadas siempre que sea posible. Vaya siempre acompañado/a de un amigo o vecino. Conozca bien su vecindario, a sus vecinos y su lugar de trabajo. Conozca las tiendas y restaurantes que están abiertos hasta tarde y memorice dónde están las estaciones de policía y bomberos más cercanas. Lleve su teléfono móvil en la mano o llame a un/a amigo/a para tener con quien hablar mientras camina. Lleve su bolsa firmemente y manténgala cerca del cuerpo. Si lleva la billetera (*wallet*) en un bolsillo (*pocket*) interior de la chaqueta o en el bolsillo del frente del pantalón, será más difícil que la pierda.

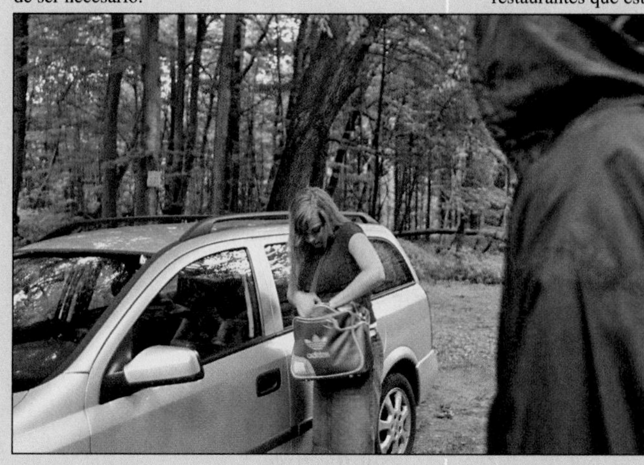

9-8 De nuevo: Por una universidad más segura (*Por/para*). Imagínate que has fundado una asociación de estudiantes contra el delito. Escribe un discurso en el que invites a todo el estudiantado (*student body*) a unirse a tu asociación. Utilizando las preposiciones **por** y **para**, expresa tus ideas y explica las tareas que tendrán los estudiantes y los beneficios de estar unidos y vigilantes para prevenir el delito.

MODELO: *¡Unámonos **para** tener un campus libre de delito! Tenemos que estar alertos y prevenir el crimen **por** el futuro de nuestros hijos.*

Recuerda: La explicación de los usos de **por** y **para** aparece en el ***Capítulo 7***.

Reto: Trata de escribir más de ocho oraciones. Usa muchas palabras de ***¡Así lo decimos!***

¡Así lo hacemos! Estructuras

1. The pluperfect subjunctive

The pluperfect subjunctive has the same communicative function as the pluperfect indicative, which you reviewed in *Capítulo 5.* It is used to refer to an action or event occurring before another past action or event. However, while the pluperfect indicative describes actions that are real, definite, or factual, the pluperfect subjunctive is used in subordinate clauses that express attitudes, wishes, feelings, emotions, or doubts. See the sentences below the time line.

Past ← → Future

1. hablar 2. tatuarse	dudar lamentar	Present (*right now*)

Dudábamos que los policías **hubieran hablado** con el traficante de drogas. — *We doubted that the policemen had talked with the drug dealer.*

La novia de Carlos lamentó que él se **hubiera tatuado.** — *Carlos's girlfriend was sorry that he had gotten a tattoo.*

- The pluperfect subjunctive is formed with the imperfect subjunctive of the auxiliary verb **haber** + the past participle.

IMPERFECT SUBJUNCTIVE		PAST PARTICIPLE
yo	hubiera	
tú	hubieras	tomado
Ud., él, ella	hubiera	comido
nosotros/as	hubiéramos	vivido
vosotros/as	hubierais	
Uds., ellos, ellas	hubieran	

- Compare the pluperfect indicative with the pluperfect subjunctive in the examples that follow.

Indicative	**Subjunctive**
Dijo que el guardia le **había gritado** al criminal.	Deseaba que el guardia no le **hubiera gritado** al criminal.
He said that the guard had yelled at the criminal.	*He wished that the guard had not yelled at the criminal.*

The first sentence, *Dijo que el guardia **le había gritado** al criminal,* uses the indicative because the action in the subordinate clause is presented as a fact. The second sentence, *Deseaba que el guardia no **le hubiera gritado** al criminal,* uses the subjunctive because the subordinate clause expresses a hypothetical action—what he wished had not happened, not what necessarily did happen.

▸ Aplicación

9-9 ¡Ay, si lo hubiera sabido! Las siguientes acciones nunca habrían ocurrido si no hubiera sucedido algo previamente. Combina cada frase de una manera lógica.

MODELO: *No habrían liberado* (freed) *al delincuente si hubieran descubierto toda la evidencia del delito.*

1. ___ No me habría hecho un tatuaje…
2. ___ Los jóvenes no se habrían unido a la pandilla…
3. ___ El terrorista nunca habría secuestrado al diplomático…
4. ___ El joven no habría abusado de las drogas…
5. ___ El supervisor no habría acosado a su empleada…

a. si se hubiera dado cuenta de que la mujer grababa la conversación.
b. si lo hubieran protegido bien los guardias.
c. si hubiera sabido que me iba causar una infección.
d. si se hubiera dedicado más a los estudios.
e. si hubieran intervenido sus padres.

9-10 *El laberinto del fauno* (Pan's Labyrinth). Lee esta reseña de una excelente película española, una mezcla de fantasía y suspenso.

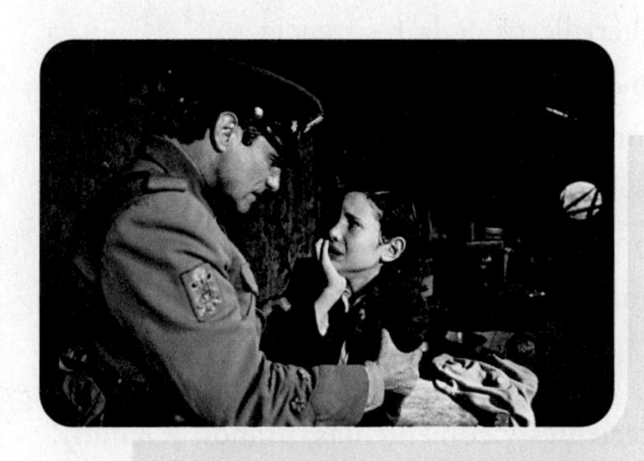

El laberinto del fauno

Esta película del director mexicano Guillermo del Toro ganó tres premios Óscar en 2006. Se sitúa en 1944 en la España controlada por los fascistas bajo la dictadura del General Francisco Franco. La heroína es Ofelia, una jovencita de trece años cuyo padre fue asesinado a manos de los fascistas. Para protegerse, su madre se encuentra obligada a casarse con un militar cruel. Este lleva a la madre y a su hija a su cuartel (*barracks*) en una región de España repleta de fuerzas republicanas. En una de sus caminatas, Ofelia se encuentra con el fauno, una criatura de su fantasía quien le dice que ella es en realidad una princesa. Para poder volver a su mágico reino (*kingdom*), el fauno le dice a Ofelia que tiene que pasar tres pruebas antes de la luna llena…

Ahora completa las oraciones que siguen con el pluscuamperfecto del indicativo o del subjuntivo, según el contexto.

1. Ofelia no podía creer que en otra vida (ser) ___________ princesa, pero se encontró con el fauno quien antes la (conocer) ___________ en su reino.
2. La madre de Ofelia siempre le (decir) ___________ que su padre (morir) ___________ de una enfermedad. No le parecía posible que su padre (morir) ___________ durante la Guerra Civil Española.
3. Su mamá (casarse) ___________ con el capitán fascista, pero no se habría casado con él si (saber) ___________ cuánto iba a sufrir su querida hija.
4. El capitán se alegraba de que su esposa (quedar [*became*]) ___________ embarazada, pero no le importaba su felicidad. El capitán no sabía que Ofelia (hacer) ___________ un pacto con el fauno para proteger a su mamá.
5. El capitán dudaba que los guerrilleros de la resistencia (poder) ___________ descarrilar (*derail*) el tren del ejército, pero ellos (decidir) ___________ que era mejor morir por la libertad que vivir bajo una dictadura.

9-11 La resistencia española. Estos personajes de la película insisten en que son inocentes y que no cometieron ningún delito ni ninguna traición. Usa la expresión **como si** para expresar tus sospechas sobre su culpabilidad.

MODELO: Miguel dice que no tomó parte en el descarrilamiento del tren.
Pero actúa como si lo hubiera descarrilado.

1. El médico ha jurado que nunca curó a los guerrilleros de la resistencia.
2. Ofelia dice no haberle dado ningún medicamento a su mamá.
3. El soldado afirma que nunca aceptó un soborno (*bribe*).
4. El guerrillero jura que nunca le robó las provisiones al capitán.
5. La mamá de Ofelia insiste en que siempre amó al capitán.
6. La mujer que trabaja en la casa del capitán ha afirmado que no les dio comida a los guerrilleros.

9-12 ¡Ojalá...! Hagan una lista de las noticias recientes y coméntenlas, usando **¡Ojalá...!**

MODELO: E1: *Han muerto muchas personas inocentes en Mianmar.*
E2: *¡Ojalá su gobierno les hubiera dado protección!*

9-13 Vándalos modernos. En este artículo, escucharás información sobre un tipo de vándalo moderno. Después de escuchar, completa cada oración de una manera lógica.

1. Estas personas vandalizan…
- **a.** la calle.
- **b.** el teatro.
- **c.** la Red.

2. El perfil típico del vándalo es una persona…
- **a.** segura de sí misma.
- **b.** joven.
- **c.** pobre.

3. El motivo de su vandalismo es…
- **a.** la satisfacción personal.
- **b.** destruir.
- **c.** asesinar.

4. Un ejemplo particularmente dañino fue…
- **a.** el virus «Amor».
- **b.** los graffiti en el Museo de Arte Moderno.
- **c.** la bacteria Ántrax.

5. La gente no pudo resistir el mensaje que...
- **a.** prometía afecto.
- **b.** contenía fotos.
- **c.** ofrecía dinero.

6. El próximo ataque…
- **a.** será pronto.
- **b.** no se sabe cuándo ocurrirá.
- **c.** será en Alemania.

9-14 A explorar: Contra el delito cibernético. Visita la página web de *Conexiones* para averiguar más sobre el vandalismo cibernético. Describe un ejemplo del vandalismo y sus consecuencias. ¿Conoces a alguien que haya sido víctima de este vandalismo?

9-15 Debate: Las armas. En EE. UU. es cada vez más común que la gente tenga armas o para defenderse o para cazar (*hunt*). Formen dos grupos para debatir a favor o en contra de una de las siguientes resoluciones. Usen el pluscuamperfecto del subjuntivo o del indicativo en sus argumentos.

Resolución: Cualquier ciudadano tiene el derecho de llevar y usar armas para proteger su vida o su propiedad.

Resolución: Las empresas que fabrican y venden armas tienen parte de la responsabilidad por las víctimas de los ataques con armas.

Frases comunicativas
Siempre y cuando (+ subjunctive)… *As long as...*
Pero la responsabilidad también…
Otro punto de vista es…

MODELO: *Si los fundadores de esta nación hubieran sabido…*

Conéctate

VideoRed

▸ Antes de verlo

9-16 Los efectos de la adicción. ¿Cuáles son los efectos económicos, sociales y personales de la adicción? Haz una lista de tres efectos antes de ver el video. Al verlo, anota también los efectos neurológicos.

▸ A verlo

Recuperación neuronal en los trastornos adictivos
(Juan José Legarda, TAVAD, España)

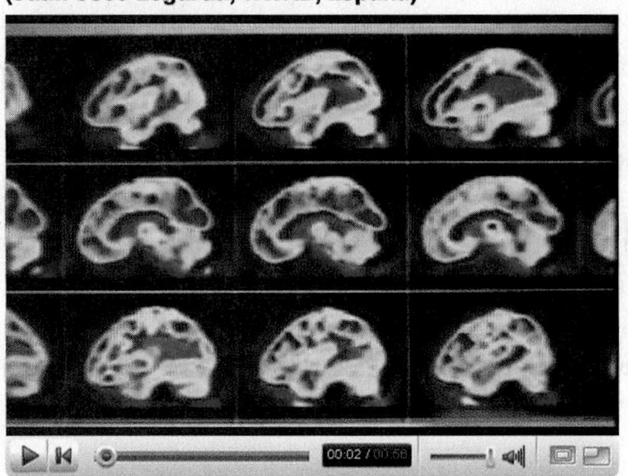

▸ Después de verlo

9-17 El peligro de las drogas ilícitas. Imagínate que vas a aconsejar a un/a niño/a para que no use drogas ilícitas. ¿Cuáles son las tres razones más impactantes que le puedes dar?

Comunidades

9-18 Asociaciones de servicio internacional. Hay diversas organizaciones que tienen como meta fundamental el servicio a la comunidad. Entre las muchas organizaciones internacionales están los Rotarios, los Leones, el Ejército de Salvación, los Shriner, el Quota y los Kiwanis. Investiga sobre una de esas organizaciones en tu comunidad para ver cuáles son algunos de los proyectos que tienen en el mundo hispano y cómo podrías participar en uno de ellos.

Conexiones

9-19 Las drogas y el delito. ¿Cuál es la relación entre la droga y el delito? ¿Es tan simple como parece ser, es decir, a más droga más delito? ¿Cuáles son los delitos más frecuentemente asociados con la compra y venta de drogas ilícitas? ¿Hay algún narcótico cuyo uso ilegal tenga una pena (*penalty*) mayor que otros? Discutan el problema y propongan algunas medidas que se podrían tomar para resolverlo. ¿Debe legalizarse alguna droga? ¿Debe eliminarse la posibilidad de poner a los convictos de delitos asociados con el narcotráfico en libertad bajo palabra (*parole*)? ¿Está la solución en otra parte que no sean los tribunales (*courts*)?

Comparaciones

9-20 En tu experiencia. ¿Cuáles son algunas de las asociaciones de servicio comunitario en tu ciudad? ¿Eres miembro de alguna o conoces a alguien que lo sea? ¿Cuáles son algunos de los proyectos de servicio social que tienen? Cuando leas el artículo sobre ASPIRA, identifica cuáles son sus metas y a quiénes les da asistencia.

ASPIRA

ASPIRA, que deriva su nombre del verbo aspirar (*to aspire*), es una organización sin fines de lucro dedicada únicamente a la educación y al desarrollo de jóvenes puertorriqueños e hispanos. Desde 1961 ASPIRA ha tenido la misión de mejorar la comunidad hispana y su nivel de vida (*quality of life*) a través de los jóvenes. Esta asociación cuenta con centros comunitarios en grandes ciudades de seis estados y en Puerto Rico. Sus 500 empleados ayudan a más de 25.000 jóvenes y a sus familiares a desarrollar su potencialidad. La meta es convertir a esos jóvenes en líderes educados y seguros de sí mismos, capaces de beneficiar a su comunidad por medio de su trabajo. ASPIRA ha ayudado económicamente a más de un cuarto de millón de jóvenes que de otra manera habrían abandonado sus estudios. Muchos de los actuales líderes puertorriqueños fueron influenciados por ASPIRA durante su adolescencia.

Los Centros de Tecnología Comunitarios de ASPIRA tienen la meta de enseñar a los hispanos de escasos recursos (*low income*) a usar correctamente las computadoras y otra tecnología necesaria para adquirir buenos empleos hoy en día.

9-21 En su opinión. Creen su propia asociación benéfica con una descripción de los servicios que le ofrece a la comunidad y sus metas. Diseñen un logo e inventen un lema (*motto*) para promocionar su organización.

Segunda parte

¡Así es la vida!

Mito o verdad: ¿cómo afecta el alcohol al organismo?

Comprueba tu entendimiento del efecto de tomar bebidas alcohólicas indicando si las siguientes afirmaciones son mitos o verdades.

1.	M	V	Las bebidas alcohólicas te dan energía.
2.	M	V	Mezclar cerveza, vino y licores emborracha más que beber un solo tipo de bebida alcohólica.
3.	M	V	Uno se emborracha más rápido con una bebida fuerte que con cerveza o vino frío.
4.	M	V	Todo el mundo reacciona igual al alcohol.
5.	M	V	La cerveza puede producir una lesión permanente en el estómago o el esófago.
6.	M	V	Tomar bebidas alcohólicas te hace más "sexy".
7.	M	V	El alcohol es una droga.
8.	M	V	El alcohol es un estimulante.
9.	M	V	El alcohol alimenta.
10.	M	V	Tomar bebidas alcohólicas engorda.
11.	M	V	Las personas que necesitan más cantidad de alcohol para emborracharse corren menos riesgo de llegar al alcoholismo.
12.	M	V	Cualquier cantidad de alcohol es perjudicial para los órganos del cuerpo.
13.	M	V	El vodka y la ginebra emborrachan más que el ron y el tequila.
14.	M	V	El café, el ejercicio vigoroso o una ducha fría le devuelven la sobriedad al borracho.
15.	M	V	Las personas que sólo beben cerveza no pueden llegar a ser alcohólicas.
16.	M	V	Tomar bebidas alcohólicas sólo los fines de semana puede provocar daño.
17.	M	V	El consumo de otras drogas es un problema más serio que el consumo de bebidas alcohólicas.
18.	M	V	El alcohol daña más a la mujer que al hombre.

¡Así lo decimos! Vocabulario

Vocabulario primordial

el alcoholismo
amenazar
la drogadicción
el escándalo
rehabilitar

Vocabulario clave: Excesos personales

Verbos

acusar	*to accuse, to charge*
alimentar	*to feed, to nourish*
arriesgar(se)	*to risk (to take a risk)*
cometer	*to commit (a crime)*
interrogar	*to question, to interrogate*
jurar	*to swear*
juzgar	*to judge*
perjudicar	*to damage, to harm*
prostituir(se)	*to prostitute (oneself)*
relajar(se)	*to relax*

Sustantivos

el juicio	*trial*
el peligro	*danger*
la pena (de muerte)	*(death) penalty*
el poder	*power*
la resaca	*hangover*

Adjetivos

momentáneo/a	*momentary*

Otras palabras y expresiones

darle (a uno) risa	*to make one laugh*

Ampliación

Verbos	**Sustantivos**	**Adjetivos**
arriesgar (se)	el riesgo	arriesgado/a
interrogar	el interrogatorio	interrogado/a
juzgar	la justicia, el juicio	juzgado/a
peligrar	el peligro	peligroso/a
perjudicar	el perjuicio	perjudicial
prostituir(se)	la prostitución, el/la prostituto/a	prostituido/a

¡Cuidado!

actualmente, de hecho

- To say *currently* in Spanish, use **actualmente.**

Actualmente hay menos delito en Nueva York. — *Currently there is less crime in New York.*

- To say *actually* (meaning, *in reality*) in Spanish, use **de hecho.**

De hecho, se han empleado más policías y las calles están más seguras. — *Actually, more policemen have been hired, and the streets are safer.*

▸ Aplicación

9-22 ¿Mito o verdad? ¿Qué sabes tú de los efectos de tomar bebidas alcohólicas en exceso? A continuación tienes las respuestas a la prueba de *¡Así es la vida!* Suma tus resultados. Luego identifica dos o tres que te hayan sorprendido y explica por qué.

Mitos: 1–4; 8–9; 11–15; 17 Verdades: 5; 7; 10; 16; 18

Puntuación:

17–18 correctos: excelente, eres una persona que comprende la importancia de no tomar bebidas alcohólicas en exceso.

15–16 correctos: bastante bien, pero debes tener cuidado cuando tomes bebidas alcohólicas.

13–14 correctos: algo flojo. Debes enterarte más de los efectos y riesgos de tomar bebidas alcohólicas.

Menos de 13: Según los estudios, el 80 por ciento de los estudiantes universitarios toman bebidas alcohólicas. Es imprescindible que entiendan bien sus efectos. ¡Procura enterarte!

9-23 Los efectos físicos y psicológicos de las bebidas alcohólicas. Clasifica los siguientes efectos del consumo de bebidas alcohólicas de más a menos peligroso o dañino, según tu punto de vista. Añade también algunas consecuencias que podrían resultar de estas acciones.

___ relaja a las personas
___ daña el hígado *(liver)*
___ puede beneficiar el corazón
___ dificulta la respiración
___ da una sensación de bienestar
___ dificulta el habla y la cognición
___ afecta la coordinación motriz
___ da la impresión de poder hacer las cosas mucho mejor
___ disminuye la inhibición

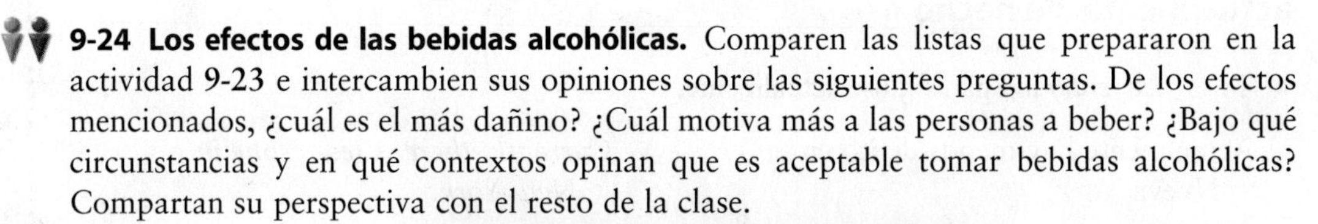

9-24 Los efectos de las bebidas alcohólicas. Comparen las listas que prepararon en la actividad 9-23 e intercambien sus opiniones sobre las siguientes preguntas. De los efectos mencionados, ¿cuál es el más dañino? ¿Cuál motiva más a las personas a beber? ¿Bajo qué circunstancias y en qué contextos opinan que es aceptable tomar bebidas alcohólicas? Compartan su perspectiva con el resto de la clase.

9-25 La adicción: ¿una enfermedad o una debilidad personal? El alcoholismo, la drogadicción y otros tipos de adicción nos afectan a todos. ¿Conoces a alguien en persona o a través de las noticias que sea adicto/a a algo? Escribe un párrafo sobre su situación y cómo ha tratado de resolverla.

9-26 Otros escapes. ¿Qué hacen para relajarse o para aliviarse de las presiones de la vida académica y/o del trabajo? Hablen de los puntos positivos y negativos de otras vías de escape, como el ejercicio, la comida, el tabaco, la meditación, el juego, etc.

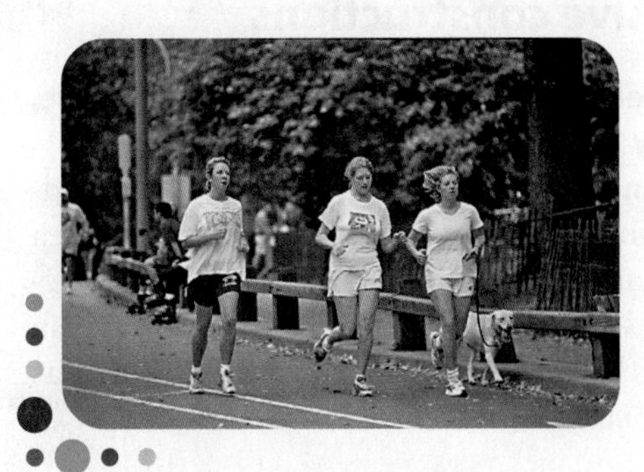

9-27 El uso de las bebidas alcohólicas en otros países. Se dice que la prohibición del consumo de bebidas alcohólicas a menores de veintiún años no ha impedido el grado *(extent)* de alcoholismo en EE. UU. ¿Qué opinan de esta situación? ¿Cómo se podría combatir? ¿Sería mejor reducir la edad de consumo permitida o eliminar la norma de una edad mínima? ¿Saben cuál es la situación en otros países?

9-28 A explorar: Organizaciones de autoayuda. Hay muchas organizaciones que ayudan a personas que abusan o sufren del abuso de otros. Visita la página web de *Conexiones* para ver algunos ejemplos y describe los servicios de una de esas organizaciones.

9-29 De nuevo: El crimen en mi comunidad (*Subjunctive and indicative with adverbial clauses*). Escribe una columna para el periódico sobre algún tipo de crimen que preocupe a tu comunidad o que tenga lugar en tu campus. Describe el problema, sus causas y efectos y propon soluciones. En tu artículo, asegúrate de usar por lo menos cinco de las siguientes expresiones: *a menos que, antes de que, para que, en cuanto, con tal de que, cuando, tan pronto como, de manera que, aunque, donde, hasta que.* No olvides que debes usar el subjuntivo con algunas de estas expresiones.

MODELO: [...] *Tenemos que unir nuestros esfuerzos* **para que** *nuestra comunidad esté libre de delito,* etc.

Recuerda: Puedes encontrar explicaciones y ejemplos del subjuntivo versus el indicativo en cláusulas adverbiales en el ***Capítulo 6***.

Reto: Trata de usar todas las expresiones en tu artículo. Usa muchas palabras de la ***Primera*** y de la ***Segunda parte*** de ***¡Así lo decimos!***

¡Así lo hacemos! Estructuras

2. Uses of *se* with impersonal and passive constructions

The impersonal *se* to express "people, one, we, you, they"

The pronoun se may be used with the third-person singular form of a verb to express an idea without attributing the idea to anyone in particular. These expressions are equivalent to English sentences that have impersonal subjects such as *people, one, you, we, they.*

Se dice que es importante saber escoger los amigos.	*They/People say that it's important to know how to choose your friends.*
Se puede rehabilitar a los alcohólicos con terapia y disciplina.	*One/You/We can rehabilitate alcoholics with therapy and discipline.*

- As in English, the third-person plural of the verb may be used alone to express these impersonal subjects.

Dicen que la sentencia del joven no era justa.	*They say that the young man's sentence wasn't fair.*

The passive *se*

The pronoun se may also be used with the third-person singular or plural form of the verb as a substitute for the passive voice in Spanish. In such cases, the person who does the action is **not** mentioned.

- The verb that follows se is in the third-person singular when the statement refers to a singular noun, and in the third-person plural when the statement refers to a plural noun.

Se vende cerveza en las máquinas expendedoras en España.	*Beer is sold in vending machines in Spain.*
Se venden artículos de contrabando en las calles.	*Contraband articles are sold in the streets.*

- When the statement refers to a specific person or persons, the verb that follows se is in the third-person singular and the personal a is used.

Se acepta a Juan porque dejó de beber.	*Juan is being accepted because he stopped drinking.*
Se apoya a los ex miembros de la pandilla aun después que dejan el programa.	*The ex-gang members are supported even after they leave the program.*

▸ Aplicación

9-30 ¿Qué se dice? Combina las frases para formar oraciones lógicas.

1. ___ Se cree que los jóvenes abusan menos…
2. ___ Se opina que los programas de autoayuda…
3. ___ Se sospecha que algunos oficiales de la policía…
4. ___ Se dice que las leyes contra el uso de drogas ilegales…
5. ___ Se toma demasiado alcohol…
6. ___ Se encuentra a gente de todos los niveles sociales…
7. ___ Se dice que los programas que elevan la autoestima de la mujer…

a. reciben sobornos (*bribes*) de los acusados.
b. en muchas de las fiestas de las fraternidades.
c. son mucho más severas en otros países.
d. en las organizaciones de autoayuda.
e. de las drogas hoy en día.
f. son beneficiosos, tanto para los adictos como para sus familias.
g. ayudan a disminuir la prostitución.

9-31 Portavoz (*spokesperson*) presidencial. Usa estas expresiones y otras para comentar lo que informa el periódico.

se dice	se opina
se duda	se afirma
se cree	se teme
se anuncia	se niega

MODELO: Los miembros de la organización terrorista ETA quieren negociar con el gobierno español.
Se dice que los miembros de la ETA quieren negociar con el gobierno español.

1. Este año ha bajado el índice de delincuencia en esta ciudad.
2. El índice de vandalismo en la juventud sigue igual.
3. Hay un plan nuevo para manejar el problema del cibervandalismo entre los jóvenes.
4. Se abrirá una institución para proteger a niños y a mujeres víctimas de abuso.
5. Van a investigar si la pena de muerte reduce el índice de la delincuencia.
6. Un comité del Senado va a investigar si es posible rehabilitar a alguien que cometa un homicidio.
7. El gobierno va a introducir nueva legislación para reformar las leyes sobre la inmigración.
8. El departamento de educación premiará las escuelas que hayan tenido éxito en mejorar los logros de sus estudiantes.

9-32 Opiniones. Conversen entre ustedes y den su opinión sobre estos temas.

MODELO: ¿Qué se debe hacer para arrestar a las personas que practican el cibervandalismo?
Se las puede perseguir a través de los servicios de la Internet, pero muchas veces los delincuentes no viven en este país y es casi imposible encontrarlos.

1. Se dice que hoy en día los crímenes violentos están en aumento. ¿Cuáles son algunas de las causas de este aumento de violencia?
2. ¿Cuándo es apropiado aplicar la pena de muerte?
3. ¿Cómo se rehabilita a los delincuentes menores de edad en este país?
4. ¿Cómo se puede definir el terrorismo?
5. ¿Qué se puede hacer para reducir el número de pandillas en las grandes ciudades?

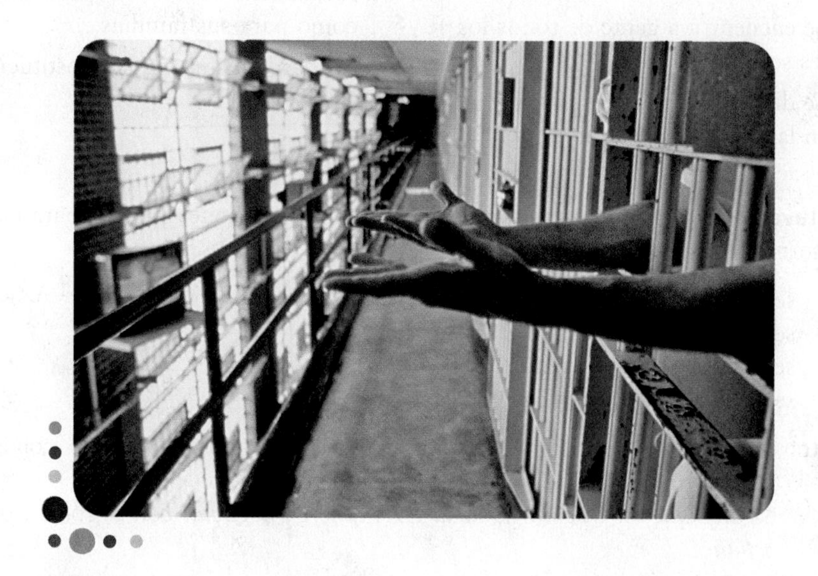

9-33 Una campaña importante. Preparen una lista de cinco problemas sociales en EE. UU. y organicen una campaña para combatir uno de ellos. Usen expresiones impersonales para explicar sus motivos, propósitos y metas.

MODELO: la delincuencia juvenil
Se opina que la delincuencia juvenil es uno de los problemas más graves de nuestra sociedad. Con nuestra campaña se espera atraer a los jóvenes a actividades más sanas y constructivas.

3. Indefinite and negative expressions

AFIRMATIVO		NEGATIVO	
algo	*something, anything*	nada	*nothing, not anything*
alguien	*someone, anyone*	nadie	*nobody, no one*
algún, alguno/a(s)	*any, some*	ningún, ninguno/a	*none, not any*
siempre	*always*	nunca, jamás	*never*
también	*also, too*	tampoco	*neither, not either*
o… o	*either… or*	ni… ni	*neither… nor*

- In Spanish, the adverb **no** can be used with a second negative expression to form a double negative. **No** must precede the verb, and the second negative (e.g., **nada, nadie, ningún**) will either immediately follow the verb or be placed at the end of the sentence.

  No he pertenecido **nunca** a una pandilla. — *I never belonged to a gang.*
  No le hablo del escándalo a **nadie.** — *I don't talk about the scandal to anyone.*

- When the negative expression precedes the verb, ***no*** is omitted.

  Nunca he pertenecido a una pandilla. — *I never belonged to a gang.*
  A **nadie** le hablo del escándalo. — *I don't talk about the scandal to anyone.*

- Because **nadie** and **alguien** refer only to persons, the personal **a** is required when they appear as direct objects of the verb.

  ¿Se arrestó **a alguien** esta noche? — *Did they arrest anyone tonight?*
  No, no se arrestó **a nadie.** — *No, they didn't arrest anyone.*

- The adjectives **alguno** and **ninguno** drop the **-o** before a masculine singular noun in the same way that the number **uno** shortens to **un.** Note the written accent on the resulting forms.

Ningún ladrón escapó de la cárcel.	*No thief escaped from jail.*
Tengo que entrevistar a **algún** juez.	*I have to interview a judge.*

- In a negative sentence, all indefinite words are negative.

El policía **no** interroga a **nadie tampoco.**	*The policeman doesn't interrogate anybody either.*

▸ Aplicación

9-34 Una sesión del tribunal. Combina las preguntas y las respuestas de una manera lógica para que representen una escena en un tribunal.

1. ___ ¿Hay alguien aquí que represente al acusado?
2. ___ Señor, ¿tiene usted dinero para pagar la multa?
3. ___ Señor Juez, ¿no tiene usted ninguna compasión?
4. ___ Señor, o se calla o va a la cárcel.
5. ___ ¿Alguna vez ha sido detenido por la policía?
6. ___ ¿Está listo para confesar?

a. Sí, tengo, pero la reservo para los inocentes.
b. ¡Jamás confesaré!
c. No hay ningún abogado que lo represente en este momento.
d. ¡No hay nadie que merezca *(deserves)* ser condenado por decir la verdad!
e. Lo siento, señor Juez. No tengo ni trabajo ni dinero.
f. Esta es la primera vez que me detienen. ¡Se lo juro!

9-35 ¡No seas tan negativo! Respondan a los siguientes comentarios y ofrezcan razones que justifiquen su opinión.

MODELO: No hay ninguna oportunidad para los jóvenes que no tengan título universitario.
E1: *Sí, hay algunas oportunidades, especialmente en los campos tecnológicos.*
E2: *Y si sabes un segundo idioma, hay muchas oportunidades en el comercio.*

1. Siempre maltratan a los prisioneros en las cárceles.
2. El juez nunca es imparcial.
3. La policía tampoco captura a los ladrones.
4. Hay algo sospechoso en este caso.
5. Hay muchos políticos que son corruptos.
6. Los abogados siempre son deshonestos.
7. Hay algunos escándalos en el gobierno.
8. No hay nada que se pueda hacer para combatir el problema de los secuestros.

9-36 En la estación de policía. Imagínense qué cosas ocurren y a quiénes se ve en la estación de policía los sábados por la noche. Usen todas las expresiones negativas y afirmativas posibles en su descripción.

MODELO: *Siempre hay...*

9-37 Sus opiniones. Conversen sobre lo siguiente y expliquen sus opiniones.

MODELO: algo que les disguste
Algo que me disgusta es el vandalismo. Me molesta la falta de respeto a la propiedad de otros.

1. alguna ley con la que no estén de acuerdo
2. algo que les moleste
3. algún acontecimiento que les sorprenda
4. algo que les fascine
5. alguna persona que admiren
6. algo que les dé risa

9-38 Anuncio de un servicio público. Completa las frases según el anuncio que vas a escuchar.

1. El anuncio ofrece consejos para...
   - **a.** subir de peso.
   - **b.** dejar de fumar.
   - **c.** aliviar la depresión.
2. Las personas adictas son más propensas a morir de...
   - **a.** una enfermedad coronaria.
   - **b.** diabetes.
   - **c.** suicidio.
3. Además del adicto, sufren...
   - **a.** los familiares, especialmente los niños.
   - **b.** los compañeros de trabajo.
   - **c.** los supervisores en el trabajo.
4. Para tener éxito, hay que...
   - **a.** consultar a un psicólogo.
   - **b.** seguir una dieta estricta.
   - **c.** seguir cinco pasos esenciales.
5. Durante el tratamiento, es común sufrir...
   - **a.** una recaída *(relapse)*.
   - **b.** un ataque cardiaco.
   - **c.** una crisis psicológica.
6. Lo más importante es...
   - **a.** asociarse a un grupo de apoyo.
   - **b.** leer libros de autoayuda.
   - **c.** seguir tratando de dejar el vicio.

9-39 En su opinión. Conversen sobre su experiencia con el vicio de fumar.

1. ¿Qué opinan del hábito de fumar?
2. ¿Conocen a alguien que haya usado algún producto para dejar de fumar? ¿Ha tenido éxito? ¿Por qué?
3. ¿Creen que ayudan las leyes que no permiten que los jóvenes fumen? ¿En qué sentido?
4. ¿Qué opinan de los casos judiciales entre los estados y las compañías de tabaco?
5. ¿Qué opinan de aumentar los impuestos sobre el tabaco para apoyar programas de salud para los niños de bajos ingresos?

9-40 A explorar: Leyes antifumadores en otros países. Visita la página web de *Conexiones* para ver cómo se trata de controlar el uso del tabaco en un país hispano. ¿Cómo se compara con la ley en tu ciudad o en tu estado?

9-41 Debate: Las sentencias obligatorias. Formen dos grupos para debatir a favor o en contra de una de las siguientes resoluciones. Usen el **se** impersonal y las expresiones negativas y afirmativas en su argumento.

Resolución: Hay que exigir la pena de muerte en casos de terrorismo.

Resolución: Hay que eliminar la práctica de parar o detener a una persona porque tiene ciertas características raciales.

MODELO: *Se dice que la policía discrimina a algunas personas por ser miembros de un grupo étnico minoritario...*

¡Así lo expresamos!

Imágenes

Estación de la calle 14 **(Camilo Egas, 1889–1962, Ecuador)**
Camilo Egas fue uno de los pintores ecuatorianos más importantes e influyentes de la primera mitad del Siglo XX. Sus obras muestran la realidad humana, tanto interna como externa. Aunque promovió el arte indígena en Ecuador, Egas también presentó en sus pinturas la condición del ser humano en la sociedad moderna. *Estación de la calle 14* es una obra que creó mientras vivía en Nueva York.

▸ Perspectivas e impresiones

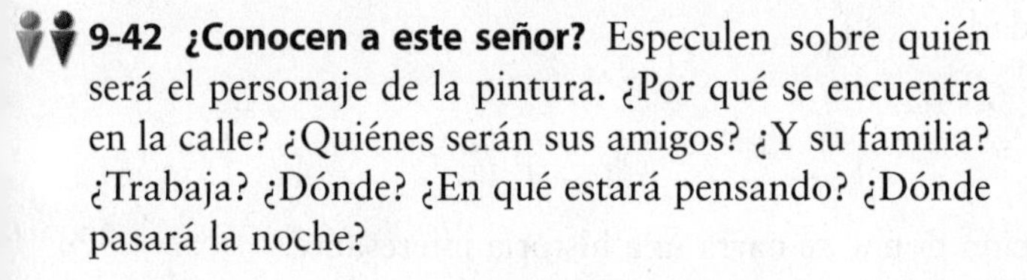

9-42 ¿Conocen a este señor? Especulen sobre quién será el personaje de la pintura. ¿Por qué se encuentra en la calle? ¿Quiénes serán sus amigos? ¿Y su familia? ¿Trabaja? ¿Dónde? ¿En qué estará pensando? ¿Dónde pasará la noche?

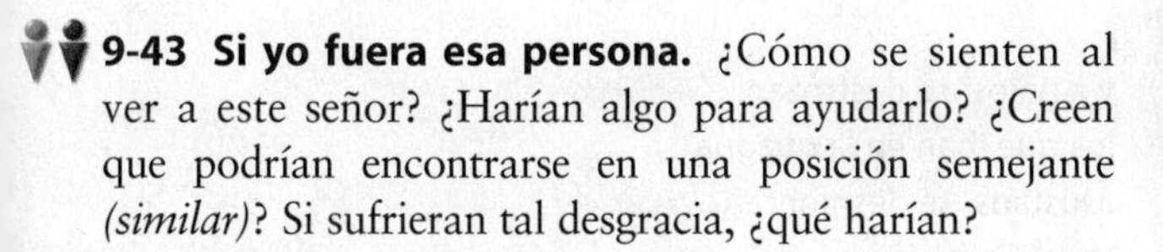

9-43 Si yo fuera esa persona. ¿Cómo se sienten al ver a este señor? ¿Harían algo para ayudarlo? ¿Creen que podrían encontrarse en una posición semejante *(similar)*? Si sufrieran tal desgracia, ¿qué harían?

9-44 A explorar: Vivir en la calle. Visita la página web de *Conexiones* para descubrir cómo es realmente la vida de las personas que no tienen hogar. Diseña un folleto en el que incluyas por lo menos tres causas, tres efectos y tres posibles soluciones al problema.

Ritmos

Ramón Orlando (República Dominicana)
Ramón Orlando es un conocido cantautor dominicano. La canción *Esto fue lo que vi* trata de los problemas que preocupan a la sociedad y pertenece a su álbum *América sin queja*. Escucha la canción y piensa si estás de acuerdo con lo que describe el compositor.

▶ Antes de escuchar

9-45 Un paseo por la ciudad. Imagínate que das un paseo por una gran ciudad. Apunta lo que ves y relaciónalo con los siguientes conceptos.

- la violencia
- la crueldad
- la avaricia
- la indiferencia
- la tragedia
- la necesidad

▶ A escuchar

9-46 ¿Qué vio? Escucha esta canción donde se narra una historia interesante.

Esto fue lo que vi

Coro
Abre los ojos
que hay que ver
Salí a pasear un día
un domingo por la tarde
y para sorpresa mía
Coro
Mira, esto fue lo que vi
Un tipo y un machete
que a otro perseguía
Na'°, pana°, pana, pana, pana *nada / buddy*
la gente los miraba
pero nadie se metía°... *got involved*
y con pena los veía...
Coro
Na' pana, pana
seguía caminando...
Una guagua° y un camión *autobús*
en la calle Duarte chocan...
los choferes se apean° *get off the bus*
y a palos° se destrozan... *with sticks*
los que iban en la guagua
asustaos° se desmontan... *asustados*
Una flaca y una gorda
por la calle caminando...
a la flaca piropean° *make flattering remarks*
a la gorda no hacen caso°... *pay attention*
Y no me atrevo a contarlo
porque era muy serio...
Una señora feliz
un hijo en el extranjero° *abroad*
está muy contenta
le manda mucho dinero...
pero ha tenido que ir a verlo al cementerio...
Una chica que llevaba
una lata en la cabeza...
hace tiempo que en el barrio
una gota° de agua no llega... *drop*
una llave rodeada° *tap surrounded*
de poncheras° y cubetas°... *bowls / buckets*

Un político promete
que al llegar las elecciones...
cuando llegue al poder
acabarán los apagones°... *blackouts*
otro promete lo mismo
y hay basura por montones...
Y no me atrevo a contarlo (*bis*)
porque era muy serio el caso
dese una vueltecita° *take a stroll*
dese... y usted verá lo que se ve
¿Qué es lo que se ve? Droga
¿Qué es lo que se ve? Tigueraje° *Delinquency*
¿Qué es lo que se ve?
¡déjelo policía! Es inocente
¿Qué es lo que se ve? Delito
¿Qué es lo que se ve? Delincuente
¿Qué es lo que se ve?
el tipo de la yipeta° es buena gente°. *jeep / nice; good person*

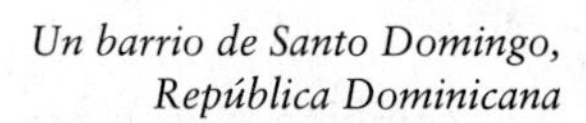
Un barrio de Santo Domingo, República Dominicana

▸ Después de escuchar

9-47 Lo que ven los demás. Según el cantautor, ¿qué hacen estas personas?

- los políticos
- los burócratas
- los cantantes
- los ricos
- los clérigos
- los pobres
- los profesores
- los médicos

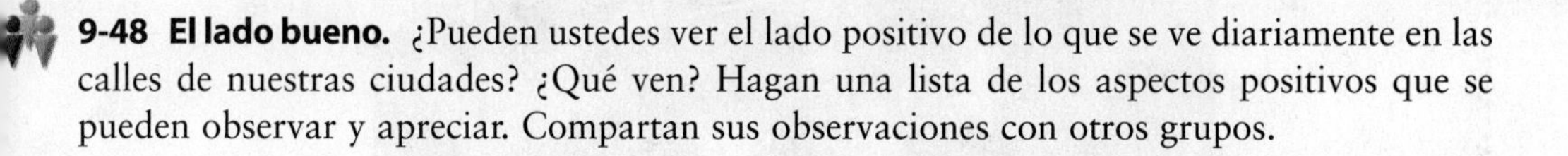

9-48 El lado bueno. ¿Pueden ustedes ver el lado positivo de lo que se ve diariamente en las calles de nuestras ciudades? ¿Qué ven? Hagan una lista de los aspectos positivos que se pueden observar y apreciar. Compartan sus observaciones con otros grupos.

Páginas

Soraya Izquierdo (1987– , España)

Soraya Izquierdo de Vega nació en Villanueva de la Serena, un pequeño pueblo de Extremadura, España. Actualmente estudia, trabaja y es actriz de teatro. A pesar de su corta edad, ya ha escrito textos para obras teatrales y para cortometrajes, y ha ganado numerosos premios literarios. Su trabajo es aplaudido por muchos, y Soraya promete ser una escritora de calidad en el futuro.

▸ Antes de leer

9-49 El lugar donde naciste. ¿Cómo ha cambiado el lugar donde naciste? ¿Ha mejorado o empeorado (*worsened*)? Da dos o tres ejemplos específicos.

MODELO: *El lugar donde nací ha mejorado bastante. Las calles están más limpias ahora que hace cinco años,...*

▸ A leer

9-50 Tus impresiones. La narración en primera persona refleja el punto de vista del/de la narrador/a. Al leer este relato, anota cuáles son tus impresiones según estas tres categorías.

1. La experiencia del narrador en el pueblo
2. Lo que espera encontrar al volver a su pueblo
3. Su reacción al final

Un pueblo sin drogas

Estaba emocionado. Por fin volvería a ver la ciudad que me vio nacer. Me habían dicho que ha llegado un nuevo alcalde° al servicio municipal, que ha contribuido a la mejora de la ciudad en todos los aspectos. Me paro° a pensar en cómo era antes de marcharme a la Argentina para trabajar. La recuerdo con un hermoso parque lleno de árboles y jardines, y con gente encantadora que te saludaba aunque nunca hubieras hablado con ella. 5

mayor — alcalde
I stop — paro

El avión aterrizó. Cogí mis maletas y llamé a un taxi. Desde la ventanilla veía el paisaje de mi tierra; las verdes encinas° vigilaban la autovía° desde lo alto del monte majestuosamente, los toros° pastaban ingenuos° a su futuro tan desagradable, nada había cambiado. El conductor me preguntó si era de fuera° al ver lo ensimismado° que estaba viendo a través de la ventanilla. Yo contesté que no, pero por mi acento argentino, que había adoptado después de cuatro años, y la cara de niño viendo una caja de colores que seguramente se me puso°, me pareció que no me creyó.

oaks / highway
bulls / pastaban... grazed innocently / a foreigner / pensive
I blushed

Faltaba poco para llegar. Me pregunté si seguiría habiendo drogadictos a punto de morir por una sobredosis tirados por° mi calle o en el parque con las jeringuillas° a un lado, o pidiéndote dinero con una navaja° en la mano temblando como si tuviesen parkinson. Pero mi pregunta pronto tuvo repuesta. El lugar favorito de los "drogatas", en el que se juntaban todos, era precisamente el portal de mi casa. Ya no había cajas de cartón tiradas por el suelo ni bolsitas de plástico, donde guardaban las pastillas, en su lugar estaba un imponente macetero° de piedra con plantas de plástico. Pero si el macetero había costado mucho o poco, o si eran de verdad o no las plantas daba igual°, lo importante era que el aspecto, no sólo del edificio sino del barrio, había cambiado. Porque ahora no tendríamos que quedarnos en casa cada vez que lloviera y nos hiciese falta alguna cosa que pudiéramos comprar en la tienda de abajo, por no tener que pasar entre la aglomeración de drogadictos que "habitaban" el portal. Ni tendríamos que cruzar de acera° cuando viéramos a uno apoyado° en una pared (que era constantemente).

strewn about / syringes
knife
flowerpot
it made no difference
to the other sidewalk / leaning

I longed for / *house / pack*

Subí a mi casa y observé que no tenían tanto polvo los muebles como pensaba. Me apetecía° un cigarrillo, sería el primero en mi hogar°. No encontré la cajetilla° así que decidí bajar a la tienda para comprarlos y de paso el periódico y unas cajas de leche.

face / *Spanish currency* 30 / adictos / 1 duro=5 pesetas 35 / *refused*

Habían puesto un letrero de colores y una puerta más amplia. Me sorprendí al ver el rostro° del dependiente, se parecía mucho a aquel muchacho que me robó 5.000 pesetas° a punta de navaja. Él también parecía asombrado, y, alegremente, me dijo un ¡hola! que era de esos que te dicen los amigos cuando hace mucho tiempo que no te ven. Yo le respondí con otro ¡hola! muy alegre pero que escondía la duda. El muchacho me dijo que gracias al dinero que me robó pudo entrar en un centro de toxicómanos° y que ya estaba totalmente rehabilitado. En el fondo me alegré de que mis 1.000 duros° hayan servido de algo mejor que para comparar unas pastillas. Me prometió que cuando tenga suficiente me las devolverá, pero yo, como persona honesta que soy, rechacé° la propuesta inmediatamente. Y pensé que era buen momento para dejar de fumar.

▸ Después de leer

9-51 ¿Ahora o antes? Identifica si estas frases describen el pueblo de antes o el pueblo de ahora.

	AHORA	ANTES
1. Hay drogadictos en la calle.		
2. Hay ganado (*cattle*) en los campos.		
3. Hay un hermoso parque.		
4. La casa parece más limpia.		
5. Hay un alcalde nuevo.		
6. Hay mucha delincuencia.		
7. Hay criminales rehabilitados.		
8. Hay flores de plástico en el portal de su casa.		
9. Es víctima de un delito.		
10. Hay razón para dejar de fumar.		

9-52 Las experiencias del narrador. Refiérete a tus apuntes para la actividad 9-49. ¿Cuáles de las experiencias del narrador has tenido tú o un conocido tuyo?

MODELO: *El narrador ha vivido lejos de su casa. Yo nunca he salido de mi pueblo.*

9-53 La entrevista. Hagan una entrevista de un/a periodista y el narrador del cuento para saber más de la historia del pueblo y por qué lo dejó.

MODELO: E1: *¿Por qué dejó su pueblo?*
E2: *No quería vivir en un lugar donde había tanto delito.*

9-54 Un tema importante para su universidad o ciudad. Escojan un tema importante para su universidad o ciudad y conversen sobre lo que se está haciendo para asegurar un mejor futuro para la próxima generación. Usen el se pasivo y expresiones indefinidas y negativas en su discusión.

MODELO: *mejorar la salud*
E1: *En las escuelas de esta ciudad se ha eliminado la grasa de la comida que se sirve a los niños...*
E2: *Además hay algunas escuelas donde los estudiantes tienen una hora diaria de educación física...*
E3: *...*

Taller

Un relato en primera persona

El relato anterior está narrado en primera persona e interpreta las acciones y pensamientos de los demás. Permite especular y deja ver cierto tono inquietante y misterioso. Escribe un relato siguiendo los pasos a continuación.

▸ Antes de escribir

Idear. Piensa en un acontecimiento o incidente en el que hayas participado o que te hayas imaginado. Escribe unas frases para indicar la secuencia de la acción.

Crear la escena. Escribe algunas oraciones para crear la escena. Incluye elementos psicológicos, tanto como físicos.

▸ A escribir

Presentar la acción. Escribe unas diez oraciones en las que presentes una cronología del incidente y en las que añadas otros detalles. Especula sobre los pensamientos de los personajes a través de sus gestos, palabras y acciones. Incluye tus propias reacciones y tu estado psicológico.

Aumentar la tensión. Aumenta la tensión dramática añadiendo dos o más intentos para resolver el problema.

Resolver. Escribe dos oraciones para indicar la terminación del incidente, pero trata de dejar un aire de misterio sobre su resolución.

▸ Después de escribir

Revisar. Revisa tu relato para ver si tiene una secuencia lógica. Luego revisa los siguientes aspectos.

- ☐ ¿Has incluido un vocabulario variado?
- ☐ ¿Has empleado algunas expresiones indefinidas o negativas?
- ☐ ¿Has incluido el uso del se impersonal o pasivo?
- ☐ ¿Has usado el pluscuamperfecto del subjuntivo (*si hubiera sabido...*)?
- ☐ ¿Has verificado la ortografía y la concordancia?

Intercambiar. Intercambia tu relato con el de un/a compañero/a. Mientras leen sus trabajos, hagan comentarios y sugerencias sobre el contenido, la estructura y la gramática.

Entregar. Pon tu relato en limpio, incorporando las sugerencias de tu compañero/a y entrégaselo a tu profesor/a.

Vocabulario

Primera parte

abusar de	*to abuse*
asesinar	*to kill, to assassinate*
cuidarse	*to be careful, to take care of oneself*
la culpabilidad	*guilt*
defraudar	*to defraud, to cheat*
destrozar	*to destroy, to vandalize*
disparar	*to fire (a gun)*
emborracharse	*to become intoxicated*
estafar	*to cheat*
otro punto de vista es...	*another point of view is...*
el pandillaje	*gang activity*
el/la pandillero/a	*gang member*
pero la responsabilidad también...	*but the responsibility also...*
robar	*to rob, to steal*
secuestrar	*to kidnap, to hijack*
siempre y cuando...	*as long as...*
el/la sospechoso/a	*suspect*
tatuar(se)	*to (get a) tattoo*
vandalizar	*to vandalize*

Segunda parte

actualmente	*currently*
acusar	*to accuse, to charge*
alimentar	*to feed, to nourish*
arriesgar(se)	*to risk (to take a risk)*
cometer	*to commit (a crime)*
darle (a uno) risa	*to make one laugh*
de hecho	*actually, in reality*
interrogar	*to question, to interrogate*
el juicio	*trial*
jurar	*to swear*
juzgar	*to judge*
momentáneo/a	*momentary*
peligrar	*to be in danger*
el peligro	*danger*
la pena (de muerte)	*(death) penalty*
perjudicar	*to damage, to harm*
el poder	*power*
prostituir(se)	*to prostitute (oneself)*
relajar(se)	*to relax*
la resaca	*hangover*

Indefinite and negative expressions *See page 293*

10 El empleo y la economía

▸▸ OBJETIVOS COMUNICATIVOS

- Discussing career choices and the interview process
- Understanding the training and skills required for different careers and professions
- Reporting on what others ask or say (now and in the past)
- Talking about finances
- Debating national and international economic issues
- Clarifying information

▸▸ PRIMERA PARTE

¡Así es la vida! • • • ¿Qué profesión tendrá usted en el futuro?

¡Así lo decimos! Vocabulario • • • Profesiones y oficios

¡Así lo hacemos! Estructuras • • • Indirect speech

Conéctate

- VIDEORED • • • *¡Un cajero problemático!* (Rossibley Vargas, Venezuela - Pearson VPS)
- COMUNIDADES • • • Oportunidades para aspirantes bilingües
- CONEXIONES • • • El techo de cristal
- COMPARACIONES • • • Una empresaria mexicana rompe el techo de cristal

▸▸ SEGUNDA PARTE

¡Así es la vida! • • • Mitos y verdades sobre su informe de crédito

¡Así lo decimos! Vocabulario • • • Cuestiones financieras

¡Así lo hacemos! Estructuras • • • The relative pronouns *que, quien,* and *lo que,* and the relative adjective *cuyo/a(s)* • • • The relative pronouns *el/la cual* and *los/las cuales*

▸▸ ¡ASÍ LO EXPRESAMOS!

- IMÁGENES • • • *Paisajes humanos n° 65* (Melesio Casas, EE. UU.)
- RITMOS • • • *El costo de la vida* (Juan Luis Guerra, República Dominicana)
- PÁGINAS • • • *Fiebre de lotto* (José O. Álvarez, Colombia)
- TALLER • • • Un relato irónico

A empezar

¿Ya elegiste tu profesión? ¿Por qué quieres ser...? ¿Cuántos años tienes que estudiar para llegar a ser...? ¿Cuáles son los beneficios de trabajar como...?

Curiosidades

¿Sabes...

de dónde viene el signo del dólar ($)?

a. de Grecia
b. de Gran Bretaña
c. de España

qué usaban los aztecas como dinero?

a. polvo de oro y caracoles (*shells*)
b. granitos de cacao y plumas de aves
c. piedras preciosas y plata

en dónde se originó el billete (el papel moneda)?

a. en India
b. en China
c. en Mesopotamia

cuántas personas había en el mundo en 2008, según la revista *Forbes*, que tenían más de un millardo (1.000 millones de dólares)?

a. 950
b. 500
c. 700

Primera parte

¡Así es la vida!

¿Qué profesión tendrá usted en el futuro?

Indique de 1 a 4, según su perspectiva, el nivel de prestigio, de esfuerzo requerido, de beneficios económicos y su interés en dedicarse a las profesiones que aparecen a continuación. Sume el total de cada línea para averiguar cuáles son sus inclinaciones profesionales.

	Prestigio 1: poco - 4: mucho	Esfuerzo que requiere 1: poco - 4: mucho	Beneficios económicos 1: pocos - 4: muchos	Su interés personal 1: poco - 4: mucho	Total
agente de bienes raíces					
agente secreto/a					
arquitecto/a					
artista					
asesor/a					
astronauta					
contador/a					
corredor/a de bolsa					
empresario/a					
gerente de una tienda					
ingeniero/a					
investigador/a científico/a					
médico/a					
modelo					
plomero/a					
político/a					
profesor/a o maestro/a					
programador/a					
otro/a (¿cuál?)					

¡Así lo decimos! Vocabulario

Vocabulario primordial

En el trabajo
el beneficio
el comercio
la comisión
el empleo
la entrevista
la licencia
el salario

Profesiones y oficios
el/la arquitecto/a
el/la asistente
el/la banquero/a
el/la ejecutivo/a
el/la ingeniero/a
el/la investigador/a (científico/a)
el/la jefe/a
el/la modelo
el/la programador/a
el/la supervisor/a
el/la vendedor/a

Vocabulario clave: Profesiones y oficios

Verbos

administrar	*to administer*
armar	*to assemble*
entrenar	*to train*
jubilarse	*to retire*
presentarse	*to show up, to introduce oneself*

Sustantivos

el ascenso	*promotion*
los bienes raíces	*real estate*
la consulta	*consultation*
la contabilidad	*accounting*
el personal	*staff*
la póliza	*(insurance) policy, voucher, certificate*
el puesto	*position (job)*
el retiro	*pension*
la solicitud	*application*
el sueldo	*pay, wages*

Más profesiones y oficios

el/la asesor/a	*consultant, advisor*
el/la cajero/a	*cashier*
el/la contador/a	*accountant*
el/la corredor/a de bolsa	*stockbroker*
el/la electricista	*electrician*
el/la empresario/a	*businessman/woman*
el/la gerente	*manager*
el/la plomero/a	*plumber*

Adjetivos

disponible	*available*
dispuesto/a	*willing*
mensual	*monthly*
semanal	*weekly*

Otras palabras y expresiones

tiempo completo (TC)	*full-time*
tiempo parcial (TP)	*part-time*

Ampliación

Verbos	Sustantivos	Adjetivos
administrar	el/la administrador/a, la administración	administrado/a
ascender (ie)	el ascenso	ascendido/a
consultar	el consultorio, la consulta	consultado/a
(des)emplear	el (des)empleo	(des)empleado/a
entrenar	el entrenamiento	entrenado/a
solicitar	la solicitud	solicitado/a

¡Cuidado!

funcionar, servir (i, i), trabajar

To express *to work* in Spanish, use **funcionar, servir,** or **trabajar.** However, these verbs are not interchangeable; their usage depends on context.

- **Funcionar** refers to mechanical, electric, or electronic devices.

  Esta impresora no **funciona.** — *This printer doesn't work.*

- **Servir** refers to devices that no longer serve their purpose.

  Este diseño ya no **sirve.** — *This design doesn't work anymore.*

- **Trabajar** is related to human labor, only referring to a person working.

  Pablo **trabaja** en el banco. — *Pablo works at the bank.*

▸ Aplicación

10-1 Bolsa de empleo. Trabajas en un servicio de empleos que pone en contacto a candidatos con compañías que los necesitan. Inventa algunos requisitos y detalles para cada uno de los siguientes puestos y escribe un anuncio para atraer solicitudes.

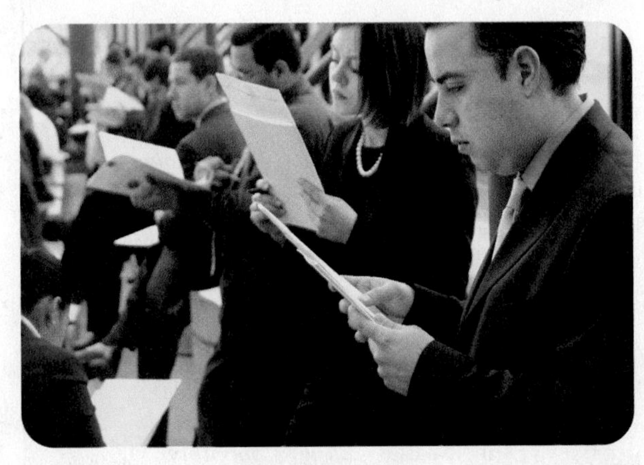

MODELO: Un/a contador/a
Buscamos un contador. Tiene que ser una persona responsable y honesta. Debe tener experiencia con páginas electrónicas.

1. un/a publicista
2. un/a traductor/a
3. un/a taxista
4. un/a ingeniero/a ambiental
5. un/a corredor/a de bolsa
6. un/a programador/a
7. un/a científico/a

10-2 Ventajas y desventajas. Hagan una lista de las ventajas y las desventajas de seis profesiones u oficios.

MODELO: *el/la agricultor/a*

VENTAJAS	DESVENTAJAS
Pasa mucho tiempo al aire libre.	*Tiene que levantarse muy temprano.*
Lleva una vida muy sana.	*Trabaja largas horas.*
Por lo general come comida muy fresca.	*Muchas veces gana muy poco por sus esfuerzos.*

10-3 ¿Cuáles son sus sueños? Comenten y comparen los resultados de la prueba que hicieron en *¡Así es la vida!* ¿Qué profesiones tuvieron el mayor número de puntos? Expliquen si elegirían esa profesión y por qué. ¿Cuáles son los requisitos y beneficios del trabajo?

10-4 A explorar: Ofertas de empleo. Visita la página web de *Conexiones* donde encontrarás ofertas de empleo. Elige una y anota detalles sobre el trabajo, dónde es, cuáles son los requisitos y los beneficios. Explícasela a la clase.

10-5 A explorar: ¡Consejos para una entrevista exitosa! Visita la página web de *Conexiones* para encontrar información sobre cómo conseguir trabajo y algunos consejos para que tu entrevista de trabajo sea todo un éxito. Escribe tres de los consejos que te parezcan más valiosos y explica por qué lo son.

10-6 Una entrevista para un trabajo. Preparen una entrevista de empleo entre un/una candidato/a y el/la jefe/a de personal. Sigan y amplíen los pasos a continuación.

1. presentarse
2. entrevistador/a: explicar los requisitos y las responsabilidades del trabajo
3. candidato/a: presentar su *currículum vitae* y explicar por qué se considera cualificado/a
4. entrevistador/a: explicar cuándo seleccionarán al candidato y cómo le avisarán
5. candidato/a: agradecerle su tiempo al/a la entrevistador/a
6. despedirse

10-7 Envíos monetarios de Estados Unidos a América Latina. Escucha este informe económico y completa las oraciones siguientes, basándote en esa información.

1. El informe procede de...
   a. México **b.** Centroamérica **c.** Estados Unidos
2. Se informa sobre el movimiento de dinero entre...
   a. México y Colombia **b.** el norte y el sur **c.** Canadá y Estados Unidos
3. El número de personas que se beneficia de estos envíos es casi...
   a. 10 millones **b.** 75 millones **c.** 90 millones
4. Según las estadísticas, la mayoría del dinero procede de...
   a. California **b.** Texas **c.** Carolina del Norte
5. Es más probable que los que envíen dinero sean los...
   a. recién llegados **b.** más ricos **c.** que tienen trabajos en hoteles
6. La disminución de envíos se atribuye a la baja en la industria...
   a. de la construcción **b.** del turismo **c.** de la agricultura

10-8 ¿Qué harías? Imagínense que emigran a otro país para buscar trabajo. ¿Cuáles de estas opciones escogerían? Expliquen sus razones.

1. ¿Enviarías dinero a tu familia, o ahorrarías para llevarla a vivir contigo?
2. ¿Aceptarías un trabajo que pagara menos pero que fuera más seguro, o te arriesgarías a trabajar en uno que pagara más pero que tuviera más riesgo, tanto físico como legal?
3. ¿Intentarías formar parte de la comunidad donde trabajas, o seguirías las ofertas de empleo en cualquier lugar que te llevaran con tal de ganar dinero?
4. ¿Volverías a tu país cuando hubieras ganado suficiente dinero, o te quedarías para tratar de adquirir la ciudadanía del país al que has inmigrado?

10-9 De nuevo: Mejorar las condiciones de trabajo (Si-*clauses*). Escribe un discurso en el que propongas soluciones para mejorar las condiciones de trabajo en tu país o en algún otro país del mundo. Incluye al menos cinco oraciones con **si**.

MODELO: *Garantizaré un trabajo digno para todos **si** votan por mí.*
__Si__ fuera presidente, visitaría las fábricas y las fincas para saber cuáles son las necesidades de ustedes.

Recuerda: Para volver a leer la explicación de las cláusulas con **si**, consulta el *Capítulo 8*.

Reto: Trata de incorporar más de cinco cláusulas con **si** en tu discurso. Usa muchas palabras de *¡Así lo decimos!*

¡Así lo hacemos! Estructuras

1. Indirect speech

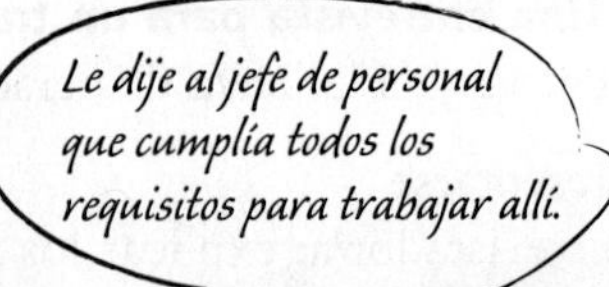

In indirect speech, one person reports what is said, thought, or asked by another. The indirect quote is introduced by a verb of communication such as **anunciar, asegurar, contestar, decir, declarar, informar, preguntar,** etc., and the connector **que.**

Original statement	Reported statement
Anita: —Voy a mandar mi *currículum* a la agencia de empleos.	Anita dice que va a mandar su *currículum* a la agencia de empleos.
"I'm going to send my résumé to the employment agency."	*Anita says she's going to send her résumé to the employment agency.*
José: —El artista ha sido siempre su propio jefe.	José me explica que el artista ha sido siempre su propio jefe.
"The artist has always been his own boss."	*José explains to me that the artist has always been his own boss.*

- When the verb of communication in the reported statement is in the past (preterit or imperfect), the following changes occur in the verb tense of the indirect quote.

Original statement (direct quote)		**Reported statement (indirect quote)**
present	⟶	imperfect
future	⟶	conditional
preterit	⟶	past perfect
present perfect	⟶	past perfect

Anita: —Siempre entrevisto a los candidatos por la tarde.	Anita dijo que siempre entrevistaba a los candidatos por la tarde.
"I always interview candidates in the afternoon."	*Anita said she always interviewed candidates in the afternoon.*
Anita: —Iré a la entrevista por la tarde.	Anita dijo que iría a la entrevista por la tarde.
"I'll go to the interview in the afternoon."	*Anita said she would go to the interview in the afternoon.*
Anita: —Fui a la entrevista por la tarde.	Anita dijo que había ido a la entrevista por la tarde.
"I went to the interview in the afternoon."	*Anita said she had gone to the interview in the afternoon.*
Anita: —¡He tenido muchas entrevistas!	Anita dijo que había tenido muchas entrevistas.
"I've had lots of interviews!"	*Anita said she had had lots of interviews.*

- Questions can be indirectly introduced by verbs like **preguntar.** Yes/no questions are connected to the reporting verb with **si.** Information questions are connected with the original question word.

Nos preguntan: —¿Están interesados en el puesto?	Nos preguntan si estamos interesados en el puesto.
They ask us: "Are you interested in the position?"	*They ask us if we are interested in the position.*
Siempre me pregunta: —¿Cómo te cae el candidato?	Siempre me pregunta cómo me cae el candidato.
He always asks me: "How do you feel about the candidate?"	*He always asks me how I feel about the candidate.*

▸ Aplicación

10-10 Según... Combina las frases de una manera lógica para indicar qué dicen o dijeron las personas indicadas.

1. ___ En la agencia de bienes raíces la agente nos informó...
2. ___ El gerente de la fábrica nos explicó...
3. ___ En el almacén, el cajero me preguntó...
4. ___ La doctora nos dice...
5. ___ La corredora de bolsa nos informa...
6. ___ Los asesores financieros me aseguran...

a. que tu enfermedad no es grave.
b. que debemos invertir nuestros ahorros ahora.
c. que puedo jubilarme a la edad de 67 años.
d. que la casa iba a costar más de lo que podíamos pagar.
e. que las partes para los automóviles se fabricaban en México.
f. si quería pagar en efectivo.

10-11 Carlos Slim y TelCel. Lee este artículo sobre Carlos Slim, el empresario mexicano que llegó a ser la persona más rica del mundo en 2007. Usa el discurso indirecto en la forma correcta del pasado para describir cinco puntos del artículo.

MODELO: *Carlos Slim dijo que había más inversionistas mexicanos en 2008 que en el pasado.*

The Financial Times revela esta semana que la empresa TelCel controlada por Carlos Slim Helú domina más del ochenta por ciento del mercado de teléfonos móviles en México. Según el periódico, la empresa es sólo una parte de la vasta fortuna del Sr. Slim bajo el Grupo Carso. Los analistas financieros predicen que el mercado latinoamericano para teléfonos móviles va a crecer mucho en los próximos años y que esto va a aumentar aún más la fortuna de Slim. A pesar de su riqueza, sus biógrafos aseguran que es una persona generosa con los menos afortunados. Explican que encabeza varias fundaciones filantrópicas, las que manejan presupuestos de más de diez mil millones de dólares. Por otro lado, sus críticos han dicho que la riqueza de Slim equivale al siete por ciento de la producción anual de México, lo que contrasta vívidamente con la pobreza de la mayoría de la población. En una sala de prensa hoy en la capital, el señor Slim asegura que en la próxima década, México va a participar aún más en la economía global.

10-12 A explorar: Carlos Slim. Visita la página web de *Conexiones* para aprender más sobre Carlos Slim. ¿En cuánto se estima su fortuna actualmente? ¿En qué empresas tiene invertido mucho capital? ¿Todavía continúa manejando el Grupo Carso?

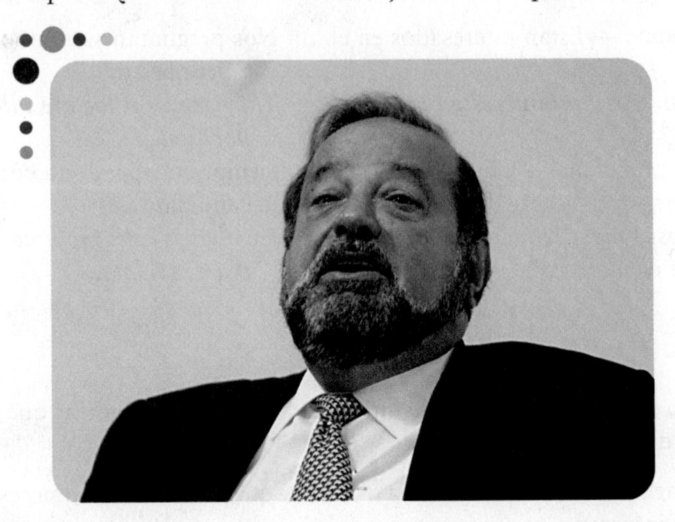

10-13 Si fueras asistente de Carlos Slim. Imagínate que eres asistente de Carlos Slim, y que una de tus responsabilidades es darle cada mañana un resumen de las noticias del día anterior. Consulta los apuntes a continuación para comunicarle las noticias al Sr. Slim, usando el discurso indirecto. Usa expresiones como *se dice que…*, *se cree que…*, *se informa que…*, *se opina que…* y *se pregunta si…* en el pasado. Añade más detalles para expandir el contexto.

MODELO: La Internet va a ser el medio más importante para llegar a los mercados de los países en vías de desarrollo.
Se informó que la Internet iba a ser el medio más importante para llegar a los mercados de los países en vías de desarrollo.
Esto es crucial si queremos aumentar la venta de teléfonos móviles en Latinoamérica…

1. Hay más necesidad de personal bilingüe en los servicios a los clientes.
2. Las empresas que tienen su página web en más de un idioma alcanzan un mercado dos veces más grande que si la tuvieran en un solo idioma.
3. Es urgente hacer llegar la tecnología a los países en vías de desarrollo.
4. Hay que ascender a más mujeres a posiciones importantes en las empresas.
5. Las empresas que invierten un porcentaje de sus ingresos en el retiro de sus empleados aseguran su lealtad ahora y en el futuro.
6. El mundo de las finanzas sufrirá otros retrasos, pero el futuro económico es positivo a largo plazo.

10-14 Otras noticias importantes. Individualmente, hagan listas de noticias y de información importante que hayan oído recientemente. Luego, compártanlas, usando el discurso indirecto.

10-15 Debate: El trabajo y la calidad de vida. ¿Cuál es la relación entre el trabajo y la calidad de vida de una persona? Formen dos grupos para debatir uno de los siguientes temas. Usen el discurso indirecto cuando sea posible.

Resolución: Se garantizará un salario mínimo que permita que todos gocen de un nivel de vida decente.

Resolución: Se reducirá la semana laboral a 35 horas.

Resolución: Se garantizará un mínimo de seis meses de licencia por maternidad o paternidad al nacer o adoptar un niño.

Frases comunicativas

No es cierto que... (+ *subjunctive*)
Mi argumento es que...
Todo el mundo debe...

MODELO: *Los investigadores norteamericanos informan que entre los países desarrollados, los norteamericanos trabajan más horas por semana, ganan menos dinero, tienen más problemas físicos y psicológicos, y mueren más jóvenes que en otros países...*

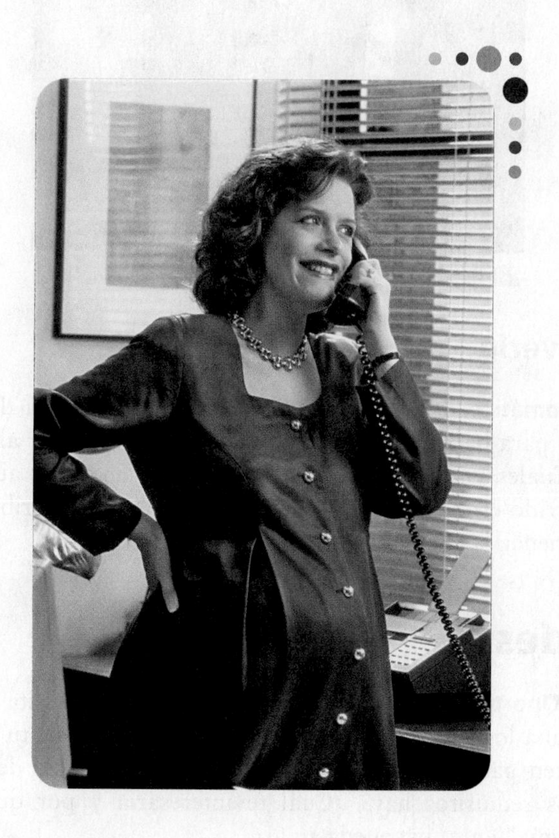

Conéctate

VideoRed

▶ Antes de verlo

10-16 Los pasos que sigues. Pon en orden cronológico de 1 a 9 los pasos que sigues para sacar dinero del cajero automático.

_____ Retirar el dinero que le entregue.
_____ Marcar el número secreto.
_____ Sacar la tarjeta.
_____ Pulsar "Empiece aquí".
_____ Indicar que ha terminado.
_____ Indicar el idioma.
_____ Insertar la tarjeta de débito.
_____ Entrar la cantidad que quiere sacar.
_____ Indicar el tipo de transacción que desea.

▶ A verlo

¡Un cajero problemático! **(Rossibley Vargas, Venezuela - Pearson VPS)**

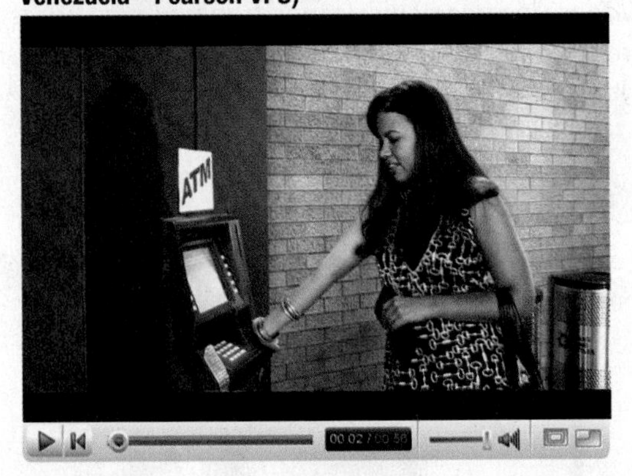

▶ Después de verlo

10-17 El cajero automático. Hoy en día es normal usar la tarjeta de débito para sacar dinero en efectivo o para hacer las compras. Pero, ¿qué pasa si por alguna razón no se te acepta la tarjeta? ¿Cuáles son algunas razones por las que un cajero automático rechace la tarjeta? ¿Te ha ocurrido esto alguna vez? ¿Cómo lo resolviste? Escribe un párrafo en que expliques una experiencia que tú o un conocido tuyo haya tenido.

Comunidades

10-18 A explorar: Oportunidades para aspirantes bilingües. Visita la página web de *Conexiones* o consulta los anuncios clasificados en el periódico de tu ciudad para ver qué oportunidades existen para las personas bilingües. Haz una lista de diferentes tipos de trabajo. ¿Qué otros requisitos hay? ¿Cuál te interesaría y por qué? (Usa la palabra "*bilingual*" o "bilingüe" en tu búsqueda.)

Conexiones

10-19 El techo de cristal. Imagínense que trabajan para una empresa que históricamente no ha reclutado ni a mujeres ni a personas pertenecientes a una minoría para puestos altos en la dirección de la empresa. La administración ha elegido a ustedes para servir en comité y formular un plan para cambiar esta situación. ¿Cuáles son algunas de las estrategias y normas que debería poner en marcha la empresa para llegar a ser más atractiva para estos grupos minoritarios?

Comparaciones

10-20 En tu experiencia. Visita la página web de *Conexiones* para ver qué empresas norteamericanas son dirigidas por mujeres. ¿Cuáles son algunos de los factores que afectan a la mujer en el mundo de los negocios? ¿Crees que sería aún más difícil que una mujer dirigiera una empresa importante en México? ¿Por qué?

Una empresaria mexicana rompe el techo de cristal

Según la revista *Fortune*, María Asunción Aramburuzabala es la mujer más rica de México y una de las más poderosas de América Latina. Pertenece a una generación que heredó la fortuna de los padres, pero ha logrado incrementar su fortuna personal mediante la inteligente dirección de su empresa y la diversificación de sus inversiones. Con una fortuna de más de dos mil millones de dólares, también es miembro de la junta directiva (*board of directors*) de varias de las principales empresas de México.

Recibió su licenciatura en contabilidad del Instituto Tecnológico Autónomo de México y aplicó su habilidad empresarial al manejo de la poderosa empresa cervecera Grupo Modelo (Negra modelo, Corona), donde hoy sirve como vicepresidenta. Cuando le vendió el 51 por ciento de la empresa a Anheuser Busch, pudo diversificar sus inversiones comprando el 16, 7 por ciento de las acciones del Grupo Televisa donde sirve como miembro del consejo de administración.

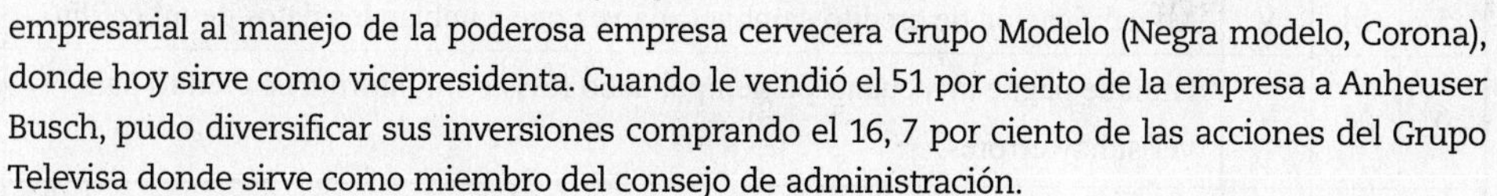

En 2006 se casó con Anthony Garza, embajador de Estados Unidos en México, y ahora los dos viven parte del año en Austin, Texas.

No hay duda que Aramburuzabala servirá de modelo para las futuras exitosas empresarias mexicanas y que ella no sólo ha rayado (*scraped*) el techo cristalino, sino que lo ha destrozado.

10-21 En su opinión. ¿Cuáles son los factores que contribuyen al éxito de la mujer en el mundo de los negocios? ¿Creen que las mujeres merecen consideración especial en el trabajo? ¿Por qué? ¿Conocen alguna mujer joven que crean que algún día será una empresaria exitosa? Expliquen su respuesta.

Segunda parte

¡Así es la vida!

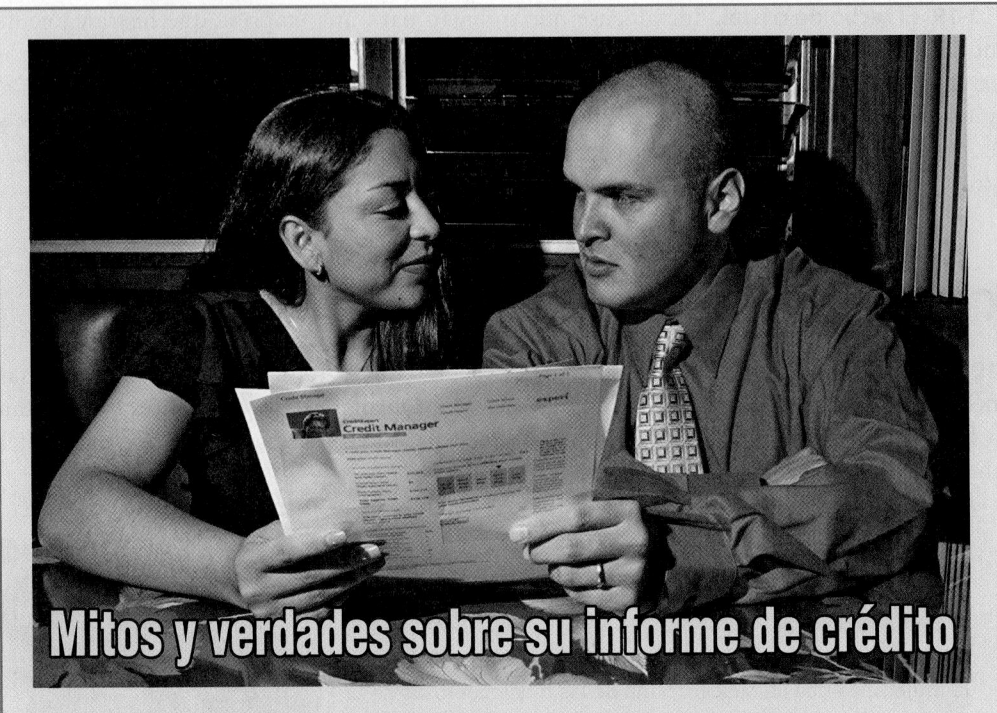

¿Cuánto sabe usted sobre su informe de crédito?

Para enterarse, indique si las siguientes afirmaciones son mitos o verdades.

1.	M	V	Si pago todas mis cuentas, mi informe de crédito se arreglará en seguida.
2.	M	V	Una compañía puede ver mi informe de crédito sin que yo le dé permiso.
3.	M	V	Si cancelo algunas de mis tarjetas, mejoro mi crédito.
4.	M	V	Si tengo muchas solicitudes de crédito voy a perjudicar mi calificación.
5.	M	V	Mi calificación de crédito cambia cada vez que cambian los datos de mi crédito.
6.	M	V	Aunque pague mis cuentas a tiempo, debo revisar mi informe de crédito para ver si hay errores.
7.	M	V	Todos los informes de crédito son iguales.
8.	M	V	El divorcio perjudica automáticamente las cuentas conjuntas.
9.	M	V	Después de siete años, la declaración de bancarrota desaparece de mi informe de crédito.
10.	M	V	Si tengo un informe de crédito desfavorable, puedo pagarle a alguien para que me lo arregle.

¡Así lo decimos! Vocabulario

Vocabulario primordial

el cajero automático
el depósito
el dinero en efectivo
las finanzas
los fondos
gastar
la moneda
pagar
el porcentaje
la tarjeta de crédito
la tarjeta de débito

Vocabulario clave: Cuestiones financieras

Verbos

ahorrar	*to save*
invertir (ie, i)	*to invest*
prestar	*to lend*
sacar	*to take out, to pull out*
sobregirar	*to overdraw*

Sustantivos

las acciones	*stocks*
el/la acreedor/a	*creditor*
la bancarrota	*bankruptcy*
el bono	*bond, bonus*
la calificación	*score*
la cuenta corriente	*checking account*
la cuenta de ahorros	*savings account*
la deuda	*debt*
el estado de cuentas	*(financial) statement*
la factura	*invoice*
la hipoteca	*mortgage*
los impuestos	*taxes*
el ingreso	*income*
el presupuesto	*budget*
el saldo	*balance (bank account)*
el talonario	*checkbook*
la tasa	*rate (of interest)*

Ampliación

Verbos	Sustantivos	Adjetivos
ahorrar	el ahorro	ahorrado/a
depositar	el depósito	depositado/a
endeudar(se)	la deuda	endeudado/a
financiar	las finanzas, el financiamiento	financiado/a
gastar	el gasto	gastado/a
invertir (ie, i)	la inversión	invertido/a
pagar	el pago	pagado/a
prestar	el préstamo	prestado/a
sobregirar	el sobregiro	sobregirado/a

¡Cuidado!

May I have...?, I had...

- *May I have...?* cannot be translated literally into Spanish because **¿Puedo tener...?** means *May I own...?* To ask someone for something, say **¿Puede(s) darme (traerme, prestarme)...?**

  ¿**Puede traerme** el presupuesto, por favor? — *Can I have the budget, please?*

- To state that you had something to eat or drink, avoid **tuve** unless you are talking about receiving something. Use **pedir, comer, tomar,** etc.

  Anoche para la cena **comí** un pedazo de pizza y **bebí** un vaso de leche. — *For dinner last night I had a slice of pizza and I had a glass of milk.*

- To talk about someone having a baby, use the expression **dar a luz.**

  Marta **dio a luz** la semana pasada. ¡Fue una niña! — *Marta had a baby last week. It was a girl!*

▸ Aplicación

10-22 Mitos y verdades sobre el informe de crédito. De las afirmaciones que aparecen en *¡Así es la vida!,* la 2, la 5 y la 6 son verdades; las demás son mitos. ¿Cuáles te hicieron dudar si eran verdades o mitos? Explica. ¿Cuál fue tu calificación?

9–10: Excelente, pero no te olvides de revisar tu informe de crédito por lo menos una vez al año.

7–8: Necesitas mejorar tu entendimiento de un informe de crédito.

Menos de 7: Anímate, no todo está perdido. Todavía hay tiempo para aprender más sobre tu informe, pero no pierdas el tiempo.

10-23 ¡Socorro! (*Help!*) Combina las frases para formar oraciones lógicas, según el contexto.

1. ___ El banco me ha informado que…
2. ___ Quise sacar dinero con mi tarjeta pero no pude porque…
3. ___ El problema es que mis ingresos…
4. ___ Necesito un aumento de salario para…
5. ___ Lo que necesito más que nada es establecer…
6. ___ Si no salgo de esto voy a tener que…

a. un presupuesto que me ayude a manejar mis finanzas.
b. he sobregirado mi cuenta por 500 dólares.
c. poder pagar mis deudas.
d. declararme en bancarrota.
e. ¡tenía un saldo negativo!
f. no cubren (*cover*) mis gastos.

10-24 Tus finanzas. ¿Qué experiencias has tenido o piensas tener con estos recursos financieros? Explica las condiciones.

MODELO: un préstamo
Pedí un préstamo cuando compré mi coche. La tasa de interés es del 8 por ciento. Haré un pago mensual de 300 dólares durante 48 meses.

1. una cuenta de ahorros
2. una cuenta corriente
3. los impuestos
4. una hipoteca
5. unas acciones
6. los bonos
7. tu informe de crédito

10-25 A explorar: Consejos para ahorrar dinero. Visita la página web de *Conexiones* para ver consejos sobre diferentes maneras de ahorrar dinero. Anota cinco que te parezcan factibles *(feasible)* en tu vida y explica cómo piensas aplicarlos.

10-26 ¡No tengo plata! En el mundo hispano hay muchas palabras en argot (*slang*) para expresar el concepto de dinero. Conversen entre ustedes de manera informal sobre futuros planes que requieren gastos de dinero (ej. salir este fin de semana, reparar el carro, pagar la cuenta de la tarjeta de crédito, comprar un regalo especial, etc.). Usen algunas de las expresiones que aparecen a continuación para explicar su situación.

la plata (Sudamérica)
el chavo (Puerto Rico)
el chele (República Dominicana)
el bolo (Venezuela)
la lana (México)
el quilo (Cuba, Puerto Rico)

Para expresar que no tienes dinero:
estar pelado/a (Puerto Rico, República Dominicana)
estar lavado/a (Bolivia)
estar arrancado/a (Cuba)

MODELO: E1: *Quería irme a Nueva York este fin de semana. Oye, ¿por qué no me prestas unos chavos?*
E2: *Lo siento, estoy tan pelado que ni puedo comprar un chicle.*

10-27 Eliminar sus deudas. Lean el anuncio de unos abogados que se especializan en casos de bancarrota. Según el anuncio, ¿cuáles son las ventajas de declararse en bancarrota? ¿Creen que realmente es posible eliminar las deudas? Comenten las razones por las cuales les convendría o no declararse en bancarrota.

¿TE PREOCUPAN TUS DEUDAS?

¿Te sientes angustiado o frustrado porque tus acreedores te persiguen?
Estas dos opciones solucionarán tus pesadillas:

1. Trabaja con tus acreedores para negociar un plan de pagos.
2. Si no hay otra opción, declárate en bancarrota.

El Capítulo 7 del Código de Bancarrota te ayuda a eliminar completamente las deudas, incluyendo las de tarjetas de crédito y de préstamos bancarios. Lo mejor es que puedes quedarte con tu casa, tu coche, tus cuentas bancarias y con una o más tarjetas de crédito. Además, no cambia ni tu condición legal en este país ni tu situación de empleo.

Si quieres una consulta gratis para averiguar tus opciones, llama al 1-888-555-2240.
«Ramírez e hijos» somos los abogados del futuro. Pregunta por Juan Ramírez o Esmeralda Gómez.

NO ESPERES MÁS, NOSOTROS TE ESTAMOS ESPERANDO.

10-28 ¿Cuándo compran? ¿Cuáles son las mejores condiciones para gastar dinero? ¿Tiene que ver con su estado psicológico, el tiempo que hace, la hora del día, si tienen hambre o no, los estímulos visuales o aromáticos? Conversen sobre las condiciones bajo las que ustedes tienden a comprar y cómo se sienten después de hacer un gasto importante.

10-29 Cómo pedirles correctamente dinero prestado a sus amigos. Uno/a trata de convencer al otro / a la otra de que necesita dinero, mientras que el otro / la otra se lo niega amablemente.

MODELO: E1: *Mira, sé que esto es mucho pedir, pero necesito dinero porque mañana es el cumpleaños de mi mamá y quisiera comprarle unas flores o alguna otra cosita. Ya que eres mi mejor amigo/a, sé que me ayudarás.*

E2: *¡Ay!, me gustaría mucho ayudarte, y quiero mucho a tu mamá, pero no...*

10-30 Financiar tus estudios. Basándose en la información sobre la consolidación de los préstamos estudiantiles, conversen y tomen notas sobre las ventajas y desventajas de sacar un préstamo con una tasa de interés fija (*fixed*) o variable. ¿Cuáles de los consejos de la lectura les parecen los más efectivos y por qué?

El préstamo Federal de Consolidación

Tienes tu título y ¿ahora qué? ¡Tienes que repagar los préstamos! ¿Por qué no consolidarlos? Antes de hacerlo, considera, tanto los beneficios, como las maneras en que te puede perjudicar la consolidación.

Razones para consolidar

- Puede simplificar tu vida. Si consolidas todos tus préstamos estudiantiles, tienes que mandarle tus pagos a una sola entidad crediticia.
  ¿Dónde está el truco? Si todavía estás en la universidad o te graduaste recientemente, podrías renunciar la parte de tu "período de gracia" (los seis meses después de terminar tus estudios cuando no tienes que hacer pagos).
- Puedes reducir tus pagos mensuales si calificas para un término de pago más largo.
  ¿Dónde está el truco? Esto implica pagar más intereses durante el plazo (*term*) de tu préstamo. Por lo tanto, terminarás pagando más.
- Puedes fijar una tasa de interés.
  ¿Dónde está el truco? La consolidación es un proceso que por lo general ocurre una sola vez. Si consolidas ahora, y las tasas de interés bajan, no podrás re-consolidar para conseguir una tasa más baja.

Cómo evitar problemas

- Consulta con un consejero en la oficina de ayuda financiera de tu universidad para conseguir una lista de instituciones crediticias de confianza.
- No incluyas tus deudas personales (tarjeta de crédito, etc.) en la consolidación de tus préstamos estudiantiles porque así pierdes los beneficios del préstamo Federal de Consolidación. Corres el riesgo de que te suban la tasa de interés del préstamo.
- Paga por adelantado. Aunque tu término de pago puede extenderse hasta 30 años, no te penalizan si pagas por adelantado. Aún mejor, si mantienes un término de pago más corto (10 años), pagarás mucho menos a la larga.

10-31 De nuevo: Un cliente más para el Banco Nuevo (*Indefinite and negative expressions*). Escribe un diálogo entre un empleado del Banco Nuevo y una persona interesada en abrir dos cuentas (una de ahorros y otra corriente) y en solicitar otro de los servicios del banco (préstamos, cheques de viajero, cambio de moneda, hipotecas, etc.). Utiliza por lo menos cuatro de las siguientes expresiones en tu diálogo: *nadie, nada, algo, alguien, algunos/as, ni, nunca, algún, alguno/a.*

MODELO: *Cliente: ¿Hay **alguien** que me pueda ayudar?*
*Empleado: Sí, yo puedo ayudarlo/la. ¿Necesita información sobre **algo** en particular?*
*Cliente: Sí. Tengo **algún** dinero ahorrado y quiero...*

Recuerda: Consulta en el ***Capítulo 8*** sobre la explicación de los usos de las expresiones indefinidas o negativas.

Reto: Trata de usar más de cinco expresiones. Usa muchas palabras de la ***Primera*** y la ***Segunda parte*** de ***¡Así lo decimos!***

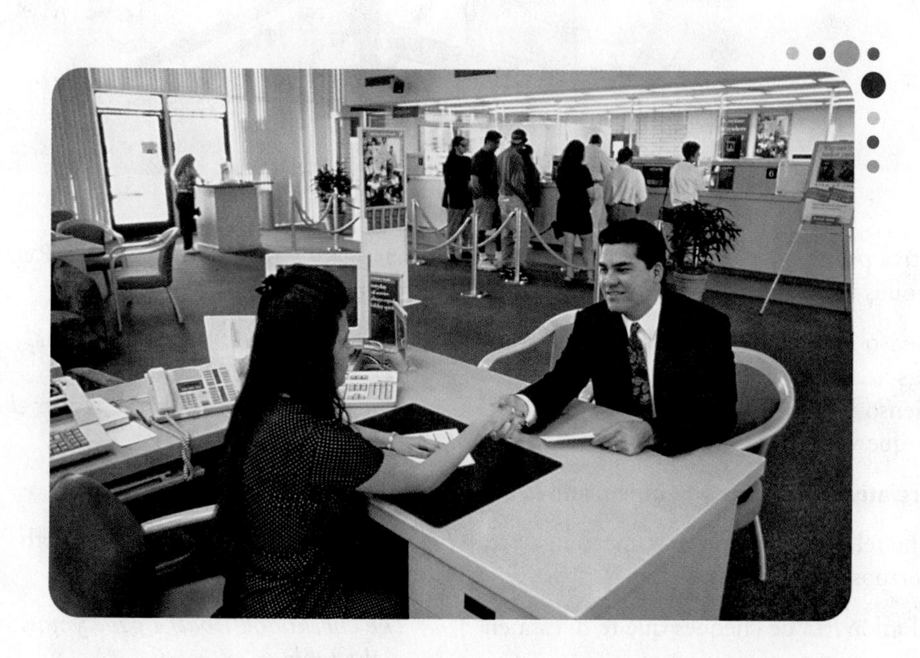

¡Así lo hacemos! Estructuras

2. The relative pronouns *que, quien,* and *lo que,* and the relative adjective *cuyo/a(s)*

Relative pronouns are used to join two sentences that share a noun or a pronoun. Relative pronouns refer to a preceding word, called an antecedent.

Pienso invertir en acciones de energía. — *I intend to invest in energy stocks.*
Las acciones van a subir. — *The stocks are going to rise.*
Pienso invertir en acciones de energía que van a subir. — *I intend to invest in energy stocks that are going to rise.*

The relative pronouns *que, quien,* and *lo que*

- The relative pronoun **que**, meaning *that, which, who,* and *whom,* is used for both persons and objects.

  El talonario de cheques **que** te di está en la mesa. — *The checkbook (that) I gave you is on the table.*
  Van a interrogar al banquero **que** vendió todas sus acciones. — *They are going to question the banker who sold all of his stocks.*

- The relative pronoun **quien**(es), meaning *who* and *whom*, refers only to persons and is most commonly used after prepositions or when a clause is set off by commas.

  Ese es el consejero **con quien** me reúno para resolver el problema de los impuestos. — *That is the advisor with whom I meet to resolve my tax problem.*
  Ese es el banquero **a quien** entrevistaste. — *That is the banker whom you interviewed.*
  El banquero, **quien** era buen amigo mío, murió de repente. — *The banker, who was a good friend of mine, died suddenly.*

- The relative pronoun **lo que,** meaning *what* and *that which,* is a neutral form, referring to an idea, or a previous event or situation.

No me gustó **lo que** hicieron con las tasas de interés.	*I didn't like what they did with the interest rates.*
¿Entiendes **lo que** implica la bancarrota?	*Do you understand what bankruptcy implies?*

- Unlike *that* in English, the use of the relative pronoun **que** in Spanish is never optional.

Los préstamos **que** hizo el banco son increíbles.	*The loans (that) the bank made are incredible.*
El hombre **que** conociste trabaja para el Banco Norteamericano de Desarrollo.	*The man (that) you met works for the North American Development Bank.*

The relative adjective *cuyo/a(s)*

- **Cuyo/a(s)** means *whose, of whom,* or *of which* and is a relative possessive adjective. It agrees in gender and number with the noun it precedes.

Los cheques, **cuyas** firmas revisaste, fueron depositados en la cuenta de ahorros.	*The checks, whose signatures you checked, were deposited in the savings account.*
El accionista, **cuyas** acciones perdieron todo su valor, está enojado.	*The shareholder, whose stocks lost all their value, is upset.*

- **Cuyo/a(s)** is always repeated before nouns of different genders and agrees with each one.

El vicepresidente **cuya** iniciativa y **cuyo** esfuerzo lograron la transacción, fue ascendido a presidente del banco.	*The vice president, whose initiative and effort achieved the transaction, was promoted to president of the bank.*

- Do not forget that **de quién(es)** corresponds to the English interrogative *whose.*

¿De quiénes son estas cuentas?	*Whose accounts are these?*
No sabemos **de quién** es esa factura.	*We don't know whose invoice that is.*

▸ Aplicación

10-32 El robo de mi identidad. Según la *FTC* de Estados Unidos, el robo de identidad es la queja que más predomina entre las que reciben, y esas quejas siguen creciendo cada vez más. Combina las frases para formar oraciones completas y lógicas sobre este delito.

1. ___ Hace dos semanas me llamó el gerente del banco...
2. ___ Me informó que había sobregirado mi cuenta corriente,...
3. ___ Lo que más me frustró fue...
4. ___ El culpable fue una persona con...
5. ___ El hombre, cuya cara se parecía mucho a la mía,...
6. ___ El policía a...

a. había usado mi nombre y mi número de Seguro Social para comprar muchas cosas.
b. que maneja mis cuentas.
c. el tener que llamar a todos mis acreedores.
d. lo que me sorprendió mucho.
e. quien consulté me informó que el robo de identidad es cada vez más común.
f. quien yo había trabajado el año pasado.

10-33 Víctima del robo de identidad. Este es un artículo sobre una mujer a quien le robaron la identidad. Completa el artículo con los relativos **que, lo que, quien(es),** o **cuyo/a(s).** Después de leer el artículo, explica por qué esta mujer se siente tan desilusionada.

Mujer académica víctima del robo de identidad

Noemí Rodríguez es una mujer (1) ________________ se consideraba inteligente, pero (2) ________________ ahora se encuentra entre las muchas víctimas del robo de identidad. La profesora universitaria, (3) ________________ antes confiaba en sus amigos, nunca pensó que pudiera ser víctima, ni aun menos que el culpable fuera amigo suyo. Este, un ex novio con (4) ________________ había salido durante varios años, evidentemente decidió sacar una tarjeta de crédito bajo los nombres de Noemí y un esposo ficticio. Noemí, (5) ________________ datos personales el ex novio encontró fácilmente en su apartamento, nunca sospechó que él fuera tan despreciable (*despicable*). Se enteró (*found out*) del fraude cuando empezó a recibir aparatos electrónicos (6) ________________ no había pedido y luego facturas por ellos. Para colmo, cuando quiso cancelar la tarjeta no pudo porque no sabía el número del seguro social del supuesto esposo. Poco después, la policía detuvo al culpable cuando fue al apartamento a recoger las mercancías (7) ________________ había pedido. Noemí, (8) ________________ informe de crédito ya está bloqueado, afirma que (9) ________________ le molestó más fue descubrir de esa manera cómo era realmente su ex amigo.

10-34 Lo que busco... Completa estas frases de una manera original. Utiliza diferentes verbos, como **buscar, preferir, querer, gustar,** etc.

MODELO: en un banco
Lo que busco en un banco son buenos servicios y gente amable.

1. en una tarjeta de crédito
2. en un/a jefe/a
3. en una inversión
4. en mi vida profesional
5. en una cuenta de ahorros
6. en una entrevista
7. en un préstamo
8. en un trabajo

10-35 ¿Quiénes serán? Pregúntense quiénes serán las personas que entran y salen del Banco Universal.

MODELO: el hombre vestido de negro
E1: *¿Quién será ese hombre vestido de negro?*
E2: *¿El señor con quien está conversando la mujer vestida de rosado?*
E1: *Sí, el mismo.*
E2: *Creo que es el hombre que donó un millón de dólares a la universidad.*

1. la mujer que habla con el hombre vestido de negro
2. las personas con maletines
3. la señora mal vestida
4. el señor alto, con barba y gafas
5. los niños
6. la señorita vestida elegantemente
7. el perrito que lleva un collar con un diamante grande
8. los tres jóvenes peleándose (*fighting*)

10-36 Solicitud de beca (*grant*). Escríbele una carta a una fundación pidiéndole una beca para seguir tus estudios. Usa pronombres y adjetivos relativos.

MODELO: *(fecha, ciudad)*
A quien pueda interesar:
Mi nombre es Raquel Mejías; soy estudiante de tercer año de la Universidad Politécnica de Monterrey donde estudio relaciones internacionales e inglés. Solicito la beca que ustedes les ofrecen a estudiantes para seguir estudios en un programa cuya especialidad son los idiomas. Lo que más me interesa...
Atentamente,
Raquel Mejías Villar

4. The relative pronouns *el/la cual* and *los/las cuales*

- In order to avoid ambiguity: **el/la cual** and **los/las cuales** (*that, which, who,* and *whom*) are used to identify which of two antecedents of different genders is being talked about.

Le expliqué el procedimiento a la cajera del banco, **la cual** es sumamente competente.	*I explained the procedure to the bank teller, who is extremely competent.*
Acabo de encontrar el pago de la clienta, **el cual** se había perdido.	*I have just found the client's payment, which had been lost.*

- **El/La cual** and **los/las cuales** are also used after prepositions to refer to things or persons.

Olvidamos las facturas **sin las cuales** no podemos hacer los cheques.	*We forgot the invoices without which we cannot write the checks.*
Usted es la empleada **en la cual** deposito mi confianza.	*You are the employee in whom I put my trust.*

▸ Aplicación

10-37 Esta tarjeta te abrirá numerosas puertas. Lee este anuncio para una tarjeta de crédito y subraya todos los pronombres relativos que encuentres.

Usted es una persona que merece una tarjeta especial. Esta es una tarjeta con la cual usted pronto verá grandes ahorros y premios. Con esta tarjeta, la cual proviene de una de las organizaciones financieras más importantes del mundo, usted ganará kilómetros en su aerolínea preferida, recibirá premios (como vacaciones a bajo costo) y tendrá seguro de vida cuando viaje. ¿A qué espera usted? Esta es una oportunidad que no debe perder. Por sólo 135 dólares al año podrá recibir esta tarjeta de platino, la cual le abrirá numerosas puertas.

10-38 ¿Cómo es esta tarjeta? Ahora contesta las preguntas, basándote en el anuncio.

1. ¿Qué recibes con esta tarjeta?
2. ¿Cuál es el costo anual?
3. ¿Qué tipo de persona se interesará en esta tarjeta?
4. ¿Te interesa a ti? ¿Por qué?

10-39 En la Bolsa de Comercio de Buenos Aires. El MERVAL es el índice de acciones más importantes de la bolsa argentina. Combina las frases con **el/la cual** o **los/las cuales** para describir las actividades de la Bolsa y del MERVAL.

MODELO: Estos mensajeros llevan las facturas, *las cuales* tienen la información sobre el cliente.

1. Los operadores llegan a la Bolsa, ___________ se abre oficialmente a las diez en punto.
2. Todo el mundo tiene por lo menos dos teléfonos móviles, ___________ están siempre al alcance (*within reach*) de los operadores.
3. A las diez en punto todos oyen el timbre de apertura, sin ___________ se prohíbe empezar la compra y venta de acciones.
4. Ahora no se permite a los operadores que fumen en la Bolsa, ___________ tienen que salir a la calle para fumar.

5. Los operadores sufren de grandes tensiones, ___________ les acortan la vida a muchos.
6. Algunas de estas acciones, ___________ se venden por más de su valor, son de empresas internacionales.
7. Las malas noticias sobre las hipotecas en EE. UU. van a bajar el valor total del MERVAL argentino, ___________ ha caído un poco los últimos días.
8. Sin embargo, la situación económica de Europa, ___________ sigue mejorando, también crea optimismo entre los accionistas latinoamericanos.

10-40 A explorar: Cómo llegan a ser exitosos. Visita la página web de *Conexiones* para leer sobre alguna persona famosa y a qué se le atribuye su éxito. Elige una persona y escribe un párrafo sobre ella. Usa cláusulas que aclaren la ambigüedad. Léele tu informe a la clase.

MODELO: *Daisy Fuentes, cuya colección de ropa distribuye Kohls, explica su éxito en el mundo de los negocios. Daisy, junto con su hermano, el cual es diseñador, cree que el éxito económico resulta de la persistencia. Las prendas que diseñan, las que cuestan mucho más en otras colecciones, ahora se venden en más de 600 almacenes...*

10-41 Su presupuesto. Imagínense que trabajan en una agencia que ayuda a personas con dificultades para manejar sus ingresos y gastos. Presenten un presupuesto mensual de gastos para uno de los siguientes casos. Incluyan estas y otras consideraciones y justifiquen sus decisiones. No se olviden de usar tantos pronombres relativos como puedan.

ahorros	comida	gas y electricidad	préstamos
alquiler/hipoteca	diversión	impuestos	retiro
automóviles	educación	inversiones	vestuario

MODELO: Clarita Sánchez es una viuda cuyo único ingreso es el cheque del Seguro Social.
Para una persona con tan bajos ingresos, es necesario tener un presupuesto muy estricto. Primero, tiene que pagar los gastos fijos como el gas y la electricidad, sin los cuales no puede disfrutar de una calidad de vida adecuada...

1. Los Muñoz son una joven pareja profesional sin hijos. Él gana 2.500 dólares al mes (después de los impuestos) en su trabajo de ingeniero. Ella gana 3.000 dólares en relaciones públicas.
2. Nora Rosales es una madre soltera con dos hijos pequeños. Gana 1.800 dólares al mes como asistente de maestra en una escuela pública.
3. Isabel Abascal es una joven que acaba de graduarse de médica y tiene deudas de 50.000 dólares. Empieza a hacer su internado en un hospital de Nueva York donde ganará 3.200 dólares al mes.
4. Alonso Sánchez es un señor jubilado que recibe 1.000 dólares al mes del Seguro Social y otros 1.000 dólares de su plan de jubilación.

10-42 ¡Fraude! A continuación vas a escuchar un informe sobre un fraude que nos amenaza a muchos. Completa las oraciones, basándote en el informe.

1. El fraude tiene lugar en...
- **a.** la red informática.
- **b.** las oficinas de las licencias de conducir.
- **c.** la oficina postal.

2. Los documentos que se falsifican son...
- **a.** tarjetas de crédito.
- **b.** tarjetas de residencia permanente.
- **c.** documentos de identificación.

3. Se usan estos documentos para...
- **a.** comprar coches y artículos de lujo.
- **b.** comprar boletos de avión.
- **c.** robar la identidad de otra persona.

4. El número de víctimas de este fraude cada año sobrepasa...
- **a.** 900.000.
- **b.** 3.000.000.
- **c.** 1.500.000.

5. En años anteriores se encontraba la información...
- **a.** en la oficina.
- **b.** en la basura.
- **c.** en el correo.

6. Ahora se encuentra...
- **a.** en la oficina del médico.
- **b.** en el banco.
- **c.** en la red.

7. Puedes evitar este tipo de fraude...
- **a.** no divulgando información personal en un correo electrónico.
- **b.** usando sólo la red para comprar.
- **c.** insistiendo en ver la cara de la persona que quiere la información.

10-43 Debate: El costo de la vida. Los ricos se hacen cada vez más ricos y los pobres y las personas de la clase media pagan una mayor proporción de sus ganancias en impuestos. Formen dos grupos para debatir uno de los siguientes temas. Usen pronombres relativos cuando sea posible.

Resolución: Se aumentarán los impuestos sobre las ganancias de las inversiones y se reducirán los impuestos sobre las compras.

Resolución: Se garantizará educación universitaria gratis a todos los que tengan mérito sin importar sus ingresos.

Resolución: Se requerirá que todos los hombres y las mujeres sirvan un año de servicio militar o social después de terminar su educación universitaria.

MODELO: *No es lógico que todos hagan un año de servicio después de terminar sus estudios universitarios. Primero que todo,...*

¡Así lo expresamos!

Imágenes

Paisajes humanos n° 65 **(Melesio Casas, 1929– , EE. UU.)**

Melesio Casas nació en El Paso, Texas. Sirvió en las fuerzas armadas de EE. UU. y fue herido en el conflicto coreano. Tras estudiar en Texas y luego en la Universidad de las Américas en México, D.F., Casas enseñó en San Antonio College por unos treinta años. En *Paisajes humanos nº 65*, Casas retrata a trabajadores mexicoamericanos en un campo estadounidense con el logotipo de la *United Farm Workers* (el águila en el fondo). El pintor chicano ha ganado varios premios, ha logrado exponer su obra en galerías en todo EE. UU. y ha sido muy activo en el cultivo del arte chicano y latino en este país.

▸ Perspectivas e impresiones

10-44 El águila. El logotipo del sindicato *United Farm Workers* es el águila, que es también un símbolo importante en la historia de México. La capital azteca fue fundada en el lugar donde encontraron un águila posada en un nopal (*prickly pear*) devorando una serpiente. Escribe un párrafo en el que expliques qué simboliza el águila para ti. Compáralo con lo que creas que el ave (*bird*) simboliza para los trabajadores del *UFW*.

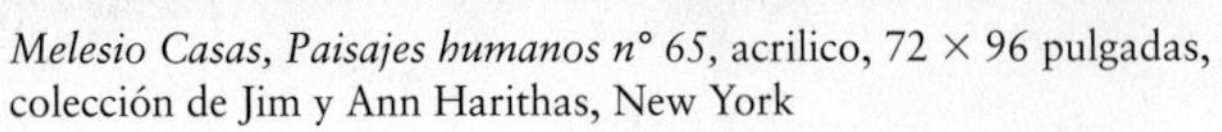
Melesio Casas, Paisajes humanos n° 65, acrilico, 72 × 96 pulgadas, colección de Jim y Ann Harithas, New York

10-45 A explorar: César Chávez y el boicot de las uvas. El *UFW* organizó el boicot de las uvas en el estado de California en la década de los setenta. En esa época, las condiciones de trabajo y el sueldo de los trabajadores migrantes eran pésimos (muy malos). Muchas veces los niños trabajaban al lado de sus padres y sólo asistían a la escuela cuando no tenían que trabajar en el campo. Visita la página web de *Conexiones* para ver información sobre ese boicot y sobre César Chávez, el líder del *UFW*. Escribe cinco preguntas y sus respuestas basándote en la información que encuentres.

Ritmos

Juan Luis Guerra (República Dominicana)

Juan Luis Guerra y 4:40 forman uno de los grupos musicales contemporáneos más importantes de Hispanoamérica. La siguiente canción de Guerra pertenece a un álbum, llamado *Areíto*. En él se incluyen canciones con cierta crítica social. *El costo de la vida* trata con ironía y sarcasmo la situación económica de esos momentos en República Dominicana, su patria (*native country*). Es como si con esta canción Guerra recogiera (*collected*) las quejas del pueblo y las uniera para hacer una denuncia "cantada" con la esperanza de mejorar las condiciones de vida de su gente.

▸ Antes de escuchar

10-46 ¿Cuánto cuesta? ¿Has vivido alguna vez en otro pueblo, ciudad o país? ¿En alguna otra región de EE. UU.? ¿Cómo era el costo de la vida? ¿Cómo es el costo de la vida donde vives ahora? ¿En qué productos o servicios notas un cambio (la gasolina, la comida, el transporte, etc.)?

▸ A escuchar

10-47 El costo de la vida. Subraya los gastos cotidianos que se mencionan en esta canción. ¿Cuáles son importantes para ti también? ¿Hay otros gastos que no estén incluidos? A ver cuántos puedes anotar.

El costo de la vida

El costo de la vida sube otra vez
el peso que baja ya ni se ve
y las habichuelas no se pueden comer
¡ni una libra de arroz ni una cuarta° de café! *una... a quarter of a pound*
a nadie le importa lo que piensa usted
será porque aquí no hablamos inglés
ah, ah, es verdad (repite)
do you understand?
do you, do you?
Y la gasolina sube otra vez
el peso que baja ya ni se ve
y la democracia no puede crecer
si la corrupción juega ajedrez
a nadie le importa qué piensa usted
será porque aquí no hablamos francés
ah, ah, *vous parlez*? (repite)
ah, ah, *non monsieur*.
Somos un agujero° en medio del mar y el cielo *hole*
quinientos años después
una raza encendida° *burning*
negra, blanca y taína° *indigenous of the Caribbean islands*
pero, ¿quién descubrió a quién?
um, es verdad (repite)
¡Ay! y el costo de la vida
pa'arriba° tú ves *pa'... para arriba*
y el peso que baja
pobre ni se ve
y la medicina
camina al revés° *al... backwards*
aquí no se cura
ni un callo° en el pie *callus, corn*
ai-qui-i-qui-i-qui
ai-qui-i-qui-e...

▸ Después de escuchar

10-48 La crisis económica. Según la canción, ¿a qué o a quiénes se debe la crisis económica? ¿Cómo podrán salir de ella? ¿Te parece optimista o pesimista para el futuro de la isla?

Páginas

José O. Álvarez (1951– , Colombia)

José O. Álvarez estudió Pedagogía Artística en la Universidad Nacional de Colombia. Además de su carrera como profesor, ha sido editor de la revista *Espiral* y coordinador de la sección de autores iberoamericanos de la Feria Internacional del Libro de Miami.

El profesor Álvarez ha publicado cinco volúmenes de cuentos elaborados por sus estudiantes. Su cuento "Fiebre de lotto" forma parte de su antología cibernética de cuentos *El microcuento inesperado*. Actualmente enseña escritura creativa, literatura y español en Missouri Southern State University y realiza talleres de narrativa breve en instituciones culturales y educativas de Estados Unidos.

▸ Antes de leer

10-49 Un sueño imposible. ¿Han soñado alguna vez con conseguir algo imposible? Explíquense qué hicieron para lograrlo, aunque supieran en el fondo (*deep down*) que era poco probable.

MODELO: *Un año mi sueño era que me regalaron un caballo para Navidad. Le escribí varias cartas a Santa Claus, pero no les dije nada a mis padres...*

▸ A leer

10-50 Estrategias de lectura: La organización. Varios géneros tienen una organización interna predecible (*predictable*). Puedes facilitar tu comprensión de una lectura si reconoces y entiendes la organización de la misma. Un cuento está organizado a menudo en introducción, elaboración, problema y, finalmente, resolución o desilusión. Al leer *Fiebre de lotto*, trata de reconocer e indicar las diferentes partes para ver si el cuento sigue estas normas.

Fiebre de lotto

Para combatir los rumores de que en pocas semanas iban a ser absorbidos por el Banco Interamericano y posiblemente quedarían en la calle, los 160 trabajadores del Banco de Ahorros y Préstamos acordaron gastar los ahorros de toda su vida comprando conjuntamente medio millón de dólares en números de la lotería de la Florida que subía su acumulado° por minutos. Los menos afortunados, que eran la mayoría, aprovechándose de las conexiones que tenían en el banco, pidieron prestadas sumas° exageradas que respaldaron con sus joyas, carros, bienes raíces y todo lo que se les atravesó de valor en su desaforado camino°.

Al pie de las enormes carteleras regadas° a lo largo y ancho del estado, un ejército de jóvenes, equipados con celulares, cada minuto cambiaban la cifra° que subía al borde del hervor°: 100 millones de Washingtones°.

En la historia de los sorteos° nunca antes se había disparado el acumulado a alturas que igualaran la temperatura de las playas produciendo fiebre de lotto en cada nativo o turista de turno°. La noticia se regó como pólvora° y hasta los jugadores de otros estados y países viajaron expresamente a comprar miles y millones en boletos. Se supo de madres pobres que cambiaron sus cupones° por boletos dejando a sus crías° sin alimento, esperanzadas en que luego lo tendrían hasta la saciedad°. Muchos matrimonios sufrieron la ruptura porque todo el dinero fue invertido en el juego. Los burócratas de la educación rebosaban° de alegría: podrían aumentar sus primas y los fondos de retiro; aprobar licitaciones nepóticas° y sólo un pequeño porcentaje, invertirlo en tratar de educar a una juventud indiferente a la escolaridad°.

jackpot
quantities of money 5
todo... *everything of value which they found in their disorderly quest*
strewn
número / borde... *boiling point* / *dollars* 10
loterías
de... *whose turn had come*
se... *spread like wildfire*
food stamps
bebés / saturación 15
overflowed
licitaciones... *inside bidding*
los estudios

Los trabajadores del banco, que cada semana ponían todas sus esperanzas en el premio gordo, decidieron contratar a un experto en combinaciones numéricas, el cual había sido expulsado de la Lotería Estatal por negociar con los secretos que dicha entidad maneja en cuestiones de sorteos. Este señor les cobró una cantidad exagerada, exigiendo de antemano° no revelar la suma para evitar el implacable castigo de la administración de impuestos.

ahead of time

Antes de mandar al mensajero a comprar los números, por escrito acordaron unas reglas que debían cumplirse al pie de la letra° para evitar estropear° la suerte.

al... literalmente / dañar

Ninguno podía comprar por su cuenta la lotería. No se podía hablar con nadie acerca de lo mismo hasta el lunes siguiente a las ocho de la mañana luego de abrir un sobre con los datos que cada cual encontraría en su escritorio. Todos tendrían que dedicarse a la oración° y a encender velitas° a los innumerables santos de su preferencia para que en concilio extraordinario seleccionaran uno de los números comprados por ellos. Una fila° que le daba vueltas a la manzana° le armó una trifulca° al mensajero por demorarse obteniendo los números. Lo salvaron otros mensajeros de otras entidades que estaban haciendo la misma diligencia°.

prayer / little candles
line / le... *went around the block*
le... *began a riot*
la... *the same errand*

A medida que pasaba la semana la atención iba desmejorando° progresivamente hasta casi llegar a la parálisis del jueves y el viernes. En estos días atendieron con tal desgano° que muchos clientes que se encontraban allí para retirar sus fondos para invertirlos en la misma inversión combinatoria, optaron por retirarse maldiciendo°.

empeorando
falta de entusiasmo
cursing

El viernes hicieron una fiesta de despedida y muchos empeñaron° lo poco que les quedaba para comprar bebidas y comidas a granel°. La fiesta terminó en una francachela° como de final de año. La policía tuvo que intervenir porque la mayoría salió a la calle a gritar pestes° contra el banco. En improvisadas pancartas° denunciaban los salarios de hambre° que les pagaban contando a montones dinero que no era de ellos. Con paso de pavo real° y desplante° de torero, comentaban que ahora sí no los iban a ver ni en las curvas porque se iban a dar la gran vida tal como se la daban los dueños del banco.

pawned
in great quantities / wild party
insultos
carteles / de... *miserable*
peacock / audacia

Ese fin de semana se convirtió en una tortura. Ninguno se atrevió a violar el pacto por temor a echar a perder° la suerte del grupo. Nadie quería cargar con la culpa de seguir arrastrando° una vida esclavizada, mecánica y sin sentido. Las iglesias de todas las denominaciones se vieron repletas de fieles que en silencio solicitaban el gran milagro. En el fondo sabían que nada hay más retrógrado° que la pobreza.

to spoil / llevando
backward

El lunes se vistieron con sus mejores ropas. No querían demostrar que eran unos miserables que la fortuna° los había atropellado°. El corazón latía aceleradamente. Hasta los que siempre llegaban con retraso°, ese día se levantaron con tiempo para evitar el tráfico al que siempre le echaban la culpa de sus demoras°.

mala fortuna / *trampled*
con... *late*
le... *they blamed for being late*

El sobre estaba sobre la mesa. La emoción los paralizó. Nadie se atrevía a dar el primer paso. Todos se miraban con recelo°, como si súbitamente entre sus vidas se abriera un abismo profundo unido por un puente de desconfianza construido sobre tontas sonrisas. Poco a poco se empezaron a sentir gritos, desmayos°, llantos. Agarrándose° el pecho unos cuantos caían fulminados° por una insoportable emoción. Varios elevaban los brazos al cielo hieráticamente° elevados a la divina esencia.

suspicion
fainting / Grabbing / striken
solemnemente

Al ver los ojos inconmensurablemente abiertos de otros, y un rictus° de sorpresa en los demás, lentamente los últimos abrieron el sobre para enterarse de que habían sido despedidos° y que el acumulado para la próxima semana sería de 200 millones de dólares.

gesto
fired

▸ Después de leer

10-51 Resumir. Escribe dos o tres oraciones para resumir el contenido de cada parte del cuento que hayas identificado.

10-52 El defecto fatal. Los empleados del banco quisieron hacer todo lo posible para asegurar su éxito en el sorteo. Hagan una lista de lo que hicieron. ¿Hay algo que falte?

10-53 La lotomanía. La afición a la lotería llega a ser casi una adicción para muchas personas. Comenten las razones por las cuales se compran boletos de lotería y los beneficios y las desventajas de jugar.

Taller

Un relato irónico

Se podría decir que el cuento anterior termina irónicamente. Sin embargo, es una ironía que se esperaba. Sigue los siguientes pasos para escribir un relato que tenga un desenlace (*outcome*) irónico.

▸ Antes de escribir

Idear. Piensa en una experiencia tuya o de otra persona que tuvo una resolución diferente de lo que se esperaba. Escribe un breve resumen de los acontecimientos.

▸ A escribir

Presentar el contexto. Empieza el cuento con una oración introductoria que capte *(attracts)* la imaginación del lector.

Explicar los motivos. Añade las razones del comportamiento *(behavior)* del personaje o de los personajes principales.

Crear expectativas. Añade otros detalles para crear suspenso en el lector. Si quieres, puedes incluir un pequeño defecto del/de los personaje/s.

Revelar la desilusión o la ironía. En una o dos oraciones, revela la desilusión y termina el relato.

▸ Después de escribir

Revisar. Revisa tu relato para ver si has creado suspenso e ironía hasta el final. Luego revisa los siguientes aspectos.

- ☐ ¿Has incluido una variedad de vocabulario?
- ☐ ¿Has usado alguna vez el discurso indirecto?
- ☐ ¿Has empleado oraciones con cláusulas relativas?
- ☐ ¿Has verificado la ortografía y la concordancia?

Compartir. Intercambia tu relato con el de un/a compañero/a. Mientras leen los relatos, hagan comentarios y sugerencias sobre el contenido, la estructura y la gramática.

Entregar. Pon tu relato en limpio, incorporando las sugerencias de tu compañero/a y entrégaselo a tu profesor/a.

Vocabulario

Primera parte

administrar	*to administer*
armar	*to assemble*
ascender (ie)	*to promote*
el ascenso	*promotion*
el/la asesor/a	*consultant, advisor*
los bienes raíces	*real estate*
el/la cajero/a	*cashier*
la consulta	*consultation*
consultar	*to consult*
la contabilidad	*accounting*
el/la contador/a	*accountant*
el/la corredor/a de bolsa	*stockbroker*
(des)emplear	*to (un)employ*
disponible	*available*
dispuesto/a	*willing*
el/la electricista	*electrician*
el/la empresario/a	*businessman/woman*
entrenar	*to train*
funcionar	*to work (mechanical)*
el/la gerente	*manager*
jubilarse	*to retire*
mensual	*monthly*
Mi argumento es que...	*My point is...*
No es cierto que... (+ *subjunctive*)	*It's not true that...*
el personal	*staff*
el/la plomero/a	*plumber*
la póliza	*(insurance) policy, voucher, certificate*
presentarse	*to show up, to introduce oneself*
el puesto	*position (job)*
el retiro	*pension*
semanal	*weekly*
servir (i, i)	*to serve, to be useful*
solicitar	*to apply (for a job)*
la solicitud	*application*
el sueldo	*pay, wages*
el tiempo completo (TC)	*full-time*
el tiempo parcial (TP)	*part-time*
Todo el mundo debe...	*Everyone should...*
trabajar	*to work (a job)*

Segunda parte

las acciones	*stocks*
el/la acreedor/a	*creditor*
ahorrar	*to save*
la bancarrota	*bankruptcy*
el bono	*bond, bonus*
la calificación	*score*
la cuenta corriente	*checking account*
la cuenta de ahorros	*savings account*
depositar	*to deposit*
dar a luz	*to give birth*
la deuda	*debt*
endeudar(se)	*to go into debt*
el estado de cuentas	*(financial) statement*
la factura	*invoice*
financiar	*to finance*
gastar	*to spend*
la hipoteca	*mortgage*
los impuestos	*taxes*
el ingreso	*income*
invertir (ie, i)	*to invest*
pagar	*to pay*
prestar	*to lend*
el presupuesto	*budget*
sacar	*to take out, to pull out*
el saldo	*balance (bank account)*
sobregirar	*to overdraw*
el talonario	*checkbook*
la tasa	*rate (of interest)*

11 El tiempo libre

▸▸ OBJETIVOS COMUNICATIVOS

- Discussing adventure travel and free-time activities
- Talking about outdoor activities and sports
- Planning for a summer break or job
- Discussing what you do in your free time
- Talking about what you do for fun and leisure
- Giving your opinion about pastimes

▸▸ PRIMERA PARTE

¡Así es la vida! • • • *Viajes a la Medida*

¡Así lo decimos! Vocabulario • • • Los pasatiempos

¡Así lo hacemos! Estructuras • • • Sequence of tenses with the subjunctive

Conéctate

- VIDEORED • • • *Nota sobre el clavado en La Quebrada* (Elías Noriega, México)
- COMUNIDADES • • • Deportes populares entre los hispanos
- CONEXIONES • • • El tiempo libre y la tecnología
- COMPARACIONES • • • El encierro de San Fermín

▸▸ SEGUNDA PARTE

¡Así es la vida! • • • La guía del ocio

¡Así lo decimos! Vocabulario • • • El tiempo libre

¡Así lo hacemos! Estructuras • • • Uses of definite and indefinite articles • • • Uses of the infinitive and the -ing (*-ndo*) form of the verb

▸▸ ¡ASÍ LO EXPRESAMOS!

- IMÁGENES • • • *Merengue* (Jaime Antonio González Colson, República Dominicana)
- RITMOS • • • *Fin de semana* (Los hermanos Rosario, República Dominicana)
- PÁGINAS • • • *El doble seis* (Alina Romero, Cuba)
- TALLER • • • Un recuerdo

A empezar

¿Qué haces en tu tiempo libre? ¿Prefieres llevar una vida activa o sedentaria durante tu tiempo libre? ¿Te gustan los deportes extremos? ¿Conoces a alguien que haga paracaidismo o banyi?

Curiosidades

¿Sabes...

qué deporte acuático también se practica bajo techo (*inside*) durante el invierno?

a. el esquí
b. el windsurf
c. el buceo

el nombre del pico más alto de las Américas?

a. el pico de Orizaba en México
b. el pico McKinley en Alaska
c. el Aconcagua entre Argentina y Chile

dónde se encuentra la barrera coralina más importante del mundo después de la de Australia y la más ideal para bucear y hacer *snorkling*?

a. Puerto Rico
b. Belice
c. Cozumel

la competencia que ganó el español Miguel Induraín cinco veces consecutivas?

a. el Tour de Francia
b. Wimbledon
c. el esquí acrobático olímpico

Primera parte

¡Así es la vida!

Viajes a la Medida

Si les gustan los viajes de aventura y quieren una experiencia inolvidable, ¡bienvenidos a ***Viajes a la Medida!***, donde viajamos de una forma auténtica y diferente. Les ofrecemos viajes de aventura en los que los viajeros se integran totalmente al país de su destino, fuera de los circuitos turísticos típicos. En este viaje viajarán con mochila y conocerán culturas fascinantes.

Irán en pequeños grupos, acompañados de un coordinador de ***Viajes a la Medida***, con una mayor libertad y flexibilidad, lo que les permitirá tener un papel activo durante el viaje. Tendrán aventuras nunca antes experimentadas y cada día será diferente al anterior. Nos desplazaremos en transporte público, a veces compartiendo nuestro asiento en un autobús con oriundos de África, y otras viajando en tren por India. Nos alojaremos en casas de familia en Guatemala, en campamentos situados en parques nacionales en Senegal o incluso en viviendas de nómadas en Mongolia. Así conseguiremos una mayor interacción e integración con la cultura, a la vez que todos los gastos que tengamos en el país beneficiarán directamente las pequeñas economías locales.

¡Estos son viajes de pura aventura!

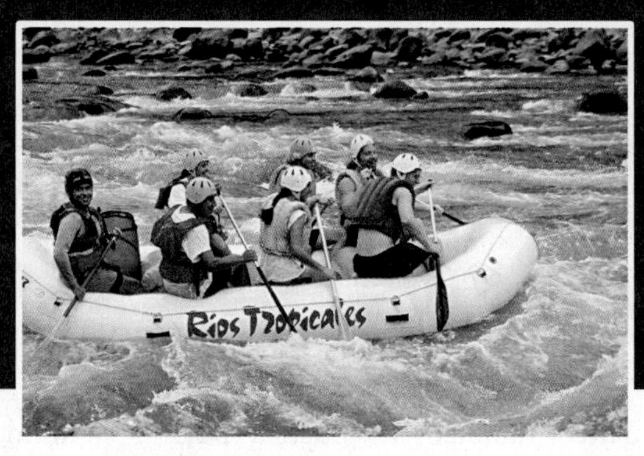

Escojan lo que les gusta hacer y nosotros nos ocuparemos de lo demás:

a. acampar
b. bucear
c. cazar
d. escalar montañas
e. esquiar en tabla o surf en la nieve
f. hacer senderismo
g. hacer salto BASE
h. andar en moto todo terreno
i. hacer paracaidismo
j. montar a caballo
k. navegar a vela
l. patinar
m. pescar
n. realizar descenso de ríos
o. hacer ciclismo de montaña
p. ir en fotosafari

¡Su próxima aventura los espera! No pierdan la oportunidad de ver las posibilidades que ofrecemos en ***Viajes a la Medida***.

¡Así lo decimos! Vocabulario

Vocabulario primordial

el/la aficionado/a
el ciclismo (de montaña)
esquiar
ir de camping
el lago
levantar pesas
la natación
patinar (sobre hielo/ruedas)
pescar

Vocabulario clave: Los pasatiempos

Verbos

acampar	*to camp*
andar en moto todo terreno	*to ride an ATV*
bucear	*to scuba dive*
cazar	*to hunt*
correr peligro	*to be in danger*
escalar	*to climb (a mountain)*
esquiar en tabla	*to snowboard*
fracturar(se) (el brazo)	*to break (an arm)*
hacer escalada en roca (hielo)	*to rock (ice) climb*
hacer parapente	*to hang glide*
hacer windsurf	*to windsurf*
montar una tienda de campaña	*to pitch a tent*
navegar a vela/en velero	*to sail*
remar	*to row*
sudar	*to sweat*

Sustantivos

Actividades

el banyi	*bungee jumping*
la caminata	*hiking, hike*
la carrera	*race*
la competencia, la competición	*contest (sports)*
el culturismo	*bodybuilding*
el descenso de ríos	*river rafting*
la equitación	*horsemanship*
el montañismo	*mountaineering*
el paracaidismo	*parachuting*
el salto BASE	*BASE jumping*
el senderismo	*hiking*

Equipo y participantes

el arco y la flecha	*bow and arrow*
el botiquín	*first-aid kit*
el campamento	*campsite, camp*
la cancha	*court (sports)*
la caña de pescar	*fishing rod*
el casco	*helmet*
el chaleco salvavidas	*life vest*
el/la corredor/a	*runner*
el/la jinete	*horseback rider*

Ampliación

Verbos	Sustantivos	Adjetivos
correr	el/la corredor/a; la carrera	corrido/a
fracturar(se)	la fractura	fracturado/a
nadar	el/la nadador/a; la natación	nadado/a
navegar	la nave; la navegación	navegado/a
pescar	la pesca; el pez; el pescado	pescado/a
sudar	el sudor	sudado/a

¡Cuidado!

divertirse (ie, i), pasarlo bien

To say *to have fun* or *to have a good time* use **divertirse.** However, colloquially, many native speakers use the phrase **pasarlo bien.**

¡Pásalo bien!
¡Que lo pases bien! — *Have a good time!*
Anoche **lo pasé muy bien (me divertí).** — *Last night I had a great time.*

▸ Aplicación

11-1 Tu próxima aventura. Revisa las actividades que escogiste en *¡Así es la vida!* para considerar distintas posibilidades para tu próximo viaje de aventura. ¿Qué destino te interesa más y por qué?

Para los que escogieron a, d, e, f, j, k, m, n, o, o p: Chile y Argentina, especialmente la Patagonia.
Camina por los glaciares, acampa en las montañas, monta a caballo y pesca en los lagos y los ríos. Visita los parques naturales para observar y sacar fotos de la flora y la fauna.

Para los que escogieron a, d, f, o j: Perú.
Sigue el Camino del Inca por los altos Andes. Acampa a lo largo de un sendero que se usaba en la época prehispánica.

Para los que escogieron b, d, e, g, h, i, j, k, n, o p: Costa Rica, Guatemala, El Salvador.
Disfruta del sol, el agua, las montañas y los bosques pluviales (*rain*) de los países centroamericanos. Haz windsurf y paracaidismo y navega a vela por el mar. Observa la variedad de plantas y animales. Bucea en el agua verde azul del Caribe.

Para los que escogieron a, c, d, e, f, g, h, i, j, k, l, m, n, o, o p: España.
Practica una variedad de deportes al aire libre: esquí, ciclismo, camping, montañismo y aún más...

Hazlo solo/a o acompañado/a. Aquí encuentras lo que buscas.

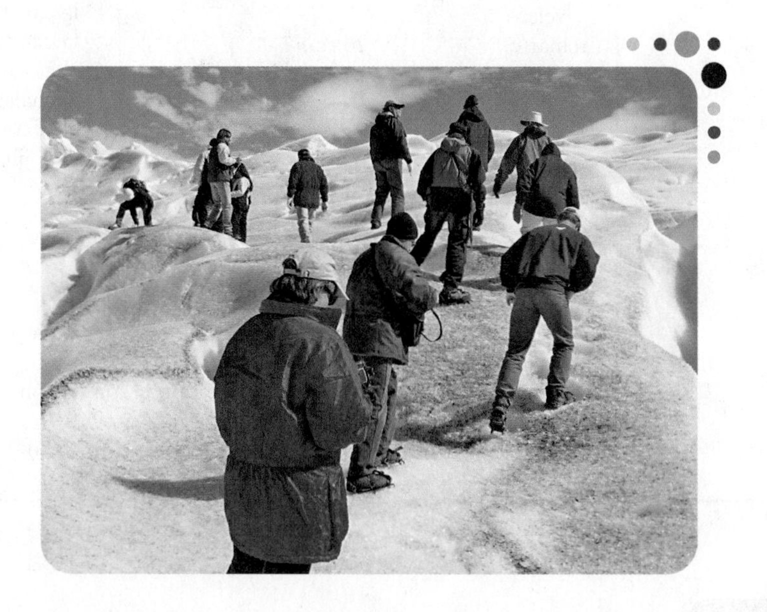

11-2 Los deportes extremos. Conversen sobre lo siguiente: ¿Por qué son populares los deportes extremos entre muchos jóvenes y adultos? ¿Cuáles son los peligros que se asocian con varios de estos deportes? ¿Cuáles han practicado ustedes y cuáles les gustaría probar? ¿Cuál(es) no practicarían nunca? ¿Por qué?

11-3 El tiempo libre. Miren el gráfico y comparen las cifras que denotan el tiempo libre que tienen los habitantes de cada país. En su opinión, ¿qué factores contribuyen a estas diferencias entre países? ¿Qué tienen en común los países con más días de ocio? ¿Cómo creen ustedes que pasan su tiempo libre en Finlandia? ¿En México? ¿En Estados Unidos?

LOS QUE MÁS DESCANSAN

Los españoles tenían la fama de tener muchos días de tiempo libre, pero este gráfico demuestra que los que tienen más días libres son los finlandeses. México ni siquiera aparece en la estadística por su peculiar calendario laboral.

País	Días de vacaciones	Días festivos
Finlandia	37.5	6
Italia	35	7
Países Bajos	32.5	6.3
Alemania (ex RFA)	30	8.7
España	24.5	14
Luxemburgo	27	10
Austria	26.5	10.5
Portugal	22	14
Alemania (ex RDA)	28	7
Francia	25	10
Suiza	24.1	9
Gran Bretaña	25	8
Dinamarca	25	7
Suecia	25	7
Grecia	22	9
Bélgica	20	11
Irlanda	21	9
Noruega	21	7
Japón	11	14
Estados Unidos	12	11

11-4 A explorar: Un viaje de aventura. Visita la página web de *Conexiones* para ver ofertas para viajes de aventura. Escoge uno que te interese en un país de habla hispana y anota las fechas, el itinerario, lo que se incluye, el costo y las condiciones del viaje. Escribe un párrafo en el que expliques por qué te gustaría hacer este viaje.

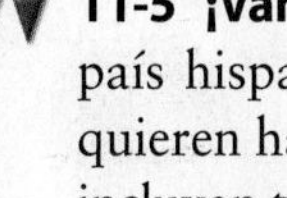

11-5 ¡Vamos de viaje! Hagan planes para hacer un viaje de aventura a algún país hispano. Decidan adónde quieren ir, qué lugares quieren visitar, qué quieren hacer y qué equipo deben llevar. Preparen un presupuesto en el que incluyan todos los costos de su viaje. Usen la información que encontraron en *A explorar* para ayudarlos a decidir adónde irán y qué harán durante el viaje.

11-6 De nuevo: ¿Cómo se juega? (*Por/para*). Explica las instrucciones o las reglas de tu juego o deporte favorito. Describe las cosas o equipo (*equipment*) que se necesitan para jugar y el propósito del juego o deporte. En tu explicación y descripción, utiliza las preposiciones *por* y *para* por lo menos cuatro veces cada una.

MODELO: *Para mí, el deporte más entretenido es el básquetbol.* ***Para*** *jugarlo, sólo se necesita un balón y algunos amigos. Nos gusta jugarlo los sábados* ***por*** *la tarde...*

Recuerda: Encontrarás la descripción de los usos de las preposiciones *por* y *para* en el *Capítulo 7.*

Reto: Trata de incluir seis oraciones con la preposición *por* y seis con *para*. Usa muchas palabras de *¡Así lo decimos!*

¡Así lo hacemos! Estructuras

1. Sequence of tenses with the subjunctive

Espero que asistas a la carrera el próximo fin de semana...

The following chart lists the sequence of tenses used with the subjunctive.

MAIN CLAUSE	DEPENDENT CLAUSE
present indicative future indicative present perfect indicative future perfect indicative command	present subjunctive or present perfect subjunctive
preterit indicative imperfect indicative conditional pluperfect indicative conditional perfect	imperfect subjunctive or pluperfect subjunctive

- When the verb in the main clause is in the present, future, present perfect, future perfect, or is a command, the verb in the dependent clause should be in the present subjunctive or present perfect subjunctive, depending on the context.

Hijo, **queremos** que lo **pases** bien en tu viaje de esquí. — *Son, we want you to have a good time on your ski trip.*
Le **he dicho** que **haga** paracaidismo. — *I have told him to go parachuting.*
Preferirán que **pasemos** las vacaciones explorando el Amazonas. — *They will prefer that we spend our vacation exploring the Amazon.*
Carlos les **habrá sugerido** que no **buceen** en esas aguas. — *Carlos has probably suggested to them not to scuba dive in those waters.*
Dígales que **practiquen** más la natación. — *Tell them to practice swimming more.*
Es bueno que **hayas aprendido** a patinar. — *It is good that you have learned how to skate.*

- When the main-clause verb is in the preterit, imperfect, conditional, pluperfect, or conditional perfect, the verb in the dependent clause will usually be in the imperfect subjunctive. However, the pluperfect subjunctive is used to refer to actions that precede a past action in the main clause.

Dudé que él **estuviera** navegando a vela.	*I doubted that he was sailing.*
No **había** nadie que **pudiera** patinar como ella.	*There was no one who could skate like her.*
Nos **gustaría** que nos **acompañaras** a esquiar en la nieve.	*We would like you to come with us to ski in the snow.*
Nos **habría molestado** si José Luis no **hubiera venido** a acampar con nosotros.	*It would have bothered us if José Luis hadn't come camping with us.*
Me **alegré** de que Carmen **hubiera hecho** montañismo.	*I was glad that Carmen had done some mountain climbing.*

- At times, when the main-clause verb is in the present, the imperfect subjunctive may be used in the dependent clause to refer to an action that has already occurred.

Siento que no **pudieras** jugar al básquetbol.	*I am sorry that you were not able to play basketball.*
No **creen** que Marta **fuera** tan buena instructora de esquí.	*They don't believe that Marta was such a good ski instructor.*

▸ Aplicación

11-7 La Copa América de Vela. Esta carrera náutica es la más importante del mundo. En 2007 la patrocinó la ciudad de Valencia, España. Lee el artículo sobre la carrera, subraya todos los verbos en el subjuntivo e indica por qué se usa el presente o el imperfecto en cada caso.

MODELO: Los organizadores insistieron en que los espectadores no se acercaran a los yates.
(Imperfecto del subjuntivo porque insistieron *está en el pretérito.)*

Valencia, España, 5 de julio de 2007

Sólo dos días después de su victoria en la Copa América de Vela 2007, el equipo suizo *Alinghi* pidió formalmente que en 2009 se volviera a tener la Copa América de Vela en Valencia. Esta competición es la más importante de este deporte y uno de los acontecimientos deportivos más seguidos del mundo, tras la Copa Mundial de Fútbol y los Juegos Olímpicos. España fue representada por *Desafío Español 2007*. Fue una carrera emocionante con *Alinghi* cruzando el final sólo un segundo antes de que el equipo de Nueva Zelandia llegara también a la meta. Los ganadores recibieron un total de casi seis millones de euros, una suma que merecían, según los espectadores y los patrocinadores de la carrera.

La administración de la Copa América había insistido en que Valencia fuera la sede de la regata este año porque consideraba a Valencia el sitio ideal. Al final, se alegraron de que hubiera más de 6.000.000 de visitantes en la región durante la competición.

El equipo español, aunque no ganó, no dudó que valió la pena la carrera, y todos esperan participar en la próxima competición. También se alegran de que Valencia sea la sede para 2009 y no hay nadie que quiera abandonar el equipo.

La ciudad de Valencia, España patrocinó la Copa América de Vela en 2007 y 2009.

11-8 ¿Cómo es? Contesta las preguntas, basándote en el artículo anterior.

1. ¿Cómo es la Copa América para los aficionados a la navegación a vela?
2. ¿Cuál fue su sede en 2007? ¿Dónde tiene lugar en 2009?
3. ¿Qué equipo ganó en 2007 y por cuánto tiempo?
4. ¿Por qué crees que el equipo ganador no insistió en que la próxima competición tuviera lugar en su propio país?
5. Si pudieras asistir a una competencia de los Juegos Olímpicos, de la Copa Mundial de Fútbol o de la Copa América, ¿a cuál irías y por qué?

11-9 A explorar: *Desafío Español.* Visita la página web de *Conexiones* para ver más fotos en la "Galería" del velero *Desafío Español*, el que participó en la Copa América de Vela. Después, visita la sección "Últimas noticias", y escribe cinco esperanzas, dudas o emociones que tengas para la próxima carrera. Usa algunas de las expresiones a continuación.

Dudo que...
Esperaba que...
Es posible que...
Es/Fue bueno/increíble/importante/triste que...
Me gustó que...
No hay ningún lugar que...
Asistiría la próxima vez si...

MODELO: *Me alegro de que el equipo español haya calificado para la próxima carrera.*

11-10 Luis Antonio Valencia. La Copa Mundial de Fútbol es uno de los eventos más importantes del mundo. En 2006, el torneo fue seguido por más de 32 mil millones de personas en 207 países. Después del torneo, el ecuatoriano Luis Antonio Valencia, quien jugaba para la Liga Española, fue nombrado el Mejor Jugador Joven. Completa la carta escrita a sus padres a continuación con la forma correcta del indicativo o del subjuntivo del verbo entre paréntesis.

Mis queridos padres:

¡Qué gusto recibir la carta de ustedes! Me alegro de que (**1.** divertirse) ____________ durante su viaje a Alemania para ver el torneo. Fue magnífico que (**2.** asistir) ____________ a la ceremonia donde me nombraron el Mejor Jugador Joven de 2006 y que (**3.** conocer) ____________ a los otros miembros y a los entrenadores del equipo español. Espero que me (**4.** enviar) ____________ las fotos cuando las (**5.** subir) ____________ a la Internet. Lamento que España no (**6.** ganar) ____________ la Copa, pero tal vez (**7.** tener) ____________ éxito en 2010.

¡Tengo muy buenas noticias! El club Wigan de Inglaterra me ha reclutado para jugar. Sí, es verdad que (**8.** ser) ____________ difícil dejar España para vivir en un país angloparlante, pero es un buen club y estoy seguro que lo voy a disfrutar. Los entrenadores españoles me advirtieron que lo (**9.** pensar) ____________ bien antes de tomar una decisión, y me ofrecieron una cantidad de dinero impresionante para que (**10.** quedarse) ____________ con ellos, pero no pude resistir la oferta de Wigan. Ojalá que pronto (**11.** Uds./venir) ____________ acá para visitarme y a ver un partido. Les aseguro que no (**12.** llover) ____________ siempre allí.

Bueno, aquí tienen mi nueva dirección. Sería genial si (**13.** venir) ____________ en agosto para ver el primer partido con Wigan.

Reciban un fuerte abrazo de su hijo,

Luis Antonio

11-11 Consejos de los padres a Luis Antonio... Escribe cinco o más consejos desde el punto de vista de los padres de Luis Antonio para cuando él se incorpore al equipo Wigan.

MODELO: *Te sugerimos que busques restaurantes ecuatorianos para comer bien en Inglaterra...*

11-12 En 2014. La Copa Mundial de 2014 tendrá lugar en Brasil. ¿Qué quisieran que pasara durante los juegos? Usen las oraciones **quisiera que...** o **me gustaría que...** para explicar lo que quisieran que pasara durante los juegos.

MODELO: *Quisiera que alguien me regalara entradas para los finales.*

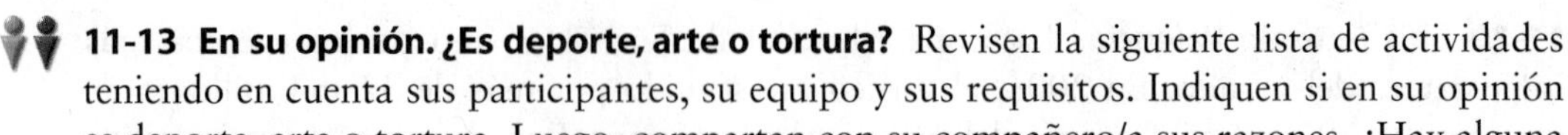

11-13 En su opinión. ¿Es deporte, arte o tortura? Revisen la siguiente lista de actividades teniendo en cuenta sus participantes, su equipo y sus requisitos. Indiquen si en su opinión es deporte, arte o tortura. Luego, compartan con su compañero/a sus razones. ¿Hay alguna actividad que en su opinión deba prohibirse?

MODELO: E1: *En mi opinión, la pesca es un pasatiempo. No es un deporte porque puedes pasar todo el día sin moverte.*
E2: *Tampoco es un arte, porque no tienes que crear nada.*

	DEPORTE	ARTE	TORTURA
el rugby			
el patinaje			
la equitación			
el boxeo			
la gimnasia			
el remo			
el toreo			
las carreras de perros			
el hockey sobre hielo			

Los jóvenes corren delante de los toros en Pamplona, España.

11-14 Las Fiestas de San Fermín concluyen sin heridos. Este artículo se publicó después de la celebración de las fiestas de San Fermín en España. Completa las oraciones de la manera más lógica, según lo que escuches.

1. Las fiestas se celebran todos los años en...
   a. Pamplona. **b.** Bilbao. **c.** Granada.

2. Los jóvenes que corren delante de los toros reciben...
   a. pocas heridas. **b.** poca atención. **c.** poco dinero.

3. El correr peligro hace que el organismo segregue (*secrete*)...
   a. serotonina. **b.** testosterona. **c.** adrenalina.

4. El efecto de correr peligro es una estimulación para los centros de...
   a. miedo. **b.** placer. **c.** hambre.

5. Los corredores con más experiencia piensan que muchos de los jóvenes...
   a. no son demasiado valientes. **b.** se arriesgan demasiado. **c.** corren con mucho cuidado.

6. Los encierros se han celebrado todos los años desde...
   a. 1842. **b.** 1824. **c.** 1924.

7. Han muerto...
   a. mayormente norteamericanos. **b.** menos de quince personas. **c.** tantas mujeres como hombres.

11-15 Debate: Los deportes y la salud. Formen dos grupos para debatir uno de los siguientes temas. Usen el indicativo o el subjuntivo en cláusulas subordinadas cuando sea posible.

Resolución: Será obligatorio que todos los deportistas se sometan a pruebas para detectar el uso de esteroides antes de permitirles competir.

Resolución: No se requiere que las pólizas de seguro médico o de vida se paguen en casos de accidente durante la práctica de un deporte extremo (ej. el paracaidismo, el banyi, el toreo).

Frases comunicativas

Pero hay que estar seguro de...
Es increíble que...
Opino que...

MODELO: *Opino que el público merece saber si los deportistas usan esteroides que les den una ventaja en las competencias. No es justo que...*

Conéctate

VideoRed

▶ Antes de verlo

11-16 Deportes extremos. De estos deportes, ¿cuál es el que tiene más riesgos y por qué? ¿El banyi, el clavadismo (*cliff diving*), el paracaidismo? Al ver el video a continuación, apunta tres razones por las que llaman "intrépidos" a los clavadistas de Acapulco.

▶ A verlo

Nota sobre el clavado en La Quebrada **(Elías Noriega, México)**

▶ Después de verlo

11-17 ¿Lo harían ustedes? Conversen sobre por qué una persona se dedica al clavadismo. Pueden incluir motivos personales, económicos, sociales u otros. ¿Por qué no es popular en este país? ¿Qué deporte que se practica en EE. UU. y Canadá podría compararse con el clavadismo, en cuanto a la intrepidez de los participantes?

Comunidades

11-18 Deportes populares entre los hispanos. De los deportes que se practican en Estados Unidos y Canadá, el fútbol, el béisbol, el jai alai (la pelota vasca) y el tenis son algunos de los más populares entre los hispanos. Investiga acerca de tus equipos favoritos para ver si tienen jugadores hispanos y de dónde son. Busca más información sobre uno/a y escribe un párrafo sobre sus datos personales.

Conexiones

11-19 El tiempo libre y la tecnología. ¿Cómo ha afectado la tecnología nuestro tiempo libre? ¿Creen que la tecnología nos ha dado más tiempo libre o que compite con el tiempo que antes se dedicaba a los amigos? En grupos pequeños, hablen de los efectos de la tecnología sobre la forma en que el/la norteamericano/a típico/a pasa su tiempo libre. ¿Piensan que la tecnología ha tenido la misma influencia en otros países? ¿En cuáles? ¿Quiénes aprovechan más la tecnología, los jóvenes o las personas mayores?

Comparaciones

11-20 En tu experiencia. Muchas personas opinan que las corridas de toros, las peleas de perros o de gallos y otros espectáculos semejantes, en los que los animales desempeñan (*play*) un papel principal, son deportes crueles y se deben prohibir porque se centran en el sufrimiento de los animales como diversión. ¿Has visto uno de estos eventos? ¿Asistirías a uno si tuvieras la oportunidad? Explica tus razones.

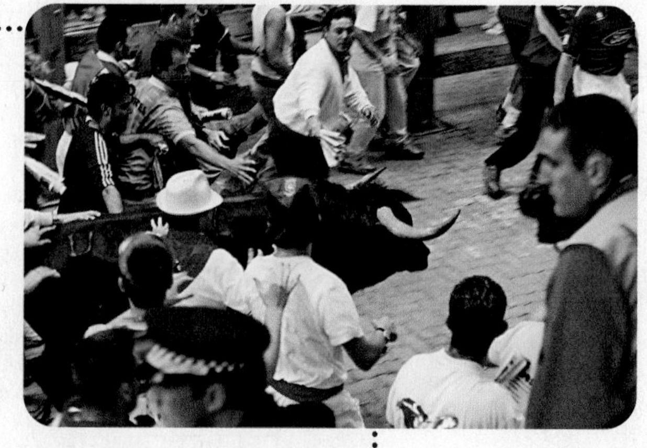

El encierro de San Fermín

Francisco Itarte Resano nació en Pamplona y lleva más de treinta años participando en los encierros (*corraling*) de San Fermín. Según los historiadores, no se sabe con exactitud los comienzos del encierro, pero la época más probable parece ser el Siglo XVI.

Los toros que iban a participar en la corrida de toros por la tarde permanecían en un corral en las afueras de la ciudad desde la noche anterior. Por la mañana temprano, se les guiaba por las calles de la ciudad hasta llegar a la plaza de toros. Hasta 1867, sólo dos empleados municipales a caballo acompañaban y anunciaban los toros. Detrás de los toros corrían pastores (*herdsmen*) para incitarlos.

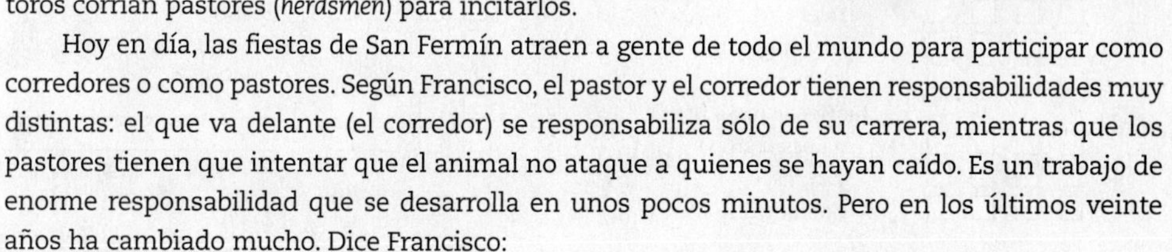

Hoy en día, las fiestas de San Fermín atraen a gente de todo el mundo para participar como corredores o como pastores. Según Francisco, el pastor y el corredor tienen responsabilidades muy distintas: el que va delante (el corredor) se responsabiliza sólo de su carrera, mientras que los pastores tienen que intentar que el animal no ataque a quienes se hayan caído. Es un trabajo de enorme responsabilidad que se desarrolla en unos pocos minutos. Pero en los últimos veinte años ha cambiado mucho. Dice Francisco:

«Cada vez hay más gente que corre, y que corre mal. De las más de tres mil personas que se incorporan a la carrera, la verdad es que no corren bien ni siquiera cien de ellas. Muchos son de fuera pero incluso los de aquí de Pamplona tampoco saben cómo se debe hacer. Pero para mí, es una parte de mi vida. Tantos años dedicado a esto, preparándome física y mentalmente, ¡no lo abandonaré hasta que me lleven al cementerio en una caja!»

11-21 En su opinión. Cada vez se lee o se escucha más sobre gente que arriesga la vida en algún deporte o actividad peligrosa, como el toreo, el montañismo, el automovilismo, etc. En su opinión, ¿qué es lo que los lleva a tales extremos? ¿Cuál es su opinión de estas personas?

Segunda parte

¡Así es la vida!

LA GUÍA DEL OCIO

Estimado/a lector/a:

Para mejor servirle en la sección del ocio, *El Universal* quiere saber cómo pasa su tiempo libre. Indique a continuación sus intereses y al final presione la tecla [ENVIAR]. No se olvide de poner su dirección de correo electrónico en el espacio indicado para participar en el sorteo de un boleto de avión a cualquier destino servido por Aeroméxico. (Fecha límite: 10-feb-2010)

Frecuencia (0: nunca – 3: mucho) 0	1	2	3	Actividades
				Coleccionar
☐	☐	☐	☐	monedas
☐	☐	☐	☐	estampillas/tarjetas de béisbol
☐	☐	☐	☐	antigüedades
				Conciertos
☐	☐	☐	☐	de música clásica
☐	☐	☐	☐	de música popular
				Juegos de azar
☐	☐	☐	☐	dados
☐	☐	☐	☐	póquer
☐	☐	☐	☐	ruleta
☐	☐	☐	☐	tragamonedas
☐	☐	☐	☐	veintiuna
				Juegos de mesa
☐	☐	☐	☐	naipes (cartas)
☐	☐	☐	☐	parchís
☐	☐	☐	☐	dominó

Frecuencia (0: nunca – 3: mucho) 0	1	2	3	Actividades
				Museos
☐	☐	☐	☐	de arte moderno
☐	☐	☐	☐	de arte clásico
☐	☐	☐	☐	de arte étnico
				(otro: especificar)
☐	☐	☐	☐	________
☐	☐	☐	☐	Películas
☐	☐	☐	☐	Restaurantes
☐	☐	☐	☐	Salir a bailar
☐	☐	☐	☐	Salir de tapas
☐	☐	☐	☐	Teatro
☐	☐	☐	☐	Videojuegos
				Otra(s):
☐	☐	☐	☐	________
☐	☐	☐	☐	________

Nombre y apellidos: ________

Correo electrónico: ________

He leído y estoy conforme con las normas del sorteo y de *El Universal*. ☐ sí ☐ no

ENVIAR

¡Así lo decimos! Vocabulario

Vocabulario primordial

el dominó
entretenido/a
el parchís
el ping-pong
el recreo
las tapas
las veintiuna
el videojuego

Vocabulario clave: El tiempo libre

Verbos

apostar (ue)	*to bet*
coleccionar	*to collect (only for objects, not money)*
competir (i, i)	*to compete*
exhibir(se)	*to exhibit, to display*
salir de juerga/de parranda	*to go out on the town*
trasnochar	*to stay up*

Sustantivos

el ajedrez	*chess*
el billar	*billiards, pool*
las canicas	*marbles*
cara o cruz	*heads or tails*
las cartas*	*playing cards*
los dados	*dice*
las damas	*checkers*
la estampilla, el sello	*postage stamp*
la ficha	*chip, playing piece*
el juego de azar	*game of chance*
la jugada	*play, move (in a game)*
la máquina tragamonedas	*slot machine*
la moneda	*coin*
el ocio	*free time*
el sorteo	*raffle*
el torneo	*tournament*
la trampa	*deceit, trick*

*los naipes (*Spain*)

Adjetivos

diestro/a	*skillful, cunning*
torpe (con las manos)	*clumsy (all thumbs)*

Ampliación

Verbos	Sustantivos	Adjetivos
aficionar(se) a	la afición	aficionado/a
apostar (ue)	la apuesta	apostado/a
coleccionar	la colección	coleccionado/a
competir (i, i)	la competencia/ el/la competidor/a	competitivo/a
exhibir(se)	la exhibición	exhibido/a
hacer trampa	la trampa	tramposo/a
jugar (ue) a	la jugada	jugado/a

¡Cuidado!

retar a, atreverse a

- Use **retar a** when you dare someone else to do something. **Atreverse a** expresses daring yourself to do something.

Te **reto a** jugar al ajedrez conmigo. — *I dare you to play chess with me.*
Me atrevo a apostar todas mis fichas. — *I dare to bet all my chips.*

el cine, la película

- **El cine** refers to the place where a movie is showing, or to the art or field of filmmaking. **La película** means *movie* (which has a title, plot, actors, etc.) or the actual film on which it is shot.

Fui al **cine** a ver una **película** de horror. — *I went to the movies to see a horror movie.*
Estudio **cine.** — *I am a film major.*

▸ Aplicación

11-22 ¿Qué haces en tu tiempo libre? Identifica las actividades de la encuesta de *¡Así es la vida!* a las que diste 3 puntos y ponlas en orden de importancia para ti.

11-23 ¿Sabías esto? Combina las dos columnas para ver curiosidades sobre algunos pasatiempos populares. ¿Cuáles te sorprenden más, y por qué?

1. ___ Es el pasatiempo más popular del mundo.	**a.** el dado
2. ___ Los lados opuestos siempre suman siete.	**b.** el dominó
3. ___ Lo que no se permite hacer en Detroit.	**c.** las cartas
4. ___ Tiene un origen religioso.	**d.** el ajedrez
5. ___ En India no son rectangulares sino redondas.	**e.** coleccionar estampillas
6. ___ Era aficionado a las canicas.	**f.** la canasta
7. ___ Tiene millones y millones de jugadas.	**g.** el primer presidente de EE. UU.
8. ___ Su país de origen es China.	**h.** matar al toro en la corrida

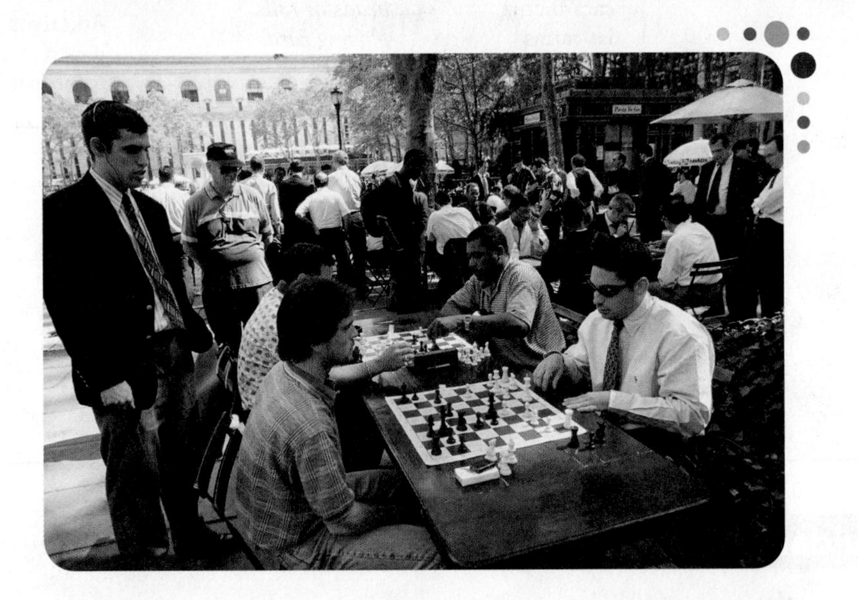

11-24 ¿Cómo se juegan? Completa el cuadro con la información sobre cómo y dónde se juegan estos juegos de mesa. ¿Cuáles has jugado y qué te han parecido?

	¿DÓNDE?	**¿CON QUIÉNES?**	**¿SE APUESTA?**
MODELO: el solitario	*en la computadora*	*solo/a*	*generalmente no*
1. el bingo			
2. el Monopolio			
3. el póquer			
4. las damas			
5. el dominó			
6. las veintiuna			
7. la ruleta			

11-25 Colecciones. Muchas personas se dedican a coleccionar algo. Hagan una lista de cosas que se coleccionan y hablen de lo que ustedes coleccionaban de niños/as y de lo que coleccionan ahora. Comparen sus colecciones. ¿Qué saben de las colecciones de sus padres o de sus abuelos?

11-26 Salir de juerga. En España es común que los jóvenes "salgan de juerga" y trasnochen. Salen con sus amigos a conversar, bailar, cenar y divertirse, y muchas veces no vuelven a casa hasta la madrugada (*dawn*). ¿Cómo se compara esta costumbre con su experiencia? ¿Qué hacen ustedes cuando salen de juerga?

11-27 La televisión: ¿Instrumento educativo, distracción o pérdida de tiempo? Comparen el tiempo que pasan viendo televisión en otros países con el tiempo que pasan ustedes frente a la televisión. ¿Qué programas suelen ver ustedes? ¿Son mayormente educativos o de entretenimiento? ¿Creen ustedes que la televisión tiene una responsabilidad social y educativa?

Tiempo dedicado a ver la TV

Según un estudio europeo, los turcos pasan más de 200 minutos frente al televisor. En esta afición están a la cabeza junto con Gran Bretaña e Italia.

11-28 De nuevo: ¡Nunca lo olvidaré! (*Preterit/imperfect*). En una página, narra la historia de la vez en que participaste en la actividad, el deporte o el juego más divertido/a, más atrevido/a o más emocionante de tu vida. Luego compártela en clase con tus compañeros.

MODELO: *De joven me gustaba jugar al ajedrez con mi hermano. Él siempre ganaba porque era mayor que yo, pero una vez...*

Recuerda: Para escribir tu historia debes utilizar el pretérito y el imperfecto, que puedes repasar en el *Capítulo 1*.

Reto: Escribe sobre más de una actividad. Usa muchas palabras de la *Primera* y *Segunda parte* de *¡Así lo decimos!*

¡Así lo hacemos! Estructuras

2. Uses of definite and indefinite articles

The definite article

In Spanish as in English, the definite article (**el, la, los, las**) is used with nouns that are specific or known to the speaker. However, the use of the definite article is different in Spanish and in English. In Spanish, definite articles are also used:

- before nouns or nominalized adjectives used in a general sense, as well as with nouns dealing with concepts and abstractions.

Me gusta jugar a **las** cartas.	*I like to play cards.*
A los estadounidenses les encanta **el** béisbol.	*Americans love baseball.*
El tiempo libre es importantísimo para mí.	*Free time is very important to me.*
Los más valientes son los clavadistas.	*The bravest (ones) are the cliff divers.*

- with days of the week (except after **ser**), seasons, meals, hours, and dates.

Voy a terminar este videojuego para **el** lunes.	*I'm going to finish this videogame by Monday.*
Hoy es miércoles.	*Today is Wednesday.*
En **la** primavera tendré más tiempo para practicar el ajedrez.	*In the spring, I will have more time to practice chess.*
En España **el** almuerzo es **la** comida más importante.	*In Spain lunch is the most important meal.*
Vamos a salir de juerga a **las** nueve de la noche.	*We're going to go out partying at 9 P.M.*
Una estampilla que conmemora el caso Méndez versus Westminster School District salió **el** 14 de septiembre de 2007.	*A stamp honoring the Méndez vs. Westminster School District came out on September 14, 2007.*

- with the names of languages (except after **hablar** and verbs of learning) or the prepositions **de** or **en.**

El español es mi idioma favorito.	*Spanish is my favorite language.*
¿Estudias vietnamita también?	*Do you also study Vietnamese?*
Los estudiantes están hablando portugués pero estudian inglés.	*The students are speaking Portuguese, but they study English.*
El poema original está escrito en catalán.	*The original poem is written in Catalan.*

- with titles such as Sr., Sra., Srta., Dr./Dra., Profesor/Profesora (except when speaking directly to the person), and never with don, doña, fray, sor, san(to), santa.

La profesora Pedroso colecciona obras de pintores colombianos.	*Professor Pedroso collects works of Colombian painters.*
Profesora Pedroso, ¿por qué no trae la pintura de Botero a la clase?	*Professor Pedroso, why don't you bring the Botero painting to class?*
Vi a don Pablo jugando al billar.	*I saw Don Pablo playing billiards.*

- before some geographical names when the article is part of the name.

Los Ángeles	La Haya
El Cairo	Los Países Bajos
La Coruña	La Paz
La Habana	El Salvador

- with articles of clothing and parts of the body when ownership is established by the subject.

¿Dónde dejé **la** gorra? — *Where did I leave my cap?*
Levanten **la** mano si saben la respuesta. — *Raise your hand if you know the answer.*

The indefinite article

The indefinite article (**un, una, unos, unas**) is used less in Spanish than in English. It is only used:

- before a noun that has not been identified previously.

Hubo **un** presidente que era aficionado a las canicas. — *There was a president who was fond of playing marbles.*

- before a noun that is modified.

Los mayas tuvieron **una** civilización impresionante. — *The Mayans had an impressive civilization.*

The indefinite article is omitted in the following situations:

- after the verb **ser** when referring to an unmodified noun that identifies professions, occupations, nationalities, ranks, and affiliations.

Don Ignacio **es campeón** de ajedrez. — *Don Ignacio is a chess champion.*
La Srta. Juárez **es coleccionista** de sellos. — *Miss Juárez is a stamp collector.*
La Sra. Gómez **es argentina.** — *Mrs. Gómez is Argentine.*
El padre de Jorge **es coronel** del ejército español. — *Jorge's father is a colonel in the Spanish army.*
Mi abuela Irma **es católica.** — *My grandmother Irma is Catholic.*

- before **cien, ciento** (*a/one hundred*), **mil** (*a/one thousand*), **cierto/a** (*a certain*) and **otro/a** (*another*).

Hay **cien** jugadas posibles. — *There are a hundred possible moves.*
En el Prado hay más de **mil** obras españolas. — *At the Prado there are more than a thousand Spanish pieces of art.*
Hay **cierto** juego de cartas que prefiero. — *There is a certain card game that I prefer.*
Necesito **otra** moneda para mi colección. — *I need another coin for my collection.*

- after **medio/a** (*half a*), **tal** (*such a*), and **¡qué...!** (*what a...!*).

En el sobre había sólo **media** estampilla. — *On the envelope was only half a stamp.*
Jamás he visto **tal** exhibición. — *I've never seen such an exhibition.*
¡**Qué** película más emocionante! — *What an exciting film!*

▶ Aplicación

11-29 Pasarlo bien. Combina las preguntas con las respuestas más lógicas y llena el espacio con el artículo definido **si es necesario.**

1. ___ ¿Cuándo sales de juerga?
2. ___ ¿A quiénes les gusta mucho salir de juerga?
3. ___ ¿Cuál es el deporte más popular entre los europeos?
4. ___ ¿Cuánto dinero ganaste en las veitiuna?
5. ___ ¿Quién es esa pareja que está jugando a los naipes?
6. ___ ¿Qué juego es popular en los casinos?

a. Tiene que ser ___ fútbol.
b. Sólo ___ sábados porque trabajo ___ viernes por ___ noche.
c. ___ señores Martínez.
d. ___ ruleta.
e. Más de ___ cien dólares.
f. Seguramente a ___ jóvenes españoles.

11-30 El Museo Nacional del Prado. El Prado, uno de los museos de arte más importantes del mundo, tuvo una expansión importante en 2007. Completa el artículo a continuación con el artículo definido o indefinido.

La moderna expansión del Museo del Prado fue diseñada por el arquitecto español Rafael Moreno.

El nuevo Prado se abre a la historia

MADRID — 27/10/2007

El Museo del Prado siempre ha sido (**1**) _____ joya, tanto para (**2**) _____ madrileños, como para (**3**) _____ turistas. Allí se albergan obras clásicas de Velázquez, El Greco, Goya y Zurbarán, entre muchos más. Pero con la expansión de 237.000 pies cuadrados realizada bajo (**4**) _____ dirección del arquitecto Rafael Moreno, El Prado ha llegado a ser no sólo la galería de arte antiguo más importante del mundo, sino también una de (**5**) _____ más modernas.

Hasta ahora, el museo ha recibido más de dos millones de visitas cada año. Pero por muchos años a (**6**) _____ dirección del museo le faltaba imaginación y no se aprovechaba de sus tesoros. Además, el edificio necesitaba importantes restauraciones. Pero eventualmente contrataron a Miguel Zugaza, (**7**) _____ director con una visión futurista. La extensión del museo costó $219.000.000, mucho más de lo que se esperaba, pero se ha podido mantener lo viejo e integrarlo con lo moderno. (**8**) _____ reto más grande era cómo incorporar un claustro (*cloister*) que databa del Siglo XVI, pero que estaba en ruinas. El arquitecto solucionó el problema cuando construyó (**9**) _____ túnel para las exhibiciones debajo del claustro y después reconstruyó completamente el claustro por encima. (**10**) _____ luz para las exhibiciones entra por las ventanas en el piso de la iglesia.

Hay que tener en cuenta que el Museo del Prado no es ni (**11**) _____ Museo de Louvre ni un Museo Metropolitano, sino una colección de arte de los reyes de España. Y en este aspecto, cumple su meta de exhibir las piezas más importantes de (**12**) _____ corte española. (**13**) _____ miércoles, cuando el Museo abra las puertas de su espacio nuevo, el público podrá gozar de este arte de nuevo.

11-31 A explorar: Una visita al Museo del Prado. Visita la página web de *Conexiones* para ver fotos del Museo y algunas de sus exhibiciones. Escribe un párrafo en que describas un cuadro que te interese.

11-32 Los títulos. En los países de habla hispana, es común referirse a las personas usando títulos. Hablen de personas que conozcan y relaciónenlas con deportes que practiquen esas personas.

MODELO: señor/a
El señor Ramírez es contador. Dicen que es aficionado al béisbol porque todos los lunes busca en la Internet las posiciones de los equipos.

1. profesor/a
2. director/a
3. doctor/a
4. ingeniero/a
5. gobernador/a
6. presidente/a
7. don/doña
8. senador/a

11-33 ¿A qué son aficionados/as ustedes? Expliquen a qué pasatiempos y deportes son aficionados/as, y cuáles no les interesan para nada.

MODELO: *Soy muy aficionado/a al esquí porque me gusta estar al aire libre en el invierno. No me interesa para nada el boxeo porque me parece muy violento.*

11-34 ¡Qué película más emocionante! Crea un contexto apropiado para estas frases exclamatorias.

MODELO: ¡Qué película más divertida!
Anoche vi la película Rudo y Cursi *de Carlos Cuarón. Como muchas de las películas de este director mexicano, tiene mucho humor. ¡Qué película más divertida!*

1. ¡Qué hombre más rico!
2. ¡Qué museo más fascinante!
3. ¡Qué historia más cómica!
4. ¡Qué deporte más emocionante!
5. ¡Qué viaje más largo!
6. ¡Qué pasatiempo más aburrido!

3. Uses of the infinitive and the -ing (*-ndo*) form of the verb

Spanish and English differ in how the *-ing* (*-ndo*) form of the verb is used. The following categories can help you distinguish the uses.

As a noun

English: -ing	Spanish: infinitive
Betting in a casino can be dangerous.	**Apostar** en un casino puede ser peligroso.
Stamp collecting is fun.	**Coleccionar** estampillas es divertido.
No smoking.	No **fumar.**

As an adjective

English: -ing	Spanish: adjective
It was an entertaining contest.	Fue un certamen **entretenido.**
Bingo is a thrilling game of chance.	El bingo es un juego de azar **emocionante.**

As an adverb

English: adverb/verb	Spanish: -ndo
We did the tour on foot.	Hicimos la gira **caminando.**
She smiled as she threw the dice.	Tiraba los dados **sonriendo.**

To indicate a future action

English: -ing	Spanish: simple present
We're playing checkers tomorrow.	**Jugamos** a las damas mañana.
I'm exhibiting my stamps next month.	**Exhibo** mis estampillas el mes que viene.

▸ Aplicación

11-35 Avisos. Para cada situación, escoge el aviso más lógico y la razón que explique su motivo.

MODELO: En un restaurante
No fumar. Se prohíbe fumar por el llamado "humo de segunda mano".

SITUACIÓN	AVISO	RAZÓN
1. En una piscina	LLEVAR ZAPATOS Y CAMISA	**a.** Ensucia y estropea (*ruins*) los jardines y la hierba.
2. En el recreo	MOSTRAR EL PASAPORTE	**b.** Quieren que la gente esté bien vestida.
3. En una biblioteca	NO CORRER	**c.** Es parte del sistema de seguridad.
4. En un aeropuerto	NO ENTRAR CON BEBIDAS	**d.** No es una buena manera de resolver los conflictos.
5. En la puerta de una discoteca	NO TIRAR BASURA	**e.** Los libros pueden dañarse.
6. En un parque	NO PELEARSE	**f.** Hay agua en el piso y puede resbalarse (*slip*).

11-36 ¿Cómo lo hacen? Vuelve a escribir las siguientes oraciones, dándoles un contexto más completo. Trata de incorporar verbos de la lista usando la forma **-ndo.**

beber	**conversar**	**llorar**	**sonreír**
coleccionar	**gritar**	**reírse**	**temblar**

MODELO: El jugador de fútbol salió del estadio.
El jugador de fútbol salió corriendo del estadio después de perder el partido.

1. Los jóvenes trasnocharon.
2. Los jugadores de póquer miraban sus cartas.
3. El torero observó el toro.
4. La mujer esperó el resultado del jurado.
5. Las concursantes subieron al escenario.
6. Los ancianos jugaban al bingo.
7. La señora puso una moneda de un dólar en la máquina tragamonedas.

11-37 ¿Qué opinan? Den sus opiniones sobre las siguientes actividades.

MODELO: jugar a las cartas
Jugar a las cartas es divertido, especialmente cuando gano.

1. apostar
2. entrenarse en el gimnasio
3. salir de juerga
4. ver programas de realidad
5. hacer trampa
6. jugar con videojuegos
7. ver golf por televisión
8. coleccionar monedas

11-38 Un pasatiempo popular. Escucha el artículo sobre este popular pasatiempo y completa las oraciones de forma lógica.

1. Se habla del pasatiempo de...
   a. jugar a los naipes.
   b. ver películas de horror.
   c. jugar con videojuegos.

2. Los niños que lo practican...
   a. tienden a ser obesos.
   b. tienen mayor visión espacial.
   c. saben más de lo que está pasando en el mundo.

3. Se investigó particularmente a niños que...
   a. practicaban deportes en la escuela.
   b. tenían padres solteros.
   c. vivían en lugares superpoblados.

4. Entre las pruebas que se hicieron estaba la...
   a. del índice de masa corporal.
   b. de la inteligencia verbal.
   c. de la habilidad manual.

5. Se concluyó que en las zonas superpobladas...
   a. los padres están preocupados por la seguridad de los niños.
   b. no se estudia a suficientes niños.
   c. no hubo gran variación entre los diferentes instrumentos que se usaron.

11-39 Debate: El control de la televisión. Según los investigadores, hay una relación positiva entre el número de horas que los niños pasan viendo la televisión o jugando ciertos videojuegos y la obesidad, el déficit de atención y la agresividad. Formen dos grupos para debatir sobre uno de los siguientes temas.

Resolución: Se abolirá el uso de la televisión en los centros preescolares.

Resolución: Será ilegal que los menores de catorce años tengan acceso a los videojuegos.

Resolución: Las escuelas organizarán clubes de juegos de mesa como el ajedrez y los naipes para desarrollar mejor la capacidad intelectual de los estudiantes.

MODELO: *Si de mi dependiera, no tendría ningún televisor en la casa porque...*

¡Así lo expresamos!

Imágenes

***Merengue* (Jaime Antonio González Colson, 1901–1975, República Dominicana)**
Desde niño, Jaime González Colson mostró un obvio interés por las artes. Siendo aún muy joven realizó estudios de arte en Barcelona y Madrid. Posteriormente, vivió en México y Francia, donde expuso su obra con un éxito extraordinario, en ocasiones junto a Picasso, a Braque y a Dalí, entre otros. Su pintura se caracteriza por el realismo dramático y la energía gráfica. Fue un gran observador, enamorado del pueblo caribeño y su cultura. Sin embargo, su obra es de carácter universal. Hoy en día es considerado uno de los más grandes exponentes de las artes plásticas de República Dominicana.

▸ Perspectivas e impresiones

11-40 ¿Qué observas? ¿Qué te imaginas? Primero haz una descripción objetiva de este cuadro. Luego dale cuerpo (*give it some shape*) dándoles nombres a los personajes, describiendo sus profesiones, sus intereses, etc.

11-41 A explorar: El merengue. Visita la página web de *Conexiones* para descubrir la historia del merengue. Escribe un párrafo donde incluyas información sobre el "dónde, cuándo, quiénes y cómo" del merengue.

Jaime González Colson, Merengue, 1937. Museo Belleport, Dominican Republic.

Ritmos

Los hermanos Rosario (República Dominicana)

La orquesta de los hermanos Rosario (Rafa, Luis y Tony) se formó en República Dominicana. Después de hacer su primera gira internacional en Estados Unidos, han tenido innumerables triunfos en muchos países. Algunos de sus éxitos incluyen *Bomba mi hermano*, *Insuperables*, y *Bomba 2000*. La canción *Fin de semana* cuenta las actividades de un dominicano durante el fin de semana.

▶ Antes de escuchar

11-42 ¿Y tu fin de semana? ¿Qué haces los fines de semana? ¿Sales con tus amigos? ¿Haces deportes? ¿Vas a restaurantes o a fiestas con tus amigos? ¿Te gusta hacer siempre lo mismo o prefieres hacer algo diferente cada fin de semana?

▶ A escuchar

11-43 Este fin de semana quiero... Al escuchar la canción, anota qué quiere hacer el cantautor este fin de semana.

Fin de semana

En el fin de semana
quiero bailar
en el fin de semana
quiero gozar°... *enjoy*
Después de una semana
buscándome la vida
yo me voy pa'° la esquina° para / *the corner*
porque quiero gozar
Me monto en mi carrito
y me voy al *Car Wash*
lo pongo brillosito° *wax*
pa' salir a figurear° salir... *to go cruising* (R.D.)
Luego regreso a casa
y le digo a mi vieja° mamá
prepárame la ropa
que mejor me queda
Voy al telefonito
y llamo a mi negrita° novia
paso por ti° a las ocho, *I'll pick you up*
mi morenita
Ya junto a mi negrita
sin pensar en mañana
vacilamos° la noche nos divertimos
y to'° el fin de semana todo
Y es que esta vida, hermano,
es la misma rutina
descansar en la noche
y en el día la fatiga
Y pa' hacer lo que quiero
y ser libre, mi pana° amigo
tan solo tengo un chance
y es el fin de semana...
Los fines de semana
entra en rumba
olvídate del *beeper*,
del celular
de los problemas
desconéctate
vámonos de rumba° *Let's party*
con este swing-swing
pasó eh...

▶ Después de escuchar

11-44 Describe la acción. ¿Qué colores, sonidos y olores asocias con los fines de semana? Vuelve a escuchar la canción y trata de visualizar la escena.

11-45 ¿Los conocen? Comenten estas preguntas entre ustedes. ¿Conocen a gente como la de la canción? Es gente seria? ¿Cuál es su profesión? ¿Qué esperanzas y metas tiene?

Páginas

Alina Romero (1952– , Cuba)
Alina Romero nació en Cuba. Se graduó como ingeniera geofísica de la Universidad de La Habana en 1976. En 1995 se mudó a España con sus hijos, y allí ejerció la profesión de vendedora de bienes raíces. Hoy Alina Romero vive en Nueva York y se dedica a escribir, su ocupación preferida.

▸ Antes de leer

11-46 Estrategias de lectura: Los recuerdos. Los recuerdos de una persona representan lo que conserva en la memoria de un tiempo pasado. La narración de recuerdos suele ser en primera persona, e incluye las impresiones más vívidas del/de la narrador/a. En *El doble seis*, lee sobre el recuerdo que una joven tiene de su tía. Mientras se desarrolla el cuento, observa cómo cambia el comportamiento del personaje central. Trata de descubrir la razón del cambio.

11-47 Las adicciones. De las siguientes adicciones, ¿cuáles les parecen más peligrosas? ¿Por qué? ¿Cuáles son las más obvias? ¿Qué cambios de personalidad o de comportamiento se notan en una persona adicta?

- las bebidas alcohólicas
- el cigarrillo
- el juego (*gambling*)
- las drogas

▸ A leer

11-48 Tía Mary y el dominó. Mientras lees este cuento, apunta cómo se manifiesta la adicción de la tía Mary al dominó. En tu opinión, ¿habría sido posible evitarla?

El doble seis

A Mary le gustaba el juego de dominó: ¡la dominó!°, decía mi padre, alzando° un dedo como un político como para abarcar° todo el universo alrededor de nosotros. Mary era su hermana gemela° y desde que enviudó°, cosa que ocurrió prematuramente, comenzó a reunirse con un grupo de señoras de más edad y una vez a la semana, si mal no recuerdo°, los jueves por la tarde, jugaban dominó.

5 Todos en la familia veían con buenos ojos que mi tía querida saliera a excursiones y se alternara° con sus nuevas amistades. Aún no había cumplido los cuarenta y se conservaba bella, por lo que era absolutamente necesario que continuara viviendo, incluso, secretamente soñábamos con que encontrara de nuevo el amor.

it controlled her / raising
to include / twin
she became a widow
si... *if my memory doesn't fail me / was friendly*

Meses después de su tragedia, pudo cobrar° el seguro de vida de mi padrino° y pidió la renuncia° en la oficina para la que trabajaba desde muy joven. No sabíamos a ciencia cierta° cuán grande era la cantidad de dinero que había entrado en su cuenta, porque ya por entonces su contactos con nosotros se habían espaciado y los encuentros entre ella y mi padre dejaban a mamá con el credo en la boca°: tía Mary, una mujer alta y elegante, siempre perfumada, de voz dulce y ademanes° suaves, se nos aparecía con unos dicharachos°, que en su boca resultaban chocantes°. Recuerdo que en una de sus visitas le contó a mi madre de un amigo que había muerto de repente y al terminar, le golpeó el hombro° y en voz alta le espetó°:

—La vida es una basura, por eso yo vivo el presente, mañana ya veremos...

Miré a mi mamá y sus ojos expresaban más que asombro, angustia.

Papá le hizo una reconvención°:

—Mary, por Dios, qué frases son esas...

—Es la verdad, pero qué vas a saber tú, que además de viejo, eres aburrido... por eso no vengo por aquí: en esta casa hace falta ¡ALEGRÍA!— y se encaminó a la salida.

Todos estábamos helados°. Me colgué de su brazo y la acompañé hasta la puerta. Era mi madrina° y tenía delirio con ella° porque había sido mi principal consentidora°:

—Hasta mañana, tía. Dame tu bendición°. —le dije abrazándola... olía rara°.

—Dios te haga una diablita°, porque los angelitos van al cielo y de diabla puedes ir a todas partes: como tu tía. —Dicho esto se echó a reír a carcajadas, golpeando el suelo con el pie, y así salió a la calle. De regreso al comedor pude escuchar a mis padres decididos a acercarse más a ella... los pobres, no habían reparado en que andaba con la falda al revés°. A los dos días entró papá por la puerta demudado° y nos dijo:

—Imagínense que cambió la cerradura° de la puerta de la que yo tenía llave°.

Pronto descubrimos el motivo de su alejamiento: el juego de dominó. Participaba en campeonatos que se celebraran en cualquier parte del país. Ella y sus amigas alquilaban un autobús y no escatimaban° distancia ni las detenía el estado del tiempo. Para ellas no existían Navidades ni celebraciones. El golpe de gracia° fue que olvidó mi cumpleaños y cuando le reclamé° llorando, me respondió molesta°:

—Estás muy zángana para esa bobería°, pero vas a ver en un par de semanas la nave espacial que te voy a parquear delante de la casa: ¡un be eme dobleuve!,° plateado, para que vayas a la universidad, eso, si el viejo San Lazarito Pérez° me da una manito.—Me guiñó un ojo° y siguió su camino.

collect / godfather / she
resigned / for certain 10
with her heart in her mouth
gestures
vulgar expressions / shocking
le... she hit (mother's) shoulder 15
suddenly told her
le... chided her
20
asombrados / *godmother*
I was crazy about her / spoiler
blessing / olía... she smelled 25
funny / little devil
no... they hadn't noticed that
her skirt was inside out /
perturbado / *lock / key* 30
they didn't skimp on
the final blow / I complained
annoyed / You're too big for 35
such foolishness / BMW
play on St. Lazarus (Lázaro),
whom Christ raised from the
dead; also popular in
santería / *she winked*

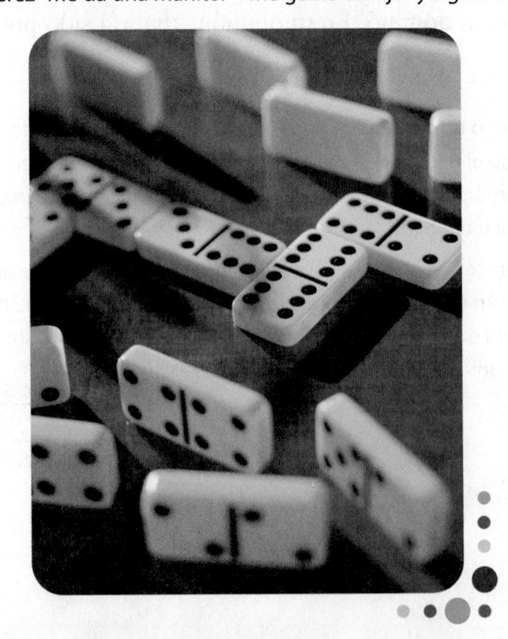

Pero pasó un año y cuando volví a ver a mi tía Mary, casi no podía reconocerla: su voz se había vuelto ronca°, sus maneras bruscas, fumaba como una chimenea y bebía como un cosaco; el pelo, a fuerza de° no peinarse, era un nido° de gallinas atado° con un cordón de zapatos. Había que ver a la que fue la mujer más fina y delicada de mi mundo, virándose con° el doble blanco y gritando: *hoarse / as a result of* *nest / tied* *playing*

40

—¡Ahí tienes pa'que° me respetes...! para que

Así la encontramos en una esquina de la Calle 8 de Miami, porque un amigo común nos contó que la había visto merodeando° por allí: "sucia°, sentada en la acera con una botella de ron peleón° entre las piernas, esperando su turno para entrar en el juego de dominó..." *prowling / dirty / cheap rum*

45

La reconocí por su sonrisa, pero no quiso volver a casa.

La joven sacudió° la cabeza como para ahuyentar° algún pensamiento, miró el reloj, iban a dar las cuatro de la madrugada; se volcó° de nuevo sobre el plano° al que daba los toques finales. Era su primer trabajo como arquitecta, el proyecto de un panteón cuya puerta era una inmensa masa de mármol blanco y negro simulando la ficha del doble seis. *shook / to scare away* inclinó / *the blueprint*

50

▸ Después de leer

11-49 ¿Pasó o no? ¿Cuáles de estos eventos ocurren en la historia? Indica sí o no en el espacio correspondiente.

1. ___ Se murió el esposo de Mary.
2. ___ Cobró el seguro de vida de su esposo.
3. ___ A Mary le apasionaba el dominó.
4. ___ Se enloqueció (*She went crazy*) por jugar.
5. ___ Se hizo adicta a las bebidas alcohólicas.
6. ___ Se volvió muy malhablada.
7. ___ Entró en un hospital para rehabilitarse.
8. ___ Se curó de su adicción al final del cuento.
9. ___ Su sobrina le diseñó una ficha de dominó para su panteón.
10. ___ Ganó un coche de lujo que le regaló a su sobrina.

11-50 Reportero/a. Uno/a de ustedes representa el papel de Mary y el/la otro/a la entrevista para un artículo del periódico.

MODELO: REPORTERO/A: *Mary, ¿dónde le gustaba jugar al dominó?*
MARY: *En el parque.*

11-51 Juegos saludables. Hagan una lista de juegos que consideren saludables por razones intelectuales o físicas. Luego, indiquen cuáles juegan o quisieran aprender a jugar. Expliquen sus razones.

MODELO: *El voleibol es un juego físico. Me gustaría jugarlo mejor porque me divierte mucho.*

JUEGO	FÍSICO	INTELECTUAL
el voleibol	✓	
...		

Taller

Un recuerdo

En el relato anterior, has leído los recuerdos de una joven cuya tía era una persona importante en su vida. La tía Mary le había causado una gran impresión a la joven, pero luego la confundió con su comportamiento. Sigue los pasos que se indican para escribir un relato en primera persona en que cuentes algo que recuerdes de tu juventud.

▸ Antes de escribir

Idear. Piensa en una persona que te impresionó cuando eras más joven. Escribe oraciones describiéndola, tanto físicamente como por su manera de ser.

Presentar el contexto. Comienza el relato con una oración introductoria que señale el contexto de lo que va a seguir; por ejemplo, *Cuando tenía quince años, admiraba a mi tío Luis porque...*

▸ A escribir

Agregar detalles. Añade varias oraciones en las que describas la personalidad de la persona: cómo era; qué hacía; qué relación había entre ella y tú.

Crear una complicación. Presenta una complicación: un evento que cause un cambio de personalidad y los esfuerzos que hacía esa persona (o tú) para resolver la complicación.

Revelar la resolución. En una o dos oraciones, resuelve la complicación y termina el relato. ¿Es algo que se esperaba o algo irónico?

▸ Después de escribir

Revisar. Revisa tu relato para ver si has dado suficientes detalles para desarrollar los recuerdos. Luego revisa la mecánica.

- ☐ ¿Has incluido una variedad de vocabulario?
- ☐ ¿Has verificado los usos de los artículos definidos e indefinidos?
- ☐ ¿Has empleado bien el pretérito y el imperfecto?
- ☐ ¿Has seguido la concordancia de tiempos para el subjuntivo?
- ☐ ¿Has verificado la ortografía y la concordancia?

Compartir. Intercambia tu relato con el de un/a compañero/a. Mientras leen los relatos, hagan comentarios y sugerencias sobre el contenido, la estructura y la gramática.

Entregar. Pon tu relato en limpio, incorporando las sugerencias de tu compañero/a y entrégaselo a tu profesor/a.

Vocabulario

Primera parte

acampar	*to camp*
andar en moto todo terreno	*to ride an ATV*
el arco y la flecha	*bow and arrow*
el banyi	*bungee jumping*
el botiquín	*first-aid kit*
bucear	*to scuba dive*
el campamento	*campsite, camp*
la caña de pescar	*fishing rod*
la cancha	*court (sports)*
el casco	*helmet*
cazar	*to hunt*
el chaleco salvavidas	*life vest*
la competencia, la competición	*contest (sports)*
el/la corredor/a	*runner*
correr	*to run*
correr peligro	*to be in danger*
divertirse (ie, i)	*to have fun, to have a good time*
es increíble que...	*it's incredible that...*
escalar	*to climb (a mountain)*
esquiar en tabla	*to snowboard*
fracturar(se) (el brazo)	*to break (an arm)*
hacer escalada en roca (hielo)	*to rock (ice) climb*
hacer parapente	*to hang glide*
hacer windsurf	*to windsurf*
el/la jinete	*horseback rider*
montar una tienda de campaña	*to pitch a tent*
nadar	*to swim*
navegar a vela/en velero	*to sail*
opino que...	*my opinion is that...*
pasarlo bien	*to have a good time*
pero hay que estar seguro de...	*but we (you) must be sure that...*
pescar	*to fish*
remar	*to row*
sudar	*to sweat*

Names of outdoor activities *See page 341*

Segunda parte

aficionarse a	*to become interested in*
apostar (ue)	*to bet*
atreverse a	*to dare to*
cara o cruz	*heads or tails*
el cine	*movie theater, filmmaking*
coleccionar	*to collect (only for objects, not money)*
competir (i, i)	*to compete*
diestro/a	*skillful, cunning*
la estampilla	*postage stamp*
exhibir(se)	*to exhibit, to display*
la ficha	*chip, playing piece*
hacer trampa	*to cheat*
el juego de azar	*game of chance*
la jugada	*play, move (in a game)*
jugar (ue) a	*to play (a game)*
la máquina tragamonedas	*slot machine*
la moneda	*coin*
el ocio	*free time*
la película	*movie, film*
retar a	*to dare (challenge)*
salir de juerga/de parranda	*to go out on the town*
el sello	*stamp*
el sorteo	*raffle*
el torneo	*tournament*
torpe (con las manos)	*clumsy (all thumbs)*
la trampa	*deceit, trick*
trasnochar	*to stay up*

Names of popular games *See page 353*

12 Temas que no pasan de moda

▸▸ OBJETIVOS COMUNICATIVOS

- Talking about the 21st Century, its achievements and challenges
- Making excuses
- Speculating about how life will be in the future
- Giving credit or blame
- Exaggerating

▸▸ PRIMERA PARTE

¡Así es la vida! • • • Foro: Retos de nuestro siglo

¡Así lo decimos! Vocabulario • • • Los avances del Siglo XXI

¡Así lo hacemos! Estructuras • • • *Se* for unplanned events

Conéctate

- VIDEORED • • • *Visiones del futuro* (Dulce García, Puerto Rico - Pearson VPS)
- COMUNIDADES • • • Tendencias para el Siglo XXI
- CONEXIONES • • • La globalización de la educación
- COMPARACIONES • • • Atlantis y la educación global

▸▸ SEGUNDA PARTE

¡Así es la vida! • • • ¿Cómo será el mundo en 50 años?

¡Así lo decimos! Vocabulario • • • Temas del futuro

¡Así lo hacemos! Estructuras • • • The passive voice
• • • Diminutives and augmentatives

▸▸ ASÍ LO EXPRESAMOS

- IMÁGENES • • • *Ciencia inútil* o *El Alquimista* (Remedios Varo, España/México)
- RITMOS • • • *Veinte preguntas* (La Monja Enana, España)
- PÁGINAS • • • *Génesis; Apocalipsis* (Marco Denevi, Argentina)
- TALLER • • • Un ensayo editorial

A empezar

¿Dónde vivirás en treinta años? ¿Cómo será tu vida en cuanto al tiempo que pasas trabajando y el tiempo de ocio? ¿Qué cambios tecnológicos, sociales o científicos habrá durante los próximos cincuenta años? ¿Cómo te afectarán? ¿Cómo afectarán a la sociedad?

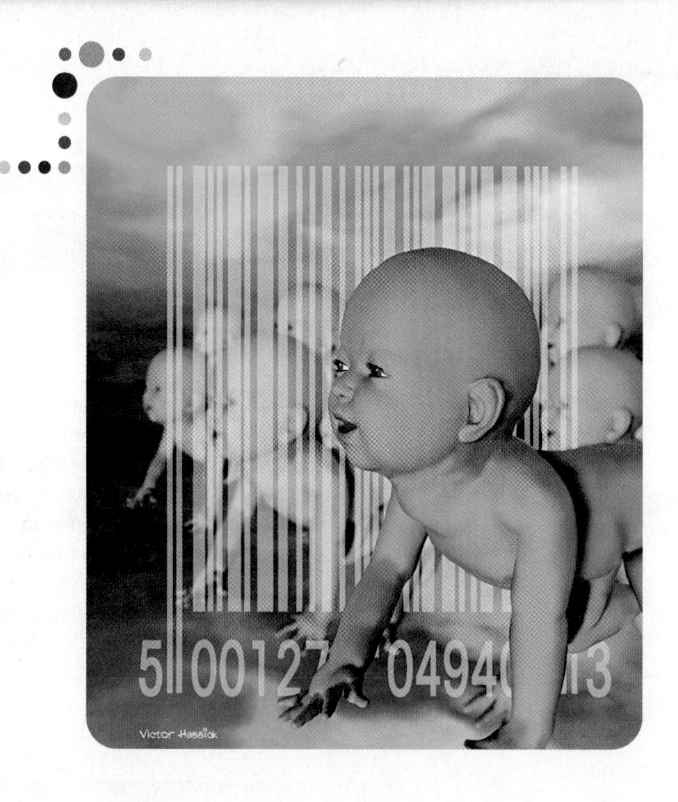

Curiosidades

¿Sabes...

qué comida te ayuda a mantener la salud cerebral?

a. las nueces
b. los frijoles
c. el yogur

cuál es el origen de los rayos cósmicos?

a. el sol
b. otros sistemas solares
c. los agujeros negros (*black holes*)

qué te ayuda más a despertarte?

a. la cafeína
b. la luz
c. el despertador

a qué distancia de la Tierra están los tres planetas que se descubrieron fuera de nuestro sistema solar?

a. a setecientos años luz
b. a mil años luz
c. a dos mil años luz

cuál de estas actividades beneficia más la memoria y ayuda a obtener mejores resultados en las pruebas de inteligencia?

a. hacer ejercicios aeróbicos
b. participar en una conversación
c. escuchar música clásica

Primera parte

¡Así es la vida!

Foro: Retos de nuestro siglo

Durante el transcurso de este año recibimos muchos comentarios sobre los retos del siglo. Se incluyen retos sociales, económicos, ambientales, tecnológicos, médicos y otros, según el interés de cada escritor. A continuación tienes un resumen de dieciséis de los más recibidos, de los cuales puedes eligir los cinco que en tu opinión sean los más importantes. No te olvides de hacer el *clic* al final para enviar tu selección.

Elige cinco en orden de importancia (1 = el reto más importante de los cinco)

____ Asegurar que los niños menores de edad en cualquier país del mundo gocen de una vida sana y segura, con acceso a la educación y sin tener que trabajar.
____ Establecer una sociedad en la que todos tengamos libertad para expresarnos política y artísticamente.
____ Ayudar a establecer gobiernos democráticos en los países que sufren dictaduras.
____ Conservar los recursos naturales.
____ Crear más oportunidades en la educación y en el trabajo para personas discapacitadas.
____ Crear nuevas fuentes renovables y limpias de energía.
____ Curar la vejez.
____ Encontrar maneras para frenar el calentamiento global.
____ Encontrar nuevas terapias para las enfermedades psicológicas.
____ Establecer estaciones en otros planetas.
____ Investigar nuevos usos de la terapia genética.
____ Proteger la variedad de las especies.
____ Usar la biotecnología para crear nuevas especies de plantas y animales.
____ Usar la tecnología para mejorar la calidad de la vida humana.
____ Asegurar una economía global que beneficie a todos los habitantes de la Tierra.
____ Vivir en paz.
____ Otro:

ENVIAR

¡Así lo decimos! Vocabulario

Vocabulario primordial

adaptarse
asegurar
crear
discapacitado/a
explorar
funcionar
imitar
proteger
el reto
sano/a
la vejez

Vocabulario clave: Los avances del Siglo XXI

Verbos

desarmar	*to disarm*
desempeñar (un papel)	*to play (a role)*
ensamblar	*to assemble*
extraer	*to extract*
frenar	*to restrain, to brake*
rescatar	*to rescue*

Sustantivos

el autómata, el robot	*robot*
la célula (madre)	*(stem) cell*
el desafío	*challenge*
la propuesta	*proposal*
el quirófano	*operating room*
la terapia genética	*genetic therapy*

Adjetivos

asombroso/a	*surprising*
en vías de desarrollo	*developing*
subdesarrollado/a	*underdeveloped*

Ampliación

Verbos	**Sustantivos**	**Adjetivos**
adaptarse	la adaptación	adaptado/a
asombrar	el asombro	asombroso/a
envejecer (-zc)	la vejez	viejo/a
extraer	la extracción	extraído/a
funcionar	la función, el funcionamiento	funcionado/a
rescatar	el rescate	rescatado/a
retar	el reto	retado/a

¡Cuidado!

The superlative *de*

- In the superlative structure the preposition *in*, for example,... *in Latin America* or... *in the world,* is expressed with **de** in Spanish.

Ese nuevo microprocesador es el más pequeño **del** mundo.	*That new microprocessor is the smallest in the world.*
Los trabajadores con experiencia son los más productivos **de** la fábrica.	*The workers with experience are the most productive ones in the factory.*

▸ Aplicación

12-1 En su opinión. Comparen los retos que escogieron para mandar al foro. Explíquense por qué los consideran los más importantes. ¿Tienen algunos en común?

12-2 Los autómatas... Muchos creen que los autómatas tendrán cada vez más importancia en este siglo. Combinen las frases para ilustrar el papel que podrían desempeñar en su vida y comenten sobre la probabilidad de que esto ocurra.

MODELO: *En la familia es (im)probable que los autómatas cuiden a los niños.*

1. ___ En el mar y en los ríos navegables,	**a.** limpiar la cocina.
2. ___ En los quirófanos,	**b.** rescatar a las víctimas.
3. ___ En casa,	**c.** guiar los barcos.
4. ___ En los tribunales,	**d.** sacar la sangre a los pacientes.
5. ___ En los incendios,	**e.** desarmar las bombas.
6. ___ En los hospitales,	**f.** reemplazar a los abogados.
7. ___ En una guerra,	**g.** asistir a los cirujanos.

12-3 ¿Qué implica el aumento del número de autómatas en el futuro? Conversen sobre las implicaciones económicas, políticas, sociales y personales del aumento del número de autómatas. ¿Qué impacto tendrán en los países industrializados? ¿Y en los no industrializados? ¿Saben qué impacto tendrán en otras áreas? A continuación, tienen algunas áreas.

- en los sitios que almacenan (*store*) deshechos nocivos (*hazardous*)
- en la construcción y el mantenimiento de las carreteras
- en los hospitales
- en las minas de minerales
- en los campos de batalla
- en la educación
- en la casa y en el trabajo familiar

12-4 Los medios de comunicación. Hoy en día la Internet, el correo electrónico y la videoconferencia han cambiado muchos aspectos de nuestras vidas. Hablen de cómo estos recursos van a seguir afectando nuestra vida social y laboral en las próximas décadas del Siglo XXI. Pueden incluir los siguientes aspectos.

- la comunicación
- el tiempo libre
- la economía
- la seguridad
- la privacidad
- la creatividad

12-5 La terapia genética. ¿Han leído sobre casos en que la terapia genética haya ayudado a una persona con una enfermedad hereditaria? ¿Cuáles son las cuestiones económicas, sociales, personales y éticas relacionadas con este tipo de investigación? Conversen sobre estas cuestiones después de leer el editorial a continuación.

Terapia genética, el futuro de la medicina

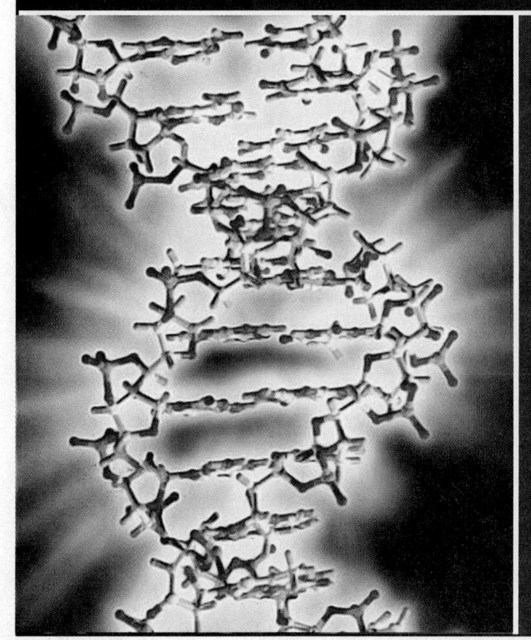

La mayoría de las enfermedades que sufrimos está ligada a una deficiencia en nuestros genes. Hasta la fecha, los investigadores han descubierto cerca de 1.000 enfermedades de origen genético. Se sabe que, por ejemplo, la hemofilia, las miopatías, algún tipo de sordera y hasta el cáncer del seno están en esta categoría. Pero, ¿podrán curarse? Este es el gran desafío.

La terapia genética consiste en reemplazar los genes defectuosos por genes en buen estado. A pesar de que se tienen grandes esperanzas en este campo, aún estamos hablando del futuro.

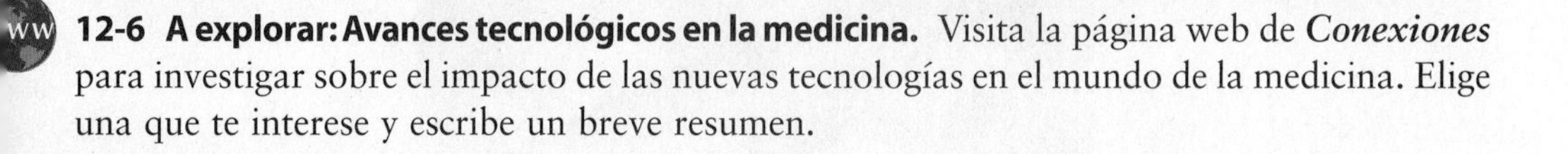

12-6 A explorar: Avances tecnológicos en la medicina. Visita la página web de *Conexiones* para investigar sobre el impacto de las nuevas tecnologías en el mundo de la medicina. Elige una que te interese y escribe un breve resumen.

12-7 Un autómata personal. Inventen un autómata que tenga un uso práctico para el futuro. Describan sus componentes, su utilidad y su costo. Luego, compartan con la clase sus ideas de cómo será este invento. Pueden dibujarlo para dar más detalles.

MODELO: *Vamos a inventar un... que pueda...*

12-8 De nuevo: ¿Qué dijeron? (*Indirect speech*). Lee las siguientes citas sobre la realidad virtual. Luego imagínate que eres reportero/a para la sección de ciencia y tecnología del noticiero local. Debes comunicar todo lo que dijeron estas personas sin citarlas (*without quoting them*) directamente; es decir, debes usar el discurso indirecto. Puedes usar frases como: **dijo que, preguntó si, afirmó que, añadió que,** etc.

Los expertos hablan sobre la realidad virtual

DRA. PALAU: La realidad virtual se inventó en el Siglo XX, pero en el XXI se convertirá en tecnología clave en el desarrollo del conocimiento humano. Sin duda tendrá un gran impacto en la medicina, la arqueología, la astrofísica y en muchas otras áreas de investigación.

DIRECTOR FUENTES: Una de las nuevas tecnologías que revolucionará el mundo del entretenimiento es la realidad virtual. Es un escape total.

PROFESORA FALCÓN: La realidad virtual facilita el entrenamiento de pilotos, astronautas, soldados y agentes de seguridad.

ING. GUTIÉRREZ: La realidad virtual les ofrece muchas opciones a los diseñadores, a los arquitectos y a los decoradores. Les ahorrará mucho tiempo y dinero.

MODELO: PROF. TORRES: La realidad virtual es una simulación de la realidad en tres dimensiones, que puede llegar a estimular todos los sentidos.

El Prof. Torres ***dijo*** *que la realidad virtual* ***era*** *una simulación de la realidad en tres dimensiones, que* ***podía*** *llegar a estimular todos los sentidos.*

Recuerda: El tiempo de los verbos en las citas originales suele cambiar al transformarlas en *discurso indirecto*. Repasa estos cambios en el ***Capítulo 10***.

Reto: Usa muchas palabras de ***¡Así lo decimos!***

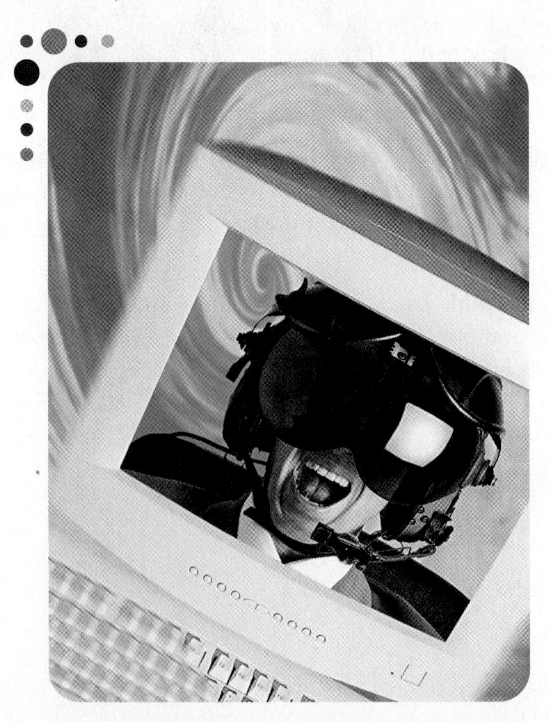

¡Así lo hacemos! Estructuras

1. *Se* for unplanned events

In order to describe an unexpected or unplanned event, Spanish frequently uses se in conjunction with the third-person singular or plural of the verb. In such cases, the action is not viewed as being *carried out* by someone, but rather as *happening* to someone. Hence, the indirect object is used. Some common verbs used in this way include:

acabarse	*to run out (of something)*
caerse	*to fall*
dañarse	*to damage, break (a machine)*
desaparecerse	*to disappear*
descomponerse	*to fall apart, break down*
morirse (ue)	*to die*
ocurrirse	*to think about doing something, to have an idea*
olvidarse	*to forget*
perderse (ie)	*to get lost, to lose something*
quedarse	*to remain behind, to leave (something) behind*
romperse	*to break (an object)*

Al cirujano **se le perdió** la radiografía.	*The surgeon lost the X-ray.* (lit. *The X-ray lost itself on the surgeon.*)
¿**Se le cayó** la bomba al autómata?	*Did the robot drop the bomb?* (lit. *Did the bomb fall while the robot was carrying it?*)
Se nos olvidó analizar el factor económico.	*We forgot to analyze the economic factor.* (lit. *Analyzing the economic factor forgot itself on us.*)
Se me murieron las especies de plantas que investigaba.	*The species of plants I was researching died.* (lit. *The species of plants I was researching died on me.*)

- Possession is implied by the indirect object pronoun, therefore Spanish uses the definite article, not the possessive adjective as in English. The prepositional phrase a + *noun/pronoun* may be added for clarity or emphasis.

A ti se te cayó el microscopio.	*You dropped your microscope.*
A la investigadora se le ocurrió cultivar células madre en un medio nuevo.	*It occurred to the researcher to grow stem cells in a new medium.*
A los técnicos se les descompuso la máquina ecocardiográfica.	*The ultrasound machine broke down on the technicians.*

▸ Aplicación

12-9 Viaje a Marte. Lee la transmisión que ocurrió entre el Centro de Control de la Misión y la astronave que iba a aterrizar en Marte en el año 2050. Subraya todas las construcciones con se.

MISIÓN CONTROL: Buenos días, Capitán Valiente. ¿Cuál es su posición en este momento?

CAPITÁN VALIENTE: Misión Control, ya hemos llegado al momento del descenso hacia la superficie del planeta Marte. Diez, nueve, ocho... uno, ¡fuego! ¡Misión Control! Se nos perdió en el cohete principal que nos iba a llevar hasta Marte. Se nos ha roto una parte esencial de la navegación. El radar se nos ha perdido en el espacio mientras íbamos acercándonos a la superficie del planeta. ¡Temo que la nave espacial se nos haya inutilizado (*disabled*)!

MISIÓN CONTROL: No se desespere. Pronto llegará otra nave que los evacuará del planeta.

CAPITÁN VALIENTE: Mil gracias. Se me había olvidado que pronto llegaría otra misión a Marte.

12-10 ¿Una misión desastrosa? Haz una lista de los problemas de la misión a Marte.

MODELO: *Se les perdió...*

12-11 Un descubrimiento inminente. A continuación tienes una conversación entre dos científicos de renombre sobre una investigación que seguramente tendrá repercusiones en todo el mundo. Complétala con la forma correcta de las expresiones de la lista. Una de las expresiones se usa dos veces.

caerse	**morirse**	**olvidarse**	**quedarse**
romperse	**ocurrirse**	**perderse**	

DRA. SALINAS: Dr. Romero, ¿tiene usted el cuaderno con los pasos de nuestro experimento?

DR. ROMERO: Disculpe, Dra. Salinas, (**1**) ___________ en casa.

DRA. SALINAS: No entiendo. ¿Por qué se lo llevó a casa? Parece que usted está muy distraído. Anoche usted salió del laboratorio y (**2**) ___________ apagar el centrifugio.

DR. ROMERO: Es verdad que he estado olvidadizo. Cuando volví para apagarlo, busqué mis llaves del laboratorio por todas partes, pero luego recordé que hace varios días (**3**) ___________. Sabía que sería desastroso si no paraba la máquina. La quise llamar, pero en un momento de pánico, (**4**) ___________ su número de teléfono. Si no hubiera llegado el guardia para abrirme la puerta, habríamos perdido todas las células madre.

DRA. SALINAS: Bueno, no todas sobrevivieron. (a nosotros) (**5**) ___________ muchas de las que cultivábamos. Además, el técnico dice que (**6**) ___________ el centrifugio y va a demorar varios días en repararlo. Y cuando (a nosotros) (**7**) ___________ las probetas (*test tubes*), los resultados se perdieron.

DR. ROMERO: ¡Lo siento mucho, Dra. Salinas! Pero (**8**) ___________ una solución. Repitamos el experimento con nuevas células madre y esta vez usted se queda en el laboratorio para apagar el centrifugio. ¡Sin duda esta vez vamos a encontrar una cura para la vejez!

12-12 Desastres en la oficina. ¿Has tenido problemas en tu trabajo alguna vez? ¿Has tenido que dar excusas? Lee las situaciones siguientes y da excusas para explicarlas.

MODELO: No tienes el informe preparado para la reunión de directores.
Disculpen. No pude hacer las copias porque se nos descompuso la fotocopiadora.

1. Hay muchos errores en el informe que has preparado para tu supervisora.
2. Una planta exótica de tu jefe está amarilla y moribunda (*dying*).
3. Hay una mancha oscura en los planos (*blueprints*) para la fábrica nueva.
4. No has terminado el análisis del mercado laboral.
5. Ya no hay café en la cafetera.

12-13 Un día desastroso. Describan experiencias en las que todo salió muy mal. Luego, cuéntenle a la clase lo que le pasó a su compañero/a.

MODELO: E1: *Un día se me quedó la tarea en casa y no pude entregarla a tiempo.*
E2: *A Carlos un día se le quedó la tarea en casa y no pudo entregarla a tiempo.*

12-14 Una mascota (*pet*) para el Siglo XXI. Escucha el informe sobre una mascota muy especial. Completa las oraciones con esa información.

1. Este robot se construyó originalmente en 1999 en...
   a. Estados Unidos. **b.** Japón. **c.** Alemania.
2. El robot nuevo es...
   a. un humanoide. **b.** un animal. **c.** un monstruo.
3. Este robot puede...
   a. caminar, jugar, bailar y dormir. **b.** pelear con otros robots-mascotas. **c.** comprender varias palabras y frases.
4. Esta nueva mascota cuesta alrededor de...
   a. trescientos a quinientos dólares. **b.** tres mil dólares. **c.** mil quinientos dólares.
5. Lo más asombroso de este robot es que...
   a. expresa emociones, recuerda y "aprende". **b.** emite sonidos y "percibe" voces desconocidas. **c.** enciende sus luces cuando reconoce un humano.

12-15 Debate: Retos del Siglo XXI. Formen dos grupos para debatir uno de los siguientes temas. Usen expresiones con se en su presentación.

Resolución: El Gobierno Federal invertirá más recursos de investigación en los usos de las células madre.

Resolución: Se buscarán medios tecnológicos para aliviar el hambre mundial.

Frases comunicativas

Pero no podemos depender de...
Mi objeción moral es...
Me parece bien/mal...

MODELO: *Es imprescindible que el Gobierno Federal invierta en la investigación de células madre. Pero no podemos depender sólo del gobierno...*

Conéctate

▶ Antes de verlo

12-16 ¿Cómo será tu vida en 50 años? ¿Cuáles son cinco de los cambios más impactantes que ocurrirán en tu vida durante los próximos cincuenta años? ¿Cuáles de ellos son positivos y cuáles son negativos?

▶ A verlo

Visiones del futuro (Dulce García, Puerto Rico - Pearson VPS)

▶ Después de verlo

12-17 Imagínate. Haz una lista de cinco o más profesiones u oficios que puedan relacionarse con las opiniones de los jóvenes del video. ¿Hay una profesión que te interese especialmente? ¿Qué tienes que hacer para prepararte para esta profesión?

Comunidades

12-18 Tendencias para el Siglo XXI. Según la UNESCO, hay diez tendencias a largo plazo que podrían delinear el posible futuro de la humanidad en este siglo. Visita la página web de *Conexiones* para encontrar más información sobre estas tendencias. Escoge una y escribe un párrafo sobre cómo te afectará en el futuro y cómo puedes participar en ella.

Conexiones

12-19 La globalización de la educación. Hoy en día hay más movilidad que nunca con respecto a la educación. Por ejemplo, hay un gran número de estudiantes norteamericanos que estudian en el extranjero, y estudiantes extranjeros que estudian en Estados Unidos o en otros países. Aunque la mayoría de los estudiantes norteamericanos pasa un semestre o menos en el extranjero, es más común que los estudiantes de otros países vayan al extranjero en busca de un título universitario. ¿Por qué es importante recibir a estudiantes extranjeros en este país? ¿Por qué querrían ustedes sacar un título en otro país? Después de recibir su título, ¿se quedarían ustedes en el país donde estudiaron? Expliquen su respuesta.

Comparaciones

12-20 En tu experiencia. ¿Es posible sacar dos títulos subgraduados (títulos duales) en la universidad? ¿Es posible recibir un título de una universidad norteamericana y al mismo tiempo recibir otro de una universidad extranjera? ¿Cuál sería el beneficio de tener dos títulos, uno de tu país y otro internacional?

Atlantis y la educación global

En el programa Atlantis, los gobiernos de la Unión Europea (UE) y de Estados Unidos buscan propuestas originales de universidades para fomentar un mayor intercambio entre la UE y EE. UU. El programa desea ampliar el estudio de idiomas, de las culturas y de las instituciones. La meta es mejorar la calidad de la educación universitaria y la de los programas vocacionales en la UE y en EE. UU.

Desde su inicio en 1995, Atlantis ha financiado unos 150 proyectos, administrados por casi 850 universidades europeas y norteamericanas. Más de 4.500 estudiantes han participado en el intercambio entre continentes. El proyecto de «títulos transatlánticos» apoya programas duales o dobles, o de titulaciones conjuntas. El apoyo financiero incluye becas para estudiantes y profesores.

En 2007 Atlantis financió títulos duales en geociencias, planificación urbana e informática. Al nivel del máster hay programas de ingeniería mecánica, electrónica e industrial. Los estudiantes que participan en el programa reciben dos títulos, uno de su universidad original y otro de la universidad en el extranjero. Se espera que los estudiantes que participen en el programa de Atlantis estén mejor preparados para ser ciudadanos del mundo.

12-21 En su opinión. ¿Han participado en un programa en el extranjero o conocen a alguien que lo haya hecho? ¿Cómo fue la experiencia? ¿Qué aprendieron? ¿Cuáles son algunos de sus recuerdos más notables? Si nunca han estudiado en el extranjero, conversen sobre el tipo de programa en qué les gustaría participar y en dónde. ¿Querrían estudiar para un «título transatlántico»? Explíquense sus razones.

Segunda parte

¡Así es la vida!

¿Cómo será el mundo en 50 años?

¿En un futuro cercano tendremos autos voladores? ¿Carros que en tierra se manejen solos, evitando cualquier tipo de accidente en la carretera? ¿Habrá ropa inteligente que monitorice nuestros signos vitales? ¿Tendrán los niños insertado un chip con sistema GPS? ¿Todas las cirugías serán hechas por los autómatas?

Estas son sólo algunas de las predicciones del renombrado físico y futurólogo Michio Kaku, quien basa sus conjeturas en tecnologías que están desarrollándose hoy en día. A continuación encontrará otras predicciones del científico:

- Toda la comunicación será informatizada con billones de microchips para conectar los puntos en una red gigantesca.
- Se usarán hologramas para la comunicación y la diversión.
- Las naciones del mundo cooperarán y competirán en el desarrollo de fuentes extraterrestres de energía.
- Se abrirá el espacio tanto para el turismo como para la exploración.
- Todos llevaremos un microchip con todos nuestros datos médicos.
- La ingeniería de tejido de células facilitará la creación de órganos nuevos.
- La tecnología mejorará la precisión de las operaciones, reduciendo el margen de error pero aún requiriendo la dirección de los cirujanos.

Si se manejan bien, todos estos avances pueden beneficiar tanto el mundo desarrollado como los países en vías de desarrollo. Pero ¿quién se encargará de asegurar su uso para el bien de todos…?

¡Así lo decimos! Vocabulario

Vocabulario primordial

el cometa
expandirse
extraterrestre
el/la futurólogo/a
el holograma
el microchip
la nave espacial
la órbita
el planeta
la predicción
el sistema solar

Vocabulario clave: Temas del futuro

Verbos

encargarse de	*to see to, to deal with, to look after*
especular	*to speculate*
monitorizar	*to monitor*

Sustantivos

el agujero negro	*black hole*
el cohete	*rocket*
la conjetura	*conjecture*
la profecía	*prophecy*
el riesgo	*risk*
la superficie	*surface*
el tejido	*tissue*
la trayectoria	*trajectory*

Adjetivos

renombrado/a	*renowned*
volador/a	*flying*

Ampliación

Verbos	Sustantivos	Adjetivos
conjeturar	la conjetura	conjeturado/a
especular	la especulación	especulado/a
expandirse	la expansión	expandido/a
monitorizar	el monitor	monitorizado/a
volar (ue)	el vuelo	volador/a

¡Cuidado!

desde, puesto que

- The English word *since* refers to time or distance, and can also be used to mean *because* (*of*) or *due to*. However, the Spanish word **desde** only refers to time and distance; it never means *since* in the sense of *because* (*of*) or *as a result of*. Use **puesto que** for the latter.

Los científicos encontraron restos del meteorito en un área que se extiende **desde** Phoenix hasta Mesa.	*Scientists found the remains of the meteorite in an area extending from Phoenix to Mesa.*
Los ingenieros de la NASA han trabajado en el diseño del cohete **desde** 1988.	*NASA engineers have worked on the design of the rocket since 1988.*
Puesto que los agujeros negros nunca se han observado, no hay prueba definitiva de su existencia.	*Since (Because) black holes have never been observed, there is no definite proof of their existence.*

▸ Aplicación

12-22 Predicciones de un futurólogo. En su opinión, ¿cuáles de las predicciones que hace Michio Kaku son más importantes para el bienestar de la raza humana? ¿Cuáles serían las más importantes para ustedes, en particular? ¿Cuál aliviaría problemas de tránsito en su ciudad? ¿En cuál(es) de los avances tecnológicos les gustaría participar? ¿Hay alguno(s) en que no querrían participar? Explíquense sus opiniones.

12-23 Una trama de ciencia ficción. En grupos de tres o cuatro, inventen una trama para una novela o una película de ciencia ficción, en que aparezca un cometa o un asteroide. Trabajen juntos para preparar el relato y después preséntenselo a la clase.

- ¿Cuándo y dónde ocurrió?
- ¿Cómo era?
- ¿Qué hizo la gente?
- ¿Quién fue el héroe o la heroína?
- ¿Cuál fue la conclusión?

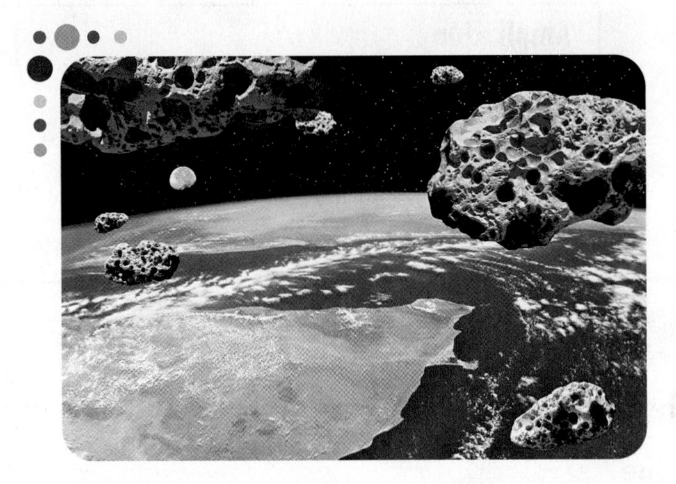

12-24 El uso de la bioingeniería. Ahora es cada vez más común encontrar productos que son el resultado de bioingeniería. Conversen sobre estos productos agrícolas. ¿Comen alimentos de este tipo? ¿Por qué? ¿Cuáles? ¿Cuáles son las ventajas y las desventajas?

___ el maíz
___ el algodón
___ los tomates
___ las fresas
___ la soja (*soy*)
___ las papas
___ el aceite de colza (*canola*)

12-25 La bioingeniería. Escucha el informe que recién publicó una revista científica y completa las oraciones siguientes.

1. La bioingeniería beneficia más que nada a…
  a. gente en países en vías de desarrollo.
  b. Estados Unidos.
  c. los pobres del mundo.

2. La situación es crítica por…
  a. el aumento de la población.
  b. la escasez de petróleo.
  c. la pobreza del mundo.

3. Entre los productos que han recibido la mayor inversión de recursos están…
- **a.** el arroz y la mandioca (*manioc*).
- **b.** el algodón y la soja.
- **c.** la fresa y el trigo (*wheat*).

4. Entre los países que apoyan el desarrollo de ingeniería genética se incluyen Estados Unidos,…
- **a.** India y Chile.
- **b.** Argentina y China.
- **c.** Rusia y Colombia.

5. La reacción de la Unión Europea ha sido…
- **a.** mandar más productos agrícolas a los países que los necesitan.
- **b.** imponer impuestos especiales a los productos genéticamente modificados.
- **c.** no permitir la importación de productos genéticamente modificados.

12-26 De nuevo: Tecnología casera (*Subjunctive/indicative*). Imagínate que en un mes vas a mudarte a una casa totalmente computarizada. Debes ayudar a diseñar los últimos detalles a tu gusto. Escribe una lista de especificaciones sobre tus preferencias y necesidades personales. ¿Cómo quieres que sean los aparatos (*appliances*) domésticos? ¿Qué quieres que haga el «robot familiar»? En tu descripción utiliza al menos seis de las siguientes frases.

Me encanta que mi nueva casa…
No creo que mi perro…
Busco una cama de un material que…
Quiero que nuestro robot…
Necesito una lavadora que…
Tan pronto como…
Sé que el baño…
Sueño con un refrigerador que…
Pienso que el control de las luces…
Prefiero un supertelevisor que…
No habrá aparatos domésticos que…
Tendré un mando a distancia (control remoto) que...

MODELO: *Me encanta que mi casa nueva tenga la última tecnología para hacerme la vida más facil. No pido mucho más que...*

Recuerda: Debes completar estas oraciones con un verbo en el subjuntivo o en el indicativo. Para repasar estos modos verbales consulta los ***Capítulos 2, 3, 5*** y ***6***.

Reto: ¡Trata de usar todas las oraciones! Usa muchas palabras de la ***Primera*** y de la ***Segunda parte*** de ***¡Así lo decimos!***

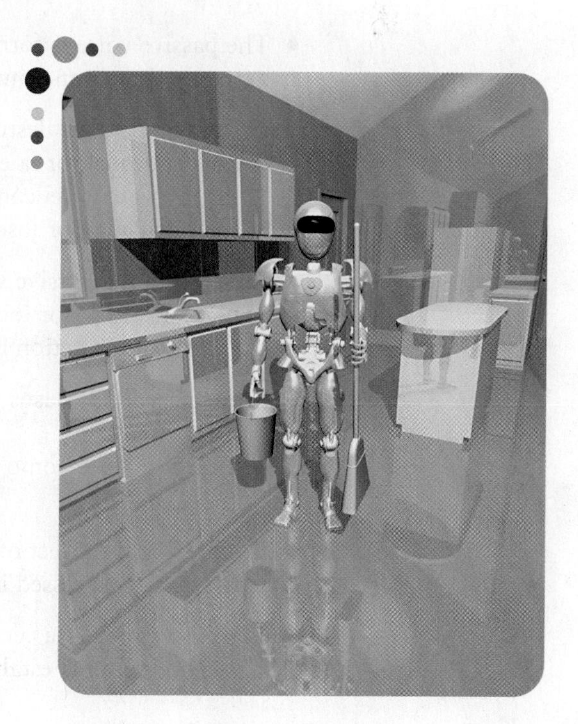

¡Así lo hacemos! Estructuras

2. The passive voice

In both Spanish and English, the active voice expresses an action in which the subject is active, that is, the subject performs the action. In the passive voice, the recipient of the action is emphasized and becomes the grammatical subject. The agent who performed the action can be introduced by the preposition **por.**

Los científicos diseñaron la bomba.	*The scientists designed the bomb.*
La bomba fue diseñada **por** los científicos.	*The bomb was designed by the scientists.*
El geólogo descubrió el cráter.	*The geologist discovered the crater.*
El cráter fue descubierto **por** el geólogo.	*The crater was discovered by the geologist.*

- The passive voice is formed with the verb **ser** + past participle. The past participle agrees in gender and number with the subject because it is used as an adjective.

La tecnología para destruir el meteoro **fue explicada** por la experta.	*The technology to destroy the meteor was explained by the expert.*
La distancia entre el cometa y la Tierra **fue calculada** por los físicos.	*The distance between the comet and Earth was calculated by the physicists.*

- In Spanish, the passive voice can also be expressed with the pronoun **se.** The reflexive **se** as a substitute for the passive voice is more common, but can only be used when the agent of the action is not mentioned.

Se explicaron los pasos para proteger la Tierra.	*The steps to protect Earth were explained.*
El cráter **se** abrió como atracción turística.	*The crater was opened as a tourist attraction.*

- To describe the effect of a previous action, use **estar** + past participle. Note that in this case what is expressed is not the doer, but rather the state or condition of the subject.

El observatorio **está** cerrado.	*The observatory is closed.*
Las computadoras **estaban** apagadas.	*The computers were turned off.*

▸ Aplicación

12-27 Grandes descubrimientos e invenciones. Contesta las preguntas con la información de la lista a continuación. Usa la voz pasiva.

Albert Einstein	George Washington Carver
Alexander Graham Bell	Sir Isaac Newton
los árabes	Leonardo da Vinci
Clara Barton	Wilbur y Orville Wright
Galileo	William Harvey

MODELO: ¿Quién inventó la bombilla eléctrica?
Fue inventada por Thomas Edison.

1. ¿Quién explicó la fuerza de gravedad?
2. ¿Quién confirmó la teoría de Copérnico que dice que los planetas giran alrededor del Sol?
3. ¿Quién inventó el teléfono?
4. ¿Quién formuló la teoría de la relatividad?
5. ¿Quién describió el sistema de circulación de la sangre?
6. ¿Quién investigó los muchos usos posibles del cacahuate (*peanut*)?
7. ¿Quién fundó la Cruz Roja?
8. ¿Quiénes inventaron el avión moderno?
9. ¿Quién diseñó el primer helicóptero?
10. ¿Quiénes perfeccionaron el sistema de irrigación en España?

12-28 ¿Cómo se explican estas acciones y condiciones? Forma oraciones en voz pasiva, que expresen un agente de la acción.

MODELO: Plutón / desclasificar / los astrónomos
Plutón fue desclasificado como uno de los grandes planetas por los astrónomos en 2006.

1. el cometa Hale-Bopp / descubrir / Alan Hale y Thomas Bopp
2. la nave *Titanic* / hundir / un témpano de hielo (*iceberg*)
3. las lunas de Júpiter / estudiar / NASA
4. el primer satélite / lanzar / los soviéticos
5. el chip electrónico / perfeccionar / Intel
6. la energía solar / utilizar / los españoles en sus edificios y casas
7. el mejoramiento de la economía / prever / los economistas
8. la energía atómica / utilizar / muchos países

12-29 No sé quién lo hizo. Vuelve a expresar las oraciones de la actividad **12–28**, quitando el agente y usando el **se** impersonal. Trata de adivinar el año o la década en que ocurrieron estos eventos.

MODELO: Plutón fue desclasificado como planeta por los astrónomos en 2006, pero después fue reclasificado como planeta enano.
Se desclasificó Plutón como planeta en 2006, pero después se reclasificó como planeta enano.

12-30 Un invento del Siglo XXI. Hay muchos inventos recientes que pueden ser importantes para mejorar la calidad de vida de este siglo. Utilicen la voz pasiva con el **se** impersonal para describir dos que tengan mucho potencial. Aquí tienen algunas posibilidades.

un robot japonés que enseña a bailar
un biocombustible etanol celulósico (*switchgrass*)
una llanta (*tire*) que nunca pierde el aire
un gato robot que puede expresar tristeza, sorpresa y alegría
un *playstation* sin cables
una aspiradora inteligente

MODELO: *El sistema de navegación GPS fue inventado por investigadores del Departamento de Defensa de EE. UU., pero hoy en día el aparato es popular entre todos los que tienen automóvil. Se usa para buscar direcciones.*

12-31 A explorar: Contacto con las estrellas: el radiotelescopio de Arecibo, Puerto Rico. Visita la página web de *Conexiones* para saber más sobre el radiotelescopio más grande del mundo y sobre los esfuerzos que se han hecho y se siguen haciendo para encontrar vida inteligente en el cosmos. Escribe un párrafo que describa este telescopio.

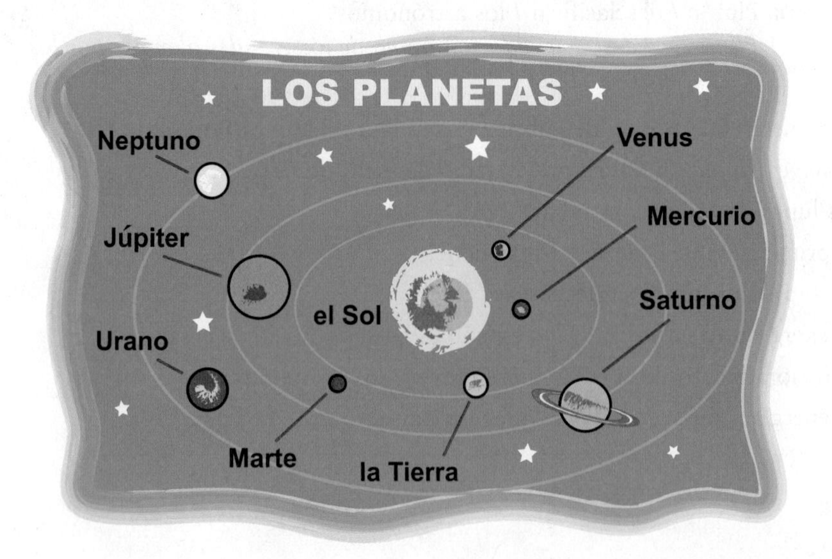

3. Diminutives and augmentatives

In Spanish, diminutive and augmentative suffixes are added to nouns, adjectives, and adverbs to express smallness or bigness. These endings may also express endearment, contempt, ridicule, or pity. Since there is a good deal of variation from region to region regarding which diminutive or augmentative to use, you should listen carefully and imitate the forms you hear native speakers use.

- The most common Spanish diminutive endings are **-ito/a** or **-illo/a,** added to nouns ending in **-o, -a,** or **-l.**

La viej**ita** había leído todas la novelas de ciencia ficción.	*The little old lady had read all of the science fiction novels.*
Nos vamos ahor**ita.**	*We're leaving right now/in a bit.*
El carro del futuro será pequeñ**ito.**	*The car of the future will be very small.*
Dame una señal**ita** cuando estés listo para salir.	*Give me a little sign when you're ready to leave.*

- For nouns with endings other than **-o, -a,** or **-l, -cito/a** or **-cillo/a** is added

El hombre**cito** (hombre**cillo**) era un químico fracasado.	*The silly little man was a failed scientist.*
Tu hija ya es una mujer**cita** (mujer**cilla**).	*Your daughter is already a young woman.*
El motor**cito** (motor**cillo**) funcionaba perfectamente.	*The little motor worked perfectly.*

- These are the many Spanish augmentatives, of which **-ón/ona, -ote/a** are very popular.

El libr**ote** de física era pesadísimo.	*The huge physics book was very heavy.*
¿Viste esa maquin**ota**? Yo ayudé a construirla.	*Did you see that big machine? I helped build it.*
¿Viste la mansión? ¡Qué cas**ona!**	*Did you see the mansion? What a huge house!*
Tu amig**ote** no me cae bien.	*I don't like your big (vulgar) friend.*

▸ Aplicación

12-32 Una farsa entre dos científicos. En esta conversación dos astrónomos se burlan uno del otro, usando diminutivos y aumentativos. Lee su diálogo y subráyalos todos.

DRA. PAULÍN: Dr. Ramos, ¡Mire este objetón por el telescopio! Luce como un melonzote gigantesco.

DR. RAMOS: Lo veo, Dra. Ramos, pero no es tan grande. Me parece más bien una bolita de nieve. Tiene una colita blanca y le salen chispitas verdes.

DRA. PAULÍN: Dr. Ramos, con todo respeto, creo que está equivocado. Lo que veo yo no es una bolita sino una bolota. Tiene craterotes enormes y montañotas altas. Parece que va a caer sobre la Tierra.

DR. RAMOS: Bueno, lo dudo. Todavía está a unas millitas de distancia de la Tierra. Vamos a ver si lo podemos desviar con unos cohetecitos.

DRA. PAULÍN: Pero, Dr. Ramos, ¡ya está llegando ahorita...!

12-33 Las exageraciones de los astrónomos. Escribe los diminutivos y aumentativos de la actividad anterior y trata de añadir una alternativa.

MODELO: una luz pequeña *una lucecita/lucecilla*

1. ahora mismo ______________
2. una bola (*ball*) grande ______________
3. una bola pequeña ______________
4. unas chispas (*sparks*) pequeñas ______________
5. unos cohetes pequeños ______________
6. una cola (*tail*) pequeña ______________
7. un melón grande ______________
8. unas millas cortas ______________
9. unas montañas grandes ______________
10. un objeto grande ______________

12-34 Los diminutivos. Primero, escribe los sustantivos de los que se derivan estos diminutivos y después usa los diminutivos en oraciones originales.

MODELO: cosita
cosa
Hay una cosita que me preocupa sobre la cuestión de los cometas. ¿Cuánto tiempo vamos a tener para evacuar la ciudad?

1. poquito
2. dinerito
3. pequeñito
4. mujercita
5. hombrecillo
6. cerquita
7. maquinita
8. minutito
9. problemita
10. ahorita

12-35 Es una exageración. Formen cada uno de ustedes las siguientes palabras. Luego dígaselas a su compañero/a para que él/ella contradiga la idea.

MODELO: el perro
E1: *Ayer el perrote del vecino destruyó todas las plantas de mi jardín.*
E2: *¡No exageres! No era un perrote sino un perrito.*

1. el problema
2. el trabajo
3. el accidente
4. el pastel
5. la casa

12-36 ¿Qué observan? Túrnense para explicar lo que se ve en estos contextos. Usen diminutivos y aumentativos lógicos.

MODELO: en el centro de computadoras
Se ven unas maquinotas, papelitos por todas partes y muchos estudiantes frustrados por sus trabajitos.

1. en el maletín del/de la profesor/a
2. en la casa de Carlos Slim
3. en el automóvil de James Bond
4. en la oficina de Cristina Fernández (presidenta de Argentina)
5. en la nave espacial de Luke Skywalker
6. en el dormitorio de Javier Bardem
7. en la cocina de Ingrid Hoffman
8. en el camarote de Christina Aguilera

12-37 A explorar: ¿Clonar o no clonar? Visita la página web de *Conexiones* para descubrir los posibles efectos de la clonación. Escribe un párrafo, en el que expliques uno de sus efectos positivos y otro párrafo en el que expliques un posible efecto negativo.

12-38 Debate: El rol del gobierno en la vida personal. Formen dos grupos para debatir uno de los siguientes temas. Usen la voz pasiva, aumentativos y diminutivos en su presentación.

Resolución: Se censurarán los sitios en la Internet que tengan información que pueda incitar a la violencia.

Resolución: Se exigirá hacerles prueba de drogas al azar (*random*) a todos los empleados para detectar a aquellos que las consumen.

Resolución: Se permitirá que el gobierno monitorice llamadas telefónicas y mensajes electrónicos sin necesidad de tener autorización legal.

Resolución: Se exigirá prueba de ciudadanía a todos los que soliciten admisión a la universidad.

MODELO: *Me parece bien que se censuren ciertos sitios de la Internet. Primero, tenemos la obligación moral de proteger a nuestra juventud de información que le pueda hacer daño. Segundo,...*

¡Así lo expresamos!

Imágenes

***Ciencia inútil* o *El Alquimista* (Remedios Varo, 1908–1963, España/México)**

Remedios Varo huyó de España durante la Guerra Civil Española y se instaló en París, donde fue influida por el movimiento surrealista. Durante la ocupación nazista, se vio nuevamente obligada a huir, esta vez a México donde conoció a importantes artistas mexicanos, tales como Frida Kahlo y Diego Rivera. En México desarrolló su notable estilo enigmático, y hoy en día sigue siendo una de las artistas hispanas más importantes del Siglo XX. Cuando murió, se encontraba en el apogeo de su carrera artística.

▸ Perspectivas e impresiones

12-39 Ponlo en palabras. Describe exactamente lo que ves en el cuadro y luego inventa una historia sobre el personaje para después contársela a la clase.

12-40 Universos fantásticos. Imagínate que hay un universo que no puedes tocar ni ver. ¿En qué sentido sería diferente este universo para ti y para tus amigos? ¿Habría tantos retos para el futuro del mundo como los que tenemos ahora? ¿Cómo cambiarías tu vida si pudieras cambiar de universo y vivir en otro? ¿Querrías quedarte allí siempre o preferirías poder moverte entre los dos universos?

Ritmos

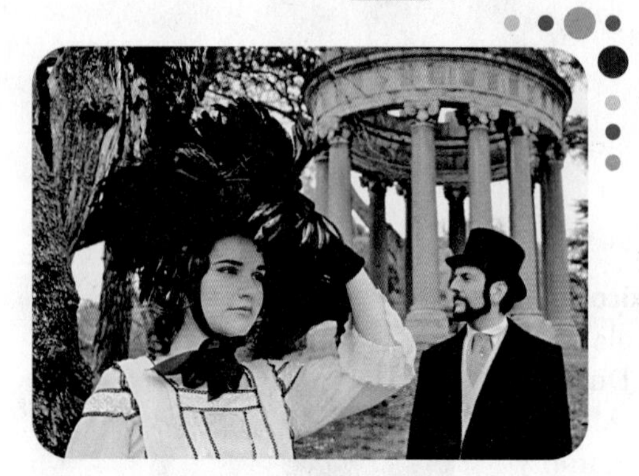

La Monja Enana (España)
Este grupo español debe su nombre a un cuento de ciencia ficción. En ese relato, un grupo de músicos gira alrededor del planeta Plutón. Después de que los abandonan en el espacio, mantienen contacto con la Tierra a través del radiotelescopio Hubble. *Veinte preguntas* es una canción con visión futurística, pero con motivos personales. Expresa las dudas de una persona que no sabe qué pasará en el futuro.

▸ Antes de escuchar

12-41 Veinte preguntas. Imagínense que van a conocer a una persona por primera vez en un salón de chat. Escriban cada uno de ustedes diez preguntas que le harían. ¿Qué preguntas tienen ustedes en común? ¿Cuáles son diferentes?

MODELO: *¿Tienes planes para después de esta sesión?*

▸ A escuchar

12-42 Los motivos. Escucha esta canción para ver si algunas de tus preguntas coinciden. En tu opinión, ¿cuáles son los motivos de la cantante?

Veinte preguntas

¿De dónde eres? ¿Cómo te llamas?
¿Vives solo? ¿Cuánto ganas?

¿En qué trabajas? ¿Qué has estudiado?
¿Qué música oyes? ¿Tienes hermanos?

¿Sales con alguien? ¿Te gustan los niños?
¿Cuál es tu libro favorito?

¿Cómo saber si seremos amigos,
si no habrá futuro, si vendrás conmigo?...

¿Hablas inglés? ¿Tienes coche?
¿Sabes qué significa tu nombre?

¿Dónde vives? ¿Qué haces mañana?
¿Tienes planes para el fin de semana?

¿Haces deporte? ¿A quién votas?
¿Dónde te compras la ropa?

¿Cómo saber si seremos amigos,
si no habrá futuro, si vendrás conmigo?...

¿Cómo saber? ¿Cómo saberlo?...

▸ Después de escuchar

12-43 Tantas preguntas. Ahora escriban cada uno diez preguntas que tengan para el futuro del mundo. Incluyan preguntas sobre cuestiones políticas, medioambientales, sociales, económicas, personales, etc. Comparen sus preguntas para ver qué tienen en común e intenten contestar algunas de ellas según su opinión.

Páginas

Marco Denevi (1922–1998, Argentina)

Marco Denevi, quien nació en Buenos Aires, Argentina, es autor de la novela *Rosaura a las diez* (1955), la que se llevó al cine y fue protagonizada por Elizabeth Taylor. Denevi también tiene fama por sus excelentes cuentos. Su obra se conoce por su estilo juguetón, ingenioso e irónico y por sus temas fantásticos y universales. Su originalidad y su extraordinario dominio del lenguaje le han otorgado un lugar importante en las letras hispanas. Durante sus últimos años practicó el periodismo político, profesión que le dio grandes satisfacciones.

▸ Antes de leer

12-44 Estrategias de lectura. Como aprendiste en el *Capítulo 4*, varios elementos de una lectura pueden facilitar tu comprensión: las imágenes, el género, el primer párrafo y, sobre todo, el título, que es la portada (*doorway*) de la lectura. De todas las obras que has leído en ***Conexiones***, ¿qué títulos recuerdas más? ¿Por qué? ¿Hay algunos que no recuerdas? ¿Por qué crees que es así?

12-45 El título. Denevi titula de forma sugerente los siguientes fragmentos. Apunta todo lo que cada título te sugiera. Piensa en su uso histórico y en su sentido metafórico, y luego haz una predicción sobre el contenido de estas dos piezas. Averigua al leer si tus predicciones son acertadas (*true*).

▸ A leer

Génesis (adaptado)

Con la última guerra atómica, la humanidad y la civilización desaparecen. Toda la tierra es como un desierto calcinado°. En cierta región de oriente sobrevive un niño, hijo del piloto de una nave espacial. El niño come hierbas y duerme en una caverna. Durante mucho tiempo, aturdido° por el horror del desastre, sólo sabe llorar y llamar a su padre. Después, sus recuerdos oscurecen, se vuelven arbitrarios y cambiantes
5 como un sueño, su horror se transforma en un vago miedo. A veces recuerda la figura de su padre, que le sonríe o lo amonesta° o asciende a su nave espacial, envuelta en fuego y en ruido, y se pierde entre las nubes. Entonces, loco de soledad, cae de rodillas y le ruega° que vuelva. Mientras tanto, la tierra se cubre nuevamente de vegetación; las plantas se
10 llenan de flores; los árboles, de fruto. El niño, convertido en un muchacho, comienza a explorar el país. Un día ve un pájaro. Otro día ve un lobo. Otro día, inesperadamente, encuentra a una joven de su edad que, lo mismo que él, ha sobrevivido
15 los horrores de la guerra atómica.

—¿Cómo te llamas? —le pregunta.

—Eva —contesta la joven.

—¿Y tú? —Adán.

calcinado: quemado
aturdido: confundido

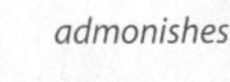

amonesta: *admonishes*
ruega: *begs*

Apocalipsis

El fin de la humanidad no será esa fantasmagoría° ideada por San Juan en Salmos°. Ni ángeles con trompetas, ni monstruos, ni batallas en el cielo y en la tierra. El fin de la humanidad será lento, gradual, sin ruido, sin patetismo°: una agonía progresiva. Los hombres se extinguirán uno a uno. Los aniquilarán° las cosas, la rebelión de las cosas, la resistencia, la desobediencia de las cosas. Las cosas, después de desalojar° a los animales y a las plantas e instalarse en todos los sitios y ocupar todo el espacio disponible, comenzarán a mostrarse arrogantes, despóticas, volubles°, de humor caprichoso°. Su funcionamiento no se ajustará a las instrucciones de los manuales. Modificarán por sí solas sus mecanismos. Luego funcionarán cuando se les antoje°. Por último se insubordinarán, se declararán en franca rebeldía, se desmandarán°, harán caso omiso° de las órdenes del hombre. El hombre querrá que una máquina sume°, y la máquina restará°. El hombre intentará poner en marcha un motor, y el motor se negará. Operaciones simples y cotidianas° como encender la televisión o conducir un automóvil se convertirán en maniobras complicadísimas, costosas, plagadas° de sorpresas y de riesgos. Y no sólo las máquinas y los motores se amotinarán°: también los simples objetos. El hombre no podrá sostener ningún objeto entre las manos porque se le escapará, se le caerá al suelo, se esconderá en un rincón donde nunca lo encuentre. Las cerraduras° se trabarán°. Los cajones se aferrarán a los montantes° y nadie logrará abrirlos. Modestas tijeras° mantendrán el pico tenazmente apretado°. Y los cuchillos y tenedores, en lugar de cortar la comida, cortarán los dedos que los manejen. No hablemos de los relojes: señalarán cualquier hora. No hablemos de los grandes aparatos electrónicos: provocarán catástrofes. Pero hasta el bisturí° se deslizará°, sin que los cirujanos puedan impedirlo, hacia cualquier parte, y el enfermo morirá con sus órganos desgarrados°. La humanidad languidecerá° entre las cosas hostiles, indóciles, subversivas. El constante forcejeo° con las cosas irá minando° sus fuerzas. Y el exterminio de la raza de los hombres sobrevendrá° a consecuencia del triunfo de las cosas. Cuando el último hombre desaparezca, las cosas frías, bruñidas°, relucientes, duras, metálicas, sordas, mudas, insensibles, seguirán brillando a la luz del sol, a la luz de la luna, por toda la eternidad.

ghostly picture / el Apocalipsis de San Juan de la Biblia 20
pathos / *will annihilate*
evict
unstable / *whimsical*
25
se... quieran
se... *will go wild* / harán... no seguirán / *add* / *subtract*
daily
full of 30
se... *will riot*
locks / *will get stuck* / Los... *the drawers will grab their frames and stick tight* / Modestas... 35 *Humble scissors* / *tenaciously tight* / *scalpel* / *slide*
torn / *will languish*
lucha / *wearing out*
will result 40
polished

▸ Después de leer

12-46 ¿Es Génesis o Apocalipsis? Indica si estas oraciones describen *Génesis* o *Apocalipsis*: Génesis (G) o Apocalipsis (A).

1. ___ Hay una guerra.
2. ___ La niña se llama Eva.
3. ___ Las cosas dominan a los animales y las plantas.
4. ___ El niño está desesperado.
5. ___ El hombre es víctima de la tecnología.
6. ___ Hay una nave espacial.
7. ___ La tierra vuelve a ponerse verde.
8. ___ La eternidad brilla fríamente.

12-47 ¿Cómo lo interpretas? Contesta las preguntas sobre los cuentos según el propio texto o con tu interpretación personal.

1. En *Génesis*, ¿qué simboliza la nave espacial? ¿Encuentras otros símbolos o metáforas en este relato? ¿Cuáles son?
2. En *Apocalipsis*, ¿cómo termina el mundo? ¿Cómo se diferencia este fin del que se describe en la Biblia?
3. ¿Qué o quién sobrevive la destrucción del mundo?
4. ¿Qué simbolizan para ti estas cosas?
5. En tu opinión, ¿qué vino antes: el génesis o el apocalipsis? Explica.

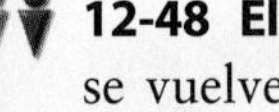

12-48 El peligro de nuestras creaciones. En *Apocalipsis* los objetos creados por el hombre se vuelven animados y controlan a sus creadores. Piensen en escenarios fantásticos para ilustrar esta pesadilla (*nightmare*).

MODELO: *Mi reloj me controla. No puedo resistir el sonido de su timbre por la mañana. Me obliga a levantarme y apresurarme para salir para las clases. Obedezco el tic tac de su marcha, sea lenta o sea rápida. No puedo escaparme de su influencia.*

12-49 A explorar: El mundo futuro. Visita la página web de *Conexiones* para escuchar una canción sobre el mundo del futuro. ¿Qué perspectiva presenta? ¿Cómo será el mundo en el futuro? ¿Estás de acuerdo? ¿Por qué?

Taller

Un ensayo editorial

En el relato anterior, Denevi da su visión de cómo será el fin del mundo. Es un relato que podría publicarse en un periódico en la plana editorial. Piensa en otro escenario y escribe un ensayo editorial sobre una situación global. Debe ser una situación del pasado o de una que se anticipa para este milenio.

▸ Antes de escribir

Idear. Piensa en una situación que te parezca peligrosa o que pueda tener resultados desastrosos, por ejemplo, la pobreza mundial, la sobrepoblación, el calentamiento global, el agotamiento de las reservas de petróleo o un atentado terrorista.

▸ A escribir

Presentar el tema. Presenta el problema como lo veas en una oración. Da un ejemplo negativo, luego otro positivo.

Detallar. En un párrafo de ocho a diez oraciones, explica las consecuencias de este problema.

Resumir. Con una o dos oraciones, resume el problema y las consecuencias. La última consecuencia puede tener algún toque irónico, tal como en *Apocalipsis*.

▸ Después de escribir

Revisar. Revisa tu relato para ver si has dado suficientes detalles para desarrollar el ensayo editorial. Luego revisa los siguientes aspectos.

- ☐ ¿Has incluido una variedad de vocabulario?
- ☐ ¿Has verificado los usos de la voz pasiva, los diminutivos y los aumentativos?
- ☐ ¿Has seguido la secuencia de tiempos para el subjuntivo?
- ☐ ¿Has verificado la ortografía y la concordancia?

Intercambiar. Intercambia tu ensayo con el de un/a compañero/a. Mientras leen los ensayos, hagan comentarios y sugerencias sobre el contenido, la estructura y la gramática.

Entregar. Pon tu ensayo en limpio, incorporando las sugerencias de tu compañero/a y entrégaselo a tu profesor/a.

Vocabulario

Primera parte

adaptarse	*to adapt oneself*
asombrar	*to surprise*
asombroso/a	*surprising*
el autómata	*robot*
la célula (madre)	*(stem) cell*
el desafío	*challenge*
desarmar	*to disarm*
desempeñar (un papel)	*to play (a role)*
ensamblar	*to assemble*
envejecer (zc)	*to grow old*
en vías de desarrollo	*developing*
extraer	*to extract*
frenar	*to restrain, to brake*
funcionar	*to function, to work*
Me parece bien/mal...	*It seems good/bad...*
Mi objeción moral es...	*My moral objection is...*
Pero no podemos depender de...	*But we can't depend on...*
la propuesta	*proposal*
el quirófano	*operating room*
rescatar	*to rescue*
retar	*to challenge*
el robot	*robot*
subdesarrollado/a	*underdeveloped*
la terapia genética	*genetic therapy*

Segunda parte

el agujero negro	*black hole*
el cohete	*rocket*
la conjetura	*conjecture*
conjeturar	*to conjecture*
desde	*since (time or distance)*
encargarse de	*to see to, to deal with, to look after*
especular	*to speculate*
expandirse	*to expand*
monitorizar	*to monitor*
la profecía	*prophecy*
puesto que	*since (because)*
renombrado/a	*renowned*
el riesgo	*risk*
la superficie	*surface*
el tejido	*tissue*
la trayectoria	*trajectory*
volador/a	*flying*
volar (ue)	*to fly*

Verbs that use *se* for unplanned events *See page 377*

Regular Verbs: Simple Tenses

Infinitive Present Participle Past Participle	Indicative					Subjunctive		Imperative
	Present	Imperfect	Preterit	Future	Conditional	Present	Imperfect	Commands
hablar hablando hablado	hablo hablas habla hablamos habláis hablan	hablaba hablabas hablaba hablábamos hablabais hablaban	hablé hablaste habló hablamos hablasteis hablaron	hablaré hablarás hablará hablaremos hablaréis hablarán	hablaría hablarías hablaría hablaríamos hablaríais hablarían	hable hables hable hablemos habléis hablen	hablara hablaras hablara habláramos hablarais hablaran	habla (tú), no hables hable (usted) hablemos hablad (vosotros), no habléis hablen (Uds.)
comer comiendo comido	como comes come comemos coméis comen	comía comías comía comíamos comíais comían	comí comiste comió comimos comisteis comieron	comeré comerás comerá comeremos comeréis comerán	comería comerías comería comeríamos comeríais comerían	coma comas coma comamos comáis coman	comiera comieras comiera comiéramos comierais comieran	come (tú), no comas coma (usted) comamos comed (vosotros), no comáis coman (Uds.)
vivir viviendo vivido	vivo vives vive vivimos vivís viven	vivía vivías vivía vivíamos vivíais vivían	viví viviste vivió vivimos vivisteis vivieron	viviré vivirás vivirá viviremos viviréis vivirán	viviría vivirías viviría viviríamos viviríais vivirían	viva vivas viva vivamos viváis vivan	viviera vivieras viviera viviéramos vivierais vivieran	vive (tú), no vivas viva (usted) vivamos vivid (vosotros), no viváis vivan (Uds.)

Regular Verbs: Perfect Tenses

Indicative										Subjunctive			
Present Perfect		Past Perfect		Preterit Perfect		Future Perfect		Conditional Perfect		Present Perfect		Past Perfect	
he has ha hemos habéis han	hablado comido vivido	había habías había habíamos habíais habían	hablado comido vivido	hube hubiste hubo hubimos hubisteis hubieron	hablado comido vivido	habré habrás habrá habremos habréis habrán	hablado comido vivido	habría habrías habría habríamos habríais habrían	hablado comido vivido	haya hayas haya hayamos hayáis hayan	hablado comido vivido	hubiera hubieras hubiera hubiéramos hubierais hubieran	hablado comido vivido

Irregular Verbs

Infinitive Present Participle Past Participle	Indicative					Subjunctive		Imperative
	Present	Imperfect	Preterit	Future	Conditional	Present	Imperfect	Commands
andar andando andado	ando andas anda andamos andáis andan	andaba andabas andaba andábamos andabais andaban	anduve anduviste anduvo anduvimos anduvisteis anduvieron	andaré andarás andará andaremos andaréis andarán	andaría andarías andaría andaríamos andaríais andarían	ande andes ande andemos andéis anden	anduviera anduvieras anduviera anduviéramos anduvierais anduvieran	anda (tú), no andes ande (usted) andemos andad (vosotros), no andéis anden (Uds.)
caer cayendo caído	caigo caes cae caemos caéis caen	caía caías caía caíamos caíais caían	caí caíste cayó caímos caísteis cayeron	caeré caerás caerá caeremos caeréis caerán	caería caerías caería caeríamos caeríais caerían	caiga caigas caiga caigamos caigáis caigan	cayera cayeras cayera cayéramos cayerais cayeran	cae (tú), no caigas caiga (usted) caigamos caed (vosotros), no caigáis caigan (Uds.)

Irregular Verbs (continued)

Infinitive Present Participle Past Participle	Indicative					Subjunctive		Imperative
	Present	Imperfect	Preterit	Future	Conditional	Present	Imperfect	Commands
dar dando dado	doy das da damos dais dan	daba dabas daba dábamos dabais daban	di diste dio dimos disteis dieron	daré darás dará daremos daréis darán	daría darías daría daríamos daríais darían	dé des dé demos deis den	diera dieras diera diéramos dierais dieran	da (tú), no des dé (usted) demos dad (vosotros), no deis den (Uds.)
decir diciendo dicho	digo dices dice decimos decís dicen	decía decías decía decíamos decíais decían	dije dijiste dijo dijimos dijisteis dijeron	diré dirás dirá diremos diréis dirán	diría dirías diría diríamos diríais dirían	diga digas diga digamos digáis digan	dijera dijeras dijera dijéramos dijerais dijeran	di (tú), no digas diga (usted) digamos decid (vosotros), no digáis digan (Uds.)
estar estando estado	estoy estás está estamos estáis están	estaba estabas estaba estábamos estabais estaban	estuve estuviste estuvo estuvimos estuvisteis estuvieron	estaré estarás estará estaremos estaréis estarán	estaría estarías estaría estaríamos estaríais estarían	esté estés esté estemos estéis estén	estuviera estuvieras estuviera estuviéramos estuvierais estuvieran	está (tú), no estés esté (usted) estemos estad (vosotros), no estéis están (Uds.)
haber habiendo habido	he has ha hemos habéis han	había habías había habíamos habíais habían	hube hubiste hubo hubimos hubisteis hubieron	habré habrás habrá habremos habréis habrán	habría habrías habría habríamos habríais habrían	haya hayas haya hayamos hayáis hayan	hubiera hubieras hubiera hubiéramos hubierais hubieran	
hacer haciendo hecho	hago haces hace hacemos hacéis hacen	hacía hacías hacía hacíamos hacíais hacían	hice hiciste hizo hicimos hicisteis hicieron	haré harás hará haremos haréis harán	haría harías haría haríamos haríais harían	haga hagas haga hagamos hagáis hagan	hiciera hicieras hiciera hiciéramos hicierais hicieran	haz (tú), no hagas haga (usted) hagamos haced (vosotros), no hagáis hagan (Uds.)

Irregular Verbs (continued)

Infinitive Present Participle Past Participle	Indicative					Subjunctive		Imperative
	Present	Imperfect	Preterit	Future	Conditional	Present	Imperfect	Commands
ir yendo ido	voy vas va vamos vais van	iba ibas iba íbamos ibais iban	fui fuiste fue fuimos fuisteis fueron	iré irás irá iremos iréis irán	iría irías iría iríamos iríais irían	vaya vayas vaya vayamos vayáis vayan	fuera fueras fuera fuéramos fuerais fueran	ve (tú), no vayas vaya (usted) vamos, no vayamos id (vosotros), no vayáis vayan (Uds.)
oír oyendo oído	oigo oyes oye oímos oís oyen	oía oías oía oíamos oíais oían	oí oíste oyó oímos oístes oyeron	oiré oirás oirá oiremos oiréis oirán	oiría oirías oiría oiríamos oiríais oirían	oiga oigas oiga oigamos oigáis oigan	oyera oyeras oyera oyéramos oyerais oyeran	oye (tú), no oigas oiga (usted) oigamos oid (vosotros), no oigáis oigan (Uds.)
poder pudiendo podido	puedo puedes puede podemos podéis pueden	podía podías podía podíamos podíais podían	pude pudiste pudo pudimos pudisteis pudieron	podré podrás podrá podremos podréis podrán	podría podrías podría podríamos podríais podrían	pueda puedas pueda podamos podáis puedan	pudiera pudieras pudiera pudiéramos pudierais pudieran	
poner poniendo puesto	pongo pones pone ponemos ponéis ponen	ponía ponías ponía poníamos poníais ponían	puse pusiste puso pusimos pusisteis pusieron	pondré pondrás pondrá pondremos pondréis pondrán	pondría pondrías pondría pondríamos pondríais pondrían	ponga pongas ponga pongamos pongáis pongan	pusiera pusieras pusiera pusiéramos pusierais pusieran	pon (tú), no pongas ponga (usted) pongamos poned (vosotros), no pongáis pongan (Uds.)

Irregular Verbs (continued)

Infinitive Present Participle Past Participle	Indicative					Subjunctive		Imperative
	Present	Imperfect	Preterit	Future	Conditional	Present	Imperfect	Commands
querer queriendo querido	quiero quieres quiere queremos queréis quieren	quería querías quería queríamos queríais querían	quise quisiste quiso quisimos quisisteis quisieron	querré querrás querrá querremos querréis querrán	querría querrías querría querríamos querríais querrían	quiera quieras quiera queramos queráis quieran	quisiera quisieras quisiera quisiéramos quisierais quisieran	quiere (tú), no quieras quiera (usted) queramos quered (vosotros), no queráis quieran (Uds.)
saber sabiendo sabido	sé sabes sabe sabemos sabéis saben	sabía sabías sabía sabíamos sabíais sabían	supe supiste supo supimos supisteis supieron	sabré sabrás sabrá sabremos sabréis sabrán	sabría sabrías sabría sabríamos sabríais sabrían	sepa sepas sepa sepamos sepáis sepan	supiera supieras supiera supiéramos supierais supieran	sabe (tú), no sepas sepa (usted) sepamos sabed (vosotros), no sepáis sepan (Uds.)
salir saliendo salido	salgo sales sale salimos salís salen	salía salías salía salíamos salíais salían	salí saliste salió salimos salisteis salieron	saldré saldrás saldrá saldremos saldréis saldrán	saldría saldrías saldría saldríamos saldríais saldrían	salga salgas salga salgamos salgáis salgan	saliera salieras saliera saliéramos salierais salieran	sal (tú), no salgas salga (usted) salgamos salid (vosotros), no salgáis salgan (Uds.)
ser siendo sido	soy eres es somos sois son	era eras era éramos erais eran	fui fuiste fue fuimos fuisteis fueron	seré serás será seremos seréis serán	sería serías sería seríamos seríais serían	sea seas sea seamos seáis sean	fuera fueras fuera fuéramos fuerais fueran	sé (tú), no seas sea (usted) seamos sed (vosotros), no seáis sean (Uds.)

Irregular Verbs (continued)

Infinitive Present Participle Past Participle	Indicative					Subjunctive		Imperative
	Present	Imperfect	Preterit	Future	Conditional	Present	Imperfect	Commands
tener teniendo tenido	tengo tienes tiene tenemos tenéis tienen	tenía tenías tenía teníamos teníais tenían	tuve tuviste tuvo tuvimos tuvisteis tuvieron	tendré tendrás tendrá tendremos tendréis tendrán	tendría tendrías tendría tendríamos tendríais tendrían	tenga tengas tenga tengamos tengáis tengan	tuviera tuvieras tuviera tuviéramos tuvierais tuvieran	ten (tú), no tengas tenga (usted) tengamos tened (vosotros), no tengáis tengan (Uds.)
traer trayendo traído	traigo traes trae traemos traéis traen	traía traías traía traíamos traíais traían	traje trajiste trajo trajimos trajisteis trajeron	traeré traerás traerá traeremos traeréis traerán	traería traerías traería traeríamos traeríais traerían	traiga traigas traiga traigamos traigáis traigan	trajera trajeras trajera trajéramos trajerais trajeran	trae (tú), no traigas traiga (usted) traigamos traed (vosotros), no traigáis traigan (Uds.)
venir viniendo venido	vengo vienes viene venimos venís vienen	venía venías venía veníamos veníais venían	vine viniste vino vinimos vinisteis vinieron	vendré vendrás vendrá vendremos vendréis vendrán	vendría vendrías vendría vendríamos vendríais vendrían	venga vengas venga vengamos vengáis vengan	viniera vinieras viniera viniéramos vinierais vinieran	ven (tú), no vengas venga (usted) vengamos venid (vosotros), no vengáis vengan (Uds.)
ver viendo visto	veo ves ve vemos veis ven	veía veías veía veíamos veíais veían	vi viste vio vimos visteis vieron	veré verás verá veremos veréis verán	vería verías vería veríamos veríais verían	vea veas vea veamos veáis vean	viera vieras viera viéramos vierais vieran	ve (tú), no veas vea (usted) veamos ved (vosotros), no veáis vean (Uds.)

Stem-Changing and Orthographic-Changing Verbs

Infinitive Present Participle Past Participle	Indicative					Subjunctive		Imperative
	Present	Imperfect	Preterit	Future	Conditional	Present	Imperfect	Commands
almorzar (z, c) almorzando almorzado	almuerzo almuerzas almuerza almorzamos almorzáis almuerzan	almorzaba almorzabas almorzaba almorzábamos almorzabais almorzaban	almorcé almorzaste almorzó almorzamos almorzasteis almorzaron	almorzaré almorzarás almorzará almorzaremos almorzaréis almorzarán	almorzaría almorzarías almorzaría almorzaríamos almorzaríais almorzarían	almuerce almuerces almuerce almorcemos almorcéis almuercen	almorzara almorzaras almorzaras almorzáramos almorzarais almorzaran	almuerza (tú) no almuerces almuerce (usted) almorcemos almorzad (vosotros) no almorcéis almuercen (Uds.)
buscar (c, qu) buscando buscado	busco buscas busca buscamos buscáis buscan	buscaba buscabas buscaba buscábamos buscabais buscaban	busqué buscaste buscó buscamos buscasteis buscaron	buscaré buscarás buscará buscaremos buscaréis buscarán	buscaría buscarías buscaría buscaríamos buscaríais buscarían	busque busques busque busquemos busquéis busquen	buscara buscaras buscara buscáramos buscarais buscaran	busca (tú) no busques busque (usted) busquemos buscad (vosotros) no busquéis busquen (Uds.)
corregir (g, j) corrigiendo corregido	corrijo corriges corrige corregimos corregís corrigen	corregía corregías corregía corregíamos corregíais corregían	corregí corregiste corrigió corregimos corregisteis corrigieron	corregiré corregirás corregirá corregiremos corregiréis corregirán	corregiría corregirías corregiría corregiríamos corregiríais corregirían	corrija corrijas corrija corrijamos corrijáis corrijan	corrigiera corrigieras corrigiera corrigiéramos corrigierais corrigieran	corrige (tú) no corrijas corrija (usted) corrijamos corregid (vosotros) no corrijáis corrijan (Uds.)
dormir (ue, u) durmiendo dormido	duermo duermes duerme dormimos dormís duermen	dormía dormías dormía dormíamos dormíais dormían	dormí dormiste durmió dormimos dormisteis durmieron	dormiré dormirás dormirá dormiremos dormiréis dormirán	dormiría dormirías dormiría dormiríamos dormiríais dormirían	duerma duermas duerma durmamos durmáis duerman	durmiera durmieras durmiera durmiéramos durmierais durmieran	duerme (tú), no duermas duerma (usted) durmamos dormid (vosotros), no dormáis duerman (Uds.)

Stem-Changing and Orthographic-Changing Verbs (continued)

Infinitive Present Participle Past Participle	Indicative					Subjunctive		Imperative
	Present	Imperfect	Preterit	Future	Conditional	Present	Imperfect	Commands
incluir (y) incluyendo incluido	incluyo incluyes incluye incluimos incluís incluyen	incluía incluías incluía incluíamos incluíais incluían	incluí incluiste incluyó incluimos incluisteis incluyeron	incluiré incluirás incluirá incluiremos incluiréis incluirán	incluiría incluirías incluiría incluiríamos incluiríais incluirían	incluya incluyas incluya incluyamos incluyáis incluyan	incluyera incluyeras incluyera incluyéramos incluyerais incluyeran	incluye (tú), no incluyas incluya (usted) incluyamos incluid (vosotros), no incluyáis incluyan (Uds.)
llegar (g, gu) llegando llegado	llego llegas llega llegamos llegáis llegan	llegaba llegabas llegaba llegábamos llegabais llegaban	llegué llegaste llegó llegamos llegasteis llegaron	llegaré llegarás llegará llegaremos llegaréis llegarán	llegaría llegarías llegaría llegaríamos llegaríais llegarían	llegue llegues llegue lleguemos lleguéis lleguen	llegara llegaras llegara llegáramos llegareis llegaran	llega (tú) no llegues llegue (usted) lleguemos llegad (vosotros) no lleguéis lleguen (Uds.)
pedir (i, i) pidiendo pedido	pido pides pide pedimos pedís piden	pedía pedías pedía pedíamos pedíais pedían	pedí pediste pidió pedimos pedisteis pidieron	pediré pedirás pedirá pediremos pediréis pedirán	pediría pedirías pediría pediríamos pediríais pedirían	pida pidas pida pidamos pidáis pidan	pidiera pidieras pidiera pidiéramos pidierais pidieran	pide (tú), no pidas pida (usted) pidamos pedid (vosotros), no pidáis pidan (Uds.)
pensar (ie) pensando pensado	pienso piensas piensa pensamos pensáis piensan	pensaba pensabas pensaba pensábamos pensabais pensaban	pensé pensaste pensó pensamos pensasteis pensaron	pensaré pensarás pensará pensaremos pensaréis pensarán	pensaría pensarías pensaría pensaríamos pensaríais pensarían	piense pienses piense pensemos penséis piensen	pensara pensaras pensara pensáramos pensarais pensaran	piensa (tú), no pienses piense (usted) pensemos pensad (vosotros), no penséis piensen (Uds.)

Stem-Changing and Orthographic-Changing Verbs (continued)

Infinitive Present Participle Past Participle	Indicative					Subjunctive		Imperative
	Present	Imperfect	Preterit	Future	Conditional	Present	Imperfect	Commands
producir (zc) produciendo producido	produzco produces produce producimos producís producen	producía producías producía producíamos producíais producían	produje produjiste produjo produjimos produjisteis produjeron	produciré producirás producirá produciremos produciréis producirán	produciría producirías produciría produciríamos produciríais producirían	produzca produzcas produzca produzcamos produzcáis produzcan	produjera produjeras produjera produjéramos produjerais produjeran	produce (tú), no produzcas produzca (usted) produzcamos pruducid (vosotros), no produzcáis produzcan (Uds.)
reír (i, i) riendo reído	río ríes ríe reímos reís ríen	reía reías reía reíamos reíais reían	reí reíste rio reímos reísteis rieron	reiré reirás reirá reiremos reiréis reirán	reiría reirías reiría reiríamos reiríais reirían	ría rías ría riamos riáis rían	riera rieras riera riéramos rierais rieran	ríe (tú), no rías ría (usted) riamos reíd (vosotros), no riáis rían (Uds.)
seguir (i, i) (ga) siguiendo seguido	sigo sigues sigue seguimos seguís siguen	seguía seguías seguía seguíamos seguíais seguían	seguí seguiste siguió seguimos seguisteis siguieron	seguiré seguirás seguirá seguiremos seguiréis seguirán	seguiría seguirías seguiría seguiríamos seguiríais seguirían	siga sigas siga sigamos sigáis sigan	siguiera siguieras siguiera siguiéramos siguierais siguieran	sigue (tú), no sigas siga (usted) sigamos seguid (vosotros), no sigáis sigan (Uds.)
sentir (ie, i) sintiendo sentido	siento sientes siente sentimos sentís sienten	sentía sentías sentía sentíamos sentíais sentían	sentí sentiste sintió sentimos sentisteis sintieron	sentiré sentirás sentirá sentiremos sentiréis sentirán	sentiría sentirías sentiría sentiríamos sentiríais sentirían	sienta sientas sienta sintamos sintáis sientan	sintiera sintieras sintiera sintiéramos sintierais sintieran	siente (tú), no sientas sienta (usted) sintamos sentid (vosotros), no sintáis sientan (Uds.)
volver (ue) volviendo vuelto	vuelvo vuelves vuelve volvemos volvéis vuelven	volvía volvías volvía volvíamos volvíais volvían	volví volviste volvió volvimos volvisteis volvieron	volveré volverás volverá volveremos volveréis volverán	volvería volverías volvería volveríamos volveríais volverían	vuelva vuelvas vuelva volvamos volváis vuelvan	volviera volvieras volviera volviéramos volvierais volvieran	vuelve (tú), no vuelvas vuelva (usted) volvamos volved (vosotros), no volváis vuelvan (Uds.)

Spanish–English Glossary

A

abarcar to include
abogar to advocate, 7
abogar (por) to advocate, 7
aborrecer to detest
abrazar to embrace, 5
abrelatas, el can opener, 8
aburrido/a boring (w/*ser*), bored (w/*estar*), 11
abusar (de) to abuse, 9
acampar to camp, 11
acciones, las stocks, 10
aceptar to accept, 7
acera, la sidewalk
acerca de about
acertado/a true
aciago/a fateful
acoplar to adapt
acordar (ue) to agree, 3
acordarse (ue) to remember, 3
acosar to harass, to hound, 7
acoso (sexual), el (sexual) harassment, 7
acostumbrarse to become accustomed, 4
acreedor/a, el/la creditor, 10
acto, el act, 6
actor/actriz de reparto, el/la supporting actor/actress, 6
actualmente currently, 9
actuar to act, 6
acudir to gather around
acumulado, el jackpot
acusar to accuse, 9
adaptarse to adapt oneself, 12
adelantar to advance, to overtake, to pass, to get ahead, 7
adelanto, el progress, advance, 7
adelgazar to slim down, 8
ademán, el gesture
aderezo, el salad dressing, 8
adivinar to guess, 4
administrar to administer, 10
ADN, el DNA, 2
adobar to season, to marinate, 8
adobo, el marinade, seasoning, 8
adverso/a adverse
advertencia, la warning
aficionado/a, el/la fan, 6
aficionar to make someone keen on, 11
afligido/a upset, 4
agarrar to grab
agente secreto/a, el/la secret agent, 9
ágil agile, 1
agotar to run out
agradecer to thank, 5
agradecido/a thankful, 5
agravar to aggravate, 2
agregar to add, 8
agrio/a sour, 8
aguantar to bear, to put up with, 7
agujero (negro), el (black) hole, 12
ahogar to drown
ahorrar to save, 10
ahorro, el savings, 10
ajedrez, el chess, 11
ajillo, al in garlic sauce, 8
ajo, el garlic, 8
al acecho on the lookout
alba, el dawn
albóndiga, la meatball, 8
alborotado/a upset
alcalde-esa, el/la mayor
alcoba, la bedroom
alcoholismo, el alcoholism, 9
aldea, la village
aleta, la fin
alhajas, las jewels
alianza, la alliance, 3
alimentar to feed, 9
alimento, el food, 2
alma, el soul
almejas, las clams, 8
alojar to stay, to accommodate
alzar to raise up
amar to love, 5
amargo/a bitter, 8
ambiental environmental, 2
ámbito, el surroundings
ambos/as both
amenazar to threaten, 3
amo, el master
amonestar to admonish
amor propio, el self-respect, 4
amotinarse to riot
añadir to add, 8
analfabeto/a illiterate
analítico/a analytical, 4
andar en moto todo terreno to ride an ATV, 11
angustia, la anguish, 5
aniquilar to annihilate
año tras año year after year, 3
años veinte, los the twenties, 1
antemano ahead of time
antigüedades, las antiques
antojarse to take a fancy to
anuncio, el announcement, 1
apagón, el blackout
aparato, el apparatus, 2
apasionado/a passionate, 4
apasionarse to become passionate, 4
apearse to get out or off (a vehicle)
apetecer to long for, to crave
aplastar to crush
aplaudir to applaud, 6
apodo, el nickname, 1
apogeo, el apogee
aportar to bring, to contribute, 4
apostar (ue) to bet, 11
apoyar to support, 4
apreciar to appreciate, 4
apretado/a squeezed
apretujado/a squeezed together
aprovechar to take advantage of
apuntar to point out
araña, la spider
arbusto, el shrub
arco y la flecha, el bow and arrow, 11
ardiente blazing
armar to assemble, 10
arrastrar to drag
arriesgar (se) to risk (oneself), 9
asar to roast, 8
ascendencia, la heritage, 7

ascender (ie) to be promoted, 10
ascenso, el promotion, 10
asegurar to assure, 3
asesinar to assassinate, 3
asesino/a, el/la assassin, 9
asesor/a, el/la consultant, advisor, 10
asientos de cuero, los leather seats, 1
asilo, el asylum, 3
asistir to attend (an event), 10
asoleado/a sunny
asombrado/a amazed
asombrar to surprise, 12
asombroso/a surprising, 12
astro, el star
astrofísica, la (el/la astrofísico/a) astrophysics (astrophysicist), 2
atado/a tied
atender (ie) to attend to, to assist, 10
atracón, el pig out, eating binge
atraso, el delay
atreverse a to dare to, 11
atrevido/a daring, bold, 5
atropellado/a trampled
atuendo, el attire
aturdido/a confused
audición, la audition, 6
aumentar to get bigger, 2
ausentismo, el absenteeism
auto compacto, el compact car, 1
autoestima, la self-esteem, 4
autógrafo, el autograph
autómata, el robot, 12
autovía, la highway
avanzar to advance, 2
avergonzar (ue) to embarrass, 4
averiguar to find out
ayuno, el fast, 8
azar, el chance
azucarera, la sugar refinery
azucena, la lily

B

Baco Bacchus
bailar to dance, 6
balazo, el gunshot
balde, en in vain
bancarrota, la bankruptcy, 10
bandas decorativas, las decorative stripes, 1
banyi, el bungee jumping, 11
barbilla, la chin
barrera, la barrier, 7
barro, el clay
bastar to be enough
basura, la trash, 2
batalla, la battle
batidora, la blender, 8
bendición, la blessing
beneficiar to benefit, 4
beneficio, el benefit, 10
beneficioso/a beneficial, 2
benéfico/a charitable
berenjena, la eggplant, 8
bien, el good deed, 5
bien hecho/a well-done (for meat), 8
bienes raíces, los real estate, 10
bienestar, el well-being, 3
billar, el billiards, pool, 11
billete, el ticket, 6
billetera, la wallet
Bimbo white bread
biomasa, la biomass
bioquímica, la (el/la bioquímico/a) biochemistry (biochemist), 2
bisturí, el scalpel
bloquear to block, 4
bobería, la foolishness
bocado, el mouthful
boga, en in vogue, 1
boleto, el ticket, 6
bolsillo, el pocket
bomba, la bomb, 9
bondad, la kindness, 5
bondadoso/a good-natured, kind, 4
bono, el bonus, 10
borrachera, la drunkenness, 9
bosque, el forest, 2
bote, el can
botiquín, el first-aid kit, 11
brillosito/a shiny
brisa, la breeze
bruñido/a polished
bucear to scuba dive, 11
buena gente, la nice, good person/people
buscar to search, 5

C

caballero, el gentleman
cabaña, la hut
cabizbajo/a downcast, dejected, 5
cacerola, la pot, 8
cacho, el piece
cada día each day, 7
cadena, la chain, 6
cadera, la hip
caer bien to like (a person), 3
caer mal to dislike (a person), 3
cafetera, la coffeepot, coffeemaker, 8
caída, la downfall
cajero/a, el/la cashier, 10
cajero automático, el ATM, 10
cajón, el drawer
calamares, los squid, 8
calcinado/a burned
caldera, la furnace
caldo, el broth, 8
calentamiento, el warming
calentar (ie) to warm, 2
calidad, la quality, 2
calificación, la qualification, 10
callado/a quiet, 5
callejón, el alley
callo, el callus, corn
calumniar to gossip, 5
camarógrafo/a, el/la cameraman/woman, 6
cambiar to change, 1
camerino, el dressing room, 6
caminata, la hiking; hike, 11
camión, el truck
campamento, el campsite, camp, 11
campaña, la campaign, 3
caña de pescar, la fishing rod, 11
cancha, la court (sports), 11
canicas, las marbles, 11
cansancio, el tiredness
capa de ozono, la ozone layer, 2
capaz capable, 4
cara o cruz heads or tails, 11
carácter, el character, 4
carbón, el coal, 2
carcajada, la laughter, 5
cárcel, la jail, 3
cariñoso/a affectionate, 5
carmelita brown
carne, la flesh
carné de conducir, el driver's license
carne de res, la beef, 8
carne propia, en in their own skin/experience
carrera, la career, race, 6
cartas, las playing cards, 11
cartelera, la billboard; entertainment listing, 6
cáscara, la peel (fruit), shell (nuts), 8
casco, el helmet, 11
casi crudo/a rare (for meat), 8
casto/a chaste

cazar to hunt, 11
celos, los jealousy, 5
célula (madre), la (stem) cell, 12
ceniza, la ash
cerebro, el brain, 4
cerillo, el match
cerradura, la lock
certamen, el competition, contest, 6
chaleco salvavidas, el life vest, 11
chamarra, la jacket
champiñón, el mushroom, 8
chiquinino/a small
chisme, el gossip, 5
chismear to gossip, 5
chocante shocking
chorizo, el Spanish-style sausage, 8
cibernética, la cybernetics, 2
ciclismo, el cycling, 11
cielo, el sky
cifra, la numeral, amount
cine, el movie theater, 11
cita, la date
ciudadanía, la citizenship, 7
clasificar to classify, 2
clavado/a chained, 5
clave, la key (figure)
clérigo, el clergy, priest
clonar to clone, 2
cobrar to collect
cocer (ue) to cook, to boil, 8
cochinillo, el suckling pig, 8
cohete, el rocket, 12
col, la cabbage, 8
colaborar to collaborate, 6
coleccionar to collect (only for objects, not money), 11
colmo, el the limit
combustible, el fuel, 2
comercio, el business, 10
cometa, el comet, 12
cometer to commit, 9
comisión, la commission, 10
compartir to share, 5
compás, al to the rhythm
competencia/competición, la contest (sports), 11
competir (i, i) to compete, 6
componer to compose, 6
comportamiento, el behavior, 5
comprobar (ue) to prove, 4
comprometerse to get engaged, 5
compromiso, el engagement; promise; commitment, 3
concepto, el concept, 1
conducir to drive, 1
conducta, la behavior, 4
congelar to freeze, 8
conjetura, la conjecture, 12
conjeturar to conjecture, 12
conjunto, el band; ensemble, 6
conseguir (i, i) to obtain, 7
consentido/a spoiled, 5
consentidor/a, el/la spoiler
conservar to conserve, 2
considerar to consider, 1
consolidar to consolidate
constituir to constitute, 3
consulta, la consultation; professional office, 10
consultar to consult, 10
contabilidad, la accounting, 10
contable, el/la accountant (Spain), 10
contador/a, el/la accountant, 10
contaminación, la pollution, 2
contaminar to contaminate, 2
contenedor, el container, 2
contra de, en against, 7
contrabandista, el/la smuggler, 9
contrayente, el contractor
controvertido/a controversial
convivencia, la coexistence, 7
cónyuges, los partners
copa, la glass (for wine, brandy, etc.), 8
cordero, el lamb, 8
coreografía, la choreography
corola, la corolla
corporal (adj.) body
corredor/a, el/la runner, 11
corredor/a de bolsa, el/la stockbroker, 10
correr to run, 11
corte de pelo, el haircut
cosecha, la harvest
cotidiano/a daily
cotilleo, el gossip
crear to create, 12
crecer to grow
crianza, la raising
criar to raise, 7
crimen, el crime, 9
críos, los children
cristal, el glass, 2
cruzar to cross, 5
cuadra, la block
cuadro, el picture
cualidad, la quality, 2
cuartel, el barracks
cuartucho, el small, ugly room
cubeta, la bucket
cuenta corriente, la checking account, 10
cuenta de ahorros, la savings account, 10
cuesta arriba moving up, 6
cuidarse to be careful, to take care of oneself, 9
culpable guilty
culpar to fault, 7
culturismo, el bodybuilding, 11
cumplir to comply with, to fulfill, 7
cupones, los food stamps
cura, el priest

D

dador/a, el/la giver
dados, los dice, 11
damas, las checkers, 11
dañar to damage, 2
dañino/a harmful
dar igual to make no difference
dar por sentado to take for granted, 5
darle (a uno) risa to make one laugh, 9
darse cuenta de to realize, 1
de hecho in fact, 9
de moda in style, 1
deber to owe
deber, el duty
década, la decade, 1
declararse to propose to, 5
decretado/a decreed
decretar to decree
defectuoso/a defective
defraudar to defraud, to cheat, 9
dejar to leave (behind), 1
dejar de to stop, 1
delincuente, el/la criminal, 9
delirio, el delirium
delito, el crime, 3
demanda, la demand, 1
demás, los/las the others, 5
demora, la delay
demostrar (ue) to demonstrate, 3
denunciar to denounce, 3

depositar to deposit, 10
depósito, el deposit, 10
deprimido/a depressed
derechista right-wing
derecho, el right, 3
desafío, el challenge, 12
desaforado/a lawless
desalojar to evict
desaparecer to disappear, 3
desarmar to disarm, 12
desarrollar to develop, 3
desarrollo, el development
descapotable/convertible, el convertible, 1
descenso de ríos, el river rafting, 11
descongelar to defrost, 8
desde since (time or distance), 7
desechar to throw away, 2
desempeñar (un papel) to play (a role), 12
desempleado/a unemployed
desenvuelto/a outgoing, 4
desequilibrado/a unbalanced, 8
desesperante exasperating
desgano, el lack of energy
desgarrado/a torn
desigualdad, la inequality, 7
deslizar to slide
desmayo, el fainting
desmejorar to get worse
desnudar to reveal, to undress
despedida, la farewell
despedido/a fired
despensa, la larder
desplantar to uproot
desplazar to move
despreciable despicable
despreocupado/a carefree, 4
destacar to stand out, 1
destello, el spark
desterrar (ie) to exile, 3
destrozar to destroy, to vandalize, 9
destruir to destroy, 2
desventaja, la disadvantage, 2
detener (ie) to detain, 3
deuda, la debt, 10
diablito/a, el/la little devil
dicharachos, los vulgar expressions
dichoso/a lucky, 4
dictadura, la dictatorship
diestro/a skillful; cunning, 11
dificultar to make difficult, 2
difundir to disseminate
diligencia, la errand
dineral, el a great deal of money
dinero en efectivo, el cash, 10
discapacidad, la disability, handicap, 7
discapacitado/a handicapped, 12
disculpar to forgive, 5
discutir to argue, 5
diseño, el design, 1
disfraz, el costume
disfrutar to enjoy, 3
disminuir to diminish, 2
disparar to fire (a gun), 9
disparo, el shot
disponible available, 10
dispuesto/a willing, 10
divertirse (ie, i) to have fun, 11
divisor, el factor
divorciarse to get divorced, 5
domicilio, el home
dominar to control, 5
dominó, el dominoes, 11
don, el gift
donar to donate, 6
dramaturgo/a, el/la dramatist, 6
drogadicción, la drug addiction, 9
dueño/a, el/la owner, 1
dulce sweet, 8
duradero/a long-lasting
durar to last, 1
durazno, el peach, 8
duro, el 5 pesetas (pre-euro Spanish currency)

E

echarse a to begin
echarse a perder to spoil, 8
educar to educate, 3
efímero/a ephemeral
ejecutar to execute, 3
ejercer to practice a profession, 7
ejercitar to exercise, 4
electricista, el/la electrician, 10
elegir (j) to choose, 4
embarazo, el pregnancy
emborracharse to become intoxicated, 9
embotellar to bottle, 8
embriagar to get drunk
embriaguez, la drunkenness
emitido/a broadcast
emocionante exciting, 6
emocionarse to get excited, to be touched or moved emotionally, 4
empanada, la spicy or sweet turnover, 8
empañetar to plaster
empeñar to pawn
emplear to employ, 10
empleo, el employment, 10
emplumado/a plumed
emprender to set out on
empresario/a, el/la business man/woman, 10
enajenado/a alienated, absent, 4
encantar to love (colloquial; lit., be enchanting), 3
encargarse de to see to, to deal with, to look after, 12
encendido/a burning
encina, la oak
encrespado/a curly, 7
encuesta, la poll
endeudar (se) to go into debt, 10
endulzar to sweeten
energía eléctrica, nuclear, solar, la electrical, nuclear, solar energy, 2
enfadarse to get angry, 5
engañar to deceive, 4
engaño, el deceit
engañoso/a deceitful
engordar to gain weight, 8
engrapadora, la stapler
engrasado/a slick
enlatado/a canned
enlatar to can, 8
enloquecerse (-zc) to go crazy
enojarse to get angry, 5
enredado/a tangled
ensamblar to assemble, 12
ensayar to rehearse, 6
enseguida right away
ensimismado/a pensive
entendimiento, el understanding, 5
entonación, la intonation, 5
entrada, la ticket, 6
entrar to enter, 6
entrenador/a, el/la coach
entrenar to train, 10
entretener to entertain, 6
entretenido/a entertaining, 11
entrevista, la interview, 10
entrevistar to interview, 10
envejecer (-zc) to get old, 12

enviudar to become a widow/er
eólico/a wind
época, la epoch, 1
equilibrado/a balanced, 8
equitación, la horsemanship, 11
equitativo/a equitable
erradicar to eradicate, 3
Es imprescindible que... It's vital that..., 7
escalar to climb (a mountain), 11
escándalo, el scandal, 9
escarcha, la frost
escaso/a scanty
escatimar to skimp
escena, la scene, 4
escenario, el stage, scene, 6
esclavitud, la slavery, 3
escoger (j) to choose, 3
escolaridad, la studies
escondidas, a in hiding
esfuerzo, el effort, 3
espacioso/a spacious, 1
espárragos, los asparagus
especies en peligro de extinción, las endangered species, 2
espectáculo, el spectacle, 6
especular to speculate, 12
espejo, el mirror
esperanza, la hope
esperar to hope, to wait for, 5
espetar to blurt suddenly
espuma, la froth
esqueleto, el skeleton
esquiar to ski, 11
esquiar en tabla to snowboard, 11
esquina, la corner
estado de ánimo, el mood, 4
estado de cuentas, el account statement, 10
estafar to cheat, 9
estampilla, la postage stamp, 11
estar aburrido/a to be bored, 11
estilo, el style, 1
estrago, el havoc
estrecho/a narrow
estrella, la star, 6
estrenar to premier, 6
estropear to damage
etiquetar to label, 2
etnia, la ethnicity, 7
evaluar to evaluate, 4
evitar to avoid, 4
excitante arousing, 6
exhibir(se) to exhibit, to display, 11
exigir (j) to demand, 3
exitoso/a successful, 4
expandir to expand, 12
experimentar to experience, 4
explorar to explore, 12
explotación, la exploitation, 3
exterior, el exterior, 1
extinguir to extinguish, 2
extraer to extract, 12
extranjero (en el...) abroad
extraterrestre, el/la extraterrestrial, 12

F

fábrica, la factory
fabricar to manufacture, 1
factura, la invoice, 10
faltar to lack, miss (lit., be lacking), 3
fantasmagoría, la ghostly picture
fascinar to be fascinated by (lit., be fascinating), 3
fauno, el Pan
favor de, a in favor of, 7
festejar to entertain (someone), 8
fibrosis quística, la cystic fibrosis
ficha, la chip; playing piece, 11
fidelidad, la fidelity, 5
fideos, los noodles, 8
fiel faithful, 5
figurear to go cruising
fijador, el hairspray
fila, la row
financiar to finance, 10
finanzas, las finances, 10
fluido/a sleek
fondos, los funds, 10
fontanero/a, el/la plumber, 10
forcejeo, el struggle
fósforo, el match
fracasar to fail, 5
fracturar(se) (el brazo) to break (an arm), 11
francachela, la wild party, 10
francesa, a la French-style, 8
freír (i, i) to fry, 8
frenar to restrain, to brake, 12
frialdad, la coldness
fuera de onda out of style, 1
fuerza de, a as a result of
fulminado/a stricken
funcionar to work (mechanical), to function, 10
fundación, la foundation, 3
fundirse to melt
furgoneta, la van, 1
futurólogo/a, el/la futurologist, 12

G

gabardina, la raincoat
gamuza, la suede
ganar to earn, 6
garantía, la guarantee
garantizar to guarantee, 3
gastar to spend, 1
gemelo/a, el/la twin
generar to generate, 2
género, el genre, gender, 1
genética, la (el/la genetista), genetics (geneticist), 2
gente, la people, 7
gerente, el/la manager, 10
gesto, el gesture, 5
gira, la tour, 6
golpe de gracia, el final blow
golpear to beat
gótico/a Gothic
gotitas, las droplets
gozar to enjoy
grabar to record, 6
granel, a in great quantities
granos, los beans
grasa, la fat
gratis free
grave serious, 2
grosero/a nasty, vulgar, 4
guagua, la bus
guardaespaldas, el/la bodyguard, 9
guardia de seguridad, el/la security guard, 9
guiñar un ojo to wink
guión, el script, 6
guisantes, los peas, 8
gusano, el worm

H

hacer caso to pay attention, 2
hacer escalada en roca (hielo) to rock (ice) climb, 11
hacer falta to need (lit., be needed), 3
hacer las paces to make peace, 5
hacer parapente to hang glide, 11
hacer trampa to cheat, 11
hacer un papel to play a role, 6
hacer windsurf to windsurf, 11
hacerse popular to become popular, 1

hallarse to find oneself, 7
harina, la flour, 8
harto/a fed up
herir (ie, i) to wound, 5
herramienta, la tool
hervir (ie, i) to boil, 8
hervor, el boiling
híbrido, el hybrid, 1
hielo, el ice, 11
hieráticamente solemnly
hilo, el thread
hipocresía, la hypocrisy
hipoteca, la mortgage, 10
hito, el milestone
hogar, el home
hogareño/a home-loving, domestic
hojalata, la tin
holograma, el hologram, 12
hombro, el shoulder
homenajear to pay homage
homicida, el/la murderer, 9
homicidio, el murder, 9
hongo, el mushroom, 8
honrado/a honest, 4
hornear to bake, 8
horno, al baked, 8
hostigamiento, el harassment
huelga, la strike
huir to flee
humanitario/a humanitarian, 3
humo, el smoke, 2

I

igualdad, la equality, 7
imagen, la image, 1
imaginativo/a imaginative, 4
imitar to imitate, 1
impedimento físico, el physical handicap
impresionar to be impressed (lit., impress), 3
impuesto, el tax, 10
inagotable inexhaustible
incorporarse to stand up
increíble que..., es it's incredible that..., 11
indocumentado/a undocumented, 7
infiel unfaithful, 5
influir en/sobre to influence, to have influence on, 1
ingeniería nuclear/genética, la (el/la ingeniero/a) nuclear/genetic engineering (engineer), 2
ingerir (ie, i) to ingest, 8
ingrato/a ungrateful, 4
ingreso, el income, 10
innovador/a innovative
innovar to innovate, 6
inquieto/a restless, 4
inseguridad, la insecurity, 5
instinto, el instinct, 4
insultar to insult, 7
integrante, el/la member
integrar to integrate, 7
intemperie, la outdoors
interesar to be interested in (lit., interest), 3
interior, el interior, 1
intermedio, el intermission, 6
interpretar to interpret, 6
interrogar to question, to interrogate, 9
intuitivo/a intuitive, 4
invadir to invade
inventar to invent, 1
invento, el invention, 1
invertir (ie, i) to invest, 10
investigador/a, el/la researcher, 7
investigar to investigate, 7
ir de camping to go camping, 11
irritar to irritate, 5
izquierdista left-wing

J

jeringuilla, la syringe
jícara, la gourd
jinete, el/la horseback rider, 11
jovenzuelo, el young man
jubilado/a, el/la retired person
jubilarse to retire, 10
juego de azar, el game of chance, 11
jugada, la play, move (in a game), 11
jugar (ue) to play a game, to bet, to play a sport, 6
juicio, el trial, verdict, 3
junta, la meeting
jurar to swear, 9
juzgar to judge, 9

K

kilogramos por litro/galón, los kilograms per liter/gallon, 1
kilómetros por hora, los kilometers per hour, 1

L

laborar to work, 3
lacio/a straight (hair), 7
lado, dejar de to put aside
ladrón/ladrona, el/la thief, 9
lago, el lake, 11
languidecer to languish
lanzar to launch, 3
leña, la firewood
lento/a slow, 6
letra, la lyrics
levantar pesas to lift weights, 11
levantarse to stand up, to get out of bed
leyes antidiscriminatorias, las antidiscrimination laws, 7
licencia, la license, 10
llanto, el weeping
llave, la key; knob
llevar a cabo to carry out
lluvia ácida, la acid rain, 2
lo + adj. the + adj. thing, 7
locutor/a, el/la (radio/TV) announcer, 6
lograr to achieve, 1
luchar to struggle, 7
lucir to appear, to shine, 6
lucubrar to spin, 5
lujoso/a luxurious

M

macetero, el flowerpot
madrina, la godmother
malagradecido/a unappreciative
malcriado/a spoiled, 5
maldad, la malice, evil deed
maldecir to curse
malhablado/a foul-mouthed, 4
maltratar to mistreat, 7
maltrato, el mistreatment
malvado/a evil, 4
mandón/mandona bossy, 5
manejable manageable, 1
manejar to drive, 1
manglar, el mangrove
maniático/a compulsive, 4
manifestación, la protest, demonstration, 7
manipular to manipulate, 2
mantenerse to maintain oneself, 1
manzana, la block in street, apple
maquillaje, el makeup, 1
máquina tragamonedas, la slot machine, 11
marca, la brand, 1
marcharse to leave
marea, la tide
mareomotriz tidal

margarita, la daisy
marinera, a la seafood-style, 8
mármol, el marble
martillo, el hammer
más que nada more than anything else, 7
más que todo more than anything else, 7
masificarse to become part of the masses
matutino/a in the morning
mayoría, la the majority, 7
Me parece bien/mal... It seems good/bad..., 12
mediante by means of
medicamento, el medication, 2
medida, la measure, 2
medida, a la made to order
medio/a medium, half
medio ambiente, el environment, 2
medio/largo plazo, a in the mid/long term, 2
medir (i, i) to measure, 8
mejillones, los mussels, 8
mejorar to get better
melocotón, el peach, 8
memoria, la memory, 4
mendigo/a, el/la beggar
mensajero/a, el/la messenger
mensual monthly, 10
mente, la mind, 4
mentir (ie, i) lie, 4
mentiroso/a deceitful, 4
menudo, a often, 5
mercader/a, el/la merchant
mercancías, las merchandise
merodear to prowl
meta, la goal, 3
meterse to get involved
mezclar to mix, 8
Mi argumento es que... My point is..., 10
Mi objeción moral es... My moral objection is..., 12
microbiología, la (el/la microbiólogo/a) microbiology (microbiologist), 2
microchip, el microchip, 12
miel, la honey
minoría, la the minority, 7
miopatía, la myopathy
mito, el myth, 7
moda, a la in style, 1
moda pasajera, la fad, 1
modelo, el/la model, 1
modista, el/la fashion designer
modo, el way, 1
mojarse to get wet
moldeador, el gel
moler (ue) to grind, 8
molestar to be a bother (lit., be bothersome), 3
molestia, la bother, 5
molesto/a annoyed
momentáneo/a momentary, 9
moneda, la coin, 11
monitorizar to monitor, 12
mono/a cute
monovolumen, el van, 1
montañismo, el mountaineering, 11
montante, el frame
montar to mount
montar una tienda de campaña to pitch a tent, 11
morada, la dwelling
moraleja, la moral
mostrar (ue) to show, 3
movida, la counter culture movement (Spain)
movido/a lively, 6
movimiento, el movement, 1
muestra, la sample
multitud, la crowd
mundo del espectáculo, el world of entertainment, 6
muñeca, la doll
murmurar to murmur
mutante, el mutant

N

nácar, el mother-of-pearl
nadar to swim, 11
naipes, los playing cards, 11
nave espacial, la spaceship, 12
navegar a vela/en velero to sail, 11
negarse (ie) a to refuse, 7
negrita, la term of endearment in Puerto Rico
nepótico/a nepotistic
ni siquiera not even, 7
niñerías, las childish things
níveo/a snowy
nivel, el level, 5
nivel de vida, el standard of living, 3
No es cierto que... (+ subjunctive) It's not certain that..., 10
no obstante nevertheless
novedad, la novelty, 1

O

obra, la work of art
obsesionarse to be obsessed, 4
ocio, el free time, 11
odiar to hate, 7
odio, el hatred
ojalá (que) I hope (that); I wish (that), 6
oler (hue) a to smell like, 8
olfatear to smell
olla, la pot, 8
onda, en in style, 1
opino que... my opinion is that..., 11
opresión, la oppression, 3
oprimir to oppress, 3
oración, la prayer, sentence
órbita, la orbit, 12
ordenador, el computer
ordenar to put in order
orfelinato, el foster home
orgulloso/a proud, 6
orientación sexual, la sexual orientation, 7
oriente, el east
oriundo/a native
ostras, las oysters, 8
otorgar to grant, to award, 7
otro punto de vista es... another point of view is..., 9
oveja, la sheep

P

padecer to suffer
padrino, el godfather
pagar to pay, 5
pajarillo, el little bird
palo, el stick
pámpanos, los vine branches
pancarta, la poster
pandilla, la gang, 9
pandillaje, el gang activity, 9
pandillero/a, el/la gang member, 9
pantalla, la screen, 6
papel, el role, 6
paracaidismo, el parachuting, 11
pararse to stand up, to stop, 5
parche, el patch
parchís, el Parcheesi, 11
parecer to seem, 3
parecer(se) a to seem (look like), 6
pareja, la couple, pair, 5
parrilla, a la broiled, charcoal grilled, 8
partida, la departure

pasado/a de moda out of style, 1
pasante, el/la intern
pasarela, la runway
pasarlo bien to have a good time, 11
pastar to graze
patetismo, el pathos
patinar to skate, 11
patria, la homeland
patrocinar to sponsor, 3
pavo real, el peacock
pecado, el sin
pechuga, la breast (of fowl), 8
pedazo, el piece
pedir (i) disculpas to ask for forgiveness, 5
pegar fuerte to stick, 1
peinado, el hairstyle, 1
pelar to peel, 8
pelearse to fight, 5
peleón-ona cheap
película, la movie, film, 11
peligrar to endanger, 9
peligro, el danger, 9
pelo parado, el spiked hair
pelota, la ball
pena de muerte, la death penalty, 9
penalizar to penalize
penita, la sorrow
pequeño/a small, 2
perder (ie) to waste, to lose
Perdona, pero... Excuse me, but..., 5
perjudicar to harm, 9
pero but, 4
pero hay que estar seguro de... but we (you) must be sure that..., 11
pero la responsabilidad también... but the responsibility also..., 9
Pero lo más importante es que... But the most important thing is that..., 8
Pero no podemos depender de... But we can't depend on..., 12
persecución, la persecution, 3
perseguir (i, i) to pursue, 3
personaje, el character, 6
personal, el staff, 10
pertenecer (-zc) to belong, 7
pesado/a boring, tedious, 5
pesar de, a in spite of
pescar to fish, 11
peseta, la pre-euro Spanish currency
pésimo/a extremely bad
peste, la plague, insult
petróleo, el oil, 2
picante spicy, 8
picar to chop, to cut up, 8
pie de la letra, al literally
piedra, la stone
piel, la skin, 8
pila, la battery
pimiento, el green pepper, 8
ping-pong, el ping-pong, 11
piropear to compliment
pisar to step on
placer, el pleasure, 4
plagado/a full of
plancha, a la grilled, 8
planeta, el planet, 12
plano, el blueprint
plástico, el plastic, 2
platicar to chat
plazo, el term
plomero/a, el/la plumber, 10
plomo, el lead, 2
poco de, un a little (of), 2
poco/a little, 2
pocos/as few, 2
poder, el power, 9
policía, el/la police, 9
política, la policy, politics, 7
póliza, la (insurance) policy; voucher; certificate, 10
polvo, el dust
pólvora, la wildfire, 10
pomelo, el grapefruit, 8
ponchera, la bowl
poniente, el west
por otro lado on the other hand, 7
por si acaso just in case
por un lado on the one hand, 7
porcentaje, el percentage, 10
portar to carry
portarse bien/mal to (mis)behave, 4
poseer to possess, 5
potable potable, 2
potaje, el mess
potente powerful, 1
predecir to predict, 2
predicción, la prediction, 12
preferencia, la preference, 1
preferir (ie, i) to prefer, 1
prejuicio, el prejudice, 7
premiar to award a prize to, 6
premio, el prize; award, 6
prenderse to set fire
presagiar to forewarn
presagio, el prophecy
presentarse to show up, to introduce oneself, 10
preso/a, el/la prisoner, 3
prestadas sumas, las borrowed amounts of money
préstamo, el loan
prestar to lend, 10
prestigio prestige
presumido/a conceited, 4
presumir to presume
presunción, la presumption
presupuesto, el budget, 10
pretender to claim
prevenir to prevent, 2
probar (ue) to try, to taste, 8
profecía, la prophecy, 12
profesar to take vows
programación, la programming, 2
programador/a, el/la programmer
promover (ue) to promote, 3
proponer to propose, 2
proporcionar to provide
propósito, el purpose, 5
propuesta, la proposal, 12
prostituir(se) to prostitute (oneself), 9
protagonista, el/la protagonist, 6
protector/a, el/la protector, 3
proteger to protect, 3
publicidad, la publicity, 1
público, el audience, 1
puesto, el position (job), 10
puesto que since (because), 12
pulque, el corn alcohol
purificar to purify

Q

qué dirán, el gossip
quedar to have remaining/left over (lit., be remaining), 3
quedarse to stay (in a place), 3
queja, la complaint, 7
quejarse to complain
querer (ie) to love, to want, 5
Quiero señalar que... I want to point out that..., 7
quirófano, el operating room, 12
quizá(s) perhaps, maybe, 6

R
rasgo, el characteristic, 4
rato, el while
raza, la race, 7
realizar to carry out, 1
rebelar to rebel
rebosar to overflow
recaudar fondos to raise funds, 3
recelo, el suspicion
rechazar to reject, to refuse, 6
rechazo, el rejection, 6
reciclar to recycle, 2
reclamar to complain
recogida selectiva, la selective pickup, 2
recolector/a, el/la picker
reconfortar to comfort
reconvención, la chiding
recordar (ue) to remember, 3
recorrer to tour
recreo, el recreation, 11
recto/a straight
recuerdo, el memory, souvenir, 4
recurso, el resource, 2
regar to strew
rehabilitar to rehabilitate, 9
reírse (i, i) to laugh, 5
rejas, las bars
relajación, la relaxation, 9
relajar(se) to relax, 4
remar to row, 11
renombrado/a renowned, 12
renovar (ue) to renew, 2
renunciar to resign, to give up
repleto/a full
reportaje, el report, 6
resaca, la hangover, 9
rescatar to rescue, 2
reseña, la review (of a show or book), 6
respetarse to respect each other, 7
restar to subtract
restringir to restrict, to limit, 7
resumen, en in summary
resumidas cuentas, En In short, 5
retar to dare, to challenge, 11
retiro, el pension, 10
reto, el challenge, 12
retorcer (ue) to twist
retraso, el delay
retroceder to go backwards, 4
retrógrado/a reactionary
revés, al backwards
revólver, el revolver, 9
rictus, el gesture, convulsive grin
riesgo, el risk, 12
rímel, el mascara
risa, la laughter, 5
rizar to curl
robar to rob, to steal, 9
rodear to surround
rogar (ue) to beg
ronco/a hoarse
ropaje, el clothing
rostro, el face
rudo/a crude
ruego, el plea
ruiseñor, el nightingale
rumbo, el course

S
saber a to smell like, 8
sabor, el flavor, 8
sacacorchos, el corkscrew, 8
sacar to withdraw, 10
saciedad, la satisfaction
sacudir to shake
sagrado/a sacred
salado/a salty, 8
salario, el pay, wages, 10
saldo, el balance, 10
salir de juerga/de parranda to go out on the town, 11
salitre, el sea salt
salto BASE, el BASE jumping, 11
sano/a healthy, 2
sartén, la frying pan, 8
sazonar to season, 8
secuestrar to kidnap, to hijack, 9
secuestro, el kidnapping
segregación, la segregation, 7
segregar to segregate, 7
seguir (i, i) la moda to follow fashion, 1
según according, 7
seguridad, la security, 9
sello, el stamp, 11
selva, la jungle, 2
semanal weekly, 10
señalar to point out, to make known, 7
sencillo, el single (record), 6
senderismo, el hiking, 11
señorón/-ona prim
sensible sensitive, 4
separarse to separate, to sort, 5
sequía, la drought, 2
servir (i, i) to serve, to be useful, 10
sexo, el gender, 7
SIDA, el AIDS
siempre y cuando... as long as..., 9
sin embargo nevertheless, 2
sin fines de lucro nonprofit, 3
sino but, rather, 4
sino que rather, 4
sinvergüenza, el/la shameless one, 5
sistema solar, el solar system, 12
sobras, las leftovers, 8
sobregirar to overdraw, 10
sobreuso, el overuse
sobrevenir to result
socorro, el help
solicitar to apply (for a job), 10
solicitud, la application, 10
sólo only, 1
solo/a alone, 1
solomillo, el sirloin, 8
sonajero, el baby rattle
sonido, el sound
soportar to put up with, 4
sordera, la deafness
sorteo, el raffle, lottery, 11
soso/a bland, 8
sospechoso/a, el/la suspect, 9
sospechoso/a suspicious, 9
sostén, el bra
sostenible sustainable
sótano, el basement
subdesarrollado/a underdeveloped, 12
suceder to occur, 4
suceso, el event, 4
sucio/a dirty
sudar to sweat, 11
sueldo, el pay, wages, 10
sufragio universal, el universal suffrage, 3
sugerir (ie, i) to suggest, 5
sumar to add
superar to overcome, 4
superficie, la surface, 12
supervisar to supervise, 10
surgir to emerge

T
tacaño/a stingy, 5
taínos, los indigenous people of the Caribbean islands
tal vez perhaps, maybe, 6
taladro, el drill
tamaño, el size
tapas, las hors d'oeuvres, 11
tarjeta de crédito, la credit card, 10

tasa, la rate, 10
tatuaje, el tattoo
tatuar(se) to (get a) tattoo, 9
taza, la cup; measuring cup, 8
tea, la torch
techo, el roof
teclado, el keyboard
tejido, el tissue, 12
temblar (ie) to tremble
temporada, la season, 6
tenaz tenacious, 4
tendencia, la tendency, 1
tenderse (ie) to extend
tener celos to be jealous, 5
teñido/a dyed
teñir (i, i) to dye
tenue lightly scented
terapia genética, la genetic therapy, 12
terco/a stubborn, 4
terrorista, el/la terrorist, 9
testigo, el/la witness
tetrabrik, el box (of wine), 8
tez, la skin, 7
tiempo completo, el full time, 10
tiempo parcial, el part time, 10
tigueraje, el delinquency
tijeras, las scissors
tinieblas, las shadows
tirar to throw
tocar to play a musical instrument, to touch, 6
Todo el mundo debe... Everyone should..., 10
todo/a/os/as all, 7
todos los días everyday, 7
todoterreno, el ATV, 1
tomar conciencia to become aware, 3
tomar prestado to borrow
torneo, el tournament, 11
toro, el bull
toronja, la grapefruit, 8
torpe (con las manos) clumsy (all thumbs), 11
trabajar to work (a job), 10
trabarse to get stuck
tracción a cuatro ruedas, la four-wheel drive, 1
traficante, el/la trafficker, 9
trama, la plot, 6
trampa, la deceit, trick, 11
tranquilo/a calm
transcurso de, en el in the course of
transgénico/a transgenic
trasnochar to stay up late, 11
trasto, el piece of junk
trastorno, el upset, mental disorder
trata, la trafficking, 3
tratar to treat, 3
trato, el treatment, 3
través de, a through, across
trayectoria, la trajectory, 12
trifulca, la riot
truco, el trick, 4
turba, la mob

U

unirse to join with, 3
usuario/a, el/la user

V

vacilar to have fun, 10
vacío/a empty
valiente courageous, 4
valor, el courage, 3
valorar to value, to appreciate, 7
vandalismo, el vandalism, 9
vandalizar to vandalize, 9
vanidoso/a conceited, 4
vapor, al steamed, 8
varo, el small coin, 8
vaso, el glass, 8
vecindario, el neighborhood
vehículo deportivo utilitario, el SUV, 1
veinte, los the twenties, 1
veintiuna, la twenty-one, 11
vejez, la old age, 3
velitas, las little candles
velocidad, la speed, 1
vencer to conquer, 4
venganza, la revenge
ventaja, la advantage, 2
vergüenza, la shame, 4
vestimenta, la clothing
vías de desarrollo, en developing, 12
vicio, el vice; bad habit, 4
vicioso/a with bad habits/vices, 4
videojuego, el video game, 11
vidrio, el glass
vigente in force
vincular to link, to connect, 7
vínculo, el link, 7
violar to rape, to violate, 3
virarse to turn over
vistoso/a handsome
vivienda, la dwelling
vizcaína, a la Basque-style, 8
volador/a flying, 12
volar (ue) to fly, 12
voluble unstable
Voy a explicar mis razones. I'm going to explain my reasons, 5
voz, la voice, 6
vueltecita, la stroll

Y

Y el gobierno también debe... And the government should also..., 8
Ya era hora que... It was about time... (+ imperf. subjunctive), 8
yipeta, la jeep

Credits

Text

Page 68: José Ruibal, "Los mutantes" from Teatro sobre teatro by José Ruibal. Ediciones Catedra, 1975. Used with permission.

Page 102: "Masa" by Cesar Vallejo, from España, aparta de mí este cáliz [1937] Miguel Hernández, "Para la libertad."

Page 134: Music courtesy of TTH Records. Lyrics - "Soy by Charanga 76" provided by Eventus & Latinum Music; **page 135:** "A Julia de Burgos" from Song of the Simple Truth: The Complete Poems of Julia de Burgos copyright 1996 by Julia de Burgos. Published by Curbstone Press. Distributed by Consortium. Reprinted with permission.

Page 167: Carlos Eire, "Waiting for Snow in Havana." Nieve en La Habana: Confesiones de un cubanito by Carlos Eire (Author), Jose Badue (Translator). Vintage. Reprinted with permission from Random House and Free Press.

Page 199: "El Wanabí" por Tito Auger; **page 201:** Augusto Monterroso, "El concierto," de Obras completas (y otros cuentos). © 1959 by Augusto Monterroso. Publisher: Norma (March 1998). Reprinted with permission from International Editors' Company.

Page 238: Alfonsina Storni, Tú me quieres blanca. From Antología poética (1938) by Alfonsina Storni. Copyright: Editorial Losada S.A., Buenos Aires 1997. Used with permission of Editorial Losada.

Page 300: Soraya Izquierdo, Un pueblo sin drogas. Reprinted with permission.

Page 334: "Fiebre de lotto" by José O. Álvarez, Ph.D. Editorial Literart.org, Bogotá - Colombia, 2002, http://www.literart.com. Reprinted with permission.

Photo

Cover: © Kristy-Anne Glubish / Images.com.

Page 3: Courtesy of www.istockphoto.com; **page 4 (top, left)** Corbis/Bettmann; **(top, right)** Ralph Crane/Time Life Pictures/Getty Images; **(bottom, left)** Columbia Records Photo; **(bottom, right)** © Joshua Roberts/Bettman/Corbis; **page 8:** AP Wide World Photos; **page 9:** WireImage.com/Getty Images; **page 16:** Getty Images Inc. - Hulton Archive; **page 17:** Planton/International Cover; **page 19:** José Antonio Rojo, Fotoperiodista; **page 20 (top to bottom):** Carsten Reisinger/Fotolia; Dave King © Dorling Kindersley, Courtesy of the National Motor Museum, Beaulieu; Dave King © Dorling Kindersley, Courtesy of Tallahassee Car Museum; © Kim Mould/Omni-Photo Communications, Inc.; David R. Frazier/Photo Researchers, Inc.; Peter Langone/Getty Images Inc. - Stone Allstock; **page 26:** Corbis/Bettmann; **page 27:** Jonathan Fickies/Getty Images; **page 30:** Courtesy El Corte Inglés, S.A. Madrid, Spain; **page 31:** © EFE/Acero; **page 34:** Andrew Wakeford/Getty Images, Inc.- Photodisc.

Page 39: argus / Mike Schroeder/Peter Arnold, Inc.; **page 51:** Monkey Business Images/Fotolia; **page 52:** Simon Harris/Robert Harding World Imagery; **page 54:** STEVE SMITH/Getty Images, Inc. – Taxi; **page 55:** Ricardo Cases Marín; **page 56 (left):** Carol and Mike Werner/Phototake NYC; **(right):** Jean-Paul Chassenet/Photo Researchers, Inc.; **page 63:** Zig Leszczynski / Animals Animals/Earth Scenes; **page 65:** Andrew Hall/Getty Images Inc. - Stone Allstock; **page 66 (top):** Eduardo Comesana/Getty Images Inc. - Hulton Archive Photos; **page 67:** Carlos Alvarez/Getty Images; **page 68:** Grupo Anaya.

Page 75: EFE News Services, Inc.; **page 82:** Susan M. Bacon; **page 83:** Courtesy Habitat for Humanity; **page 84:** © CHAIWAT SUBPRASOM/Reuters/Corbis; **page 91:** AP Wide World Photos; **page 95:** Alex Wong/Getty Images, Inc. – Liaison; **page 99 (top):** Fotoscopio; **(bottom):** Manos Anonimas, 1982, acrylic on canvas, painting by Carlos Alonso, Argentine painter; **page 100:** Courtesy of Ricardo Iván Pérez López; **page 102:** Courtesy Armando Reyes Castro; **page 103:** The Granger Collection, New York.

Page 107: Getty Images, Inc. – Stone Allstock; **page 108:** Images.com; **page 113:** Getty Images, Inc. – Digital Vision; **page 116:** (c) Cezaro de Luca / epa / CORBIS All Rights Reserved; **page 119:** Susan M. Bacon; **page 120:** Images.com; **page 124:** John Lund/Getty Images Inc. - Stone Allstock; **page 127:** Frank Micelotta/Getty Images, Inc.; **page 131:** Henry Romero/Reuters Limited; **page 133 (top):** Nickolas Muray/The Granger Collection; **page 134:** Jack Vartoogian/Front Row Photos; **page 135:** The Pura Belpré Papers. Centro de Estudios Puertorriquenos.

Page 141: N. Frank/Viesti Associates, Inc.; **page 146:** Tracy Morgan © Dorling Kindersley; **page 148:** konstantynov/Shutterstock; **page 149:** David R. Frazier Photolibrary, Inc.; **page 151:** Romilly Lockyer/ Getty Images Inc. - Image Bank; **page 152:** Michael Newman/PhotoEdit Inc.; **page 155:** Getty Images – Stockbyte; **page**

162: Phil Borges/ Getty Images Inc. - Stone Allstock; **page 163:** Images.com; **page 164 (top, left):** L'Illustration/ Corbis/Sygma; **(bottom, left):** Courtesy of Throckmorton Fine Art, New York; **page 165:** Photo courtesy of Serafin Garcia Rodiguez/ Great Dane Records, Italy.

Page 173 (left): Chad Buchanan/Getty Images, Inc.; **(right):** © Hubert Boesl / CORBIS All Rights Reserved; **page 174:** Sean Gallup/Getty Images, Inc.; **page 178:** Jeffrey Greenberg/Photo Researchers, Inc.; **page 181:** Donald Kravitz/Getty Images; **page 185:** Alastair Muir/Lebrecht Music & Arts Photo Library; **page 186 (top):** LEE CELANO/AFP/Getty Images; **(middle):** Eliseo Fernandez/Corbis/Reuters America LLC; Getty Images Inc. - Hulton Archive Photos; **page 188:** Albert L. Ortega/WireImage/Getty Images; **page 189:** Joe Sohm/Chromosohm/Stock Connection; **page 190:** Agence France Presse/Getty Images; **page 192:** Israel Garnica/Agencia Reforma/Newscom; **page 195:** sonyazhuravetc/Fotolia; **page 196:** Frederick M. Brown/Getty Images; **page 198 (top):** Gilberto Rodriguez/Aida Emart; **page 199:** Fiel a La Vega; **page 200:** © Reuters NewMedia Inc./CORBIS; **page 201:** AP Wide World Photos; **page 202:** Getty Images, Inc. – Stone Allstock.

Page 207: Mary Steinbacher/PhotoEdit Inc.; **page 208:** Jon Roemer/Woodrow Wilson School; **page 213:** Ron Sachs/Hulton Archive/Getty Images; **page 214:** Paul Katz/Photolibrary.com; **page 219:** CESAR RANGEL/Agence France Presse/Getty Images; **page 220 (left):** A. Ramey/PhotoEdit Inc.; **(right):** Jakub Mosur/AP Wide World Photos; **page 223:** © Morton Beebe/CORBIS; **page 227:** Arthur Schatz/TimePix; **page 231:** Kim Wolhuter/National Geographic Image Collection; **page 233:** Jonathan Nourok/PhotoEdit Inc.; **page 234:** Newscom; **page 235 (top):** Jose Clemente Orozco © Orozco Valladares Family; **page 236:** GRANANGULAR/ Odyssey; **page 237:** Joan Slatkin/ Omni-Photo Communications, Inc.; **page 238:** Editorial Atlantida S.A.

Page 243: Susan M. Bacon; **page 244:** Andrew Meade, photographer; **page 249:** © Jimmy Dorantes/Latin Focus.com; **page 250:** Wolfgang Eichentopf/Shutterstock; **page 253:** Lois Ellen Frank/Corbis/Bettmann; **page 254:** Clive Streeter © Dorling Kindersley; **page 257:** Susan M. Bacon; **page 258:** Michael Newman/PhotoEdit Inc.; **page 261:** © Albert Gea/ Reuters/ Corbis; **page 265:** Demetrio Carrasco © Rough Guides; **page 266 (top):** Getty Images, Inc.; **page 267:** Courtesy Alfredo Fernández; **page 269:** The Granger Collection; **page 270:** © Paul Almasy / CORBIS All Rights Reserved; **page 271:** James V. Elmore/ Peter Arnold, Inc.

Page 275: Paul White/AP Wide World Photos; **page 276:** Joe Raedle/ Getty Images, Inc – Liaison; **page 278:** Tom Hussey/Getty Images, Inc. – Image Bank; **page 279:** Mike Schroeder / argus / Peter Arnold, Inc.; **page 281:** Gestevision Telecinco S.A.; **page 289:** Jochen Tack/ Peter Arnold, Inc.; **page 292:** Andrew Lichtenstein/ Aurora Photos, Inc.; **page 295:** Getty Images - Stockbyte, Royalty Free; **page 296:** William Fritsch/Brand X Pictures/ Jupiter Images - FoodPix - Creatas - Brand X - Banana Stock – PictureQuest; **page 297 (top):** Luis G. Mejia C., Periodista Grafico; **(bottom):** Camilo Egas (1889–1962), "Calle 14," 1937, Museuo Casa de la Cultura, Quito Ecuador,Photo: Luis G. Mejia C., Periodista Grafico; **page 298:** Karen Publishing Company; **page 299:** Tony Arruza/ Corbis Digital Stock; **page 300 (top):** Photograph courtesy of Soraya Izquierdo de Vega; **(bottom):** Doug Scott/ AGE Fotostock America, Inc.; **page 301:** John Serafin; **page 302:** Damien Lovegrove/Photo Researchers, Inc.

Page 307: Getty Images - Stockbyte, Royalty Free; **page 308:** Images.com; **page 310 (top):** AP Wide World Photos; **(bottom):** Dennis MacDonald/PhotoEdit Inc.; **page 314:** JORGE UZON/AFP/Getty Images); **page 315:** Jose L. Pelaez/Corbis/Stock Market; **page 317:** Newscom; **page 318:** Spencer Grant/PhotoEdit Inc.; **page 321 and 322:** Images.com; **page 323:** Tony Freeman/PhotoEdit Inc.; **page 326:** Nick Rowe/Getty Images, Inc.- Photodisc; **page 329 (top):** Robert Cattan/Photolibrary.com; **(bottom):** © 2008 Russell Gordon/Odyssey Productions, Inc.; **page 332 (top):** Mel Casas; **page 333:** © Gary Gershoff/ WireImage/Getty Images.

Page 339: BENELUX PRESS/Getty Images, Inc. – Taxi; **page 340:** Pearson Education Corporate Digital Archive; **page 342:** Susan M. Bacon; **page 346:** Corbis/Reuters America LLC; **page 347:** LUIS ACOSTA/AFP/Getty Images); **page 348–351:** Paco Feria/Das Fotoarchiv./ Peter Arnold, Inc.; **page 352:** Images.com; **page 354:** Jochen Tack / Das Fotoarchivl/Peter Arnold, Inc.; **page 358:** ©Marco Cristofori / CORBIS All Rights Reserved; **page 363 (top):** Museo Bellapart. Dominican Republic; **page 364:** Karen Publishing Company; **page 365:** Photograph courtesy of Alina Romero; **page 366:** Sean Ellis/Getty Images Inc. - Stone Allstock.

Page 371: Victor Habbick Visions/Photo Researchers, Inc.; **page 372:** Images.com; **page 375:** Eric Kamp; Phototake NYC; **page 376:** Colin Anderson/Jupiter Images/Brand X/SuperStock, Inc.; **page 382:** Carol and Mike Werner/ SuperStock, Inc.; **page 384:** Gunnar Kullenberg/Stock Connection; **page 385:** © CORBIS All Rights Reserved; **page 391:** Novosti/Photo Researchers, Inc.; **page 392:** ©Neal Aspinall/Images.com; **page 393 (bottom):** Remedios Varo, (1908–63), Alchemy or the Useless Science, 1958 (oil on masonite), Varo, Remedios (1908–63) / Private Collection, © DACS/Index / The Bridgeman Art Library de Gruen, Mexico City/ Remedios Varó © 2010 Artists Rights Society, ARS, New York; **page 393:** Courtesy of José Zayas-Bazán; **page 394:** Courtesy of Elefant Record; **page 395:** Editorial Atlantida S.A.

Index

D

E

F

G

W

Y

Z